北京市高等教育精品教材立项项目

外国财政理论与实践

李俊生　李　贞　主编

经济科学出版社

图书在版编目（CIP）数据

外国财政理论与实践／李俊生，李贞主编．—北京：经济科学出版社，2012.3
ISBN 978-7-5141-1544-4

Ⅰ.①外… Ⅱ.①李…②李… Ⅲ.①财政学-研究-国外 Ⅳ.①F811

中国版本图书馆CIP数据核字（2012）第017672号

责任编辑：吕亚亮　张　力
责任校对：王凡娥
技术编辑：李　鹏

外国财政理论与实践
李俊生　李　贞　主编
经济科学出版社出版、发行　新华书店经销
社址：北京市海淀区阜成路甲28号　邮编：100142
教材分社电话：88191307　发行部电话：88191540
网址：www.esp.com.cn
电子邮件：lyl@esp.com.cn
北京密兴印刷有限公司印装
787×1092　16开　22.5印张　490000字
2012年5月第1版　2012年5月第1次印刷
ISBN 978-7-5141-1544-4　定价：45.00元
（图书出现印装问题，本社负责调换）
（版权所有　翻印必究）

前　言

编写一部介绍《外国财政理论与实践》的硕士研究生教材是我多年的愿望。从20世纪90年代起，我开始为中央财经大学财政学专业的硕士研究生开设"外国财政理论与实践"这门课，期间，因为到美国纽约的哥伦比亚大学进修以及后来在加拿大滑铁卢大学做访问教授而一度中断了这门课的讲授。但是，即使是在国外，我也一直在思考如何讲授外国财政理论与实践问题。回国后，由于我所担任的行政管理工作花费了我的主要精力和时间，致使我每年尽管仍然担任硕士研究生"外国财政理论与实践"课程的主讲教师，但是实际上我这个"主讲教师"已经徒有虚名，每个学年大体上只能讲授一个专题，甚至连一个完整的专题都不能讲完，幸好有财政学院的李贞老师以及后来的其他年轻老师与我一道讲授这门课程，才使这门课得以延续至今。

在为硕士研究生讲授"外国财政理论与实践"课程的过程中，我一直在思考和努力解决的一个问题是：所谓的"外国财政理论与实践"究竟应当为学生讲授一些什么样的内容？应当如何撰写这样一部硕士研究生层次使用的教材？

首先需要理清的一个问题是课程题目所指的"外国"究竟应当限定在哪个范围、或者限定为哪些国家？要回答这个问题，需要从中央财经大学财政专业硕士研究生的"外国财政理论与实践"课程的开设历史说起。大约是自1983年起，中央财政金融学院财政系（现在的中央财经大学财政学院、税务学院、政府管理学院以及会计学院财务管理专业的前身）开始为其财政专业的硕士研究生开设"外国财政理论与实践"课程，我是财政系在"文化大革命"后招收的第二批硕士研究生（1984级）。记得当时担任这门课的老师基本上是曾经留学苏联或者日本等国家、并学成回国的学者（例如姜维壮教授就是20世纪50年代留学苏联莫斯科财经学院并且获得副博士学位归国的学者）。这些授课老师基本上是以其曾经留学过的国家的财政经济理论与实践为讲授内容，所涉及的国家主要有苏联以及其他东欧国家、日本、美国等，讲授的内容主要涉及政府财政、税收、宏观经济与政策等，具体内容及其重点视授课老师的专业背景和研究领域而定。因为授课老师基本上具有所讲授课程涉及的国别的留学与生活经历，所以大多数老师所教授的内容都非常生动、且深入浅出，我作为学生感到受益匪浅。总体上看，我觉得最初这门课程好像是"因人设课"，但是实际上，这门课程所涉及的内容基本上涵盖了当时学术界所关注的热点国家——苏联以及东欧国家、日本和美国等资本主义国家（现在通常称为"市场经济发达国家"），因此可以认为，这门课程在其所涉及的国别方面的安排还是别具匠心的。自20世纪80年代初到现在，时间已经过去了近30年了，在这近30年的时间里，中国和世界均发生了巨大的变化。首先，中国已经由80年代初期的、以"计划经济为主、市场经济为辅"的国家，变成了目前的市场经济国家，国家的总体经济实力（按照GDP总量计算）也已经由20世纪80年代初期的经济落后国家成了跃居世界第二、仅次于美国的世界经济大国,有关中国经济模式问题的讨论已经成了学术界和政界的一个热门话题;其次,就世界经济和地缘政治的基本状况而言,目前的情形也已经与 80 年代的情况大为不同:世界政治格局已经不再按照美国和苏联分别作为两个"超级大国"以及一个"第三世界"来划分为三个世界,而是基于各个国家经济实力的变化以及各个国家经济体制与制度的变化,被划分为以 G8 为代表的市场经济发达国家、以"金砖四国"(目前由于南非的加入而变成"金砖五国")为代表的转型国家以及其他经济不发达国家,从世界地缘政治的角度看,美国、欧盟、中国、俄罗斯等国家正在构成一个多级的世界。就这样一个多级世界而言,如果仅仅关注其中的某一"级"的财政理论与实践显然是不够的,但是事实上,国内大多数学者还是主要关注以美国(美国为其中的"一级")为代表的西方国家的财政理论与实践问题,而对美国等西方国家以外的财政理论与实践的情况大多数则予以忽略了。尽管这是个遗憾,但是改革开放以来,特别是自 20 世纪 90 年代中期以来,我国学术界之所以比较注重研究和借鉴以美国为代表的西方财政理论与实践,是有客观原因的。

  首先,从理论上看,以美国为代表的西方国家的财政理论毕竟还是比较成熟的理论,特别是作为一部教材,更应当以叙述比较成熟的、学术界公认的理论为主。基于这个方面的考虑,本书仍然沿用学术界在教材建设方面的通常做法,主要介绍以美国为代表的西方财政理论与实践,教师在课堂上授课的过程中则可以酌情讲授美国以外国家的财政理论与实践。

  其次,应当如何撰写硕士研究生层次使用的《外国财政理论与实践》教材?国内财政学界曾经一度热议的话题之一是如何区分财政学专业本科和硕士层次的外国财政理论与实践的教学内容及其教材的内容。实际上,这个问题纯粹属于我国特有的问题,因为在美国等多数西方国家,大学一般是不设财政学的本科层次专业的,甚至也不专设硕士和博士层次的财政学专业,因此,一般也就不存在如何划分如上层次的课程内容与教材内容问题。但是在适用于经济学专业的"财政学"或者"公共经济学"教材的建设上,西方经济学者所作的尝试还是很值得我们去研究的。我们以我国读者比较熟悉的教材为例说明和对比一下西方财政学者是如何区分本科与研究生层次的教材的。1992 年 2 月,上海三联书店出版了由蔡江南、许斌和邹华明三位学者翻译的由英国学者安东尼·B·阿特金森(Anthony B. Atkinson)和美国学者约瑟夫·E·斯蒂格里茨(Joseph E. Stiglitz)共同撰写的、由美国麦格劳-希尔图书公司于 1980 年出版的《公共经济学教程》(Lectures on Public Economics)一书,中文的名称翻译为《公共经济学》[1],该教程的作者是这样定位该书的:作为"为公共经济学领域的研究生教材而写的,因而较 R. A. 马斯格雷夫和 P. B. 马斯格雷夫所著的《公共财政理论与实践》(Public Finance in Theory and Practice)[2]这类本科生教材为深。我们假定读者对现代微观经济学有较好的理解,并且熟悉基本的微积分理论"[3]。显然,这部《公共经济学教程》

---

[1] [英]安东尼·B·阿特金森、[美]约瑟夫·E·斯蒂格里茨著,蔡江南、许斌、邹华明译:《公共经济学》,上海三联书店 1992 年版。

[2] R. A. 马斯格雷夫和 P. B. 马斯格雷夫所著的《公共财政理论与实践》(Public Finance in Theory and Practice),由美国麦格劳·希尔图书公司出版。1987 年中国财政经济出版社出版了根据该书 1984 年第四版编译的中文版,中文编译版的书名为《美国财政理论与实践》。

[3] [英]安东尼·B·阿特金森、[美]约瑟夫·E·斯蒂格里茨著,蔡江南、许斌、邹华明译:《公共经济学》,上海三联书店 1992 年版,导言。

所确定的读者与学生层次是已经具有经济学专业本科学历的研究生，这些读者或者学生应当学过现代微观经济学和现代宏观经济学，并且已经能够比较好地掌握了微积分的基本理论；这是其一，其二，我认为实际上该书的作者是把财政学作为"纯"经济学的一个分支或者组成部分来看待的，因此从经济学科教学的角度来定位该教科书以及与马斯格雷夫《美国财政理论与实践》的层次区别。我认为，实际上，马斯格雷夫的财政学教材《美国财政理论与实践》与《公共经济学教程》之间的根本性区别并不在于后者是用于本科层次、前者用于研究生层次，其根本的区别在于：《美国财政理论与实践》一书是把财政学作为一门"跨学科"的社会科学来研究和阐述的，而不是作为"纯"经济学的教材来写作的，正如作者在序言中写道的："考虑到政治程序在财政决策中所起的核心作用，研究财政不能就经济谈经济，必然要涉及许多可能是政治学和哲学所研究的内容。由于这些内容的重要性，我们在本书中也进行了探讨。这是因为归根结底，财政体制是否能够良好运行取决于民主政治是否能发挥其应有的功能。"①而且据我个人的不完全了解，甚至作者本人也从来没有明确说明过该教材究竟是用于本科层次还是研究生层次的。而就其学术贡献来说，由于马斯格雷夫教授夫妇在该书中深刻地阐述了其"国家观"、"财政职能观"等理论观点，从而开创了财政学理论发展史的新时代。②我赞同马斯格雷夫教授的观点，并且也努力地探寻作为一门跨学科的社会科学性质的财政学的核心思想与发展脉络。③从这个意义上说，用于研究生层次的财政学教科书和用于本科生层次的教科书之间的主要区别应该在于：用于研究生层次的财政学教材，要求其读者和学生不仅应当学过现代微观经济学和现代宏观经济学，不仅已经能够比较好地掌握了微积分的基本理论，而且还应当掌握现代政治学、管理学、行政学等学科的基本理论。基于这样的认识，本教材的基本侧重点是把财政学作为一门具有跨学科性质的社会科学来阐述，并且沿着这条线索，从跨学科的深度和广度等来阐述。中国正处于从传统国家走向现代国家的转型期，在这一过程中，财政也相应地从传统财政转为现代财政。这个时期是国家治理转型的过程，其中财政改革和转型将成为重点和关键，并决定着国家治理转型的成功与否。因此，有必要编写一本发达国家财政理论与实践的教材，以对中国财政的转型和发展有所借鉴，加快构建有利于科学发展的财税体制机制，并培养一批高层次的、站在国际财政前沿的财经人才。目前，国内有关外国财政的教材，多以本科生为教学对象，以理论方面的普及为主要目的，专门针对研究生的教材比较少见。在长期的教学过程中，我们迫切感到需要一本专门的研究生教材，从深度和新度方面讲解发达国家财政理论和实践的发展变化。为此，在长期教学积累的基础上，我们决定撰写一本《外国财政理论与实践》研究生教材，力求有一定的深度和难度，深入阐释西方发达国家财政理论和实践。这一计划获得了北京市精品教材立项。

《外国财政理论与实践》是中央财经大学财政学院开设的研究生专业基础课程，其他财

---

① R. A. 马斯格雷夫和 P. B. 马斯格雷夫：《财政理论与实践》（中文版，由邓子基、邓力平等根据原文第五版翻译），中国财政经济出版社2003年版，序言。

② 詹姆斯·M·布坎南和理查德·A·马斯格雷夫著：《公共财政与公共选择：两种截然不同的国家观》（中文版），中国财政经济出版社2000年版，第22~28页。

③ 李俊生：《新的范式、新的思维、新的挑战——二十一世纪财政学发展展望》，中国财政学会2010年年会暨第十八次全国财政理论研讨会主题演讲，载《中国财政学会2010年年会暨第十八次全国财政理论研讨会论文集》，中国财政经济出版社2011年版。

经类专业研究生的选修课。在长期的教学实践中,《外国财政理论与实践》教学团队从教学大纲编订、授课方式和内容改革等方面不断创新,积累了丰富的教学资料经验,也取得了很好的教学效果。授课教师都有丰富的海外访学经历,采用双语教学,并邀请外国财税专家和财税部门官员举办专题讲座。近年来,有越来越多修过本门课程的学生,获得国家留学基金委的资助,在国外攻读博士学位,或做为期一学年的访学。本书也是中央财经大学"211工程"三期创新人才培养建设项目成果。

本教材主要有三个特点:一是"前瞻性"。本书在编写过程中充分吸收了发达国家财政学理论中的最新研究成果和实践,通过分析说明未来的发展趋势,形成了较为完善的学科内容体系。二是"实践性"。本书针对以往外国财政教材以理论内容为主的情况,侧重理论和实践并重,阐述在理论基础上,发达国家的具体实践和制度以及存在的问题,便于学生深刻、立体地领会理论,并对中国的财政实践和制度有所借鉴。三是"衔接性"。本教材在具体内容安排上照顾到了财经专业研究生掌握相关经济学以及其他学科理论知识起点上的差异,与本科段的西方财政学所包含的基本原理与方法进行了较好的衔接。每章后面都附有思考题,部分章后面还设有小结,便于巩固前面所学内容。

本书共分五部分十九章,五部分的内容分别是:导论,财政支出分析框架,财政的政治经济学,西方国家政府财政支出的实践,政府财政收入体系。具体写作分工如下:全书由李俊生教授撰写教材大纲并审订书稿,肖鹏编写第一、第二、第三、第四章,李贞编写第五、第六、第七章,曾康华编写第八、第九、第十章,任强编写第十一、第十二、第十三、第十四章,白彦峰编写第十五、第十六、第十七、第十八、第十九章。

本书是面向财经类专业研究生的教材,但它的内容广泛新颖、理论实践齐备,同样适合高年级本科生和从事财经工作的专业人才使用。

本书在写作过程中参阅了国内外同行的科研成果,在此一并表示感谢。同时,感谢经济科学出版社的吕亚亮编审、凌敏编辑,他们为本书的出版倾注了大量心血。本书是外国财政理论与实践研究生教材的初步尝试,错误和不足在所难免,恳请同行专家和广大读者不吝赐教。

李俊生
2011年于北京

目录

第一部分　导论

第一章　财政理论历史、现状与未来 …………………………………… 3
　　第一节　中西方财政理论的起源与发展 …………………………… 3
　　第二节　20 世纪 30 年代以来西方财政理论发展与未来趋势 …… 21

第二章　现代西方国家财政收支概览 …………………………………… 29
　　第一节　政府治理模式与职责划分 ………………………………… 29
　　第二节　政府支出比较分析 ………………………………………… 37
　　第三节　政府收入比较分析 ………………………………………… 46

第三章　西方公共预算制度概览 ………………………………………… 59
　　第一节　公共预算制度概念 ………………………………………… 59
　　第二节　美国联邦预算法律体制演变 ……………………………… 64
　　第三节　西方公共预算管理制度 …………………………………… 70

第四章　西方财政职能理论概述 ………………………………………… 82
　　第一节　市场失灵与财政的资源配置作用 ………………………… 82
　　第二节　经济发展与政府干预 ……………………………………… 85

第二部分　财政支出框架分析

第五章　公共物品 ………………………………………………………… 97
　　第一节　西方公共物品理论概述 …………………………………… 97
　　第二节　公共物品的供给 …………………………………………… 107

第六章　外部性 …………………………………………………………… 121
　　第一节　外部性与资源配置 ………………………………………… 121

第二节　私人部门解决外部性问题的手段……………………………124
　　　第三节　公共部门解决外部性问题的手段……………………………128
　　　第四节　政府收入分配的外部性问题…………………………………138

　第七章　成本—收益分析……………………………………………………142
　　　第一节　成本—收益分析的基本原理…………………………………142
　　　第二节　公共部门的贴现率问题………………………………………149
　　　第三节　公共收益与成本的估值………………………………………150

第三部分　财政的政治经济学

　第八章　公共选择理论………………………………………………………159
　　　第一节　公共选择学派概述……………………………………………159
　　　第二节　直接民主制度下的公共选择问题……………………………163
　　　第三节　代议民主制度下的公共选择问题……………………………170
　　　第四节　政府规模………………………………………………………173

　第九章　财政联邦主义………………………………………………………184
　　　第一节　财政联邦主义的理论背景……………………………………184
　　　第二节　蒂布特模型……………………………………………………186
　　　第三节　最优的联邦主义………………………………………………189
　　　第四节　分权制度的优缺点……………………………………………190
　　　第五节　宪法的作用……………………………………………………201
　　　第六节　政府间的财政转移支付………………………………………203

　第十章　预算中的政治………………………………………………………209
　　　第一节　预算程序中的政治……………………………………………209
　　　第二节　预算编制中的政治……………………………………………211
　　　第三节　预算执行中的政治……………………………………………219

第四部分　西方国家财政支出的实践

　第十一章　教育财政制度……………………………………………………223
　　　第一节　教育财政制度概述……………………………………………223
　　　第二节　市场经济国家的教育财政制度………………………………230

　第十二章　医疗保障制度……………………………………………………234
　　　第一节　医疗保障制度概述……………………………………………234
　　　第二节　市场经济国家的医疗保障制度………………………………235

第十三章　养老保障制度 … 249
第一节　养老保障制度概述 … 249
第二节　市场经济国家的养老保障制度 … 251

第十四章　失业保障制度 … 263
第一节　失业保障制度概述 … 263
第二节　市场经济国家的失业保障制度 … 265

第五部分　政府财政收入体系

第十五章　公司税 … 277
第一节　概述：公司所得税、企业所得税、法人所得税 … 277
第二节　美国的公司所得税与州际协调 … 278
第三节　公司所得税与个人所得税之间的协调 … 280
第四节　公司所得税的国际协调 … 283

第十六章　个人所得税 … 284
第一节　个人所得税概况 … 284
第二节　应税收入 … 286
第三节　应税非货币收入 … 292
第四节　应税收入抵免与税收抵免 … 294
第五节　税率结构 … 296
第六节　薪给税 … 298
第七节　税收与通货膨胀 … 299

第十七章　消费税 … 301
第一节　消费税概述 … 301
第二节　消费税的征收意义 … 303
第三节　欧洲国家的增值税 … 307
第四节　碳税 … 312

第十八章　财产课税 … 317
第一节　财富课税：广义财产税 … 317
第二节　财产课税 … 318
第三节　美国财产税的抗税运动及对财产税的限制措施 … 323

第十九章　政府收费和其他财政收入 … 328
第一节　概述 … 328

第二节　使用费和执照费（User Fees and Licenses）……………………331
　　第三节　收费（User Charges）……………………………………………333
　　第四节　公共垄断收入：公共事业、酒类商店和博彩业………………340

参考文献………………………………………………………………………344

第一部分

导 论

第一章 财政理论历史、现状与未来
第二章 现代西方国家财政收支概览
第三章 西方公共预算制度概览
第四章 西方财政职能理论概述

第一章 财政理论历史、现状与未来

第一节 中西方财政理论的起源与发展

财政与国家或政府的关系问题,是古今中外任何财政论著都无法回避的中心问题之一。而正是源于国家与政府概念上的差异以及中西方学者研究思路的差异,才形成了中国本土的"国家分配论"财政理论和西方的公共财政理论体系。因此,本书就从国家与政府概念的差异谈起,分别梳理中西财政理论体系的主要观点。

一、国家、政府与财政

政治学上的"国家"(state)一词,最早来自于意大利思想家马基雅维里所用的 statos 一词,该词来自于拉丁文 status。马克思主义认为,国家是在原始社会晚期私有制产生之后才出现的。它是社会内部矛盾运动发展的结果,是私有制出现、阶级形成后,阶级矛盾不可调和的产物,是一个阶级压迫另一个阶级的工具。在马克思主义国家起源理论提出的前后,一些不同时代的思想家,根据本阶级的利益和当时的历史条件提出了各种各样的国家起源理论。最有代表性的有神权论、暴力论和契约论。神权论认为,国家是根据神的意志建立的,国家的权力来源于神(天、上帝)。这种理论在东西方奴隶社会和封建社会都占有重要地位。暴力论认为,国家起源于掠夺和征服,强调暴力是社会发展的决定性因素,政治上的奴役先于经济发展的过程,国家的产生不是社会内部发展的结果。契约论是资产阶级革命时期最有影响的学说,它把国家的产生说成人们订立契约并共同遵守的结果。16~18世纪,许多资产阶级思想家都用契约论说明国家的起源和统治者与被统治者的关系。英国的霍布斯、洛克,法国的卢梭都是契约论的代表,契约论对资产阶级革命和资产阶级国家的建立都产生过重要影响。

政府有广义与狭义之分,就广义而言,政府是指行使国家公共权力的全部机构,包括立法、行政、司法机关以及国家元首等。就狭义而言,政府仅指国家政权机构中的行政机关。政府作为统治阶级行使国家权力、实施阶级统治的工具,是随着阶级和国家的出现而产生的。随着国家的发展和社会政治、经济生活的日益复杂,政府的职能不断扩大,政府机构也逐步完善;随着国家的消灭,政府也将消亡。

在西方,"财政"一词源于拉丁文 Finis,原指结算支付款项,在 16 世纪,德国文献中采用"Finanz",意为对欺诈等行为的裁定与罚款,到 18 世纪曾狭义地指国家收入。后来西欧各国使用的英文 finance 一词，因其原意泛指一切财务，为了加以区别，一般对国家的货币收支惯用 public finance（公共财务）。日本于 1868 年明治维新后从西欧引入 public finance，并借用汉语的"财"、"政"二字，译做"财政"。中国古代称财政为"度支"、"国用"、"岁计"、"国计"。"度支"、"国用"指国家的费用开支；"岁计"指国家年度收入和支用的计算；"国计"指国家财政。"财政"一词于 19 世纪末从日本传入中国。光绪二十九年（1903 年）清政府设立财政处，为中国官方采用财政一词之始。

从财政的起源来看，在原始公社制度下，没有独立意义的财政，这个时期没有剩余产品，也没有国家，因而也就不可能产生国家财政。财政是伴随着国家的产生而产生的。生产力的发展，剩余产品的出现是财政产生的物质基础，成为财政产生的经济条件；私有制、阶级和国家的出现是财政产生的政治条件。国家为维护其统治，执行其职能，需要依靠国家权力和法律手段来征用一部分社会产品。因此，财政是国家为了行使其职能的需要，依据其政治权力，以税收的形式，强制性地参与国民产品分配而形成的一种分配关系。

尽管财政思想在西方社会古已有之，但形成一门科学则奠基于亚当·斯密的《国民财富性质和原因的研究》（简称《国富论》）一书的出版。亚当·斯密在其《国富论》中对财政问题的分析，是围绕着君主收支展开的。这一以国家或政府为分析对象和研究内容的传统，为大卫·李嘉图和约·穆勒等人所沿袭并加强，从而强烈地影响着早期西方财政学著作。这一点，在当时几本有代表性的财政学中有鲜明表现：（1）巴斯塔布尔《公共财政学》的第一句话就是"在过去的任何社会中，除了社会发展的最初阶段之外，某种形式的政府组织都是其本质特征之一。"在稍作分析之后，作者接着指出："对于所有的国家来说，不管是野蛮的还是高度发展的，……国家资源的供应和运用都构成了某一研究的主题，而该主题的英语最佳命名就是 Public Finance"（Bastable，1892）。（2）普兰（Plehn, C. C.）1896 年的《公共财政学导论》（*Introduction to Public Finance*），第一章标题就是"国家性质、职能及分类"。（3）道尔顿（Dalton, H.）的《公共财政学原理》（*Principles of Public Finance*）一书，开首就指出公共财政涉及的是公共当局的收入与支出。而所谓公共当局，他认为是各种类型的政府（Dalton，1922）。（4）庇古（Pigou, A. C）《公共财政学研究》（*A Study in Public Finance*），第一句提到的也是政府："在每个已发展的社会里，都存在着某种形式的政府，……无论是中央的还是地方的政府当局，都有其职能与责任，……这些责任关系到支出，也不可避免地要求收入的取得。"这类以国家存在及其职能的履行引导出财政活动的根本思路，与我国财政学分析思路有着惊人的相似之处，同期与其后的西方财政学著作，都或大或小地将财政与国家或政府联系起来了。

西方财政学关于财政与国家或政府关系的这种分析，不能简单地视为与中国财政学分析是一致的：（1）我国财政学分析强调的是财政与国家的联系，而西方财政学则只是强调财政与政府的联系。"国家"与"政府"这两个概念尽管有很大相似之处，但严格地说又是有区别的。"国家"是指整个政权组织，而"政府"则仅指其中的行政当局，"国家"概念大于"政府"概念。（2）西方的"政府"是公共当局的同义语，与我国的阶级国家有着不同含义。如道尔顿将公共当局视为政府，但却是"从教区委员会到国民的、帝国的以至国际的政府"（Dalton，1922）。（3）西方财政学的政府收支，也是从公共性来分析的。因此，财政支出被称为"公共支出"（Public Expenditure），财政收入为"公共收入"（Public Revenue），国债为"公债"（Public Debt），政府需要为"公共需要"（Public Wants）。阿当斯

（Adams，H. C.）的《财政科学：公共支收探索》(*The Science of Finance：An Investigation of Public Expenditures and Public Rev-enues*) 一书"导言"第三节，就是在"公共需要的性质"标题下，分析国家和政府需要问题，政府仅是作为体现这种公共性的机构和实体，才得以与财政相联系的。这就为西方财政学在以后的发展中将其根本思路从政府收支转到公共经济上来，打下了合乎逻辑的基础。①

二、西方财政理论发展历史回顾

西方财政理论的发展历史可以追溯到公元前的古希腊时期。古希腊既是现代西方文明的发祥地，也是经贸活动的集散处，西方各种早期的财政经济思想在此集聚。因此，本书对西方财政理论的研究，就从这一时期开始。

（一）重商主义前财政理论

色诺芬②就是古希腊的一位大思想家，他一生著作颇丰，其中《经济论》和《雅典的收入》是其早期研究经济方面的著作。据经济史学家比较一致的看法，较早专论国家财政问题的著作当属古希腊的色诺芬写的小册子《雅典的收入》。《雅典的收入》全文只有9000多字，共分为六个部分，主要围绕古希腊亚狄加③如何组织国家收入来展开论述的。色诺芬在《雅典的收入》一书中，比较系统地形成了他的财政收支观，他为当时的亚狄加国如何组织财政收入提出了许多建议，他既把农业看做国家提供财政收入的基础部门，而且也重视为国家提供财政收入的其他部门的发展。他改变了原来不主张商贸活动的观点，还积极鼓励人们到雅典来从事经贸活动，建议国家出台优惠政策吸引外国人到雅典来居住，以利于国家增加财政收入；建议国家设立救济基金，帮助那些来到雅典遇到困难的人们，这些人得到国家的救济，摆脱困境并富裕以后，反过来会报答国家和更加努力地工作，这对国家是有利的。当然，在色诺芬看来，所有这些增加财政收入的主张和措施，都必须在和平的环境下才能实现。没有和平的环境，国家就无从谈及有效地组织财政收入。

色诺芬在《雅典的收入》一书中，主要是论述国家应当如何有效地去组织财政收入，而对财政支出的论述较少，只是在书中的最后一段，对财政支出作了概括性的描述。他认为，国家财政支出应主要用于保护国家、祭祀、修建城池、公共设施、官吏薪水、社会救济等方面，而要使国家财政支出促使国家的富庶，还需要神的保佑，这也是色诺芬所处时代的历史局限性使然。

（二）重商主义财政理论

1. 重商主义概述

重商主义产生于西欧封建制度解体和资本主义生产方式产生初期，是商品经济发展和社

---

① 张馨：《财政与国家、政府的关系》，载于《财经问题研究》1997年第5期，总第162期。
② 色诺芬（公元前430～前355年），是古希腊著名的哲学家和历史学家，他出生于古希腊富人家庭，在政治上维护奴隶主阶级利益。色诺芬的著述很多，内容涉及历史、哲学、政治、经济各方面，其中关于经济方面的论著有《经济论》和《雅典的收入》。
③ 亚狄加，古希腊的一国，其主要城市为雅典。

会深刻变革的必然产物。该学说流行于16~17世纪的西欧，其发展经历了早期和晚期两个阶段。早期重商主义时期，西欧国家自然经济居统治地位，商品生产和流通还不发达，西欧国家对外贸易尚未充分展开。这一时期重商主义的财富观主要是：要使国家财富增加，必须尽量少买或不买来自国外的商品，而尽可能多输出本国的商品到国外，只有这样，才能多积累货币，使国库充裕。反之，货币离开国家，国家财富就会减少，国库也就枯竭。在这种观点支配下，当时西欧国家采取了许多严格的措施，极力提倡通过对外贸易不断吸收国外货币到国内，国家应加强对外贸易的管制，并努力防止本国货币流向国外。西欧国家大约从16世纪下半叶到17世纪中叶进入晚期重商主义时期，晚期重商主义者的观点较早期重商主义者的观点发生了明显的变化，已经开始认识到必须使货币不断地投入到流通当中，才能使货币财富不断增加，而这一切，必须通过对外贸易活动来实现。因此，晚期重商主义者极力主张通过扩大对外贸易，并且努力使一国对外贸易保持顺差，以增加国家的财富。晚期重商主义者认为，要发展本国有优势的制造业，生产更多的产品向国外输出，以赚取国外更多的货币。因此，晚期重商主义者的基本观点就是：国家应当制定对外贸易政策调节一国的进出口贸易，鼓励具有比较优势的产品出口，而本国能够生产的产品，要限制进口，以使一国财富的增加。为了发展一国对外贸易，晚期重商主义者还明确提出，国家必须实施保护性关税政策，以保护本国工业、商业和航运业的顺利发展，从而提高本国产品在国际市场上的竞争能力，为增加国家财富提供政策保障。

早期重商主义与晚期重商主义的基本思想是一致的，都把金银看成是财富的唯一形态。但在如何增加货币财富的问题上，有不同的看法和主张，提出过不同的措施和办法。早期重商主义竭力主张禁止货币外流，在贸易上多卖少买或不买，并要求国家通过法令和政策，以保证实现贸易上多卖少买或不买，因此，早期重商主义也被称为重金主义。晚期重商主义则持贸易顺差才能增加国家财富的观点，认为只要当输出的商品能带来比输入商品更多的货币时，就可以扩大对外贸易，而且只要保持对外贸易的顺差，就会有更多的货币流入本国，国家的财富就会增加。重商主义者十分强调国家的作用，认为国家对经济的干预是必要的，而且把国家干预经济看做国家致富的重要保证，并要求建立统一的民族国家，极力赞扬国家采取干预经济的种种措施，鼓励金银输入和产品出口。

2. 重商主义的财政理论

重商主义者从商业资本的运动理论出发，认为金银货币是财富的唯一形态，是衡量国家富裕程度的标准，是增加国家财富的真正源泉，除开采金银矿外，只有通过扩大对外贸易。因此，主张实行包括财政税收政策在内的国家干预经济的政策，鼓励出口，限制进口，以换回更多的金银，积累货币财富。在此前提下，重商主义者提出的财政税收政策和理论无不与增加国家黄金有关。这些观点归纳起来有以下几点：（1）国家应实施免税或低税政策，鼓励国外工业原料的输入，以降低本国产品的成本，提高本国产品出口的竞争力。（2）国家要利用高税率关税以阻止外国成品输入国内市场，避免黄金外流。（3）国家应从财政支出中设置高额奖励金，以鼓励本国商品输出国外，换回更多的黄金。（4）国家要用武力侵略殖民地，掠夺廉价原料，并大量输出本国商品，扩大对外贸易出口，以充裕国库。

重商主义的财政理论主要还是偏重于论述如何组织财政收入，而且把财政收入的理论融入经济运行中去阐述，认为要增加国家财政收入，实质上就是要增加一国的金银，而要获得金银的增加，只有通过扩大对外贸易，保持对外贸易的顺差才能实现。在具体的措施上，主要应采取税收政策来鼓励本国产品出口和限制外国产品进口，只有保持对外贸易的顺差，才能增加国家财政收入。由于重商主义的经济理论侧重于论述如何通过对外贸易来增加一国的财富，并没有专门论述财政收支问题，重商主义的财政收支理论散见在其财富理论和贸易理论中，也就没有形成完整的财政收支理论体系。

（三）重农主义财政理论

1. 重农主义概述

重农主义学派形成于18世纪中叶，是法国大革命前夕影响较大的一个学派。这一时期，英国的资产阶级革命已经过了差不多一个世纪，英国已从农业国转变为工业国；而法国则正在酝酿着资产阶级革命，资本主义的发展还比较缓慢，农业对国民经济的影响仍是举足轻重。法国尽管在一定程度上促进了法国工商业的发展，但这是靠牺牲农业的发展换来的，严重破坏了农业，导致农民生活十分困难。由于农业遭受了破坏，最终带来了工商业和对外贸易的不断恶化，致使法国整个国民经济濒临绝境。为了适应这种需要，重农主义学派继承和发展了法国资产阶级古典政治经济学，创立了比较完整的重农主义体系。

2. 重农主义财政理论

重农主义是代表新兴资产阶级利益并在批判重商主义的同时所确立的一种学说，重农主义盛行于18世纪中叶的法国。当时的法国是一个农业占优势的国家，但因实行牺牲农业发展工商业的重商主义政策，使农业受到破坏并陷入衰落之中。于是，出现了反对重商主义学说，主张经济自由和重视农业的经济学说。重农主义者研究的中心问题是农业，认为农业是财富的真正源泉，只有农业才能创造"纯产品"，即剩余价值。因此，一国要财源茂盛，增加财政收入，首先必须发展农业，只有农业发展了，国家财政收入才能增加。重商主义者在组织财政收入的基本观点是：（1）以"纯产品"理论为基础，主张对农业的"纯产品"实行"单一土地税"。即取消其他种种课税，解除税收对工商业的束缚，实行对农业的单一税制。若国家财政收入不足，则可提高土地税税率。（2）主张经济自由放任，反对行会限制和国家干预经济生活。（3）反对当时包税制的征收制度，主张取消各种苛捐杂税，以促进生产的发展。这些观点突出反映了重农主义者重视农业的倾向，认为国家的财富最终来源农业，主张国家通过税收政策理顺财政收入分配关系，规范经济秩序，反对国家干预经济生活，让市场机制充分发挥作用。

（四）古典经济学派的财政理论

1. 古典经济学派概述

到了17世纪初，由科学技术和对外贸易发展而引起的资本主义工场手工业的发展，已经达到一定的规模，生产资本作为推动社会经济生活的力量不断增强，以流通作为研究对象的重商主义日趋没落，由此导致了重商主义的瓦解，以资本主义生产为研究对象的古典政治经济学应时而生。古典经济学产生于17世纪的中叶，完成于19世纪初，它是在重商主义之后出现的新的资本主义经济理论体系。古典经济学以反对封建主义为己任，反映了生产资本的要求。古典经济学者所考察社会主要是由工场手工业进入到工业革命时期的英国，英国是最早也是最发达的资本主义国家，其先进的生产方式远远领先于欧洲其他国家，也成为经济学者们研究的热点。古典经济学派的主要代表有威廉·配第、亚当·斯密、大卫·李嘉图和约翰·斯图亚特·穆勒等人。

2. 古典经济学派代表人物的财政观点

（1）威廉·配第①的财政理论。

威廉·配第是早期的古典政治经济学的主要代表，他被马克思称为"现代政治经济学的创始人"②。威廉·配第的财政理论主要体现在其《赋税论》中，他在书中对国家或公共经费，以及从哪些方面，以怎样合理而有效的方法，才能筹得哪些经费的问题进行过比较系统的论述。

在《赋税论》里，威廉·配第首先论述了国家的公共经费应该用于国防、行政管理支出、维护社会秩序、司法费用、教会、教育、对孤儿的抚养费以及公共工程支出等。威廉·配第认为，那些对增加生产没有直接作用的开支应当缩减，国家财政支出应当增加在公共工程和救济方面。如果从当时英国的社会现状来考察他的观点，就会发现，处于上升时期的英国，基础性的公共工程必须由政府负责投资，以便政府在社会经济发展中起到主导性的作用。由于古典经济学派的基本观点是倡导经济自由放任，那么，由市场竞争而产生的失业问题，也必须由政府来承担责任。如果一方面要提高经济运行效率；另一方面又要给予失业者最低生活保障，政府就必须建立社会保障制度，对贫困者实施救济就是最基本的保障措施。

关于如何有效地组织财政收入，威廉·配第认为，关键是消除人们不愿意缴纳税收的心理，要让人们知道税收的用途，但征税不能过重。为此，国家征税要适度，而且要选择合适的对象来征税，至于用实物还是货币形式来缴纳税收，则要根据不同的情况来决定。配第主张国家征税要适度而且还要便利，其实是对征税原则一种粗略的解释。配第非常强调国家征税要取之有度，这一观点始终贯穿在他的《赋税论》里面。因此，古典经济学派不仅倡导经济放任自由，而且更主张，要让经济运行更充分地发挥其自主的调节功能，国家绝对不能征税过重，如果国家征税过重，就一定会伤害经济。不仅如此，对税种的选择也要非常谨慎，税种选择不好，不仅会使纳税人反感，而且国家征税也会变得困难。为此，威廉·配第着重讨论了关税、人头税、国内消费税的征收标准和这些税种的优劣。除此之外，他还对彩票、献金（捐款）、罚款、专卖权以及其他几种零星的筹款方法进行了讨论。

从威廉·配第的《赋税论》来看，他论述的财政收支问题范围很广，几乎涉及财政收支的方方面面。在论述财政收支和税制时，他主张要研究一国的政治制度，如果撇开这一因素去论述财政收支和税制问题，都不会得出正确的结论。当然，财政收入和设计税制，离不开经济这个根本，而这个根本就是土地和劳动的收入。不过，在威廉·配第时期，由于资本主义生产力水平还不高，这就从根本上制约了当时政治经济的发展，配第不可能完全从经济的角度来阐述财政税收理论。因此，威廉·配第财税理论的阐述，几乎都是从维护有关国家或君王的利益出发来展开的，就难免具有片面性。

---

① 威廉·配第（1623~1687年）是古典政治经济学的创始人。他出生在英国一个小手工业家庭。由于家境贫寒，他14岁就外出谋生，17岁进入英国海军当水兵。在他21岁的时候，他进入荷兰的赖顿大学医学院学习，22岁到法国。1646年回到英国当了医生，由于得到器重和信任，配第曾任爱尔兰土地测量总监等职，得地5万英亩。由于任土地测量总监的缘故，为其后来研究经济理论创造了条件。1658年被选为英国国会议员，1660年，取得男爵的称号。1677年，被选为英国皇家学会会员，并当上了爱尔兰议会会员。到了晚年，配第成为资产阶级新贵族。

② 《反杜林论》，《马克思恩格斯选集》第三卷，人民出版社1995年版，第271页。

(2) 亚当·斯密①的财政观点。

亚当·斯密是古典经济学派的最主要代表人物，他在 1776 年出版了具有划时代的著作《国民财富的性质和原因的研究》（以下简称《国富论》）。《国富论》以国家的财富为研究对象，全面地构建了古典经济学的理论框架，并做了最为详尽的诠释。《国富论》第五篇论述君主或国家的收入，在本篇中亚当·斯密第一次较为全面地论述了财政收支理论，从而构建了比较完整的财政学体系。换言之，亚当·斯密把财政理论从经济理论中分离出来，独立地建立财政学科的基本框架，亚当·斯密也因此被经济史学家誉为"财政学之父"。

古典经济学派经济观点的精髓在于对自由放任思想的阐释上，关于这一点，斯密在《国富论》中的表白最为直接和清晰。在斯密看来，国家应当取消一切束缚人们从事经济活动的制度，只要人们在正义的法律框架内进行活动，就应当让人们完全根据自己的意愿行事，这种完全根据自己的意愿行事所产生的效果，比国家规定他们应当怎样去做，效果要好得多，因为国家并没有足够的智慧或知识去引导人们怎样去做，才能促使人们能够追求最大的利益。所以，国家尽可能地不要干预社会经济活动，要让自然自由制度去引导人们的经济活动，作为国家只需要做好三件事就可以了：维护好社会安定，避免国外的侵略；建立公正的司法制度，保护好公民的正当权利不受侵害；提供必要的公共设施，为人们从事经济活动提供好外部条件就能保证整个社会经济生活的正常进行，而且经济运行是卓有成效的。这些观点表明，斯密主张国家应当实行自由放任的经济制度，国家的职责就是提供公共安全和公共设施，保证社会秩序稳定。

在论述财政收入的源泉时，亚当·斯密财政收入作了两个基本的分类：一类是"特别属于君主或国家的资源或收入源泉，由资财及土地构成"②；另一类是来自人民的收入。而来自人民收入的形式，就是通过赋税。在论述征税之前，亚当·斯密详尽地论述了赋税的四个原则，即公平、确实、便利和最小征收费用原则。并在此基础上，深入论述了各种税收以及征收方法。亚当·斯密认为税收都直接或间接地来源于工资、利润和地租。他将税收分为三类：地租税、工资税和利润税。他认为对工资和利润都不宜课税，最适宜的课税对象是地租，因为利润是资本的报酬，是不应该课税的，如果征税，就会侵蚀资本。工资税必然要转嫁，或通过提高工资转嫁给雇主，或转嫁到商品价格上，从而影响生产和流通的秩序，而地租是不劳而获的收入，并且地租税是无法转嫁的，地租是最合适的征收对象。

亚当·斯密在《国富论》中对国家举债的利弊进行了充分的论述。亚当·斯密认为公债的产生与生产力发展密切相关，也与一个国家所处的境况有关，尤其是战争，会导致国家举债。亚当·斯密并不赞成国家举借公债，但他又说："总之，在危险临到的瞬间，就得负

---

① 亚当·斯密（1723～1790 年）出生于英国英格兰的一个海关官员家庭，14 岁读完中学，随后进入格拉斯哥大学学习数学和自然哲学，17 岁转入牛津大学学习，毕业后被聘为爱丁堡大学的讲师。1751 年，格拉斯哥大学聘他讲授神学、伦理学、法学和政治学，亚当·斯密在该校任教 14 年。1764 年，他辞掉大学的工作，之后做了一名公爵的私人教师，在陪同这位公爵在法国旅行时，有幸结识了重农学派的主要代表人物魁奈和杜尔哥等人，深深受到他们的经济思想的影响。1766 年斯密回到英国，他辞去私人教师的职务，回家专门从事经济研究和著书立说，经过艰辛的努力，在他 54 岁的时候，即 1776 年出版了《国民财富的性质和原因的研究》。这本书集中体现了当时英国资本主义制度发展的客观需要，因而它的出版一举奠定了亚当·斯密在经济学界崇高的地位，由此，亚当·斯密成为当时最著名的经济学家，尤其是他创立财政理论分析框架，首次建立了财政学的理论体系，被誉为"财政学之父"。

② [英] 亚当·斯密：《国富论》下册，商务印书馆 1994 年版，第 376 页。

担一项马上就要的大费用；这费用是不能等待新税逐渐地慢慢地纳入国库来应付的。在此万分紧急的情况下，除了借债，国家再不能有其他方法了。"① 这说明，依亚当·斯密的观点，公债作为国家一项临时性收入，在非常时期，还是有存在的必要。但国家借债很可能会挥之无度，造成浪费，不注意节约。当然，国家借债不仅要取之有度，而且还要考虑到国家偿还债务的能力。因为国家偿还这些债务，最终还需以增加税收来实现，而增税往往又是人民所反对的。如果国家借债过多，就会债台高筑，形成债务危机。如果国家设立偿债基金的话，尽管可缓解国家偿债的压力，但对偿债基金的管理就显得非常有必要，管理不当，就会挪用偿债基金到其他开支项目上去，如果出现这种情况的话，既说明国家不注意节俭，又会增加人们的负担，人们将难以忍受国家的这种举动。可见，亚当·斯密对国家举债的做法持非常谨慎的态度，他担心国家借债，就不会注意节约，最后造成国家行为失控，到头来把负担转嫁给人民。

在国家举债的效应上，亚当·斯密认为国家举借公债，必定侵蚀民间资本，而民间资本是从事生产的资本。国家借债等于把一部分生产资本转为非生产开支，这对本国的生产是不利的。亚当·斯密还担心国家借债，可能导致资本流向国外。当然，就当时英国的生产力状况而言，需要大量资本留在国内发展生产。如果国家大量举债，造成资本流向国外，它对英国的经济发展的害处就不用说了。因此，整体而言，亚当·斯密的公债观已经更为灵活了，尽管他认为国家发行公债会危及经济运行，对增加国家的财富十分不利，但他又不是一味地反对发行公债。

在财政收支的平衡问题上，解决财政赤字最根本的办法就是实施公平的税制，用增加财政收入来解除国家的债务负担。如果国家不能通过实施公平税制来筹集大量的收入，同时又无法减少财政支出，就很难实现财政收支平衡。一旦出现财政收支不平衡，那就是要从收入和支出两个方面去调节，单从收入或者单从支出方面去调节是不可行的。国家制定好的税收制度，做到合理适度地征税，就能不伤及经济，侵蚀资本，国库也能够充盈。国家厉行节约，不铺张浪费，就能有效地使用财政资金。如果从收入和支出两方面去调节，就能够有效地实现财政收支平衡，而并非一开始就考虑通过发行公债弥补财政收支不平衡，这也是亚当·斯密财政收支平衡观。

（3）大卫·李嘉图②的财政观点。

大卫·李嘉图是古典经济学的完成者，其代表作《政治经济学及赋税原理》被认为是继亚当·斯密《国富论》之后的又一经济学巨著。他在该书中并没有像亚当·斯密那样较为全面地构建财政学的分析框架，而只就赋税问题展开论述。不过，他的赋税理论比起亚当·斯密的赋税理论来说，更侧重于税收对经济运行的影响分析。李嘉图认为，因为赋税不是

---

① ［英］亚当·斯密：《国富论》下册，商务印书馆1994年版，第472～473页。
② 大卫·李嘉图（1772～1823年）出生在英国伦敦一个证券交易所经纪人的家庭。李嘉图幼年在伦敦就学，11岁时他的父亲把他送到荷兰，进入阿姆斯特丹有名的犹太教学校学习。两年后，李嘉图回到英国，跟随父亲从事证券交易活动，后在婚姻问题上与父亲闹僵，他离开家庭，独立经营证券业务。由于他熟悉业务、善于钻营，几年之后就成为当时金融界的巨富之一。从此以后，他一边工作，一边从事一些科学研究，一次偶然的机会，他接触到亚当·斯密的著作《国富论》，被书中的原理深深吸引，于是开始着迷研究政治经济学，1809年他在英国晨报上发表了第一篇文章，1817年，他的代表作《政治经济学及赋税原理》问世，使其名声大噪。这本著作被公认为是继亚当·斯密的《国富论》之后的又一经济学巨著。

来自于资本就是来自于收入，赋税都有减少积累能力的趋势。如果没有赋税，资本和收入就会比有赋税时要多得多，所以，赋税对资本的积累和收入的增加是有害的。李嘉图一方面从整体的角度说明税收对资本和收入的增加是有害的观点，这主要是因为赋税会侵蚀资本，从而导致生产的下降；但另一方面李嘉图又认为："赋税所需的款项总是必须征收的，问题只是同一数额究竟应当以减少利润的方式，还是以提高利润购置的各种商品的价格的方式从个人手里取得。"[3]因此，国家征税是必需的，但如果选择税种不当的话，对经济所造成的伤害也是不容忽视的，国家征税要选择弊端最小的税种。

李嘉图的赋税论同时也论述税负的转嫁问题，他把税收负担分为由地主负担的税、由资本家负担的税和由消费者负担的税，通过分析，他认为所有的税收都是可以转嫁的，转嫁的方式是通过提高商品的售价来实现，所以，李嘉图是绝对转嫁论者。

李嘉图对于国家公债的看法，与亚当·斯密相近，基本持否定的观点，而且李嘉图还从公债与国家其他收入（尤其是指税收）的相互替代关系作了隐含的表述。就国家而言，究竟是采取税收形式还是利用公债的举措来增加国家的收入，均既不会制约居民的消费，也不会影响资本的形成，这就是后来的经济学家总结出来的"李嘉图等价定律"。[1] 李嘉图认为，国家为开支选择什么样的筹资方式是不重要的，无论是选择税收还是公债，都是可行的。因此，"李嘉图等价定律"的逻辑推理是这样的：如果国家减少一定量的税收，相应发行一定量的公债就可以抵消；反之，国家发行一定量的公债，就可以相应减少等量的税收，两者没有什么区别。尽管李嘉图明确地解释了国家用公债筹款无异于用税收筹款，但他告诫人们不要简单地根据他的文字描述来理解他的观点，李嘉图等价定律是有前提的，不是在任何情况下都成立。那么，在什么情况下，李嘉图等价定律是成立的，李嘉图并没有做出充分的阐述，以至于数百年以来，人们对李嘉图等价定律的争论就一直没有停息过。

3. 古典经济学派财政理论的简要综述

古典经济学派的理论在17世纪到19世纪初处于主流经济学派地位。如果把重商主义的财政理论与古典经济学派的财政理论做一简要比较的话，在重商主义时期，经济学家们主要谈论国家财政收入问题，较少论及财政支出方面的问题，而且他们把财政问题置于贸易活动中去考察。到了古典经济学派时期，古典经济学派探讨的财政理论更为广泛和深入，尤其是亚当·斯密把财政收支问题从经济理论研究中抽出来独立研究，使财政理论形成一个比较完整的体系，从而使财政学作为一门学科，被誉为"财政学之父"。

古典经济学派财政理论的基本观点是反对国家干预经济，认为经济运行只要靠"看不见的手"进行调节，通过自由竞争，就能促进经济的发展，为此，国家的职能主要有三条：维护国家安全；建立和维护国家法律及调整人们之间的关系；建立和维护公共机关和公共工程；政府应尽量节省经费开支，"廉价政府"是古典经济学派的财政观。

古典经济学派对公债基本持否定的观点，认为公债的发行会伤及经济，因而基本上不主张发展公债。古典经济学派财政理论最主要的内容是税收理论。其税收理论的主要观点是：(1) 税收不能侵蚀资本。(2) 税收的源泉来自于土地、利润和工资。(3) 提出税收"平

---

[1] "李嘉图等价定律"这一术语首先出现是由詹姆斯·布坎南（1976年）提出来的。见《新帕尔格雷夫经济学大词典》第四卷，经济科学出版社1996年版，第187~191页。

等、确实、便利和最小征收费用"四原则。(4) 反对"单一土地税",主张由直接税和间接税相结合而成的税收体系。(5) 提出税收转嫁与归宿理论。认为只有地租税不能转嫁,而工资税将由资本家和地主负担,利润税由借贷资本家负担等,消费税因情况不同转嫁情况也不同。

(五) 德国历史学派的财政理论

德国在19世纪中叶,正处于向资本主义急剧转变过程中,于是产生了自己的政治经济学,即历史学派。历史学派的形成是这一时期德国社会政治经济发展在理论上的反映,历史学派在其发展过程中经历了两个阶段,19世纪40~70年代被称为旧历史学派时期,70年代以后称为新历史学派时期。历史学派财政理论的形成同样经历了一个发展过程,在19世纪以前,德国社会经济发展的水平还远远落后于英法等西欧国家,所以,历史学派财政理论最初也只是通过嫁接英法等国的财政理论到德国来,历史学派财政理论难以形成自己的体系。到19世纪下半叶德国资本主义获得了迅速的发展,历史学派财政理论的本土化色彩逐渐浓郁,才最终形成了具有自己特色的财政理论体系,这里主要介绍旧历史学派的先驱李斯特的财政理论和新历史学派的主要代表人物阿道夫·瓦格纳的财政理论。

1. 李斯特的财政理论

李斯特所处时代是19世纪前叶,作为旧历史学派的先驱,他对历史学派财政理论的主要贡献就是移植亚当·斯密《国富论》和萨伊①《政治经济学概论》。1841年,他出版了《政治经济学的国民体系》。在书中,他从当时德国具体的历史条件出发,提出经济发展阶段论,认为,一个国家经济发展阶段一般需经历"原始未开化时期,畜牧时期,农工业时期,农工商业时期"。②一国实行什么样的贸易政策,随着一国经济发展的不同阶段而不同。当一个国家处于原始未开化时期,或畜牧时期,或农业时期,可以实行自由贸易政策。这是因为,在这些时期,国家都比较封闭,如果不实行自由贸易政策,就不能打破这个国家封闭自守的状况。一旦到了农工业阶段,国家的经济已经发展到了一定的水平,这时就应该实行关税保护政策,以保证本国工业免遭外国工业的竞争。而到了农工商业时期,国家经济发展水平已经有相当高的水平,工业的竞争力也提高了,则又可以实行自由贸易政策了。李斯特认为,他所处的时代,正是德国经济发展的第四个阶段,与英法等国的经济发展水平有相当的差距,如果在德国不实行关税保护政策,势必使德国对外贸易处于不利地位,影响德国的经济发展。因此,他主张实行关税保护政策,来促使当时德国社会经济的发展。

---

① 让·巴蒂斯特·萨伊(1767~1832年)是法国庸俗政治经济学的创始人,出生于法国里昂一个大商人的家庭,很早就从事商业活动,后去英国学习,他的教育是在英国完成的。在英国,他亲眼目睹了英国产业革命发展的情况,深受亚当·斯密《国富论》的熏陶。完成学业回到法国后继续从商。1789年法国发生资产阶级革命,他开始积极响应并参加军队作战,后因政见不和离开了军队。1794~1799年间,他担任一家杂志的主编,他的许多探讨经济方面的论文就是在这个杂志上发表的。1803年他的主要代表作《政治经济学概论》出版,由于书中提倡经济自由,反对拿破仑的经济政策,曾被禁止重印。拿破仑失败,波旁王朝复辟后,该书才于1814年再版。在萨伊生前,这本书共出过5版,对当时法国的社会经济生活产生了重要影响。1817年,萨伊担任法国巴黎工艺美术学院工业经济学教授。从1830年起,他担任法兰西学院政治经济学教授,直至逝世。

② 李斯特:《政治经济学的国民体系》,商务印书馆1961年版,第155页。

2. 瓦格纳①的财政理论

19世纪70年代以后，德国的经济学说发展到了新历史学派阶段，新历史学派形成的社会历史条件同李斯特和旧历史学派所处的时代存在很大的差异。与旧历史学派相比，新历史学派研究社会经济问题体现出三个特点：一是强调道德和心理因素对经济运行的影响。新历史学派认为，随着人类历史的发展，他们所处的时代，已经不是亚当·斯密时期的"市民社会"，而是必须推行的社会改良乃至社会政策的"社会时代"。古典经济学家们从物质的和自然的观点来研究经济已经不能适应社会经济发展的需要了，古典经济学的缺陷就是研究纯经济问题，忽略了人们道德和心理因素对经济运行的影响。二是强调法制对经济的制约作用。新历史学派认为，人们社会经济地位不是靠"自然秩序"来确立，而是依靠国家建立法律制度来实现的。法律制度的建立使人们的行为有了规范的准则，一个完善的社会，一定是法制健全的社会。社会的经济生活都是在法律制度约束下进行的，法律制度的制定可以调整社会经济关系。三是强调国家在社会经济生活中的特殊作用。新历史学派认为，国家干预经济，可以使整个国家的经济形成一个统一体，便于在全国范围内建立起和谐的社会。没有国家干预社会经济生活，整个社会必然陷于无序状态，构建和谐社会的愿望就不能实现。因此，国家在社会经济生活中的地位的极其重要的，发挥着无可替代的作用。

新历史学派的代表人物瓦格纳批判地继承了古典学派的基本观点并加以发展，他研究财政问题通常与社会经济的现实联系起来，所以，他提出的财政政策主张适应了当时德国社会经济发展的需要，对德国社会经济的发展起到了积极的推进作用。阿道夫·瓦格纳是德国的著名庸俗经济学家②和财政学家，他在财政概念、税收原则、财政支出性质以及财政支出规模等理论，不仅对德国的财政实践，而且对英、美的财政实践也产生了巨大的影响，他的财政学说成为近代财政学的主流，被誉为近代财政学的基石。

瓦格纳财政理论的最大特点就是他把财政研究与当时德国社会经济状况紧密结合起来，认为，财政学研究必须与一个国家社会经济发展的阶段相适应，否则财政理论研究是没有意义的。因此，他在研究德国的财政理论与实践时，从历史发展的角度，通过纵向对比来阐述他的财政理论，尤其是通过对古典经济学派财政理论的悉心研究后，再结合德国当时社会经济发展的现状来拓展他的财政理论。

瓦格纳把亚当·斯密所处时代称为"市民社会"，并认为，在这个时代，由于社会历史发展的原因，亚当·斯密的财政理论建立在自由放任经济学说基础之上，由此形成了亚当·

---

① 阿道夫·瓦格纳（1835～1917）是德国的著名庸俗经济学家和财政学家，他生于德国埃尔兰根，青年时就读于海得尔白尔希大学，学习法律学和国家学。1858年，他被聘为维尔纳大学的财政学教授。1870年他到德国柏林大学任经济学教授。1873年瓦格纳创立社会政策协会。1881年，他又创立基督教社会党。1882～1885年，瓦格纳当选为德国下议院议员。1910年，他当选上议院议员。

② 庸俗经济学是只描述资本主义经济制度表面现象的资产阶级经济理论体系。19世纪30年代以后，庸俗主义政治经济学不去研究经济现象的内在联系，放弃了斯密和李嘉图的劳动价值论，提出边际效用价值论，描述从经济表面现象所见到的似是而非的外在联系。开始了"边际革命"，进而"数理化"、"计量化"、"均衡化"、"边际化"，更重视对经济现象的实证分析，不再侧重对国家政策的分析，赋以学究气味，把资本主义生产方式看作符合人的本性的、自然的生产方式，从而把它宣布为永恒的真理。

斯密的"夜警政府"① 观,自然反映了那个时代财政研究的特征。而到了瓦格纳时代,已经进入社会改良时代,革除德国社会的一切弊端,必须通过实施社会改良政策来实现。从这里可以看出,瓦格纳主张的改良政策,不会触及资本主义制度本身,而只是修正和消除体制所产生的弊端,这是他改良政策的财政观。

瓦格纳认为,要有效实施对社会经济的管理,必须认清国民经济的性质。为此,瓦格纳把国民经济社会中的经济组织区分为私人经济组织、慈善经济组织和共同经济组织三种形式。私人经济组织通过自由竞争并在法律的框架内从事经济活动;慈善经济组织的行为是以道德准则为依据,服务于特殊人们的福利事业;共同经济组织应当以公共利益为出发点,以公共权力为手段,服务于整个社会的共同体。自然,肩负起这个职责的组织就是国家,因此,国家履行其社会管理的职能,为获得和使用必需的财货所进行的经济活动就是财政。瓦格纳进一步指出,这三种组织在国民经济社会中,遵循各自的行为规则,难免产生相互摩擦,国家在其中应当发挥主导作用。

瓦格纳认为,财政就是以国家为中心的共同经济,财政经济即国家为获得和使用完成其国家职能所必需的财货或资金而从事的活动。他说:"国家为完成生产经济方面的任务,需要一定量的经济财富。这是国家的需要,表现为国家的开支。如果我们考虑财政经济中国家以及其他消费所需的支出经济的话,那就必须筹划国家需要中所支付的工资乃至薪俸,或直接使用于公共服务的,或用于满足其他社会公共需要的部分。在整个国家需要中,这一部分特别称为财政需要,在货币经济条件下,这种财政需要大部分由货币需求构成,表现为账簿上的国家支出。为了满足财政上的需要,为了支付国家支出,财政经济必须发挥所得或收入经济的职能。这种所得在账簿上表现为国家收入,这种消费经济与收入经济的双重职能,即财政经济的内容。"② 显然,瓦格纳论述财政,是把国家、经济紧密结合起来进行的,反映了他的国家财政经济观。

通过以上的论述,瓦格纳归纳出财政学科的定义:财政学可以定义为,从财政经济的经济性质着眼,以国家以至公共团体的强制共同经济的形式,为完成国家职能筹集和使用必要的财货,特别是货币而从事的经营活动的科学。① 可见,瓦格纳研究的财政学,是关于国家经济的学说。因为,瓦格纳倡导国家干预社会经济,那么,国家靠什么干预社会经济活动呢?国家除了要管理社会事物外,还应当经营经济,国家经营经济就是财政学的研究对象。

瓦格纳认为,国家不仅要维护法律的威严和保卫本国的人民不受外国的侵略,而且行使公共权力要促使整个社会公共福利的提高。为了确保国家完成这些任务的财源,他主张扩大国有经济成分。国家的重要行业,例如铁路、保险、银行要实行国有化;对于有些特殊行业,要实行产品专卖;在基础设施和公共服务领域,要实行公有化。只有这样,才能保证国家获得需要的财货,国家才能实施更有效的社会管理政策。

正是基于上述观点,瓦格纳联系满足国家职能的财政需要论述了国家经费问题。他认为,国家活动应该把维护法律尊严、国家安全、增进社会福利有机结合起来加以实施,形成

---

① "夜警政府"是古典经济学派的财政观点。古典学派信奉经济自由放任,不主张政府干预经济运行,主张让市场机制充分发挥自身的调节功能。政府的职能是履行保卫国家和维护社会安定,就好像"夜警"一样,维护好社会治安,保持社会安定就行了。

② [日]坂入长太郎著:《欧美财政思想史》,中国财政经济出版社1987年版,第300页。

合理的财政支出结构。国家议会是支配国家财政支出规模的权力机构,这样,限制了国家财政支出的规模也就控制了国家活动的规模。要保证国家财政支出的需要,就必须维系充足的财政收入,所以,国家活动与财政收入有着不可分割的关系。为此,国家的财政收支活动必须遵循三个原则:一是应当有正当自主的财政监督机构;二是应遵循节约的原则;三是应兼顾国民所得与财政需要的关系。[1] 可以看出,瓦格纳的这些财政理论,已经比较深刻地论述了国家、财政与经济的关系,为了使国家的活动具有正义的性质,议会对国家活动的限制是必不可少的,国家在法律的框架内活动,国家活动以增进社会福利或公共利益为目的。瓦格纳的国家财政论已经超越了所有他的前辈关于这一问题的探讨深度和广度,从而建立了现代财政学的整体分析框架。

瓦格纳对待国家征税所起的作用比古典经济学派亚当·斯密和李嘉图等人认识要深刻,亚当·斯密和李嘉图等人从经济自由放任的观点出发,凡是对有可能侵害资本的征税都持反对的态度,但在瓦格纳看来,国家征税是改正社会分配不公平的手段,国家要利用税收手段调节社会分配不公的现象,不要因有侵蚀资本之嫌而束缚了税收调节功能的发挥。

瓦格纳关于国家经费不断膨胀的学说,是他财政理论中最富有魅力的观点。财政经济就是筹集完成国家总体经济机能的任务所必需的物质辅助手段(物质财富、货币),而不能不进行的活动。由此可见,财政经济范围必然随各时期的国家任务、国家活动的范围以及种类而决定,从不同国家横向比较及不同时代纵向比较来看,中央与地方政府的活动呈现有规律的扩大趋势。随着社会经济的发展,国家的职能也会随之发生变化,有些职能还会进一步加强,而为了满足国家履行职能的需要,国家的经费就会不断增长。他还把文化财富提到一个较高的角度来认识,认为凡是有利于促进文化等公共事业的发展,国家都应该积极支持,哪怕出现财政暂时的不平衡也无妨,在这种情况下,国家发行公债来支持公共事业将是可行的,如果将来国家能够组织足够的财政收入来偿还公债的本金和利息的话。

瓦格纳认为,税收不仅是国家获得财政收入的手段,也具有国家通过施加征税权对所得和财产分配进行干预与调整的作用。瓦格纳时期,德国正处于垄断资本主义转型时期,劳资矛盾尖锐、军费开支大幅度上升、贫富差距严重等问题困扰着德国,导致国家经费无论是绝对额还是相对数都在不断增加。为了保证国家经费开支的需要,德国就需要改革税制。正是在这种情况下,瓦格纳对德国实施的一系列税收政策进行分析,指出德国税制的时弊,主张对所得实施累进税制,既为不断增长的国家经费膨胀筹措收入,也对人们财富的差距调节起到了一定的作用。

瓦格纳税收理论的基调是"劫富济贫"。所以,一方面,他主张对富人多征税,对穷人少征税或者不征税,以实现社会的公平;另一方面,他强调征税的效率,尽可能减少征税成本。由此他建立了赋税原则:第一,税收的财政原则,包括税收收入充分原则和税收收入弹性原则;第二,税收的国民经济原则,包括选择适当税源的原则、选择适当税种的原则;第三,税收的社会公平原则,包括课税的普遍原则和课税的平等原则;第四,税务行政的原则,包括课税明确的原则、课税便利的原则和征收费用节约的原则。

瓦格纳的公债理论是与赋税问题相联系而提出来的,他把公债分成三类:一是来自国民经济中现实处于自由资金状态的资本公债;二是来自外国国民经济资本的公债(外债);三

---

[1] [日]坂入长太郎著:《欧美财政思想史》,中国财政经济出版社1987年版,第304页。

是来自国内资本的公债,由于公债的发行,这些资本是从国内其他生产部门那里夺来。① 之所以这样分类,是因为他对这三种来源的公债有不同的认识。他认为,采取第一类和第二类方式筹集的公债比赋税要好,必须避免第三类的公债发行。瓦格纳不赞同公债发行,但也不完全坚持这样的观点,他特别反对的是第三类公债的发行。对于以吸收闲置资本而发行公债还是可取的,尤其是国家经济在繁荣之后的停滞时期以公债吸收资本要好过征税的手段。

(六) 福利经济学的财政理论

1. 福利经济学概述

福利经济学被称为是经济学理论很重要的一个分支。它的出现有其历史必然性。当资本主义由自由竞争阶段向垄断资本主义转变时期,财富和收入的分配不公问题越来越严重,劳资关系存在着尖锐矛盾,而古典经济学理论已经不能为这些问题作出合理的解释。一些经济学家不得不另辟路径,寻求从理论上来解释这些问题,于是,"福利经济"的概念被提出。1920年英国的经济学家庇古所著《福利经济学》的出版,开拓了对福利问题研究的领域,创建了福利经济学的完整体系,庇古因此被称为"福利经济学"之父。

庇古在这本书中系统地论述了福利经济学理论。他认为,人们追求最大限度的满足,而使人们得到最大限度满足的是物的效用,效用就是人们获得的经济福利,效用可以计量,人们获得的经济福利也是可以计量的。庇古认为,一国国民收入越大,则社会福利越大,而个人福利水平的总和就是一国的全部经济福利。要使一个社会福利水平最大化,减少收入的不均程度是实现福利最大化的必要条件,减少收入的不均等主要是通过政府向富人征税,然后把这些税收补贴给穷人,补贴的方法可以采用建立社会公共设施、提供社会保险等。为此,庇古主张政府应向富人开征累进所得税,遗产税等,实现收入均等化,以此来促进人们的福利。

2. 阿瑟·塞西尔·庇古②的财政理论

英国经济学家阿瑟·塞西尔·庇古是福利经济学的创始人。他的福利经济观点可归纳为:第一,福利分为广义的福利和狭义的福利。广义的福利内涵极其丰富,包括"自由"、"家庭幸福"、"精神愉悦"、"友谊"、"正义"等;这种福利是一种心理或精神上的享受,只能体会,很难用计量工具来测度。狭义的福利就是经济福利,是社会福利的一部分,可以直接或间接用货币来进行计量的。庇古构建福利经济体系,就是旨在研究社会经济生活中影响经济福利的某些重要因素。第二,福利效用观。庇古把福利归结为效用和满足,注重福利主观心理评价。第三,国民收入总量越大,福利越大。他认为国民收入就是一国的经济福利,自然,国民收入越大,一国经济福利就越大。第四,一国国民收入分配越是公平合理,

---

① [日]坂入长太郎著:《欧美财政思想史》,中国财政经济出版社1987年版,第305页。

② 阿瑟·塞西尔·庇古(1877~1959年)出生于英国一个军人家庭。年青时代,庇古考入英国剑桥大学学习,开始他学的是历史专业,在学期间,由于受到英国著名经济学家马歇尔经济学说的影响,并在马歇尔的鼓励之下转学经济学专业。毕业后留在剑桥大学任教,成为马歇尔经济学说的宣传者。1908年他接替了阿弗里德·马歇尔的职务,担任剑桥大学的政治经济学教授,当时他年仅31岁,是剑桥大学历来担任经济学讲座最年轻的学者。庇古担任此职长达35年,一直到1943年退休为止。庇古是当时人们公认的第一流经济学家,他的著作很多,比较著名的有:《财富与福利》(1912年)、《福利经济学》(1920年)、《财政学研究》(1928年)、《就业与均衡》(1941年),其中《福利经济学》是庇古最著名的代表作,这本书再版4次,是西方经济学中影响较大的著作之一。

其社会经济福利就越大。庇古认为，一国财富或收入分配，如果增进了穷人的收入而不损害国民收入总量；或者增加国民收入总量而不损害穷人的利益，那就是增进了社会总福利。第五，把社会可利用资源在私人纯产品和社会纯产品合理配置，以使国民收入最大化。正是基于以上福利经济观点，庇古提出了具有福利经济观色彩的财政理论。庇古从福利经济学的角度拓展了财政学的理论。庇古的财政学说，是其福利经济学体系的一个有机的组成部分。他关于财政问题的观点，都根源于他的福利经济的基本理论。

庇古所在时代，正是资本主义国家急剧动荡的时代，各种社会经济矛盾不断涌现，尤其是贫富两极分化的现象十分突出。因此，庇古极力主张国家财政作为实现社会经济福利不断增长的重要工具，实现国民收入均等化。庇古认为，财政是国家手中掌握的经济工具，而且具有超然的力量，可以有效干预经济运行，消除市场资源配置中的弊端，缓和贫富两极分化的矛盾，增进全社会福利。

庇古认为，财政是国家为了行使职能而发生的收支货物和劳务的活动。这种活动以货币分配为媒介，对经济运行产生影响。那么，如何组织国家财政收入呢？庇古认为，对能够促进整个社会福利的事业应当尽可能地减少税收，因为能够促进社会福利增加的事业，也就意味着社会资源可以得到较好的利用；而对社会福利水平不能提高甚至有害的事业，就应当课以重税，以促使社会资源从这些事业中流向社会福利水平高的事业中去。庇古还主张对富人课征高税，对穷人征低税甚至不征税，或用负税收的形式实行补贴，因为对富人征高税，可以改善人们的收入结构，从而增大整个社会货币收入的边际效用，由此整个社会的福利水平总量就会增大。

庇古反对以支出税替代所得税。他指出了支出税的三大缺点：一是支出税就是商品税。如果取消所得税（即对所得中的储蓄征税），商品税的税负就会加重，而商品课税又不能很好地贯彻最小牺牲原则，所以，取消对储蓄的征税必然会加重低收入人们的税收负担，必然损害全社会的福利。二是商品税具有累退性。因为商品税一般都采取比例税率征收，即不论消费商品多少，都按同一税率负担税额。那么，消费商品多的人们，他们负担税额的比例却没有增加；而商品消费少的人们，他们负担税额的比例却没有减少。消费商品多的人和消费商品少的人的税收负担率是一样的，这样，相对来说，高收入的人们比低收入的人们税收负担要轻。所以，商品税具有累退性。三是如果征收支出税，就会产生本应对实施照顾人口多的家庭，反而多征税，与最小牺牲原则不符。所以，他不主张用支出税替代所得税。

庇古认为，对所得课税比对商品课税更加容易贯彻最小牺牲原则。他所指的所得是一种净所得的概念，即从总收入中正确地扣除重置固定资本的折旧基金，从毛所得中扣除工具、原材料等费用。如果对净所得征税实施累进税率的话，就能够贯彻最小牺牲原则。庇古还把所得区分了勤劳所得和非勤劳所得，对前者应当实施低税政策，后者征收高税。庇古赞同对所得中储蓄部分课征所得税。越是高收入的人们，储蓄越多，如果不对储蓄征税的话，有利于高收入者，不利于低收入者，从而不利于国民收入均等化。庇古还认为，对固定财产课税不会减少其数量和效用，不容易发生税收转嫁，而对所得课税，如果税收负担过重的话，会降低人们工作的积极性，带来效率的损失。所以从最小牺牲原则考虑，对固定财产征税是明智的和可取的。

除了对商品课税、所得课税、支出税、财产税进行了论述以外，庇古还对一些过去没有论及的税进行了评价。比如，庇古赞同开征垄断收入税。垄断收入是指对垄断者所得中由于运用垄断权利而强使售价高于供给价格而得来的那部分所得。他列举开征垄断收入税的三点理由：第一，课征垄断收入税是国家平衡收入的需要；第二，高税率的垄断收入税可以抑制垄断行为；第三，高税率的垄断收入税不会影响人们健康的工作积极性和正常的储蓄。

在论及政府如何安排支出时，庇古认为，财政支出也应以增大社会福利水平为目的。为此，政府要直接投资于边际社会纯产值大于边际私人纯产值的产业，或者政府给予私人投资者补贴鼓励其投资，以利于整个社会资源的优化配置，政府还应该实施社会福利政策，帮助穷人和失业者，尽可能地提高他们的福利水平，使社会经济福利不断增长。

庇古对于政府公债的看法，与以往的经济学家有很大的不同。庇古是一个"公债有益论者"，他认为，当一个国家出现突发事件，例如发生战争或者重大瘟疫，国家开支会急剧增加，如靠增加税收筹措资金，在短时期很难办到，在这种情况下，政府必须举债。

从经济运行的角度看，政府也有借债的必要。他区分了三种不同情况的政府经济支出，论述了相应的公债管理方法。一是国家用于兴建有利可图的生产企业的公债，生产企业用它的利润来还本付息。二是政府可以发行公债用于无利可图的事业的发展，这些事业的发展是一个社会所必需的。三是在经济萧条的时候，依靠发行公债来增加总需求，从而刺激经济增长，改善失业状况。庇古认为，在经济运行不景气的情况下，依靠政府发债来扩大支出，是政府调节经济和解决失业的一个有力工具，但他反对用公债弥补政府的经常性支出，如国防和行政管理费支出。同时，他还否定了公债用于弥补教育和社会福利支出的可能性。政府对公债的使用，仅限于发展生产和对经济运行实施调节上。可见，庇古对政府发行公债持赞成态度，但对公债的使用要有严格的限制。

对于公债的使用，庇古认为不能用于经常性和非生产性开支。这是因为，公债用于经常性和非生产性开支越多，由于这类开支并不直接产生经济效益，国家的债务负担就会日益沉重，国家信用就会遭受沉重的压力，将来政府偿还本金和利息时，政府需要征收更多的税收，这会激化政府与纳税人之间的矛盾，对国家十分不利。

庇古对公债用于教育支出和社会福利支出也持否定意见。他认为，尽管国家用于教育开支是间接生产性的，对增进国民财富具有积极作用，但用于教育开支和社会福利支出的间接效益却不好衡量，而且不易进行成本效益的对比分析。由于这类支出的结果难以计量和考核，而公债的费用是确定和确切的。所以，如果不能对公债的效益进行计量和评估的话，把公债用于这一类的开支就要谨慎地考虑。

可见，庇古"公债有益论"的观点是有基本条件的，这个基本条件就是公债必须用于国家是经济性开支，凡是符合这个条件，他持赞同的观点；凡是不符合这个条件，他持否定的观点。所以，国家遇到突发事件，或就经济建设来讲，在不增加人民负担的条件下，加速经济建设进程，可以用公债满足这类开支，是可行的，因为这对国家有益。

三、新中国财政理论发展回顾

回顾我国财政理论的发展历程，剩余价值论、国家分配论、社会共同需要论、公共产品论等等，都曾是社会主义财政理论之树上争奇斗艳的奇葩。其中，以"国家分配论"和

"社会共同需要论"的影响最为深刻。

（一）"国家分配论"的形成与主要观点

在新中国成立后我国财政理论界提出的各种理论观点中，"国家分配论"无疑最具代表性和典型性。"国家分配论"自20世纪60年代初在我国确立了主流派地位之后，一直保持到90年代，随着1992年党的十四大确立我国经济体制改革的目标是建立社会主义市场经济体制后，"国家分配论"受到了来自"公共财政论"的极大挑战，"国家分配论"的代表性研究学者也开始对国家分配论进行发展完善。

"国家分配论"区别于其他财政思想与观点的最具特色之处，当数它以马克思主义国家学说为依据，通过层层"剥笋"式的剖析，揭示出财政与国家之间所存在着的本质联系。其核心观点可以归纳为：第一，财政随国家的产生而产生，财政与国家有本质的联系。第二，财政参与社会总产品与国民收入的分配。第三，财政是以国家为主体的分配关系。国家分配论说明财政是什么，或什么是财政，揭示出财政与国家之间所存在的本质联系。国家分配论是对一切社会形态的财政所作的理论概括，它适用于一切社会形态，也就不存在只适用于计划经济，而不适用于市场经济的问题。

"国家分配论"之所以历数十年而仍保持了主流派地位，是与其理论上相对成熟分不开的。"国家分配论"对于财政本质的分析，经过层层"剥笋"式解剖，在最深层次的本质联系上清晰地得出了"财政是以国家为主体的分配关系"的结论，从而正确地把握了财政的本质问题。这是对我国财政理论的一大建树。但这里"最深层次"的本质仍然是相对的，即只是财政与所有其他非财政事物相区分开来的"层次"，而不是对财政问题的终极把握。当以"国家分配论"去分析具体的财政问题时，仅停留在这一层次上是不够的，因为人们是无法以几千年的财政共性来解答和说明各个具体时期的财政问题的。这就需要进行更深层次的分析，即在把握了财政一般本质之后，还要对各个历史时期不同经济主体基础上的国家财政的特殊本质作进一步的分析，才能在把握"财政一般"的同时把握各个历史时期的"财政特殊"，其中尤其是社会主义计划经济时期和社会主义市场经济时期财政的特殊本质。应当把适用于一切社会形态的国家分配论与运用国家分配论来解释计划经济时期的财政现象区别开来。国家分配论既然适用于一切社会形态的财政，当然也适用于社会主义计划经济时期的财政，也适用于社会主义市场经济下的财政。因此，不能因为曾用国家分配论来解释计划经济时期的财政就认为是计划经济的产物，就认为不适应市场经济了。

（二）社会共同需要论的主要观点

社会共同需要论是20世纪80年代对国家分配论提出挑战的一个财政理论流派，其产生的时代背景在于中国由"完全的计划经济"阶段向"有计划的商品经济"转化的阶段，代表作是中国社科院何振一教授的《理论财政学》（1987）著作的出版。其主要观点是：社会共同需要论强调财政活动是为了满足社会共同需要，这与国家分配论强调国家与财政的本质联系和财政是为了实现国家的职能而存在的观点截然不同。

(三)"国家分配论"与"社会共同需要论"的简单比较①

1. 理论基础比较

"国家分配论"以"马克思主义的国家观为理论基础,以马克思主义的政治经济学为基础经济学依据,也是建立于劳动价值论基础之上的"(邓子基,2000)。该理论强调"国家"主体的重要性,认为财政与国家的本质联系表现在:财政是阶级社会的产物,国家的产生、发展、消亡决定了财政的产生、发展、消亡;国家的性质决定财政的性质;财政参与社会产品的分配才使得国家能够存续下去;财政分配凭借的是国家政治权利进行的,具有强制性和无偿性。

"社会共同需要论"以马克思主义的社会再生产理论为理论基础,分析社会共同需要的本质。但是该理论认为对财政学的研究应该摆脱国家的框框,"回到社会再生产过程中",将财政作为社会再生产的一个有机组成部分、一个经济范畴,是"社会集中化的分配"。同时,"社会共同需要论"还按照马克思主义哲学的对立统一规律,分析了财政的一般和特殊,认为"人类社会从产生财政起,到现在已经经历了原始氏族社会财政(后期是农村公社财政)、阶级社会财政和社会主义财政等三个历史阶段,其中,阶级社会财政和社会主义财政都是国家占据分配关系中的支配地位"(何振一,1987)。可见,该理论并不承认财政与国家是共生的,而是认为财政先于国家而存在,国家财政是其研究的财政总体中纵向的一个特殊部分,二者是局部和整体的关系。

2. 研究对象差异

"国家分配论"和"社会共同需要论"都应归属为财政理论研究的"本质论",即回答"什么是财政"这一基本问题的理论,并对整个财政学体系框架和内容进行了界定;都认定财政是作为一个经济范畴参与社会产品的分配,体现的是一种分配关系,而且财政关系的具体内容是随生产力、生产方式、社会性质的变化而不断变化的;都将财政体制、国家预算、税收、利润、国债、各类社会资金的分配、财政补贴等等作为财政关系的外在表现形式,包含着财政运动的轴心、聚财手段、用财渠道在内的财政活动的各个方面。

"国家分配论"认为,财政与国家有本质联系,它以国家权力为依托,对社会产品进行必要的分配,而具有非生产性的国家从中获得维持其存在所需的物质资料。因为这一特点,决定了"财政的分配关系是社会产品分配关系中一个特定的分配关系……不同于以生产资料所有者身份参与的是社会产品的分配关系"(许毅、陈宝森,1984)

"社会共同需要论"认为,财政与社会共同需要有本质联系,而社会共同需要存在于从原始社会到共产主义社会的各个社会形态之中。财政分配关系是一种"社会集中化"的分配关系,而参与分配的主体是社会或社会代表,这便将社会共同需要扩展为社会生产和生活过程中的各种需要。同时,也将国家职能需要纳入社会共同需要的范围,大大拓展了财政研究的客观内容。

3. 财政分配对象

在财政分配对象上,"国家分配论"认为财政分配的客体是社会产品,即在一定时期内

---

① 闫坤、于树一:《对"国家分配论"和"社会共同需要论"的重新认识与思考》,载于《中国财政》2008年第21期。

社会物质生产部门生产的有形物质财富的总和，包括 C + V + M，主要与"生产"环节相联系。进一步而言，一定时期内社会总产出的 C 部分只能用于补偿生产中的物质资料消耗，V 部分用于满足生产劳动者及家属的消费，这两部分都是维持社会再生产过程继续进行所必需的，否则就会妨碍社会物质再生产过程的正常进行。因此，财政主要参与社会总产出的 M 部分的分配。"社会共同需要论"认为，社会共同事务是属于社会一般需要的活动，它是社会再生产总体的组成部分，不是物质直接再生产过程的组成部分，即它是内在于社会再生产总过程之中而外在于直接物质再生产。这种地位和性质决定了财政可以分配的只能是物质生产过程中劳动者为社会一般需要提供的劳动及其生产物，即剩余劳动及其生产物。在财政分配的对象上，"国家分配论"和"社会共同需要论"都主张国家只介入一定时期内社会总产出的剩余价值的分配。

可见，"国家分配论"和"社会共同需要论"在分析社会主义财政关系的特殊性方面达成了一致的观点，但"社会共同需要论"并不完全赞同"国家分配论"建立双重结构财政的模式，认为"国家分配论"提倡的国有资产财政取之于国有企业又用之于国有企业，实际上是企业财务范畴而非财政范畴，而且这种财政模式容易造成财政运行上的混乱。因此，"社会共同需要论"，赞成建立以满足社会共同需要为目的的单一财政运行模式，在处理国有资产的问题上，可以考虑由独立于财政部门的专门机构对国有资产进行管理。

第二节 20世纪30年代以来西方财政理论发展与未来趋势

一、财政政策理论体系逐步完善：西方财政学发展的另一个领域

20世纪30年代发生在西方世界的大萧条对忽略研究政府干预经济的新古典经济学提出了极为严峻的挑战。凯恩斯主义经济学因此兴起。这样，以凯恩斯主义经济学为基础的财政政策理论体系逐渐完善。

随着社会经济发展和供求矛盾的日益尖锐化，在社会"总供给＞总需求"的特定经济结构下，凯恩斯以缓解社会供求矛盾，解决充分就业问题为突破口，以推动社会经济持续增长为目的，重新发展了国家财政理论，论证了国家活动范围和应该担当的职责。认为国家存在的根本意义在于有效地维护社会秩序，推动社会经济发展，而为了实现国家的宏观调控目标，必须建立适应特定经济结构和旨在推动经济发展的宏观经济调控体系。这样，凯恩斯改变了过去固守于财政自身收支平衡的"就财政论财政，不干预经济"的传统中性财政理论思维方式，把财政发展为用来调控经济运行的宏观经济杠杆，创立了财政政策理论体系。

从凯恩斯财政政策理论体系的组成内容来看，包括财政支出理论、财政收入理论、财政赤字预算理论、公债理论、货币理论以及投资乘数理论和边际消费理论等。在财政支出理论中，凯恩斯认为，政府的财政支出不仅包括消费支出，还应该安排适量的政府投资以扩大国有企业，容纳失业人员。在消费支出方面，不仅应该包括政府消费，还应该安排一部分转移

性消费支出，以提高社会消费能力。通过财政支出，增大对社会消费品和生产资料的需求购买力以缓解整个社会需求相对不足的供求矛盾。

在财政收入理论中，凯恩斯主张，必须以现代直接税取代间接税，通过"收入－成本－税金＝利润"向"收入－成本＝利润"核算模型的转变，增大利润这一利益引导机制对私人投资需求的刺激作用在赤字预算理论中。凯恩斯论证了在当时社会经济条件下，推行赤字财政政策的合理性，并将公债理论和货币理论融于赤字预算理论中，即通过政府减税和增支的赤字财政政策，一方面可以扩大公债发行量，间接地增大货币供给量；另一方面，可以通过向银行"透支"，直接增加货币供给量。无论通过什么途径来满足增大支出的需要，其结果都会导致整个社会货币供给量的增加，并由此引发物价上涨和存、贷款利率的下降，最终减少整个社会的储蓄规模，达到鼓励消费和刺激私人投资的目的，从而扩大私人总需求。

萨缪尔森是凯恩斯学派的代表性人物，他提出了"混合经济理论"，认为资本主义经济是一种私人经济与政府经济同时并存的混合经济，政府在经济中的作用至关重要，只有适当的财政政策和货币政策才能维持充分就业下的国民收入水平，进而实现充分就业、物价稳定、经济增长和国际收支平衡。在财政支出方面，他提出的要点可以归纳为四点：一是政府应扩大有益于社会的耐久性的公共工程投资，这种支出对于促进经济发展往往具有更大的作用；二是增加福利开支，这有利于社会的稳定和经济的发展；三是政府应该重视基础理论和应用科学的研究；四是重视教育和培训劳动力方面的公共支出。

凯恩斯的财政政策理论及其在此基础上构筑的宏观财政运行模式在美国首先得到应用，在取得一定成效后，西方其他市场经济的国家纷纷效仿，在客观上缓解了当时西方国家由于生产"相对过剩"造成的经济危机。但是凯恩斯的财政政策理论和政策在调整社会供求矛盾的过程中，历经一个时期的发展后，又面临着"滞胀"这一新经济结构矛盾的实践挑战。由于"滞胀"的出现，人们对"增长性的财政货币政策"也产生了一些怀疑，为此，新古典综合派提出了新的政策主张。20世纪70年代以来，该学派建议实行多样化的政策手段，实行"松紧搭配"的宏观政策以及宏观政策微观化，以克服以往经济政策中顾此失彼的弊端。

二、公共产品理论与公共选择理论：20世纪50~70年代西方财政学的发展

（一）规范的公共财政理论：公共产品理论的发展

公共产品理论从定义公共产品、私人产品以及混合产品出发，论述了政府和市场各自的职责范围所在及其分界线。首先，公共产品所具有的非竞争性特征表明了社会对于该类物品或服务是普遍需要的；而公共产品的非排斥性特征则表明了收费是困难的，仅靠市场机制远远无法提供最优配置标准所要求的规模。在这样的两难处境下，政府机制的介入是解决问题的唯一途径。其次，在私人产品的提供问题上，市场机制和政府机制均是可利用之工具，但广泛的经验事实表明，在大多数情况下，市场机制提供私人产品往往比政府机制提供私人产品更有效率，主要的原因在于，在现有的技术条件下，市场机制能够通过分散化的处理方式，更为有效地解决经济过程中的激励和信息问题。所以，总的来看，公共产品理论的结论是，政府机制更适宜于从事公共产品的配置，而市场机制则更适宜从事私人产品的配置，这实际上也就划定政府与市场的理论分野。当然，对于介于公共产品和私人产品之间的混合产

品应如何处置的问题,根据上述推理,公共产品理论也同样给出了原则性的回答,这就是根据混合产品中公共产品性质或私人产品性质强弱的不同,或近似于公共产品处置,或近似于私人产品处置,或由政府和市场共同来提供。

公共产品理论所力图解释的是,政府机制应该承担何种职责,以及与此相关的市场机制又应该承担何种职责,而并无涉及政府和市场在实际中正在承担何种职责。因此公共产品理论显然应归入规范研究的范畴,也就是关于"应该是怎样"的研究。所以,可以把这一理论明确定义为财政学理论体系中的规范研究部分,或称之为"规范的财政理论"。

公共产品理论经过马斯格雷夫等人的努力,于20世纪50年代在英语学术界得到较大的发展,尤其是萨缪尔森发展了公共产品的需求理论。① 萨缪尔森在1954年首先对公共产品和私人产品做了数学界定,并给出了现在广为人们应用的公共产品的定义。他认为,公共产品是这样的产品:每一个人对这种产品的消费,并不能减少任何他人对该产品的消费。② 他在1955年进一步阐述他的公共产品有效提供理论。③ 蒂布(Tiebout, Charles M.)1956年发表的《地方支出的纯理论》(*A Pure Theory of Expenditure*)构建了一个地方性公共产品模型,进一步发展了公共产品理论。

20世纪60年代开始,关于公共产品最佳供应问题及其相关的林达尔模型、萨缪尔森模型、纯公共产品、非纯公共产品和混合产品等内容,也陆续进入西方财政学。公共产品理论大大深化了西方财政学的基本理论分析,引起西方财政学根本思路的变化,并在西方财政学中占据了核心理论的地位。这是因为公共支出是为了公共产品供应而提供费用,税收也被视为人们为享受公共产品而支付的价格。这样,整个财政学从根本上说是围绕着公共产品的供应来展开的。

(二) 实证的财政理论:公共选择理论的发展

公共选择财政学是20世纪50~70年代西方财政学发展的又一个重要领域,促进了财政学向公共经济学的转变。公共选择理论的要旨在于,它认为公共政策的生成是社会中不同利益集团之间利益矛盾折衷、平衡的结果。这一理论秉承了古典政治经济学的优良传统,始终坚持以利益分析的方法来分析政府机制运作的全部实际过程,使西方财政理论界展开了一次"向新政治经济学回归"的历程。公共选择理论的作用在于分析政府或财政过程的实际状况是怎样的,是对于客观状况的一种解释,并不涉及"好恶"等主观判断。因此,同样非常清楚的是,公共选择理论应归于实证研究的范畴,也就是经济分析中关于"客观事实是怎样"的分析。公共选择理论所实证的并不仅仅是政府或财政过程的表象,它力图说明的是之所以产生这些表象的内在根源,即利益矛盾。为此,公共选择理论在实际上构成了财政学理论体系中的实证研究部分,或可将之称为"实证的财政理论"。

公共选择财政学的理论贡献主要有:第一,扩大了财政实证分析的领域。实证分析可以分为以下几类:(1)可选择的财政制度在个人选择上对私人经济中个人和集体行为现存的

---

① 张馨:《西方财政学发展概括评介》,载于《文科研究通报》1996年第5期。
② P. A. Samuelson. The Pure Theory of Public Expenditure. *Review of Economics and Statistics*, Vol. 36, No. 4, 1954, pp. 387 – 389.
③ P. A. Samuelson. Diagrammatic Exposition of a Theory of Public Expenditure. *Review of Economics and Statistics*, Vol. 37, No. 4, 1955, pp. 350 – 356.

和潜在的影响。(2) 可选择的财政制度在公共选择上对公共经济中个人和集体行为现存的和潜在的影响。(3) 可选择的政治或集体选择制度在公共选择上对公共经济中个人和集体行为现存的或潜在的影响。公共选择理论在这几方面都扩大了财政实证分析的范围。第二，修正了规范财政学的范围。从某种意义上讲，这种影响保持了古老的规范税收理论论述的正统性，而这种正统性正是把理论福利经济学标准用于财政学上所缺少的。①

公共选择财政学的发展使得对财政决策过程的研究更加深入。阿罗不可能定理以序数效用论为基础，证明了不存在一个理想的规则，能使社会或任何一个集体，从个人序数偏好得出社会的偏好和选择。② 如果个人偏好难以转化为社会偏好，那么，它对作为一种公共决策的财政决策的负面影响是可想而知的。后来，森 (Sen) 等的研究通过放松阿罗不可能定理的条件，来扭转这一灾难性的结果，推动了公共选择理论的发展。③

布坎南等人更偏向实证分析的理论与此不同。他们将个人之间相互交换的利益概念用到政治决策领域，政治交易过程的结果取决于"博弈规则"（广义的秩序）。这样，问题的解决最终取决于立宪改革。布坎南认为，要向政治家提建议或对特定争议的结局施加影响往往是无效的，在给定的规章制度中，结局很大程度上取决于既定的政治集团。④ 奥尔森 (Olson) 则从利益集团的角度分析了集体行动的逻辑，对公共选择财政学做出了贡献。⑤ 奥尔森解决的是公共选择的动力和公共选择中的均衡问题（即利益集团间的冲突问题）。

从经济人假设出发，公共选择财政学还对公共部门各种主体（选民、政治家和官僚）的行为做了分析。在 20 世纪 60 ~ 70 年代，公共选择理论已经出现在几乎所有的财政学著作中，如单峰偏好、中间投票人模型、利益集团、政党、官僚的行为和影响等内容，成为财政学内容中又一较为庞大、系统、完整的组成部分。⑥ 近年来较为流行的财政学教科书如罗森 (Rosen) 的《公共财政学》，仍大量地涉及公共选择问题。这说明这一趋势依旧保持下来。

三、20 世纪 80 年代以来财政学的发展趋势

20 世纪 80 ~ 90 年代，西方财政学仍处于发展中，但是对财政理论体系没有大的创新，发展的主要表现是对以下一些具体问题的分析更加深入。

（一）全球经济背景下财政要素的国际化

在实现国际经济一体化之前，开放的市场经济条件下，每个国家的财政问题都具有国际性，即市场经济中的国家财政活动通过国际经济交往而与其他经济中的国家财政活动相互联系在一起所发生的相互影响及其相互协调的性质。在马斯格雷夫夫妇写于 20 世纪 50 年代、并在 70 年代多次再版的经典教科书《公共财政理论与实践》中指出，财政问题中，最新最

---

① [美] 布坎南:《经济学家应该做什么》，西南财经大学出版社 1988 年版，第 161 ~ 170 页。
② K. J. Arrow, Social Choice and Individual Values. John Wiley, NewYork (2nd ed), 1951.
③ A. K. Sen, Collective Choice and Social Welfare. Holden – Day, San Francisco. 1970.
④ [美] 布坎南:《宪法经济学 [A].市场社会与公共秩序》，生活·新知·读书三联书店 1997 年版，第 299 ~ 301 页。
⑤ [美] 奥尔森:《集体行动的逻辑》，上海三联书店和上海人民出版社 1995 年版。
⑥ 张馨:《西方财政学发展概括评介》，载于《文科研究通报》1996 年第 5 期。

有趣的问题，是与国际背景有关的作用问题。这就使传统上被局限于国家财政范围内的许多问题，如财政在国际贸易、资本流动、国际组织如联合国、世界贸易组织、贫富国家关系等问题的应用上，变得越来越重要。现代财政理论表明，随着国与国之间经济贸易往来越来越密切，以前仅仅局限在一国范围内的市场失效开始在全球范围内显现，出现国与国之间的外溢性问题，国际公共产品的提供问题，全球经济的稳定与发展问题，财政要素呈现国际化的特征。

（1）国际公共产品的提供。公共产品的受益空间有大有小，有地方受益的地方公共产品，有全国受益的国家公共产品，也有国际受益的国际公共产品。根据现代政府间财政关系理论，前两类公共产品是由国家财政，包括中央财政与地方财政来提供的。地方公共产品原则上由地方财政提供，国家公共产品则由中央财政提供，而国际公共产品唯有国际财政才能提供。

（2）国际外部效应的存在。国际外部效应，是指一国的活动可通过国际市场以外的渠道影响到另一国的福利。国际外部效应的存在会使得某个国家的一项活动所产生的一部分成本或效益会转归另一个国家，这种外部成本或外部效益的存在，使得按照等价原则交换的市场机制无法解决国家间资源的有效配置，客观上要求有关国家进行合作，以解决这种市场失灵问题。

（3）国际垄断的存在。一个国家或国家集团或许拥有足够强大的市场力量，把某些商品的价格进行人为的哄抬或压低。这种国际垄断的存在，破坏了国际市场机制的有效调节，只得求助于外部力量，以此来弥补国际市场缺陷。显然，这种外部力量只能来自于国际性干预。

（4）国际经济的相互依赖。在国际经济相互依赖的条件下，各国中央政府的宏观稳定政策已不可能如同在封闭经济中那样，其政策的成本和效益可完全内部化。恰恰相反，在一个相互依存的世界中，一国政策调整的部分效益和成本将扩散到其他国家中去，因此，一国的宏观稳定政策有待其他国家的合作。

从当前的国与国之间财政运行的情况来看，财政要素国际化所带来的问题究竟是采取多国财政合作还是靠超国家的财政干预来解决呢？回答是十分明朗的，当然是前者。从历史上看，第二次世界大战结束以来，国际上曾酝酿着一种谋求实现世界政治经济一体化的思潮，企图建立一个超国家的有效的全球性的权力机构统筹世界经济，协调一体化下的国家关系，其中包括对国际经济的干预。这种机构起作用的前提是各国之间要做出更大的主权让渡，把国家的一些重要职能让给国际机构，但是由于各国强调国家主权的传统观念根深蒂固，各国依然坚持自身的权益，不肯放弃独立自主的方针政策，因而这种理想远未能够实现，那种超国家财政干预也只好成为泡影。虽然战后出现联合国等一系列国际组织，但其权力和真正有效的世界权力机构所应有的相距甚远，这些国际机构充其量不过是对各项国际事务包括国际经济事务在各国间进行一定程度的协调。既然没有一个真正有效的世界权力机构，就不可能有一个制定、颁布和执行国际课税和支出方案的"国际财政当局"，更不可能形成一个有效的世界范围的全球财政制度。

到目前为止，财政仍然作为以国家或政府为主体的分配关系，它的出现总是以权力机构的存在为前提的，因此，财政要素国际化出现的问题只能采取多国财政协作的形式来解决。国际上多国财政的合作若按其合作程度由低到高加以排列，则前后次序大致上为财政协调、财政同盟与财政一体化。这三种多国财政合作形式既有联系又有区别。财政协调强调财政合作的自愿性，是国际上多国财政合作的最一般形式，现有的各种国际税收协定就属于财政协调这种形式。财政同盟则强调财政合作的强制性，是区域性经济组织中所采取的财政合作形式，比如，欧洲经济共同体内部废除关税、统一增值税就是这种形式。财政一体化是最高级的财政合作形式，在这种财政合作形式下，各国财政政策目标的制定和手段的管理都是共同体当局的事务，并要求各成员国统一财政制度，这当然是一种理想的财政合作形式，实际上就是超国家财政干预。然而只要在以后的国际政治格局中存在国家主权，完全的国际财政一体化只能是纸上谈兵。

在国际上，马斯格雷夫较早地认识到随着财政要素国际化所带来问题的严峻性，在国际税收协调方面，他认为，每个国家都必须解决如何向本国居民的国外收入和外国人在本国的所得进行征税的问题，必须解决如何向进出口产品课征产品税与营业税的问题。这些决定，通常与其他国家相联系，国际税收协定是协调这些事件的途径之一。他还结合关税与贸易总协定、共同市场政策以及进出口情况，对开放经济中国际间的稳定作用问题做了分析，其定义的稳定功能涉及价格和就业的稳定，并对开放经济中财政政策与货币政策的组合问题进行了探讨。罗森在他的《财政学》中也提到了国际公共产品以及国际层次上的外溢性、垄断和收入分配等，但由于没有"世界范围的政府"的存在而停止了进一步的讨论。

综上所述，国内外对国际财政问题的研究早已不再局限于马斯格雷夫的国际税收协调问题，财政要素的国际化进一步拓宽了财政学的研究范围，随着经济全球化趋势的加速，针对国际经济问题的财政对策成为必须解决的重要问题。这种研究范围的拓宽，使得财政理论在指导实践方面更为有效。中国改革开放多年来的经济发展，为中国财政理论的形成、发展和创新提出了挑战，中国财政理论的创新必须立足于国际经济，要靠研究和发展新的国际经济环境下的财政理论来解决问题，国际财政概念的提出以及国际财政研究方面的新观点会对我国新时期财政理论的形成和发展产生重要影响。

（二）财政学的立论基础问题

1. 市场失灵理论

传统自由经济学者认为，一个社会中的供给与需求可以构成完全竞争的经济市场。而完全竞争的经济状态，系指生产者追求利益极大化，消费者追求效用极大化，而达到所谓"帕累托原则"（Pareto Principle）的状态，即没有任何人的效用受损，资源分配获得最佳效率，价格像一双"看不见的手"（An Invisible Hand），主导市场内经济活动。

就帕累托效率而言，在个人所愿意付费的价格基础上，社会中所有的财货会以此标准加以制造生产，所有的交易，以任何可能增进福利的形态进行，所有的企业以最高效率生产财货或服务，并追求最大利益，所有的消费者皆能得到最大的效用。但在现实世界中，因受到许多因素，使市场无法达到完全竞争、供需理想状态。传统的个体经济学者，将违反帕累托效率的经济市场原则称为"市场失灵"。市场失灵及其相关理论已经成为公共财政学的重要理论基石，正是由于存在着市场失灵，才需要政府的介入干预。市场失灵的范围，决定了政府财政的活动领域与规模，成为公共财政理论的逻辑起点。因此，从占主流的公共财政观点来看，市场失灵理论是公共财政理论的立论基础。市场失灵的表现形式主要有以下几个方面：

（1）收入与财富分配不公。这是因为市场机制遵循的是资本与效率的原则，资本与效率的原则又存在着"马太效应"。从市场机制自身作用看，这是属于正常的经济现象，拥有资本越多，在竞争中越有利，效率提高的可能性也越大，收入与财富也越向资本与效率集中；另一方面，资本家对其雇员的剥夺，使一些人更趋于贫困，造成了收入与财富分配的进一步拉大。这种拉大又会由于影响到消费水平而使市场相对缩小，进而影响到生产，制约社会经济资源的充分利用，使社会经济资源不能实现最大效用。

（2）外部负效应问题。外部负效应是指某一主体在生产和消费活动的过程中，对其他主体造成的损害。外部负效应实际上是生产和消费过程中的成本外部化，但生产或消费单位为追求更多利润或利差，会放任外部负效应的产生与漫延。如化工厂，为了赚钱对企业来讲最好是让工厂排出的废水不加处理而进入下水道、河流、江湖等，这样就可减少治污成本，增加企业利润，从而对环境保护、其他企业的生产和居民的生活带来危害。社会若要治理，就会增加负担。

（3）竞争失败和市场垄断的形成。竞争是市场经济中的动力机制。竞争是有条件的，一般来说竞争是在同一市场中的同类产品或可替代产品之间展开的。但一方面，由于分工的发展使产品之间的差异不断拉大，资本规模的扩大和交易成本的增加，阻碍了资本的自由转移和自由竞争。另一方面，由于市场垄断的出现，减弱了竞争的程度，使竞争的作用下降。造成市场垄断的主要因素是：①技术进步；②市场扩大；③企业为获得规模效应而进行的兼并。一旦企业获利依赖于垄断地位，竞争与技术进步就会受到抑制。

（4）公共产品供给不足。公共产品是指消费过程中具有非排他性和非竞争性的产品。所谓非排他性也就是当这类产品被生产出来，生产者不能排除别人不支付价格的消费。因为这种排他，一方面在技术上做不到；另一方面即使技术上能做到，但排他成本高于排他收益。所谓非竞争性是因为对生产者来说，多一个消费者，少一个消费者不会影响生产成本，即边际消费成本为零。而对正在消费的消费者来说，只要不产生拥挤也就不会影响自己的消费水平。这类产品如国防、公安、航标灯、路灯、电视信号接收等。所以这类产品又叫非盈利产品。从本质上讲，生产公共产品与市场机制的作用是矛盾的，生产者是不会主动生产公共产品的。而公共产品是全社会成员所必须消费的产品，它的满足状况也反映了一个国家的福利水平。这样一来公共产品生产的滞后与社会成员和经济发展需要之间的矛盾就十分尖锐。

（5）宏观经济运行的波动与调控。市场经济下，企业是资源配置的主体，宏观经济的自发运行会带来投资过度或社会有效需求相对不足等问题，从而带来经济过冷或过热的局面出现。政府需要通过财政政策和货币政策的协调配合，来实现社会总供给和社会总需求的大体平衡，保证经济平衡快速发展。政府所采用的财政政策工具可以分为自动稳定的财政政策工具和相机抉择的财政政策工具，前者通过累进的税率制度设计，自发起到熨平经济波动的目的，后者通过政府的公共投资、差别税收优惠、补贴等手续来达到宏观调控的目的。

2. 交易成本理论

交易成本（Transaction Costs）又称交易费用，最早由美国经济学家罗纳德·科斯提出。他在《企业的性质》一文中认为，交易成本是"通过价格机制组织生产的最明显的成本，就是所有发现相对价格的成本"、"市场上发生的每一笔交易的谈判和签约的费用"及利用价格机制存在的其他方面的成本。把交易成本理论引入到国家领域，既形成了基于交易成本视角的国家理论，也成为公共财政理论的立论基础。

产权经济学的代表人物——巴泽尔的国家理论的核心思想是人们为了降低交易成本，寻求国家实施合约，但国家依靠暴力实施合约，这种暴力若没有得到很好的控制，暴力实施者就会掠夺人们的财产，国家实施合约就不划算，因此如何控制国家是巴泽尔国家理论的主题。巴泽尔认为对抗国家这只"利维坦"的工具是集体行动机制，通过这种机制控制国家难以掠夺人们的财产，国家实施交易合约才显得合算，人类社会才会从"自然国家"走向"法治国家"。①

巴泽尔从交易成本理论的视角，运用产权、权力、博弈论等分析工具，论述了国家的起源、特征、功能、国家的职能范围、国家与社会的关系以及国家运行的控制机制，构建出了较完整的国家理论。

巴泽尔基于交易成本理论的视角，论述了国家的起源、特征、功能、职能范围、国家与社会的关系以及国家运行的控制机制，构建出了较完整的国家理论模型，这是对社会科学中国家研究的一个巨大理论贡献。他认为国家是源于产权交易的需要、国家是依赖于暴力实施交易合约的第三方、国家的范围相对于交易合约的变化而伸缩、国家通过实施合约降低交易成本等。公共财政是弥补市场失效的一种财政模式，由于市场经济的自发运行存在着市场本身无法解决的问题，基于交易成本的视角，也就有了由第三方——政府来接受社会公众的委托，向社会公众提供公共服务。这也成为部分理论学者认为从交易成本的角度来解释公共财政产生的理论基础。

思考题：

1. 简述重商主义的财政观点。
2. 简述重农主义的主要财政观点。
3. 简述古典经济学派代表人物的主要财政观点。
4. 简述亚当·斯密的财政思想。
5. 简述德国历史学派代表人物的主要财政观点。
6. 简述瓦格纳的主要财政思想。
7. 简述福利经济学派代表人物的主要财政观点。
8. 简述20世纪30年代以来西方财政理论的主要发展与创新。
9. 简述当前财政理论面临的挑战与未来进一步发展趋势。
10. 从西方财政理论的演变过程，试评述西方财政理论演变的内在逻辑。

---

① 胡珊琴：《巴泽尔国家理论的分析框架》，载于《南京审计学院学报》2010年第1期。

第二章 现代西方国家财政收支概览

第一节 政府治理模式与职责划分

财政，顾名思义，有财则有政，无财则无政。财是政之基，政是财之本，一国财政制度的选择必须与政治制度相适应。因此，一国财政收支的分类、规模，预算资金的分配机制，无不受到该国政治权力分配机制的影响。在比较西方国家财政收支的概貌之前，首先对西方国家的行政权力体制及典型国家的行政权力体制做一简单介绍。

一、国家行政权力体制概况

（一）行政权力体制概念

所谓行政权力体制，是指一个国家的行政机关与其他国家机关、政党组织、群众团体等之间的权力分配关系及其制度的总称，其中心内容是指国家行政机关在该国政治体制中所拥有的职权范围和权力地位，对此通常由宪法和法律作出明确规定。

一个国家行政权力体制的合理化、科学化程序是衡量该国政治体制、行政体制合理化、科学化程度的主要标志。行政机关在该国权力结构体系中的权力地位，直接影响着行政管理活动的权限、范围和效应。直接关系到事权的多少和职能的大小，因此可以说，它是行政管理体制的重要体现。

（二）行政权力体制的类型

根据世界各国行政权力体制的发展历史与现实，归纳起来，主要有下列几种类型。

1. 三权分立制

所谓三权分立制是指资本主义国家的立法、行政、司法三种权力分别由议会、内阁（或总统）和法院掌握，各自行使权力又相互制衡的制度。其特点是：将国家权力分为立法、行政、司法，再将这三权分别由三个不同权力机关行使，三者之间具有相互牵制、相互制约的作用，以保持三种国家权力之间的平衡状态，防止某一机关或个人的独断专行。目前，美国、德国、日本是实行这一制度的国家，但在各个国家，都有不同的具体形式和运行方式。

"三权分立"作为一种学说是17世纪英国资产阶级哲学家和政治家洛克首先提出的，以后法国著名启蒙学家孟德斯鸠发展和完善了这一理论。它是当时新兴资产阶级反对封建君主专政，限制和反对五权，争取政治统治权的思想武器，具有一定的历史进步性。

2. 议行合一制

议行合一制是指国家权力机关统一行使立法和行政权力的制度。这种制度起源于1871年的巴黎公社，后来通行于社会主义国家，是社会主义国家民主集中制原则在国家机关权力分配关系及其工作关系上的体现。我国在原则上也实行这种制度。在我国，全国人大是国家权力机关，它不仅行使国家立法权，并且产生和监督国家行政机关、司法机关，这些机关都是它的执行机关，对它负责，受它监督。

3. 政教合一制

政教合一制是指把政权和教权合而为一的一种政治体制。当今位于意大利罗马城西北的梵蒂冈，是一个以教皇为君主的政教合一的国家。在这里，教皇拥有立法、司法和行政全权。

4. 党政合一制

党政合一制是特指亚非拉某些国家以法律形式规定执政党位于至高无上的地位，党的最高领导人是总统的唯一候选人，党中央有权终止总统职务和解散议会的一种政治体制。在这种体制下，有的将全国成年人都称做党员，将工青妇等群团组织作为党的专门组织，从而形成党政合一、一党专政的局面。

二、中央政府体制概况与类型

（一）中央政府体制概念

中央政府体制是指一个国家代表统治阶级领导和管理全国行政工作的最高行政机关的职权划分，组织形式及管理方式等制度的总称。它是行政管理体制的核心部分，直接影响着行政管理的性质和效率，关系整个国家机器的运转状况。

（二）中央政府体制的类型

由于各国的政权性质不同以及历史发展条件不同，因而中央政府体制的类型也各不相同。如从纵向行政职权的角度，可以划分为中央集权型、地方分权型、集权与分权结合型；若从横向行政领导职权的角度，又可分为议会制和首长制，或者划分为政府首脑负责制和集体领导负责制。现将目前世界上一些国家实行的中央政府类型列举如下。

1. 内阁制

内阁制又称议会制、议会政府制、议会内阁制、责任内阁制等。内阁制起源于18世纪的英国，后来为许多西方国家所采用，逐步地在亚、非、拉国家流行，成为一种颇具影响的政府体制。

内阁制的特点有：实行内阁制的国家是以国家议会为国家最高权力机关。国家议会拥有立法权和监督内阁的权力，是国家政治活动的中心。国家元首一般是世袭的国王或天皇或由公民选举产生的总统担任。国家元首代表国家，但不是政府首脑。内阁由在议会中占有多数席位的一个政党或几个政党组成政党联盟的领袖，经国家元首任命组成。在议会中占有多数席位的党的领袖，经国家元首提名并经议会同意，才能成为内阁首相或总理，内阁成员也是议会议员。内阁首相或总理是国家最高行政首长，是政府首脑，但不是国家元首。国家元首发布的命令和法律必须由内阁首相或总理及有关阁员的副署才发生效力。

内阁首相或总理是国家实际权力中心。他不仅是政党领袖、政府首脑，也是议会领袖。他决定内阁人选，组织内阁，主持内阁会议，总揽一切行政权力。他领导和管理全国各级各类政府机关，指定施政方针，任免高级官员。同时，他也有军事指挥权和宣布国家处于紧急状态的权力。

内阁是国家的决策中心。内阁成员由首相或总理在执政党内挑选，并任命他们担任政府各个部门的重要职务，授予他们相应的权力。内阁决策是以内阁首相或总理的决定为准，不进行投票表决，也不实行少数服从多数的原则。如果有不同意见的阁员固执己见，或者他主动提出辞职，或者内阁首相或总理将他罢免。

政府或内阁不向国家元首负责，但必须向议会负责，接受议员的质询，解释政府的政策和决定。议会有罢免首相或总理的权力。如果议会通过了对内阁的不信任案或否决了对内阁的信任案，或者内阁提出辞职，或者由内阁首相或总理提请国家元首解散议会，提前举行大选，由新议会决定内阁的去留。

2. 总统制

总统制起源于18世纪末期的美国，是以总统既为国家元首，又为政府首脑的中央政府组织形式。总统制政府实行立法、司法和行政三权分立，与内阁制有很大不同。

总统制有如下特点：总统由全国选民直接选举产生，不需要议会批准。总统既是国家元首，又是国家最高行政机关的政府首脑。总统对全国选民负责，不对议会负责。政府由总统组阁，不需要得到议会大多数的支持。议会中的政党对总统没有直接的决定性影响，总统所在的政党并不一定是议会中的多数党。

总统是国家的权力中心和决策中心。总统总揽行政权，有任免政府部长和其他高级官员的权力，有代表国家同其他国家缔结条约和签定协定的权力。同时，总统也是国家最高军事统帅，有指挥军队的权力。而且总统也有部分立法权。

由总统组织和领导内阁，各部部长是内阁成员。内阁成员不能兼任议会议员。总统不定期召开内阁会议，内阁会议是总统的集体顾问和办事机构。总统独自进行决策，不需要争取内阁成员的同意。固执己见的内阁成员或主动辞职，或被总统免职。

总统没有向议会提出法案的权力，但对议会通过的法案有签署权，并且有否决权。但是，议会也可以以2/3的多数推翻总统的否决，该法案就可以立即成为法律生效。议会没有对总统投不信任票或迫使总统辞职的权力，但可以对总统违法违宪的行为进行弹劾。总统也无权解散议会。

3. 半总统制

半总统制是介于总统制和内阁制之间的一种中央政府体制。它兼具总统制和内阁制的特点。半总统制是总统制在法国的变形，是由法国第五共和国宪法所确立的一种体制。

半总统制有如下的特点：经全民投票当选的总统是国家元首，但又掌握行政权，总理是名义上的政府首脑。宪法规定行政权属于总统和总理。这样，政府实际上有两个行政首长。总理领导政府，对议会负责，而不对总统负责。

总统是实际的权力中心，他不对任何机关负责，但是他有很多权力。他有召集议会特别会议、签署法令、发布命令、公布法律等权力，负责制定外交政策。他有权任命总理和各部部长，主持内阁会议，发布总统咨文。

议会通过谴责案即对政府不信任投票案或对政府的政策进行否决时,总理必须向总统提出总辞职。总统有解散议会的权力,也有否决议会通过的法案、将重要法案提交全民公决的权力。同时,总统又是国家军队的最高统帅,有指挥军队的权力。

4. 委员会制

委员会制又称合议制,起源于19世纪中期的瑞士。委员会制是指国家最高行政权不是集中掌握在总统或总理的手中,而是由议会产生的委员会集体行使的政府体制。它兼具总统制和内阁制的特点。

其主要组织形式如下:国家的最高行政机关是由联邦议会选举产生的联邦委员会,联邦委员会是联邦议会的执行机关。它必须服从并执行联邦议会所做的决定和政策,无权否决联邦议会所通过的法律和决议,也无权解散联邦议会。联邦议会也无权迫使联邦委员会辞职,当联邦议会否决联邦委员会的提案时,并不表示对委员会不信任,委员会不必辞职。

联邦委员会的组成人员由政党推荐,议会选举产生,但其本人并不一定是该政党的领袖或成员。委员会委员一旦当选之后,不对其所属政党负责,而只对委员会集体负责。委员会委员不一定是议员,如果是议员,则必须放弃议员资格。

联邦委员会采取合议制,包括总统、副总统或主席、副主席在内的委员会的委员们地位完全平等,职权完全相同,政府的一切决策都由委员会集体讨论,以少数服从多数的原则予以通过。委员会设正、副主席或正、副总统各一人,由联邦议会从七人委员中选举,任期一年,不得连任。联邦主席或总统对外代表国家,地位与其他委员完全相同。

5. 部长会议体制

部长会议体制是苏联1946年建立的一种中央政府的组织形式,后来一些社会主义国家和发展中国家也相继采用,是一种有一定影响的中央政府体制。其特点如下:部长会议由国家最高权力机关选举产生,是国家最高权力机关的执行机关。它对国家最高权力机关负责,要服从它的决定,无权与它抗衡,也无权将它解散。

部长会议由部长会议主席、第一副主席、副主席、各部部长、各国家委员会主席和其他有关人员组成。它有权按照宪法来领导和管理国家一切政务。部长会议主席团是其常设机构,由部长会议主席、第一副主席和副主席组成,人数较少。部长会议主席团集体掌握国家行政权力,集体决策,实行会议制,不实行政府首脑负责制。

6. 国务院体制

中国的国务院体制是在总结我党革命根据地政权建设经验的基础之上,借鉴了苏联的部长会议制,于1954年形成的。国务院由全国人民代表大会决定人选,由总理、副总理、各部部长、各委员会主任、秘书长组成。1982年起,中国国务院体制又有新的发展,虽然仍采取部长会议制,但也吸取了委员会制一些长处。

其特点主要如下:中华人民共和国国务院是中国最高行政机关,由每届全国人民代表大会第一次会议产生,是中国最高权力机关的立法机关的执行机关。国务院对全国人民代表大会及其常委会负责并报告工作。

国务院组成人员包括总理、副总理、国务委员、各部部长、各委员会主任、审计长、秘书长组成。国务院总理由中共中央按法定程序推荐,由国家主席提名,经全国人民代表大会全体代表过半数通过,由国家主席任命。国务院其他组成人员均由中共中央推荐,总理提名,经全国人民代表大会全体代表过半数通过,由国家主席任命。

国务院实行总理负责制，总理领导国务院，副总理和国务委员协助工作。总理召集和主持国务院全体会议和国务院常务会议。国务院工作中的重大问题，必须经过全体会议和常务会议讨论。国务院向全国人民代表大会及其常委会提出的提案，任免人员，发布的决定、命令和行政法规，都必须由总理签署。国务院各部、各委员会实行部长、主任负责制。

三、国家行政权力体制对财政的影响

政治制度是社会制度的重要构成部分，在国家政治生活乃至整个社会生活中处于至关重要的地位，如果一个国家没有政治制度在其中发挥作用，那是不可想象的。财政权是一国政府行政权力的重要组成部分，在财政管理、决策的各个方面均要受到一国行政权力体制的制约。

首先，一国行政权力体制的首要功能就是规范政治权力的运作。这是政治制度的首要功能。第一，政治制度确认政治权力主体，即政治权力由谁行使、属于谁。第二，政治制度保障政治主体对政治权力的有效行使，不受侵犯。第三，政治制度规定政治权力运行机制，保证政治主体活动的实现。第四，政治制度规定对政治权力主体进行监督的范围和方式，限制政治权力的滥用，保障公民权益不受侵犯。

其次，一国行政权力体制的选择要有利于维护社会的稳定和发展。这是政治制度的又一重要功能。从选举制度的功能看，它为公共权力机构的产生及和平、合理、有序地转让提供了制度上的保障；从代议制度的功能看，它起着平衡利益关系、寻求共同意志、维护社会稳定的重要作用；从政党制度的功能看，它起着政党表达和凝聚民意并使之上升为"公意"和立法，并监督其实施、组织、动员和指导公民参政，推荐国家领导人物等方面的特殊作用；从行政制度的功能看，它起着管理和发展社会经济的主导作用。

最后，一国行政权力体制的选择要保证公民能够有序参与政治。不论民主政治制度还是国家法律制度，都具有这方面的功能。比如，宪法和相关法律规定了公民政治参与的权利和义务；民主选举和监督制度为公民政治参与提供了途径、方式和方法。

四、典型国家的政治体制概况

（一）美国政治体制概况

美国权力分配最重要的特征是分权制衡。美国的分权制度包括两个方面：一是纵向分权，即联邦政府与州政府实行分权，这种分权称之为联邦制。二是横向分权，即政府内部立法、行政、司法三个部门之间实行分权。

1. 美国纵向的权力分配

从纵向的政治关系来看，美国是一个联邦制国家，有一个中央政府（联邦）、50个州政府。各州都是相对独立的政治实体，在50个州之下还有87000个左右地方政府，如郡（县）、市（镇、村）等。各"级"政府只是事权范围、管辖地域的不同，而没有"上下级"关系，其各自的权力都是通过宪法等法律规定的，各"级"政府只需向本辖区的选民负责，而无须向"上级"政府负责。

联邦政府与州政府的权力划分原则，是由美国联邦宪法第十条修正案规定的"本宪法既未授予合众国，又未禁止各州行使的权力，皆有各州或人民保留之"。在联邦成立前，各州都是保持独立与主权的政治实体。制宪会议所确定的联邦政府的权限，实际上是各州把自己拥有的一部分权力让与联邦政府。所以，联邦政府的权力被视为各州及人民对联邦的授予权，以列举的方式载明于联邦宪法。各州没有让与联邦的权力，由各州保留使用，州政府的权力被称为保留权。

联邦成立后，州丧失了作为主权的地位，仅能行使其保留权——既未让与联邦政府又未被禁止行使的各种权力。概括起来，主要有以下几项：警察权、管理地方政府的权力和管理选举的权力。警察权是州政府为保护和促进公共健康、安全、道德、便利和福利而管理个人权利和财产权利的权力。

2. 美国横向的三权分立制

美国政体的基本组织原则是三权分立、分权制衡原则，也就是行政、立法和司法三种权力分别由三个不同的机构行使，实行分权的同时，三种权力和机构之间又互相制衡。三权分立的原则分别体现在美国联邦宪法第一、第二、第三条的首句"本宪法所授予的全部立法权均属于由参议院和众议院组成的合众国国会"、"行政权属于美利坚合众国总统"、"合众国的司法权属于最高法院及国会随时规定并设置的下级法院"。

权力的分立，首先体现为三个权力部门组织上各自独立。为使各部门独立，美国联邦宪法作出如下规定：第一，各部门通过不同方式产生。根据宪法规定，参议院代表各州，其成员由各州议会选举产生，美国联邦宪法第十七条修正案出台后，参议员也改由选民直接选举产生。众议院代表全国人民，其成员由全国选民直接选举产生。总统由全国选民经选举人团间接选举产生。联邦法院法官则由总统提名经参议院同意任命。第二，各部门任期不同。国会参议员任期6年，每两年改选1/3，众议院任期2年，总统任期4年。法官一经任命，除经弹劾罢免之外得终身任职。第三，国会议员、总统和法官薪金固定。三个部门的年薪由国会通过法律确定，任何一个部门不能随意变动，但可根据国家经济发展情况由国会通过法律作适当调整。第四，三个部门的人员分离，不得互相兼职。这也是保障各部门组织独立的有力手段。

其次，权力的分立体现为三个权力部门独立行使其职权。国会是国家最高立法机关，它主要拥有最高立法权、宪法修正权以及行政司法监督权等。凡重要的内政外交，如赋税、货币、拨款、筹建军队、宣战与靖和，在程序上均须经国会立法，否则就是违宪。提出财政法案的权力属国会众议院，参议院有修改补充的权力宪法修正案的提出和通过，由国会两院共同行使。总统是国家元首和行政首脑，拥有执行法律的权力。其行政权主要有：第一，联邦政府官员的任命权。总统组织内阁，并可任命联邦高级官员、法官、外交使节和军事人员。第二，军事统帅权。总统是联邦武装力量的总司令，统率全国武装力量，军队的调动、任务的执行均由总统下令。第三，外交权。经参议院批准同意，总统有权与外国缔结条约。联邦法院拥有联邦司法权。有权裁决联邦政府部门之间、个人与政府之间、州政府之间、个人与个人之间的诉讼案件。联邦最高法院享有终审裁决权。

(二) 英国政治体制概况

英国是世界上第一个摆脱专制制度、建立起资产阶级代议制民主的国家。近代以来西方国家实行的代议制度，是一种间接民主的形式。公民通过由自己的同意所选举出的代表组成议会，来负责制定法律和管理公共事务。英国的代议制形式是君主立宪制。

1. 英国的君主立宪制

君主立宪制又称"立宪君主制"或"有限君主制"，是资本主义国家君主权力受宪法限制的政权组织形式，有二元制和议会制两种。二元制的君主立宪制，是君主和议会分掌政权。君主任命内阁，内阁对君主负责，君主直接掌握行政权，而议会则行使立法权，但君主有否决权。议会制的君主立宪制，议会掌握立法权，内阁由议会产生并对议会负责，君主的实际权力减弱，其职责大多是礼仪性的。现代不少国家仍然采用议会制的君主立宪制，如英国、荷兰、比利时、丹麦、挪威、瑞典、泰国、日本等。

世袭君主是国家"虚位元首"，议会由英王、下议院（下院）、上议院（上院）组成。权力主要在下院。在英国，国王是国家政治权力的精神支柱。国王在形式上的职权主要有：第一，国家元首权。对内有君临议会和组织或解释政府、任免官员、统帅军队、领导教会、授予荣誉等权力；对外有代表国家向敌国宣战和靖和、承认国家和政府、任免驻外使节、签订条约等权力。第二，形式上的立法权，比如签署法案等。第三，行政权。政府的任何权力行为都是以国王的名义实施的。

2. 上下两院制的立法组成

英国是一个君主立宪制的国家。法律上赋予国王的权力，由内阁和议会行使。议会是全国最高立法机构，由英王和上下院组成。

上院又称贵族院，主要由世袭贵族、上诉法院法官和教会主教等组成。下院又称平民院、众议院。议员由普选产生，每5年选举一次，但常因各种情况提前大选。根据宪法规定，在大选中获多数议席的政党为执政党，其党魁由国王任命为首相，组成内阁。内阁向下院负责，并接受其监督。在下院获得次多数议席的政党，成为法定的反对党，即在野党。

3. 责任内阁制的政府体制

英国政府实行责任内阁制，在下议院、执政党和政府三位一体的体制中，形式上政府向议会负责，实际上议会向政府负责。

在英国，政府和内阁是两个不同的概念。政府是全体大臣、国务大臣、各部政务次官、执政党的督导员和王室官员等的总称，所有这些都称为国务员。而内阁只是国务员中的一部分，除首相外，一般有外交大臣、国防大臣、财政大臣、大法官、枢密大臣等。内阁是政府的领导核心，由议会的多数党领袖组成。这里的所谓"议会政府"、"责任内阁"，实际上不过是议会多数党的政府，内阁成员既是政府的行政官，又是议会立法的议员，他们通过组织、控制立法过程，促使政府立法提案通过，因此，这种责任内阁制与其说是议会监督内阁，不如说是内阁控制议会。

每届议会大选后，英王召见多数党领袖，任命他为首相。英国内阁通常是由议会多数党组成，故称"政党内阁"，但也有多党组成的"联合内阁"。内阁是英国政府的领导核心，是整个国家政权的枢纽，其职权主要有：第一，对提交议会的方案作出最后决定；第二，按照议会制定的法律，实施国内最高行政管理权；第三，协调和划定各行政部门的权力。内阁既操纵立法，又管理行政，被看做是对"国家行政的最高控制"、"政府的主要工具"，以及"大多数立法和行政主动性的来源"等。

首相是内阁的中心人物，同时也是英国政府体制中的执政党、立法和行政相结合的体现者。首相的权力主要有：第一，任免内阁成员和所有政府成员、高级官员、将军、驻外使节以及教职人员、高级法官等；第二，首相是内阁会议的当然主席，主持和指导内阁政府的工作，对部长和大臣间的分歧和纠纷进行裁决；第三，受英王委托行使"王权"；第四，根据自己在议会中拥有支持者的多少而对议会施加不同程度的影响。

4. 统一的中央集权制国家结构

英国是一个有地方自治传统的单一制国家，这就使它既不同于地方权力较大的联邦制国家，也区别于地方权力较小的中央集权的单一制国家。现代英国地方政府的基本框架是：实行郡和非郡市、城区二级地方政府，或者郡级市和乡区、教区二级地方政府。中央与地方政府关系极为复杂。议会有权决定授予、取消或改变地方政府的权力，中央政府部门对相应的地方政府部门具有指示、指导或建议权。如果地方政府的行为有超越法令规定的"越权"行为，任何公民都可向法院起诉。中央政府有权派视察员对地方政府的某些做法进行检查、监督，有些法规亦要求地方政府把种种计划或命令提交给有关的大臣批准或认可。

（三）法国政治体制概况

1. 半总统、半议会制的国家政体

法国现行的政府体制是半总统、半议会制。1958年，戴高乐组阁，经过全民投票通过新宪法，成立第五共和国，确立了半总统、半议会制的政体。它既不同于美国的总统制，又不同于英国的议会制（责任内阁制），兼有总统制和议会制的特点。

法国现行的政府体制是第五共和国逐渐发展起来的半总统、半议会制。这种体制包含了许多总统制因素，如总统由普选产生，总统掌管最高行政权力，总统任免总理和组织政府，总统负政治责任等。其议会制因素，主要有政府对议会负责，并接受议会监督；议会可以通过对政府的信任案或否决政府的信任案推翻政府；政府成员必须从议会多数派中挑选等。它兼有这两个政治体制的特点，是总统制和议会制折中和妥协的产物，是混合制。在这种混合制中，总统和议会是第五共和国政治体制顶尖的两个组成部分，它们相互支撑着，缺一不可，而支撑它们的是议会中的多数派。换言之，总统虽然是国家权力的中心，但其权力、地位和作用不是固定不变的，而是与议会多数派的变化密切相关。

2. 中央集权制的国家结构

法国大革命后建立中央集权的地方管理体制和制度，确定法兰西是"统一的不可分割的"共和国，建立了新的国家行政区。根据新的规定，全国分为83个人口大致相同的省，省下面再分为区县和市镇，而省和市镇是两个基本的地方行政单位。与此同时，建立了新的中央集权的政治和行政管理体制，统一领导和管理地方政府，允许选出地方代表进行地方自治，给予地方民选机构许多权力，以便独立自主管理本地事务。

3. 两院制的立法机构议会

法国议会实行两院制，由国民议会和参议院组成。国民议会议员由选民直接选举产生。参议院议员由间接选举产生。

国民议会议员选举也称立法选举。法国全国分为577个选区，每区选出一名议员，议员任期5年，期满全部改选，连选连任。参议院现有议员316名，任期9年，每3年改选其中的1/3。参议院议员由以省为单位的选举团间接选举产生。选举团由该省的国民议会议员、省议会议员及省辖市议会议员的代表组成，全国大约有10万人。

议会享有立法权、财政权和监督权。在第五共和国政体下，议会的权力受到一定的限制。在立法权方面，宪法赋予议会立法权的同时，又规定议会的立法权只限于一定的范围，在此范围以外的一律由政府以条例的形式自行处理；在财政监督权方面，宪法规定议会议员所提出的提案和修正案，如其后果将减少国家收入或将加重国家负担，则均不得成立；议会对政府的行政监督权主要有两种形式——弹劾权和质询权。[①]

第二节 政府支出比较分析

一、政府支出分类概况

按不同标准，从不同角度，对各项预算收支进行科学、系统的分类，是政府预算管理的客观需要。在一定程度上，体现着人们对政府预算的认知水平、管理水平，也反映着一个国家的政治、经济制度与国情。

（一）按政府支出与市场交换的关系分类

按政府支出与市场交换的关系分类，可分为购买性支出和转移性支出。

按政府支出与市场交换的关系，政府支出可分为购买性支出和转移性支出。购买性支出是指政府以购买者的身份在市场上采购所需的商品和劳务所形成的支出。政府购买性支出遵循市场经济的基本准则，实行等价交换。对市场运行而言，购买性支出对消费和生产具有直接影响，可广泛用于调节各项经济活动；转移性支出是指预算资金单方面无偿转移支出，如社会保障支出、财政补贴等。转移性支出由于是价值单方面无偿转移支出，就不可能遵循等价交换的原则，而是为了实现政府特定的经济社会政策目标。与购买性支出相比，转移性支出的重点在于体现社会公平，而对市场经济运行的影响则是间接的。这种分类方法的优点是，以此可以分析政府预算政策在公平与效率之间的权衡和选择，以及政府对市场运行干预的广度与深度。

（二）按政府支出的功能分类

按政府支出的职能分类，可以分为经济建设支出、事业发展支出、国防支出、社会保障和各项补贴支出以及其他支出。

经济建设支出，包括用于经济建设的基本建设投资支出，支持企业的挖潜改造支出，拨

---

① 傅金铎、张先义、沈桂萍主编：《国外主要国家政党政治》，华文出版社2001年版，第94~102页。

付的企业流动资金支出，拨付的生产性贷款贴息支出，专项建设基金支出，支持农业生产支出以及其他经济建设支出。事业发展支出是指用于教育、科学、文化、卫生、体育、工业、交通、商业、农业、林业、环境保护、水利、气象等方面事业的支出，具体包括公益性基本建设支出、设备购置支出、人员费用支出、业务费用支出以及其他事业发展支出。行政管理费用支出，包括行政管理费、外交外事支出、武装警察部队支出、公检法司支出等。国防支出，具体包括军费、国防科研事业费、民兵建设费等。社会保障和各项补贴支出，包括抚恤和社会福利救济支出、行政事业单位离退休支出、社会保障补助支出和政策性补贴支出等。其他支出，指除上述支出以外的一些预算支出。主要有对外援助、支援不发达地区支出、专项支出等。

（三）按预算编制方法分类

按预算编制方法分类，政府支出可分为经常性预算支出和资本性预算支出。

经常性预算支出是指满足政府履行日常内外职能所需要的支出，这部分支出一般都是消费性支出；资本性预算支出是指投入社会再生产领域，形成各类资本的支出。将预算支出分为经常性预算支出、资本性预算支出，可分析政府履行社会公共管理职能与国有资本所有者职能之间的关系。

（四）按政府支出范围分类

按政府支出范围分类，政府支出可分为中央预算支出和地方预算支出。

中央预算支出是指中央政府满足全国性和跨区域性公共产品服务的支出，体现中央政府职能实现的程度；地方预算支出是指地方各级政府满足区域性公共产品服务的支出。这种分类方法，可以分析各级政府履行其职能的具体情况，以及政府间财政分配关系。

（五）按政府支出的性质分类

按政府支出的性质分类，可分为工资福利支出、商品和服务支出等。

支出经济分类是按支出的经济性质和具体用途所作的一种分类。在支出功能分类明确反映政府职能活动的基础上，支出经济分类明细反映政府的钱究竟是怎么花出去的。支出经济分类与支出功能分类从不同侧面、以不同的方式反映政府支出活动。支出功能分类和支出经济分类从不同侧面、以不同方式反映政府支出活动。有利于全面、完整、明细地反映政府资金的使用情况。支出功能分类反映政府职能活动，说明政府的钱到底干了什么事，如办学校、修水利等；经济分类反映政府支出的经济性质和具体用途，说明政府的钱是怎样花出去的，如办学校的钱究竟是发了工资，还是买了设备、盖了校舍。从某种意义上讲，支出经济分类是对政府支出活动更为明细的反映。

世界范围内支出经济分类科目一般分为：工资福利支出、商品和服务支出、对个人和家庭的补助支出、对企事业单位的补贴支出、转移性支出、赠与支出、债务利息支出、债务还本支出、其他资本性支出等。

（六）按政府支出的强制性分类

按政府支出的强制性分类，可分为法定支出和可选择支出。

按照支出是否有法律约束和保障，可以把政府支出分为法定支出（强制性支出）和可选择性支出。规定此类支出的目的在于建立一种法定支出的稳定增长机制，防止其他支出挤压法定支出的现象出现。所谓法定支出（mandatory expenditure）是指按法律规定或者客观实际必须安排的支出，一般具有刚性特点，如社会保险支出、退伍军人补贴和公务员工资等。可选择性支出（discretionary expenditure）是指政府可以选择、可以控制的项目支出，政府和国会对这类支出的调整余地较大，如研制或购买军事武器支出等。在中国的《科技进步法》、《义务教育法》、《农业法》中，均规定了类似条款，规定财政用于科技方面的支出、义务教育方面的支出、农业方面的支出，不得低于财政经常性支出的增长幅度。

二、政府支出规模分析

（一）发达国家政府支出规模比较

财政支出规模反映了政府集中、占有和使用的经济资源量及其发挥职能作用的力度。财政支出规模可以通过两个指标来衡量：绝对数指标和相对数指标。财政支出规模绝对数指标即财政支出总额，它可以比较直观地反映财政支出的现状和变化情况。财政支出规模相对数指标是财政支出金额与其他相关经济指标的比值。其中财政支出占GDP的比值最为常用，这一指标能够反映社会经济资源总量在公私两部门配置的比例。

虽然不同国家在不同时期财政支出规模增长的幅度有所不同，但无论从绝对数指标还是相对数指标来看，经济发达国家和发展中国家都有不断增长的趋势。发达国家的财政支出占GDP的比率从19世纪末的10%左右上升到20世纪末的50%左右（见表2-1）。

表2-1 部分发达国家的财政支出占GDP的比率变化　　　　单位：%

年份	法国	日本	瑞典	英国	美国
1880	15	11	6	10	8
1929	19	19	8	24	10
1960	35	18	31	32	28
1985	52	33	65	48	37
1996	57	36	71	54	39
2009	49.4	32.9	55.9	40.0	32.8

（二）发达国家政府间支出责任划分的一般依据与现状

政府间支出责任划分受政治、历史、文化等特定国情因素影响，具体项目划分上不存在统一的模式，但通常遵循如下原则：一是适宜性原则。政府各项职能的本质属性天然决定了其在各级政府间的最适配置。国防、外交等与国家利益密切相关，受益范围惠及全民的公共服务，应由中央负责；地方基础设施和消防等以特定区域居民为服务对象，受益范围限于某一区域的服务项目，则由相关地方政府负责。二是效率原则。地方政府更了解辖区内居民需求，凡是由地方政府处理，其行政效率更高的事务归地方，反之则由中央负责。三是法制规范原则。各级政府支出责任通过法律形式明确加以界定，同时，支出责任的调整应按照一定的法律程序，保持稳定性、规范性。

1. 市场经济国家事权划分的方式

市场经济国家的事权划分方式可归为以下三类：一是中央列举法。由宪法等法律单独列举中央或联邦政府的事权，地方概括剩余事权。按照这一划分方式，地方事权较多，代表国家如美国、日本。二是共同列举法。法律同时列举中央或联邦事权与地方事权，如有未列举的事权发生时，依据事务属性确定其归属，代表国家如加拿大。三是中央推定法。法律列举地方事权，而未列举的事权推定属于中央。即地方列举，中央概括，故中央事权较多。代表国家如南非（见表2-2）。

表2-2　　　　　　　　典型市场经济国家的事权划分一般原则

内容	责任归属	依据
国防	中央	全国性公共服务
外交	中央	
国际贸易	中央	
金融与货币政策	中央	
管制地区间贸易	中央	
全国性交通	中央	
社会保障	中央	收入再分配、全国性公共服务
对个人的福利补贴	中央、省	收入再分配、地方性公共服务
环境保护	中央、省	
对农业、工业、科研的支持	中央、省、地方	地方性公共服务、外溢性
教育	中央、省、地方	
卫生	中央、省、地方	
治安	省、地方	
供水、下水道和垃圾处理	地方	地方性公共服务
消防	地方	
公园、娱乐设施	地方	
地区性交通	省、地方	

2. 政府间事权划分具体划分实践

从成熟市场经济国家实践看,中央政府主要承担国防、外交、国际贸易、货币、全国性立法和司法等事务;交通、教育、卫生、治安、消防、社会福利等的大部分为地方政府职责。不同国家之间的区别主要在于中央政府介入地方事权的范围与程度。主要市场经济国家基本公共服务职责划分与中央财政支出占全国财政支出的比重见表2-3与图2-1(2003年数据)。

表2-3　　　　　　　　　　部分国家基本公共服务职责划分情况

政体	国别	公共服务项目			法律依据
		教育	公共卫生	社会保障	
联邦制	澳大利亚	联邦、州	联邦、州	联邦、州	宪法
	美国	州、地方	州、地方	联邦、州	宪法及其修正案
	德国	州	州、地方	联邦	基本法
单一制	英国	中央、郡县	中央、郡县	中央	宪法
	日本	中央、都道府县、市町村	中央、都道府县、市町村	中央	宪法、地方自治法

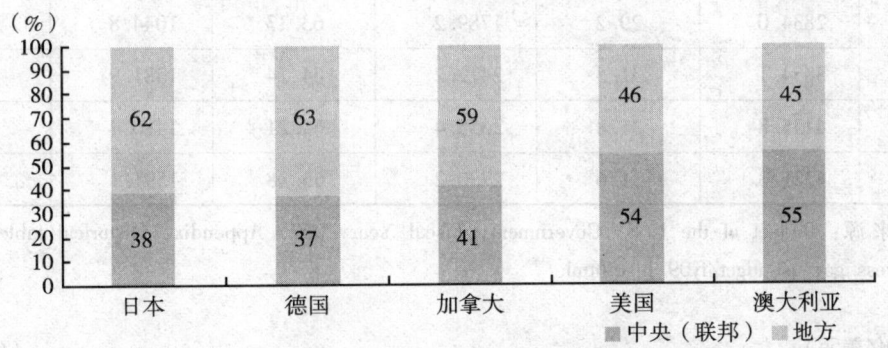

图2-1　部分国家基本公共服务职责划分情况

(三) 美国财政支出规模与结构演变

1. 1948~2007财政年度美国政府支出规模及占GDP比重总体演变

从第二次世界大战后美国财政支出的规模及占GDP比重的演变情况来看,美国财政支出保持一个平稳的增长态势。随着GDP的增长,财政支出的规模也不断增长,但财政支出占GDP的比重基本上保持上稳定在30%左右的水平。美国政府财政支出由1948年的440亿美元增长至2007年的43213亿美元,占GDP的比重由17.2%提升至31.6%。联邦政府支出是全部政府支出的主体,基本上维持在65%上下的水平,州和地方政府支出占全部政府支出的比重维持在35%上下的水平(见表2-4、图2-2、图2-3)。

表2-4　　　　1948~2007财政年度美国政府支出规模与占GDP比例演变表

财政年度	全部政府支出（10亿美元）	全部政府支出占GDP比重（%）	联邦政府支出（10亿美元）	联邦政府支出占政府总支出比重（%）	州和地方政府支出（10亿美元）	州和地方政府支出占政府总支出比重（%）
1948	44.0	17.2	29.8	67.73	14.2	32.3
1950	62.0	22.7	42.6	68.71	19.4	31.3
1955	97.6	24.7	68.4	70.08	29.2	29.9
1960	135.8	26.2	92.2	67.89	43.6	32.1
1965	181.9	26.5	118.2	64.98	63.7	35.0
1970	298.3	29.5	195.6	65.57	102.7	34.4
1975	499.8	32.0	332.3	66.49	167.5	33.5
1980	853.5	31.3	590.9	69.23	262.6	30.8
1985	1347.4	32.5	946.4	70.24	401.0	29.8
1990	1862.1	32.5	1253.1	67.29	609.0	32.7
1995	2318.3	31.6	1515.9	65.39	802.4	34.6
2000	2834.0	29.2	1789.2	63.13	1044.8	36.9
2005	3854.1	31.5	2472.2	64.14	1381.9	35.9
2006	4135.8	31.8	2655.4	64.21	1480.4	35.8
2007	4321.3	31.6	2730.2	63.18	1591.1	36.8

资料来源：Budget of the U. S. Government, Fiscal Year 2009, Appendix, Historical tables. http://www.gpoaccess.gov/usbudget/fy09/hist.html.

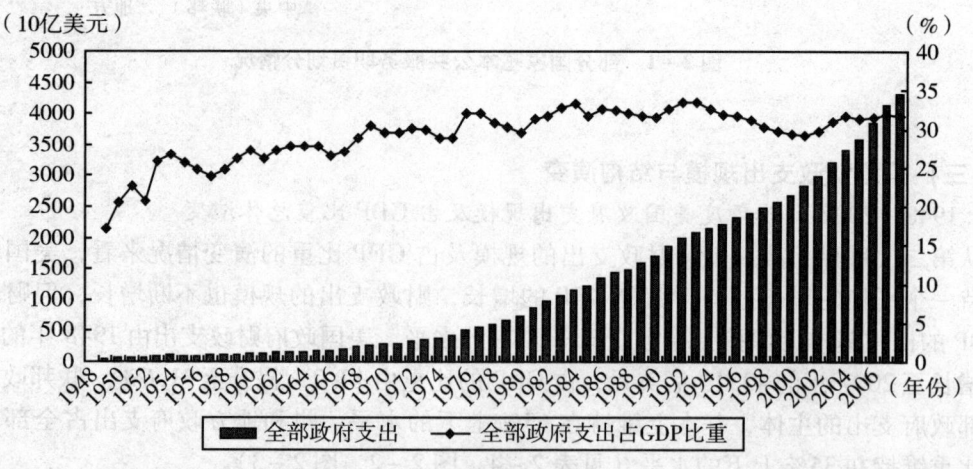

图2-2　1948~2007财政年度美国政府支出规模与占GDP比重演变

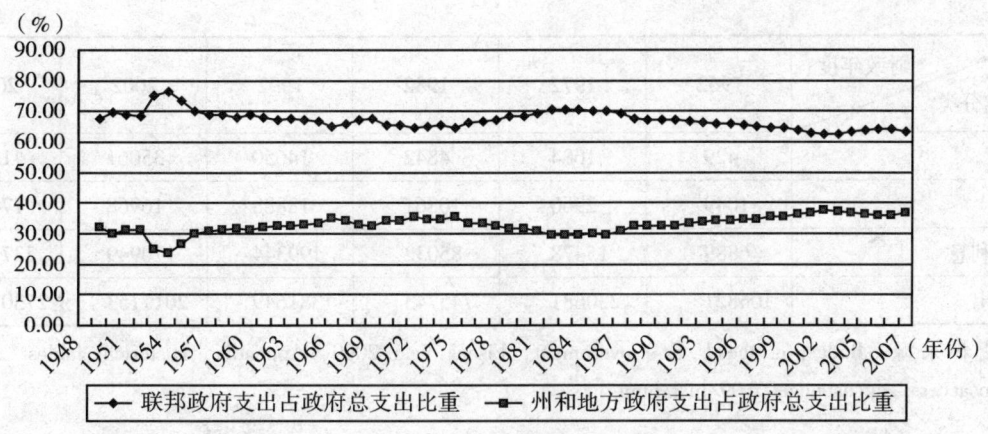

图 2-3　1948~2007 财政年度美国政府支出在联邦与州地方政府之间分配演变

2. 国防支出所占比重有所下降，社会保险、社会福利支出增长很快

从 1962~2007 财政年度美国财政支出的用途分类来看，国防支出在全部财政支出中的比重有所下降，医疗保险、收入保障、社会保障支出所占比重上升很快。1962 年国防支出占据全部财政支出的 47% 的水平，至 2007 年，这一比重已经下降至 20% 左右的水平。而医疗保险、收入保障、社会保障支出在全部财政支出中的比重在 2007 年已经上升至 47% 左右的水平。行政支出在财政支出中的比重一直很低，基本上占全部财政支出的 1% 左右的水平（见表 2-5、图 2-4）。

表 2-5　美国政府支出结构按功能分类（1962~2007 财政年度）　单位：百万美元

功能分类 \ 财政年度	1962	1972	1982	1992	2002	2007
国防	52345	79174	185309	298350	348482	552568
国际事务	5639	4781	12300	16107	22351	28510
科学、空间技术	1723	4175	7199	16407	20767	25566
能源	604	1296	13527	4499	475	-860
环境保护	2044	4241	12998	20025	29454	31772
农业	3562	5227	15866	15088	21966	17663
商业与住房信用	1424	2222	6256	10919	-406	488
运输	4290	8392	20625	33332	61833	72905
交通与地区发展	469	3423	8347	6836	12981	29567
教育、培训与社会服务	1241	12529	26612	42751	70581	91676
健康	1198	8674	27445	89497	196544	266432
医疗保险	—	7479	46567	119024	230855	375407
收入保障	9207	27650	108155	199562	312720	365975
社会保障	14365	40157	155964	287585	455980	586153
退伍军人事务	5619	10720	23938	34064	50984	72847

续表

财政年度 功能分类	1962	1972	1982	1992	2002	2007
司法	429	1684	4842	14650	35061	41244
行政	1049	2960	10861	12888	16968	17457
债务利息	6889	15478	85032	199344	170949	237109
总支出	106821	230681	745743	1381649	2011153	2730241

资料来源：Budget of the U. S. Government, Fiscal Year 2009, Appendix, Historical tables. http://www.gpoaccess.gov/usbudget/fy09/hist.html.

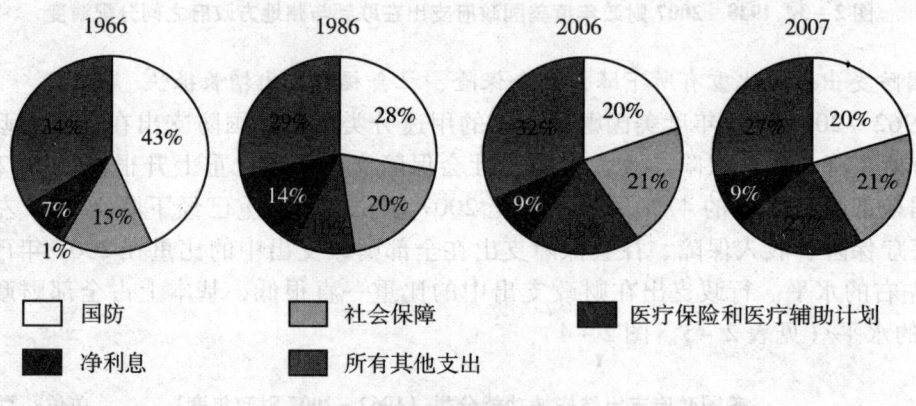

图2-4 美国财政支出所占比重

注：Numbers may not add to 100 percent due to rounding.

资料来源：Office of Management and Budget and the Department of the Treasury.

（四）美国州政府支出结构分析

州政府主要负责失业救济，高速公路、公共教育、公共福利等项目。以伊利诺伊州2008财政年度支出功能分类来看，2008财政年度，伊利诺伊州财政支出358.76亿美元，其中用于健康和社会服务支出137.6亿美元，占州财政支出的39%，教育支出103.76亿美元，占州财政支出的29%，此两项合计占据伊利诺伊州财政支出总量的68%。州政府部门行政支出6.86亿美元，占州财政支出总量的2%。另外用于地方政府的转移支付支出87.19亿美元，公共安全和司法支出19.15亿美元，分别占州财政支出总量的24%和5%（见表2-6、图2-5）。

表2-6　　　　　　　伊利诺伊州2008财政年度支出按功能分类　　　　　单位：10亿美元

总支出	健康和社会服务	教育	政府行政支出	其他支出	转移支付	公共安全和司法
35.876	13.76	10.376	0.686	0.42	8.719	1.915

资料来源：Budget for 2008 Fiscal year, 伊利诺伊州收入署，Illinois Department of Revenue, http://www.revenue.state.il.us/.

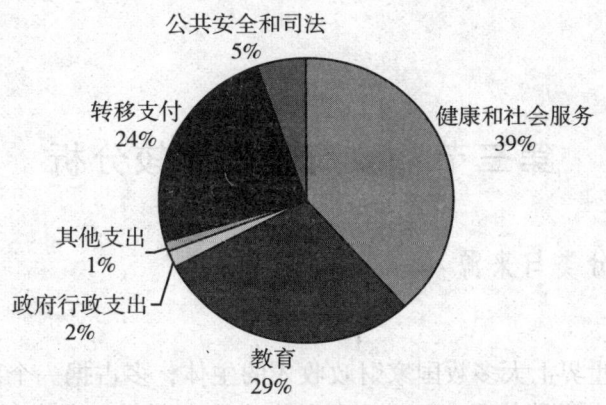

图2-5 伊利诺伊州2008财政年度支出功能分类

小资料：无力支付失业救济金 美国三十州濒临破产

资料来源：中评电讯，www.chinareviewnews.com，2008年12月16日。

美国失业率创26年来新高，多个州缺乏资金支付失业救济金，未来几个月将面临破产。有州政府向联邦政府要求贷款，或者增加商业税应急。

劳工部上周公布新申领失业救济人数上升至57.3万人，是1982年来新高。根据全国州劳工局协会数字显示，目前有30个州因缺乏资金支付失业救济金，未来几个月将面临破产，其中印第安纳州和密歇根州等5个州的信托基金更已经用尽——亦即仅够支应3个月或更为短期，要向联邦政府借钱支付失业救济金。另有8个州则濒临破产，仅够支应4~6个月。还有6个州的基金不足以支应一年。而包括加州、纽约等，也担心破产而得伸手向联邦政府借钱。

所以许多州长、市长与其他州及地方官员，近来屡屡要求总统当选人奥巴马于2009年1月就职后，迅速通过振兴经济方案。他们极欲筹资，进行基础建设，希望新国会和新白宫能在2009年1月宣誓就职后向地方施援，并提供健保与食物券等服务。初步估计单在社会福利和基建方面，规模达1760亿美元。宾州州长兰杜尔称，各州已有多项修补道路、桥梁、排水系统和学校的工程准备上马，估计总开支可达1360亿美元。

另外各州在维持福利上也需拨款，弗州州长道格拉斯虽不愿透露具体数字，但希望款项将多于2003年联邦下拨各州的200亿美元。外界估计实际拨款应在400亿美元的水准。逾半数的州已削减了支出，动用储备金或加税及提高费用，以平衡预算。但是至少有37州，加上哥伦比亚特区，已见新的缺口，总金额达312亿美元，或预算的7.2%。削减支出多在公共服务方面，例如，罗得岛取消了1000对低收入父母的健保保障。新泽西州则删除了医院的慈善医疗基金。佛罗里达州冻结了疗养院的补助。

第三节 政府收入比较分析

一、政府收入分类与来源

（一）税收收入

税收收入是当前世界上大多数国家财政收入的主体，多占据一个国家财政收入的90%以上。按照世界范围内税种的现状，主要税种有个人所得税、企业所得税、增值税、销售税、关税等。不同政体的国家，在税收立法权分配上可能有所差异，联邦制度国家除了联邦政府有税收立法权外，州和地方政府也有一定的税收立法权，单一制国家，税收立法权多高度集中于中央政府。

从征税对象而言，世界各国多对财富、交易、财产、雇佣、所得征税。对财富征收的税主要有遗产税、继承税和赠与税；对交易征收的税主要是消费税、销售税和使用税；对财产征收的税主要有不动产税和私人财产税；对雇用征收的税主要是社会保障税和失业保险税；对所得征收公司所得税和个人所得税。

美国各级政府都有一套相对独立的税制体系，除了联邦政府向全国统一征收的税收外，美国并不存在一套统一适用于全国的地方税制度。美国联邦、州和地方政府根据各自的权力、税收征收管理水平和经济发展水平等因素，选择了不同的税种作为各自的主体税种，形成不同的税制模式，体现了与美国的联邦制的分权特征相适应的税制特征。联邦政府征收的税种主要有社会保障税、个人所得税、公司所得税、消费税等，州政府征收的税主要有销售税、财产税、个人所得税、公司所得税等。由于各州、郡、市（镇、村）的人口密度、经济活动内容、居民收入水平、财产占有状况千差万别，其税制体系具有很大的差别，没有人能说清美国有多少种税收。国内有关文献以经合组织（OECD）财委会文献所介绍的美国税制大多为联邦税制，只介绍联邦税制，不足以反映美国税收制度的状况和特征，千差万别的地方税制，才是美国税制区别与我国税制的重要特征（见表2-7至表2-10）。

表2-7　　　　　　　　　　美国联邦政府统一征收的主要税种

税　种	纳税人	备　注
社会保障税	顾主、劳动者个人	按工资总额征收
个人所得税	个人	按个人所得征收
公司所得税	企业	按企业所得征收
特别消费税	企业	对特殊商品的消费征收

表2-8　　　　　　　　　　　　各州政府普遍征收的税种

税　种	纳税人	备　注
销售税	货物和服务批发、零售商	按销售额征收，有的州叫"消费税"
使用税	在低于本州销售税税率的州购买商品而到本州使用的个人	用本州销售税减去他州销售税，所得差额即为使用税
财产税	财产拥有者	按财产评估价值征收
个人所得税	个人	按个人所得征收
公司所得税	企业	按企业所得征收

表2-9　　　　　　　　　　伊利诺伊州辖区内的库克郡征收的税种

税　种	纳税人	备　注
1. 酒精饮料税	批发商、零售商	按酒精含量高低分别设定税率，按销售量征收
2. 娱乐税	娱乐场所的所有者、经营者和管理者	按票价或表演场所的观众容量征收
3. 汽、柴燃料税	购买者	按体积征收
4. 特定个人财产税	购买者	对购买的特定个人财产的成交价格征收
5. 停车场所和车库经营税	停车人	按停车费的一定比例征收
6. 新机动车零售税	购车者	按轮子的多少或按吨位的大小征收
7. 不动产税	销售者、赠与者、分配者或其他方式转让者	按价值征收
8. 香烟税	购买者	按香烟的销售价值征收
9. 机动车轮胎税	车辆拥有者	按车型等征收

表 2-10　　　　　　　　　　库克郡辖区内的芝加哥市征收的税种

税　种	纳税人	备　注
1. 机场出发税	到机场的出租机动车	按出租车的座位数或载货吨位征收
2. 娱乐税	娱乐经营者、管理者及场所拥有者	按票价或场所娱乐人员容量征收
3. 收费电视节目观看税	收看者	按节目收费额征收
4. 自动娱乐设备税	娱乐场所的经营者	按赌博机或非赌博机分别征收
5. 香烟税	批发商	按销售价值征收
6. 电力基础设施维护税	输送电者	按送电的数量征收
7. 用电税	用电者	按用电量征收
8. 应急有线电话（相当于我国的"公用电话"）使用税	经营电话的人	按电话的部数征收
9. 应急无线电话（相当于我国的"公用电话"）使用税	经营电话的人	按电话的部数征收
10. 顾主花费税	对雇佣员工超过一定数量的顾主	按员工数量征收
11. 州外火灾保险税	为芝加哥的顾客提供火灾保险的依利诺伊州辖区以外的保险经营者	按收取的保险费征收
12. 软饮料税	卖软饮料的经营者	按售价征收
13. 燃气占用税	燃气批发商	按销售量征收
14. 燃气使用税	燃气购买者	按购买量征收
15. 道路运输税	公路运输车辆出租者	按天征收
16. 旅馆住宿税	旅馆经营者	按住宿费征收
17. 酒税	零售酒者	按酒的种类分别设置税率，按体积征收
18. 机动车出租税	出租车辆者	按时间和车辆征收

续表

税　种	纳税人	备　注
19. 停车税	停车场经营者	按停车时间长短征收
20. 个人财产出租交易税	出租者	按出租收费的多少征收
21. 不动产转让税	转让者或接受者	按转让价格征收
22. 饭馆和其他饮食场所税	经营者	按销售额征收
23. 电信税	电信零售商	按电信（电话、电报）收费额征收
24. 机动车燃料税	加油站	按体积征收
25. 轮胎税	车辆拥有者	按轮胎多少征收

（二）债务收入

美国法律规定，联邦政府和地方政府都可发行政府债券。联邦政府举债主要通过两种办法：一是向公众借债；二是向政府基金账户借款（按照法律规定，政府设立的大部分信托基金余额必须投资于联邦债券）。州和地方政府发行的债券金额较小，但种类较多，而且只能用于公共建设项目投资，同时能给公众带来较稳定收益或具有偿还能力。

（三）基金收入

根据美国政府会计准则委员会（GASB）制定的有关规定，地方政府根据财政资源的不同性质和用途，设立不同基金，进行预算的控制和执行。会计准则将地方政府的基金一般分为三类七种，即政府类基金（Governmental Funds）、权益类基金（Proprietary Funds）和信托类基金（Fiduciary Funds）。其中，政府类基金反映政府一般行政活动，包括一般基金（General Funds）、特种收入基金（Special Revenue Funds）、资本项目基金（Capital Project Funds）、债务基金（Debt Service Funds）；权益类基金反映政府经营性活动，包括公用事业基金（Enterprise Funds）和内部服务基金（Internal Service Funds）；信托基金反映政府管理的信托资金情况，包括养老金信托基金（Pension Trust Funds）及一些代管基金（Agency Funds）等。

美国各州的收入主要来自各项税收、规费、罚金及联邦政府补助。按其性质，可分为一般基金收入及专项基金收入。一般基金收入指依据宪法、州法律及联邦授权而课征的各项税收、规费及罚金。专项基金收入指具有严格的、特定用途的收入。如联邦基金总是用于由各州参与的，有具体使用方向的联邦项目。

1. 一般基金（General Fund）

一般基金收入来自于个人及公司所得税、销售及使用税的一部分、银行税、保险税、烟草税、酒税、车辆牌照税及一些地方性收费和罚金等主干税源。因此，一般基金收入主要用于承担州运作的项目，如教育、健康及福利等。总的来说，一般基金收入承担了75%的州支出项目。

2. 专项基金（Special Fund）

专项基金收入来自于法律明确规定的、具有专门用途的、专户管理的、独立于一般基金收入之外的各项税、费。专项基金收入主要用于交通、基础设施建设等。绝大部分专项基金来自于燃油税、猎捕及钓鱼牌照费、车辆登记费等。

3. 联邦基金（Federal Fund）

各州有一定比例的收入来自于联邦补助，主要用于健康、医疗、社会福利、专项教育等具体的联邦建设项目。

二、政府收入规模与结构分析

（一）政府财政收入规模

一个国家财政收入占GDP比重的高低，受多种因素影响，但最根本的是取决于经济发展水平和政府职能范围的大小。一般经济发展水平越高，社会创造的剩余产品越多，可供政府运用的社会资源也就越多；政府职能越大，政府承担的社会事务越多，社会要求政府提供的公共产品和服务也就越多。这样，经济发展水平越高、政府职能越大的国家，财政收入占GDP比重相应要高一些。因此，并没有一个统一公认的标准。发达国家财政收入占GDP的比重在20世纪90年代中期约为35%~45%，如美国为35%（1998年），法国为49%（1998年），德国为47%（1998年），瑞典为55.3%（1995年），挪威为51.3%（1998年）。发展中国家财政收入占GDP的比重约为25%，如印度为21.5%（1997年），马来西亚为28%（1997年），泰国为19%（1997年）。

根据国际货币基金组织《政府财政统计年鉴（2007）》公布的2006年数据计算，全部51个国家的财政收入占GDP比重平均为40.6%，21个工业化国家的平均水平为45.3%，30个发展中国家的平均水平为35.9%。其中，税收收入占GDP比重的世界平均水平为25.4%，工业化国家的平均水平为29.5%，发展中国家的平均水平为21.3%。1991~2008年间OECD国家和部分发展中国家政府财政收入占GDP的比重见表2-11、表2-12。

表2-11　　　1991~2008年OECD国家政府税收和非税收入占GDP比重　　　单位：%

国家	1991年	1995年	2000年	2005年	2006年	2007年	2008年
澳大利亚	33.0	34.5	36.1	36.3	36.0	35.4	35.5
加拿大	43.9	43.2	44.1	40.8	40.7	40.5	39.9
法国	47.6	48.9	50.1	50.5	50.3	49.7	49.6
德国	43.3	45.1	46.4	43.6	43.8	43.9	43.4
意大利	42.6	45.1	45.3	43.8	45.4	46.6	45.9
日本	33.4	31.4	31.4	31.7	34.6	33.4	35.0

续表

国家	1991年	1995年	2000年	2005年	2006年	2007年	2008年
韩国	22.7	24.6	29.3	31.9	33.8	35.2	35.7
荷兰	52.3	47.2	46.1	44.5	46.2	45.6	46.0
西班牙	39.5	38.0	38.1	39.4	40.5	41.0	38.2
瑞典	61.0	58.0	60.7	56.1	55.3	54.9	54.0
英国	39.8	38.2	40.3	40.8	41.6	41.7	41.9
美国	32.9	33.8	35.8	33.4	34.2	34.5	33.3
欧元区	44.7	45.6	46.3	44.9	45.4	45.5	44.9
全部OECD国家	37.6	38.1	39.3	38.0	38.9	38.9	38.5

数据来源：OECD Econonic Outlook（2008年11月），2008年数据为OECD预测数。

表2-13 部分发展中国家政府财政收入占GDP比重   单位：%

国家	南非	斯洛伐克	波兰	捷克	保加利亚	伊朗	阿根廷	智利
年份	2006	2006	2006	2006	2006	2004	2004	2006
比重	37.3	35.1	39.1	38.1	40.0	30.7	29.4	27.8
国家	哥伦比亚	玻利维亚	秘鲁	巴西	马来西亚	泰国	越南	印度
年份	2005	2006	2005	2004	2003	2006	2003	2005
比重	32.0	50.9	18.7	35.8	26.1	22.0	24.1	21.9

（二）政府间收入划分的一般原则

税种属性是决定政府间收入划分的主要标准。市场经济国家一般遵循以下具体原则：一是集权原则。无论是联邦制国家，还是单一制国家，为了保持政策的统一性与社会稳定，维护中央政府权威，一般都在政府间初次分配中集中较多的财力，将收入份额较大的主体税种划归中央政府。二是效率原则。对于一些流动性较强的收入，作为中央政府收入，不仅征管较为简便，而且不易流失；一些流动性不强的收入如以土地为课税对象的收入，地方政府较为了解税基等基本信息，同时税基流动性差，收入相对稳定，划归地方政府易于操作，征税效率较高。三是恰当原则。为了有效实施宏观调控，对于一些调控功能较强的税种通常作为中央政府收入，对于体现国家主权的收入如关税等，不宜作为地方收入或实行中央地方分享。四是收益与负担对等原则。对于收益与负担直接对应的收入如使用费等，一般作为地方政府收入（见表2-13）。

表 2-13　　　　　　　　　　　　中央与地方收入划分办法

收入归属	税　种	理　由
中央收入	增值税	流动性较强，维护中央权威
	企业所得税	
	关税	体现国家权益
	资源税	
	消费税	收入再分配
	个人所得税	
地方收入	财产税	税基较为稳定
	营业税	
	土地税	地方具有信息优势
	车辆税	
	使用费、规费	收益与负担对等

（三）典型市场经济国家的政府间收入划分

从各国具体实践看，日本、英国等单一制国家通常将增值税、个人所得税、公司所得税等大宗税种作为中央收入，中央收入比重相对较高；德国、美国等联邦制国家一般将所得税纳入联邦与州等地方政府的共享范围，财力集中水平略低于单一制国家。另外，各国普遍将财产税、车辆税、销售税等作为地方政府收入。主要市场经济国家中央财政收入占全国财政收入的比重见表 2-14、图 2-6（2005 年数据）。

表 2-14　　　　　　　　　　　　政府间收入划分国际比较

政体	国别	中央（联邦）收入	地方收入	共享收入
单一制	日本	个人所得税、法人税、遗产税、证券交易税等	居民税、财产税、车辆税、土地拥有特别税等	消费税（中央地方分税目共享）
	英国	个人所得税、公司税、资本利得税、印花税、遗产税、增值税、消费税	市政税、营业房地产税	—
	法国	个人所得税、公司所得税、增值税、消费税、关税、遗产税、交易税	房地产税、居住税、财产转移税、专利税、电力税、工资税、娱乐税、汽车牌照税	—
	匈牙利	公司税、消费税、增值税、关税、土地税、商业税等	建筑税、地皮税、地方自治税、旅游税	个人所得税、汽车牌照税

续表

政体	国别	中央（联邦）收入	地方收入	共享收入
联邦制	德国	关税、矿物油税、烟税、烧酒税、保险税、交易税	遗产税、财产税、机动车辆税、赌场税、其他交通税	公司所得税、个人所得税、增值税、工资税、资本收益税
	美国	关税、社会保障税、特种销售税	财产税、一般销售税、许可证税	公司所得税、个人所得税、遗产与赠与税
	加拿大	关税、汽油与天然气税、	财产税、一般销售税、许可证税	公司所得税、个人所得税、社会保险税、投资收入税
	澳大利亚	个人所得税、企业所得税、商品销售税等	工薪税、州财产税、车辆税、土地矿产税、赌博税、保险行业税、财产税	—

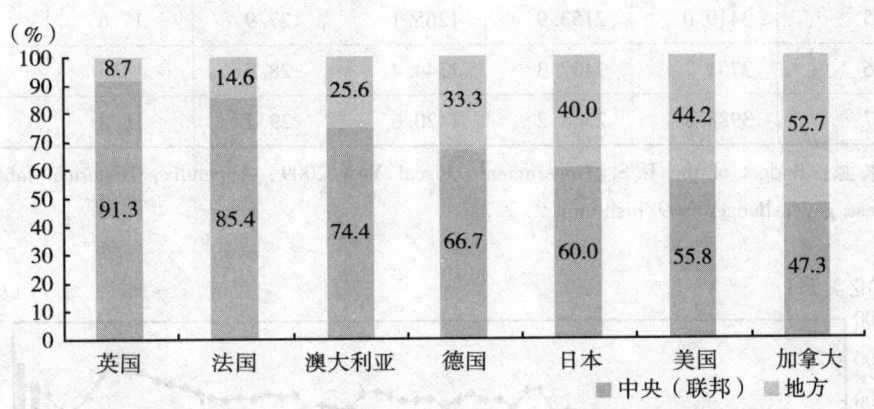

图 2-6 主要市场经济国家中央财政收入占全国财政收入的比重

（四）美国政府收入规模演变

1. 美国联邦政府收入增长演变

第二次世界大战以后，美国财政收入保持一个稳定的增长态势，由 1948 年的 557 亿美元增长至 2007 年的 39888 亿美元，财政收入占 GDP 的比重由 1948 年的 21% 左右的水平增长至 2007 年的 29.2%，一直稳定在 30% 左右的水平。联邦政府收入占据政府财政收入的主体，长期以来一直维持在 60%~70% 的水平，显示了在以美国为典型的联邦制国家，联邦政府在全国财政收入中仍然占据主导地位（见表 2-15、图 2-7）。

表 2-15　　　　　　　　　　美国 1950～2007 财政年度财政收入演变表

财政年度	总量（10 亿美元）			占 GDP 比重（%）		
	全部政府收入	联邦政府收入	州和地方政府收入	全部政府收入	联邦政府收入	州和地方政府收入
1950	56.4	39.4	17.0	20.7	14.4	6.2
1955	90.8	65.5	25.3	23.0	16.6	6.4
1960	130.7	92.5	38.2	25.2	17.9	7.4
1965	172.6	116.8	55.8	25.1	17.0	8.1
1970	286.5	192.8	93.7	28.3	19.0	9.3
1975	428.9	279.1	149.8	27.5	17.9	9.6
1980	756.7	517.1	239.6	27.8	19.0	8.8
1985	1117.9	734.1	383.8	27.0	17.7	9.3
1990	1585.7	1032.1	553.6	27.6	18.0	9.7
1995	2092.7	1351.9	740.8	28.6	18.5	10.1
2000	3006.2	2025.5	980.7	31.0	20.9	10.1
2005	3419.0	2153.9	1265.1	27.9	17.6	10.3
2006	3751.7	2407.3	1344.4	28.8	18.5	10.3
2007	3988.8	2568.2	1420.6	29.2	18.8	10.4

资料来源：Budget of the U.S. Government, Fiscal Year 2009, Appendix, Historical tables. http://www.gpoaccess.gov/usbudget/fy09/hist.html.

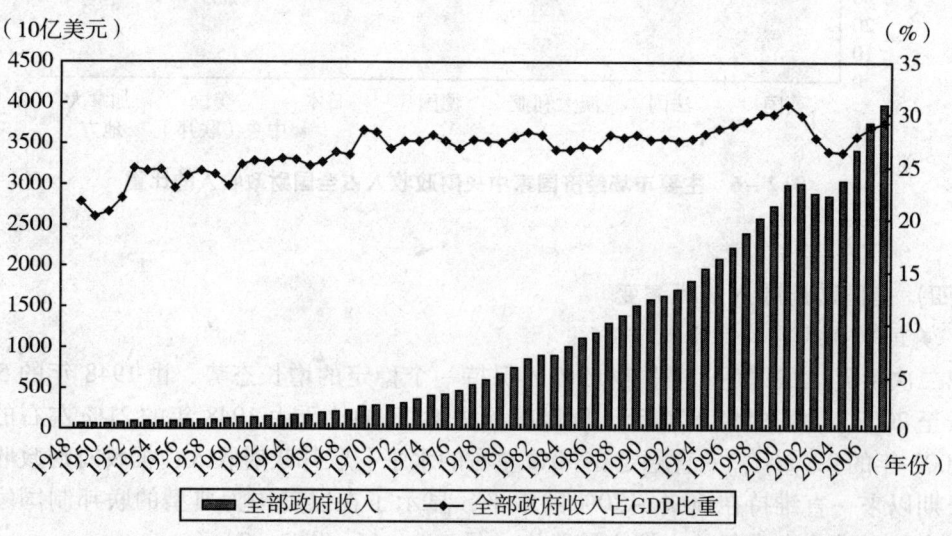

图 2-7　美国 1948～2007 财政年度政府收入规模与占 GDP 比重变化演变

美国是联邦制国家，政府体系由联邦、州和地方三级政府组成，各级政府之间事权和财权都划分得比较清晰、明确和规范。一般来讲，联邦政府负责对收入进行再分配和稳定国民经济，各州、地方政府的自主权也相对较大，主要负责有效配置资源、解决市场失灵和外部性问题。按照上述原则，国防、邮政服务、退伍军人福利、社会保障与医疗保险几乎100%由联邦政府负担。州政府主要负责失业救济、高速公路、公共教育、公共福利、监狱的大部分支出；地方政府主要负责火灾消防、排水、警察服务等项支出。值得一提的是，在美国的教育体制下，联邦财政主要向中小学的特殊学生提供部分资金，如特困生和残疾学生。至于高等教育，联邦政府不是直接提供教育经费，而是着重资助科学研究项目。与财政支出的职责划分相适应，美国各级政府的税收权限划分也较为明晰，大体上说，联邦政府主要依赖的是所得税，州政府依赖的是消费税或销售税，地方政府主要依赖财产税（见表2-16、图2-8）。

表2-16　　　　　　美国1948～2007财政年度联邦与州政府财政收入分配演变

财政年度	总量（10亿美元）			比重（%）	
	全部政府收入	联邦政府收入	州和地方政府收入	联邦政府收入占政府总收入比重	州和地方政府收入占全部政府收入比重
1948	55.7	41.6	14.1	74.69	25.31
1950	56.4	39.4	17.0	69.86	30.14
1955	90.8	65.5	25.3	72.14	27.86
1960	130.7	92.5	38.2	70.77	29.23
1965	172.6	116.8	55.8	67.67	32.33
1970	286.5	192.8	93.7	67.29	32.71
1975	428.9	279.1	149.8	65.07	34.93
1980	756.7	517.1	239.6	68.34	31.66
1985	1117.9	734.1	383.8	65.67	34.33
1990	1585.7	1032.1	553.6	65.09	34.91
1995	2092.7	1351.9	740.8	64.60	35.40
2000	3006.2	2025.5	980.7	67.38	32.62
2005	3419.0	2153.9	1265.1	63.00	37.00
2006	3751.7	2407.3	1344.4	64.17	35.83
2007	3988.8	2568.2	1420.6	64.39	35.61

资料来源：Budget of the U.S. Government, Fiscal Year 2009, Appendix, Historical tables. http://www.gpoaccess.gov/usbudget/fy09/hist.html.

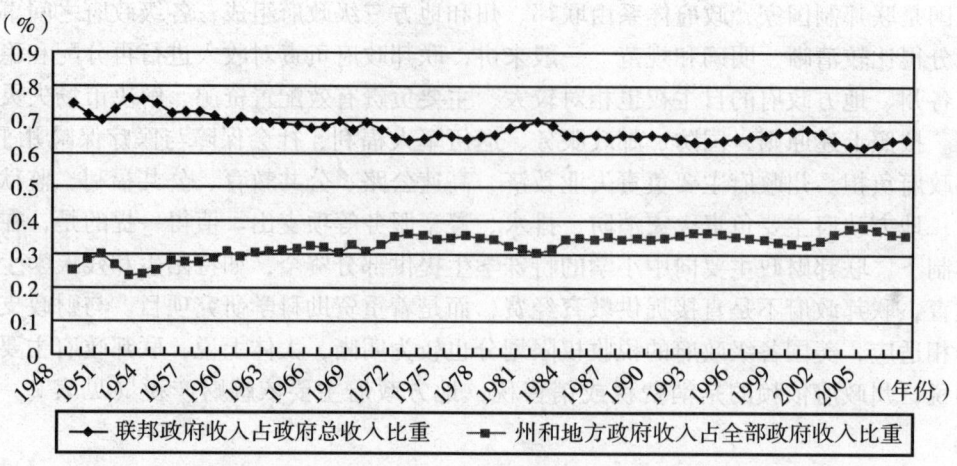

图 2-8　1948~2007 财政年度美国政府收入在联邦与州政府财政收入分配演变

2. 美国财政收入来源以个人所得税和社会保险税为主体

在美国近 70 年的收入来源结构演变中,个人所得税和社会保险税的比例上升很快,占全部财政收入的比重分别由 1934 年的 14.21% 和 1.01% 上升至 2007 年的 45.30% 和 33.86%,2007 年个人所得税和社会保险税占据财政收入的 79.16%。公司所得税在全部财政收入中的比重比较稳定,维持在 20% 左右的水平上下波动。销售税占财政收入的比重逐年下降,已经由 1934 年的 45.81% 下降至 2007 年的 2.53%(见表 2-17、图 2-9)。

表 2-17　　　　　　　　美国 1934~2007 财政年度收入来源结构　　　　　　单位:百万美元

财政年度	合计	个人所得税	占比(%)	公司所得税	占比(%)	社会保险税	占比(%)	销售税	占比(%)
1935	3610	527	14.60	529	14.65	31	0.86	1439	39.86
1940	6549	892	13.62	1197	18.28	1785	27.26	1977	30.19
1945	45159	18372	40.68	15988	35.40	3451	7.64	6265	13.87
1950	39443	15755	39.94	10449	26.49	4338	11.00	7550	19.1
1955	65451	28747	43.92	17861	27.29	7862	12.01	9131	13.95
1960	92491	40715	44.02	21494	23.24	14683	15.88	11676	12.6
1965	116818	48792	41.77	25461	21.80	22242	19.04	14570	12.47
1970	192807	90412	46.89	32829	17.03	44362	23.01	15705	8.15
1975	279090	122386	43.85	40621	14.55	84534	30.29	16551	5.93
1980	517112	244069	47.20	64600	12.49	157803	30.52	24329	4.70

续表

财政年度	合计	个人所得税	占比(%)	公司所得税	占比(%)	社会保险税	占比(%)	销售税	占比(%)
1985	734089	334531	45.57	61331	8.35	265163	36.12	35992	4.90
1990	1032094	466884	45.24	93507	9.06	380047	36.82	35345	3.42
1995	1351932	590244	43.66	157004	11.61	484473	35.84	57484	4.25
2000	2025457	1004462	49.59	207289	10.23	652852	32.23	68865	3.40
2005	2153859	927222	43.05	278282	12.92	794125	36.87	73094	3.39
2007	2568239	1163472	45.30	370243	14.42	869607	33.86	65069	2.53

资料来源：Budget of the U. S. Government, Fiscal Year 2009, Appendix, Historical tables. http://www.gpoaccess.gov/usbudget/fy09/hist.html.

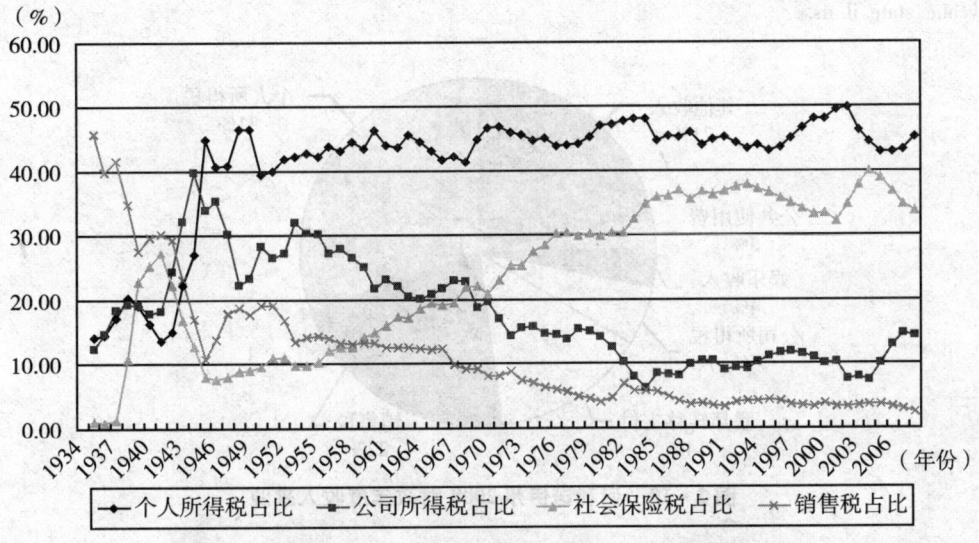

图 2-9 美国 1934~2007 财政年度税收收入来源结构演变

3. 州政府收入分析

在美国，州一级政府的收入来源主要包括：属于本级政府的税收收入，征收的税种主要包括销售税（Sales Tax）、使用税（Exercise Tax）、财产税（Property Tax）、个人所得税和公司所得税，各个税种的税率由各州议会决定，因此，即使是相同的销售税、财产税，在不同的州税率是不同的；联邦政府的转移支付收入（Federal Grant）、公共使用费收入（User fee）、基金收入等。从伊利诺伊州 2008 财政年度收入来源来看，个人所得税和销售税分别为 103.2 亿美元和 72.15 亿美元，占据州财政收入的 31% 和 22%。其他收入来源情况见表 2-18、表 2-19 及图 2-10。

表 2-18　　　　　　　　　　　　　各州政府普遍征收的税种

税　种	纳税人	备　注
销售税	货物和服务批发、零售商	按销售额征收，有的州叫"消费税"
使用税	在低于本州销售税税率的州购买商品而到本州使用的个人	用本州销售税减去他州销售税，所得差额即为使用税
财产税	财产拥有者	按财产评估价值征收
个人所得税	个人	按个人所得征收
公司所得税	企业	按企业所得征收

表 2-19　　　　　　　　伊州 2008 财政年度收入来源情况　　　　　　　单位：10 亿美元

总收入	个人所得税	销售税	联邦转移支付	公司所得税	娱乐收入	公共使用费	其他收入
33.838	10.32	7.215	4.815	1.86	1.236	1.157	7.235

资料来源：Budget for 2008 Fiscal year，伊利诺伊州收入署，Illinois Department of Revenue，http：//www.revenue.state.il.us.

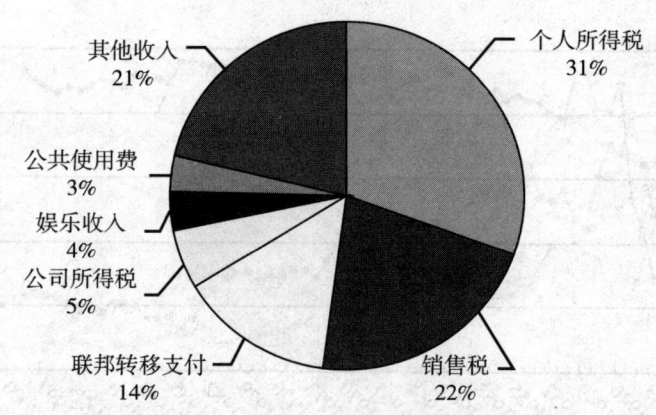

图 2-10　伊利诺伊州 2008 财政年度收入来源

思考题：

1. 简述美国、法国、德国政治体制的差异及其对财政体制的影响。
2. 简述发达国家 20 世纪以来财政支出结构的演变特征。
3. 简述美国联邦政府和州政府财政支出结构的差异与启示。
4. 简述美国政府间税权的分配与协调。
5. 简述发达国家财政收入的主要类别与结构特征。
6. 简述发达国家财政收入结构的演变特征。

第三章 西方公共预算制度概览

第一节 公共预算制度概念

一、公共预算的内涵与性质

(一) 公共预算的内涵

公共预算作为一种管理工具,是任何国家政府进行财政管理所必需的。就公共财政而言,政府预算就是指经法定程序审核批准的具有法律效力的政府年度财政收支计划,是政府筹集、分配和管理财政资金的重要工具。它是一个国家各种政治力量之间的冲突、一个社会的各种技术手段通过预算编制过程达到正式或非正式的和谐统一。政府预算包括以下四个基本领域:(1) 它是在不同的权力部门提出的各种社会和经济需求之间分配稀缺的公共资源的政治工具;(2) 它为政府制定公共规划和供应服务提供了方法和手段,为评价政府活动的效率和效益提供了成本记录或标准;(3) 它反映了一个国家或地区经济增长和发展的方向,是进行收入再分配、刺激经济增长、促进充分就业、反对通货膨胀和保持经济稳定的工具;(4) 它是保证政府官员对国家委托他们管理使用的资金的支出负责的一个会计工具。

(二) 公共预算的特征

公共预算作为一个独立的财政范畴,是财政发展到一定历史阶段的产物,并在其发展演变中逐步形成了自己独特的内在质的规定性。政府预算的基本特征主要如下。

1. 预测性

所谓预测性是指政府通过编制预算可以对预算收支规模、收入来源和支出用途做出事先的设想和预计。各级政府及有关部门在本预算年度结束以前,都需要对下一年度的预算收支作出预测,编制出预算收入计划和预算支出计划,并进行收支对比,以便从宏观上掌握计划年度收支对比情况,进而研究对策。

2. 法律性

所谓法律性是指公共预算的形成和执行结果都要经过立法机关审查批准。公共预算按照一定的立法程序审批之后就形成反映国家集中性财政资金来源规模、去向用途的法律性规范。政府预算制度产生以来,任何国家的预算成立都必须由立法机构审核批准,并接受立法机关的监督,这突出地表明了政府预算的法律性。政府预算的法律性是预算计划性的前提和保证,缺乏法律约束的预算不能称为真正意义上的现代预算制度。

3. 集中性

所谓集中性是指预算资金作为集中性的财政资金，它的规模、来源、去向、收支结构比例和平衡状况，由国家按照社会公共需要和政治经济形势的需要，从国家全局整体利益出发进行统筹安排，集中分配。

4. 综合性

所谓综合性是指公共预算是各项财政收支的汇集点和枢纽，综合反映了国家财政收支活动的全貌。即预算内容应包含政府的一切事务所形成的预算收支，全面体现政府年度整体工作安排和打算，为了综合反映政府收支活动的全貌，预算应该包括一切收支。由于政府预算全面地反映了国家的方针政策，因而通过计划就可以了解到政府在这个年度里的整体工作安排和打算。正如美国政府在年度预算中写到，要发现联邦政府将要干些什么，看一看美国政府预算就够了。

二、公共预算的形式与分类

（一）按预算组织形式划分——单式预算与复式预算

1. 单式预算

单式预算是将财政收入和支出汇编在一个预算内，形成一个收支项目安排对照表，而不区分各项收支性质的预算组织形式。单式预算的优点在于有利于反映预算的整体性、统一性，可以明确体现政府财政收支规模和基本结构。在政府收支规模较小、收支结构较为简单、国家基本不干预经济运行的条件下，单式预算可满足政府预算管理的需要，便于立法机构审议和公众监督。因而在预算产生后一个相当长的时期内，各国政府主要实行单式预算。但单式预算有其不足，即不能反映各项预算收支的性质，如资本性支出与消耗性支出的区别，不利于预算管理和监督，也不利于体现政府在不同领域活动的性质、特点。

2. 复式预算

复式预算是根据预算收支的性质，将政府收支在两个或两个以上的预算表格中反映。复式预算的产生，是政府职能扩大，预算收支规模增大，收支性质趋于复杂，需要进一步加强预算管理和监督的产物。复式预算最早出现在丹麦、瑞典，后为英国、法国、印度等国陆续采用。常见的复式预算是将政府预算分为经常性预算和资本预算。经常性预算主要反映政府日常收支，收入以税收为主要来源，支出主要用于国防、外交、行政管理等。经常性预算收支在性质上体现了政府为履行内外职责，提供公共产品所发生的消耗，这部分支出虽然不形成资本，但是政府实现其职能必不可少的。而资本预算反映了政府在干预经济过程中的投资等活动，这部分支出可形成一定量的资本，在较长时间内为社会提供公共服务。资本预算的收入包括国有资产经营收益、资产处置收入、债务收入、经常预算结余转入等，支出有各类投资、贷款等。在性质上，资本预算收支体现了政府给予经济活动干预的广度和深度，所发生的支出不是社会财富的消耗，而是形成一定量的资本，在较长时间内发挥作用。

复式预算在不同国家有不同的名称与形式。日本中央复式预算包括一般会计预算、特别会计预算和政府关联机构预算。一般会计预算是指政府一般性财政收支。特别会计预算有五大类：（1）事业特别会计预算。包括有收益的事业预算和无收益的事业预算。（2）管理特别会计预算。包括粮食管理特别会计预算、外汇资金特别会计预算等。(3) 保险特别会计预算。包括厚生保险特别会计预算、国民年金特别会计预算等。(4) 融资特别会计预算。包括资金运用特别会计预算、产业投资特别会计预算等。(5) 整理特别会计。包括交付税及让与税分配资金特别会计预算、国债偿还基金特别会计预算等。政府关联机构预算,是与政府相关联机构的预算。这些机构是政府提供全部资本金的法人,主要从事政策性投融资业务,将其与其他政府机构区别设置的目的是为了灵活运用企业经营原则,以提高效率。但为保证公正性,这些机构的预算也必须接受国会监督,从而形成政府关联机构预算。英国的复式预算分为统一基金预算和国家借贷基金预算。统一基金预算相当于经常性预算,收入包括税收、社会保障收入、捐款、股息收入等,支出包括议会批准的日常支出和不经过议会批准的永久性支出;国家借贷基金预算相当于资本预算,收入主要包括国有企业及地方政府长期贷款的利息及贷款的回收资金、英格兰银行的发行局利润收入、统一基金的结余和国债利息收入,支出包括长期贷款、国债费用及统一基金转入的赤字等。而法国的复式预算包括经常性业务和临时账户。因此各国复式预算具有明显的国别特色。

复式预算的优点在于体现了不同预算收支的性质和特点,政府通过编制两个或两个以上的预算,分别进行管理,有利于提高预算编制质量,加强预算资金监督与管理,满足不同类型的社会公共需要。同时,复式预算也有其不足,由于全部政府收支编入两个或两个以上的预算,在反映政府预算的整体性、统一性方面不如单式预算,有些收支在不同预算之间划分有一定困难。此外,复式预算也不能完全反映政府预算赤字的真正原因,在预算分为经常性预算和资本预算的条件下,财政赤字主要表现为资本性预算赤字,似乎财政赤字是因为政府经济建设类支出过多的原因,现实并不完全如此。

(二) 按预算编制方法划分——基数(增量)预算与零基预算

1. 基数预算

基数预算是指在安排预算年度收支时,以上年度或基期的收支为基数,综合考虑预算年度国家政策变化、财力增加额及支出实际需要量等因素,确定一个增减调整比例,以测算预算年度有关收支指标,并据以编制预算的方法。其基本公式可表示为:预算年度某项收支数额 = 上年度或基期该项收支的基数 × (1 ± 变化率)。该方法的优点在于简便易行,在数据资料有限、工作人员知识水平较低、预算管理的科学性和规范性要求不高的条件下,可满足财政决策和预算编制的需要。基数法编制预算的缺点,首先是收支基数的科学性、合理性难以界定。在实际工作中,往往以上年度实际数,或以前若干年度平均数为预算收支基数,以承认既得利益为前提,使以前年度不合理的收支因素继续延续。其次是方法简单、粗糙。在预算编制中,年度国家政策变化、财力增加额及支出实际需要量等因素的分析,以及增减变化率确定,主要依靠预算编制人员的主观判断,主观随意性较大,缺乏准确的科学依据。

2. 零基预算

零基预算(Zero-Base budgeting)是指在编制预算时对预算收支指标的安排,根据当年政府预算政策要求、财力状况和经济与社会事业发展需要重新核定,而不考虑该指标以前年度收支的状况或基数。美国农业部在 20 世纪 60 年代曾使用零基预算方法。在实践中,零基预算对有关预算收支的安排,也不完全是重新审查、从头开始,有时是在原有预算的基础上提出一组备选方案，供决策参考，如为减少某项收支，在备选的方案中至少有一个方案是低于原预算。零基预算的优点在于预算收支安排不受以往年度收支的约束，预算编制有较大回旋余地，可突出当年政府经济社会政策重点，充分发挥预算政策调控功能，防止出现预算收支结构僵化和财政拖累。其缺点在于不是所有的预算收支项目都能采用零基预算，有些收支在一定时期内具有刚性，如国债还本付息支出、公务员的工资福利支出等。另外，每年对所有的收支都进行审核，是一项需要消耗大量人力、物力和财力的工作，难免出现不必要的浪费。因而，由于各种因素制约，1981年美国里根政府宣布取消零基预算编制方法。

（三）按预算编制的政策重点划分——投入预算与绩效（产出）预算

1. 投入预算

所谓投入预算是指传统的线性预算（line-item budgets），在编制、执行时主要强调严格遵守预算控制规则，限制甚至禁止资金在不同预算项目之间转移。因而预算反映的是投入，即政府对资源的使用，而不是结果或产出。投入预算的政策重点在于如何控制资源的投入和使用，保证预算按预定的规则运行，而不强调是否达到政府的政策目标、投入与产出比较的效率如何。线性预算以提供公共服务的组织为单位编制，将拨款分为行政性支出、公共事业支出和专项支出，对行政性支出、公共事业支出实行按管理因素分类的方式，即将人员经费与公用经费分开安排。投入预算的优点是有利于预算管理的规范化、制度化，也便于立法机关审议，目前许多发展中国家和一些发达国家至今仍将其作为编制政府预算的主要方式。其不足之处在于：如果不重视产出，不能有效控制行政机构和人员膨胀，预算支出效率低下，这些规则的实际意义就会大打折扣。

2. 绩效预算

与投入预算相反，绩效预算（Program Budgeting）强调预算投入与产出的关系，即政府通过公共产品服务与成本的比较，要求以最小的投入取得最大的产出。绩效预算由美国胡佛委员会（Hoover Commission）于1949年提出并得到推广，实际上，相类似的预算管理实践20世纪20年代在美国政府部门中就已经存在。在编制绩效预算的过程中，要求预算由众多规划项目所组成，每一个项目需要以支出目标为基础进行成本估计，择优列入预算。

在绩效预算的实践中，较早的当属规划—项目预算（Planning-Programming-Budgeting）。规划—项目预算最早于1961年在美国国防部得到采用。1965年约翰逊总统宣布在全国实施规划—项目预算，这种预算编制方法首先在所有的联邦机构中实施，州和地方政府也得到迅速推广。在美国政府规划—项目预算推行中，制定了一系列规则，包括确定预算目标、在不同目标之间选择、寻找实现目标的备选方案、分析规划项目在各个年度之间的实施成本、提高成本效益比较衡量规划执行效果等。从绩效预算的基本思想分析，该预算方法的实施无疑具有积极意义，可帮助政府合理配置社会资源，提高预算资金利用效率，以最小的支出成本为社会提供更好的公共服务。但从美国等国实施的实际效果来看，似乎并不理想，基本以失败而告终，1971年尼克松总统正式宣布停止使用规划—项目预算。

到20世纪90年代，克林顿政府又提出绩效预算的概念。1993年成立了由副总统戈尔领导的国家绩效评价委员会，通过对政府管理中存在问题的研究，提交了《从繁文缛节到绩效，再造一个高效、低支出的政府》的报告，国会据此通过了《政府绩效成果法》，要求以达到的成果或者产出为基础来编制政府预算，使其预算要求合理化，建立国家绩效评价制度，实施绩效导向的政府预算。由于朝野对当时政府财政赤字、政府效率等问题取得广泛共识，加之多次政府预算改革积累了大量的经验教训，项目管理、绩效、成本—效益分析等观念得到普及，政府与国会共同努力，采取了一系列有效措施，控制政府支出，提高支出绩效，1998、1999 财政年度连续实现了财政结余，推行绩效预算取得了预期的成效。

（四）按预算作用的时间划分——年度预算和多年度预算

1. 年度预算

年度预算是指预算收支计划执行期为 1 年的预算。传统意义上的政府预算，主要是指年度预算。预算的时间跨度称为预算年度或会计年度。由于各国的政治体制和历史文化传统不同，预算年度可以和日历年度一致，也可以不一致。当预算年度与日历年度一致时，指从当年 1 月 1 日到 12 月 31 日；当两者不一致时，预算年度是跨日历年度的，如日本等国预算年度为 4 月 1 日至第二年的 3 月 31 日。美国等国的预算年度为 10 月 1 日至第二年的 9 月 30 日。在编制年度预算时，由于时间间隔较短，一般是当年开始编制第二年的预算，可根据当年经济社会发展水平、预算实际执行情况、下年度政府政策变化等因素，较准确地预测预算收支指标，合理配置资源，实现政府政策目标，满足社会公共需要。同时，也便于立法机关审议、批准和监督预算执行。

2. 多年度预算

多年度预算是指预算收支安排时间在两年期以上的预算。这种预算实际上是一种对年度预算具有指导功能的财政发展规划。从预算收支的特点分析，有些支出项目需要连续跨年度拨款才能完成，如大型公共设施建设、重大科技攻关项目等，而税收等预算收入的增长在经济运行周期内具有一定稳定性，因而预算安排在各年度之间需要保持连续性、稳定性，仅通过编制年度预算则难达到这一要求。利用编制跨年度的滚动预算，并与年度预算相衔接，使预算收支安排既满足当年执行的需要，便于立法机关审查、批准和监督，又具有前瞻性、连续性，提高预算编制的质量与科学性、合理性，为经济和社会发展提供优质公共服务。从各国编制多年度预算的实践看，主要为 2~5 年的中期预算，长期预算不多。澳大利亚开始编制年度预算之前，财政部要编制未来 3 年每一年的预算支出，并进行成本估算，以此确定预算和未来涉及的总目标。加拿大政府年初要审核包括本财政年度和接下来 3 年的滚动财政计划，每一个支出部门都有自己的多年度预算，政府提交国会的年度预算建立在多年预算的基础上。

三、西方国家预算管理法律体系

（一）宪法

宪法对政府预算的管理主要体现在以下几个方面：一是宪法决定了国家政权以及财政的基本任务，赋予了财政基本权利和义务，政府以及财政预算必须满足宪法所提出的要求。二是各国宪法都对本国政权组织形式作了规定。政权的组织形式决定了政府预算的组织形式。三是宪法都明确地规定了财政的运行程序，即要求财政必须在国会的直接监督下，以预算报告、审查、批准、监督等过程来完成。另外宪法还有一些特殊的对政府预算的规定。在西方国家，宪法条文静态地赋予和限定了财政权限，而宪法法院通过动态地对条文进行解释以及对案例的判定，对政府预算既起到支持和保护，又起到了监督和约束作用。

（二）有关普通法律

在宪法之下，西方国家一般都设立了财政法或预算法，这是财政的基本法。预算法承接宪法中的有关规定，对财政预算运行程序、财政的权利和义务作出进一步规定。同时，在宪法之下设立的卫生法、教育法等，也都规定了政府应承担的义务和预算支出的标准，财政预算必须为满足政府的正常运转提供资金。

（三）行政法

在宪法、一般法和国会批准的预算通过各自的方式授权给财政部门之后，财政部门通过行政法体系来落实和实施。日本是通过"政令"和"通达"的形式来下达文件进行具体实施的，美国是通过"财政部条例"来实现的。对财政活动的最后的法律约束和保护来自民事和刑事法院，有些国家（如法国）还设有行政法院。

从以上可以看出，政府预算是在一个完备的法律以及司法体系中运行的，宪法、普通法和行政法之间协调一致，由宪法法院、国会和一般民事或行政法院解释、阐述和处置有关的争议。法制为政府预算的运行和管理提供了一个存在的框架和基础。另外，政府预算是在最高法院、国会和行政部门之间的相互制衡中运行的，这就使政府预算不会被一种力量或者某些人所左右，保障其能在法律体系中运行。

第二节　美国联邦预算法律体制演变

一、美国联邦预算法律体系演变

美国联邦预算的编制执行过程在很大程度上主要是两个部门的斗争和较量——以国会为代表的立法部门和以总统为代表的行政部门。美国联邦预算的演变历史也是两大部门对"钱袋子"控制权的争夺过程，这两大部门斗争的主要武器就是制定预算的规则和程序，把对自己有利的规则和程序强加于另一方。从1789年至今200多年的联邦预算历史中，有时候国会处于主导地位，有时候总统处于主导地位。经过对联邦预算控制权的争夺，立法部门和行政部门均建立了自己的预算过程，相互独立的预算工作人员和操作规则。本节将结合美国200多年来联邦预算的发展演变斗争史，分析美国联邦预算法律体系的演变特点，探求美国联邦预算的制衡机制和借鉴意义。

（一）1789～1921年：国会主导预算过程，小政府，保持预算盈余

尽管在美国宪法中授予了国会征税和授权拨款的权力，但是，美国宪法并没有详细说明国会如何行使这些权力，也没有说明在联邦预算中是国会处于主导地位还是总统处于主导地

位。国会掌管"钱袋子"的权力的主要目的在于限制政府的行为,宪法规定如果没有国会的授权批准,总统和行政机构是没权力进行预算支出的。美国宪法赋予国会拥有掌控"钱袋子"的权力,但对于行政部门如何花钱的程序、规则并未明确,因此,此时的预算体制允许具体的行政机构直接向国会委员会申请财政拨款,这些行政机构在经费申领上不受总统的控制。在1929年大危机之前,美国一直遵循着"大市场、小政府"的原则,政府支出占GDP的比重非常小。

为了运用宪法赋予的财政权力,国会创建了一个委员会架构、制定了履行其财政职责的规则。在19世纪前半叶,预算事项主要是由1802年成立的众议院的筹款方式与方法委员会(the House Ways and Means Committee)和1816年成立的参议院的财政委员会(Senate Finance Committee)来管理的。国会的拨款分作两大类:一为军事开支,二为除军事部门以外的政府各部门的经费。二者均为一揽子拨款,无具体规定,政府享有很大的自由处置权,甚至将一部门的经费挪至另一部门使用。1809年以后,国会渐渐加强对政府开支的控制,禁止若干政府部门挪用款项,要求政府更具体地说明请款理由和拨款的使用。

内战以后,由于战争开支的巨大以及战争对生产的影响,政府的财政收入急剧减少,财政赤字大量出现,国会空前加紧控制政府的钱袋,在1865年成立众议院拨款委员会(the House Appropriation Committee),1867年成立参议院拨款委员会(Senate Appropriation Committee)来管理支出事项。对政府各文职部门的拨款一笔笔明确用途,规定数额,甚至对陆海军的拨款也增加了分项目评估,以备国会监督。在此期间,总统对于国会预算权的影响仅限于他对国会制定其他法案那样,行使否决权。为进一步加强对联邦政府财政赤字的控制,国会在1905年度、1906年度制定了《反赤字法案》(Anti-deficiency Act)来管理预算的执行过程。该法案规定,拨款或财政款项的划拨要分期进行(如分季度进行),以防止过度支出。该项法案还禁止政府官员在预算拨款之前作出财政支出的承诺,超出预算拨款的额度进行支出或者违背预算拨款的初衷进行支出都是违法的,这些禁令至今仍然约束着联邦政府官员和其他雇员的日常财政行为。

(二) 1921~1974年:总统主导预算过程,大政府,财政赤字频繁出现

为了结束各行政部门分别向国会申领财政拨款的局面,全面反映联邦预算的全貌,强化总统的权威,国会于1921年通过了《预算与会计法案》,规定:只有总统才有权向国会提交政府的预算草案,各个行政部门不得直接向国会提交本部门的预算草案。该法案使总统获得了宪法并未赋予他的预算主导权。总统可以通过其预算报告,提出联邦年度财政政策,提出联邦征税与开支之间的战略安排,提出各笔征税、各笔开支的总体计划。这个法案同时还建立了预算局(Bureau of Budget)来帮助总统协调各行政机关在预算编制过程中的各种事务,在1939年,富兰克林·罗斯福总统意识到预算局的重要性,将其从财政部移到总统行政办公室(Executive Office of the President),1970年,尼克松总统拓宽了该局的范围并重新命名为管理和预算办公室(Office of Management and Budget,OMB)。

本法案对国会要求的预算信息在总的和细节方面都有很详细的规定。细节方面包括:要求的拨款和被提议的收入措施,预算年度和当前年度的收支估计,当前年度的拨款、负债水平,国库过去、现在和预计的财政状况,以及有关政府财政状况的其他信息。总统被要求解释他将如何处理盈余和赤字,总统也可以要求额外拨款,各政府部门必须遵从通过预算局发

布的预算信息要求。1921年法案通过的后50年，由于罗斯福新政的实施和福利国家的建立，联邦政府预算快速增长。总统开始频繁使用财政收支作为调节经济的工具，使经济保持高增长、低通胀的良好格局。预算收支要求调节经济运行的指导原则也就背离了平衡预算的理财方针，也导致出现了多年的财政赤字。联邦预算对罗斯福总统的新政和美国在第二次世界大战中的开支给予了资金，它同样支持了约翰逊（Johnson）总统的反贫穷之战和越南战争。国会要为一场不受人支持的战争提供资金，面对政策分歧，总统依然扣押了很多资金。随着越南战争和权利性支出项目的增长，美国联邦政府的债务更加严重，水门事件导致国会对总统的不信任加强，从而使国会更改法案以建立自己的独立的预算分析机构和工作人员，强化国会在预算中的主导地位。

（三）1974~2008年：国会、总统争夺预算控制权，赤字膨胀、消失、再出现

1. 1974年《国会预算和扣押法案》

1974年的《国会预算和扣押法案》（Congressional Budget and Impoundment Control Act）意在通过国会产生一个全面的预算和增强分析能力来加强立法机构的角色。在支出上，1974年法案并没有改变总统在预算上的主导权，只是国会有了自己的预算蓝图、预测方法、项目评估程序和支出优先排序等。在现有的收入和拨款委员会的基础上，国会两院各增加了一个预算委员会（Budget Committee），并为整个国会设立了国会预算局（Congressional Budget Office，CBO）。国会预算程序的核心环节是预算决议（Budget resolution），它会确定预算规模的上限（Budget aggregates）。从程序上讲，该法案要求参众两院的每个常设委员会都要对总统提交的预算提案进行审议，并向参众两院中的预算委员会就预算水平和审议计划提出建议。然后，由预算委员会启动对预算的联合决议（Concurrent Resolution on the Budget），该决议会确定预算收入和预算支出的总额，并对其按职能用途进行分类（如用于国防、农业等方面的支出项目等）。预算决议常常包括所谓折中指示（Reconciliation instructions），这些指示要求各部门项目的授权委员会（Authorizing Committee）更改影响税收和其他收入以及法定社会福利（Entitlement Programs）的永久性法律，以配合包含在预算决议中的预算目标。

国会预算行动结束和总统签字后，行政部门负责预算的执行。但有时总统不肯开支拨款（即扣押已经拨款的资金）。所谓"财政资金扣押"是指，行政管理部门取消或者在同一个财政年度内临时推迟对国会已拨付资金的使用。总统只能在有限的情况下扣押资金，例如紧急情况的预备金或为了实现财政盈余等。尼克松政府扣押的资金规模巨大，其目的是为了拒不执行国会设定的政策目标。为了回应，1974年国会通过了《扣押控制法案》，该法案要求总统在他要废除（Rescind）或延误（Defer）拨款基金时，必须给国会递送特殊咨文（Special messages）。众议院和参议院如果在45天内的连续会期通过，提交的废止议案才能生效。只要没有被国会的一项法案推翻，总统的搁置决议可即刻生效。

2. 1985年的《平衡预算和紧急赤字控制法》

在20世纪70年代早期，已经有了对"不可控制的"（Uncontrollable）法定社会福利和津贴支出影响的担心，里根总统执政期间的大量减税和不断增加军费把联邦政府的预算赤字推向了前所未有的高度。国会把减少赤字作为预算法律的明确目标，在1985年通过《平衡预算和紧急赤字控制法》（Balanced Budget and Emergency Deficit Control Act），开始向赤字宣战。《平衡预算与紧急赤字控制法》在运用强制手段控制与削减预算赤字方面是史无前例的：在一个固定的日程表内，从当时高达2100亿美元的联邦预算赤字到1991财政年度要实现预算平衡。该法确立了一系列递减的年度赤字目标，并为保证这些赤字目标得到实现，创造了一套自动的支出削减过程。如果计划的预算赤字预定超过了允许的数额，就会引发预算资源的取消，这项措施叫做取消预算支出权利（Sequestration）。1987年对该法律进行了修订，延迟到1993年实现联邦预算的零赤字目标。

3. 1990年《预算执行法案》

因为1985年和1987年的法律没有能够达到减少赤字的目标，国会决定通过《预算执行法案》（Budget Enforcement Act，BEA），采用另一种手法来削减预算赤字。BEA的改革是意识到需要每年拨款的部门项目，即随意支出（Discretionary spending）和由法律规定授权的各种所谓强制项目（Mandatory Programs）有本质的区别。所谓"随意支出"是指例如各机关的业务所需，需要事先国会授权和每年的拨款。BEA给总预算和各个随意支出制定了一个上限（ceiling）。上限每年都是可调整的，以考虑到在制定不同的上限时使用的利率、实际通货膨胀率的差异和紧急拨款两种因素的影响。两院预算决议案（Budget Resolution）为各部门项目分配预算权利和支付数额，这些数目要被拨款委员会进一步地分配到下属委员会。如果一年中拨款法规中提供的预算授权数额大于预算授权的上限，或者是和预算授权相关的支付数额比支付授权的上限要大，BEA规定要取消支出授权，也就是说各个项目以同样的百分比削减。

同样的，许多法定性拨款项目，如社会保险、老人和穷人的健康医疗（Medicare and Medicaid），立法上都有直接或强制性的规定，因为这些项目是由法律授权供给合格的个人享受这些利益，国会对这些项目不必经过每年拨款程序的详细审查。BEA并没有禁止任何项目的增加，但是坚持这些项目的增加不能增加总赤字，即增加的部分要由在其他项目的减少或增加税收来补偿。这个补偿性的机制（Offsetting Mechanism）被描述为"随走随付"（Pay as you go）规则。相同的权衡要求同样也适用于收入：立法减少一种收入必须要完全通过增加另一种收入来补偿，或强制性支出的减少。

4. 1990年《财务总监法案》

为加强对联邦政府预算赤字的控制，1990年国会通过《财务总监法案》。此法案指派OMB的一名副局长作为整个美国联邦政府的财务总监，并在行政部门创立相同的职位。这些官员成立了一个财务理事会（CFO Council）来协调改进各个部门的财务管理。由会计长领导的联邦财务管理办公室同样在管理与预算局建立充当执行此法律的先锋。CFO负责财务管理所有的方面，特别是发展和维持完整的系统和收集可靠的财务信息。

5. 1993年《政府绩效与结果法案》

为提升政府部门活动的绩效水平，1993年美国国会通过《政府绩效与结果法案》（Government Performance and Result Act-GPRA）。该法案要求需要部门上交部门战略性计划和绩效报告，政府"预算提供所有的预算信息以备国会制定政策和支出决策时所用"，它被通过后迅速得到了执行层的广泛支持和全国绩效评估委员会的认同。这标志着最早产生于企业的新绩效预算开始在联邦政府层面运用。新绩效预算试图将预算过程与决策过程有效结合起来，并希望使用新技术以更好地回应公众的需求和利益，从而提供更有效的公共服务。因此，新绩效预算同时得到了政府和立法机关的支持，这也是此次改革与以往绩效预算乃至所有改革的不同之处。

以上所述的重要里程碑事件概括为表3-1。

表3-1　　　　美国联邦预算史上里程碑事件（法案）归纳（1789~2006年）

年份	法案内容及改革事项
1789	美国《宪法》，给予国会征税和借款的权力，要求支出必须经国会批准后才可从财政部支出
1802~1867	成立国会委员会。在1802年成立众议院筹款方式与方法委员会，1816年成立参议院财政委员会，1865年成立众议院拨款委员会，1867年成立参议院拨款委员会
1837、1850	众议院和参议院规则 众议院和参议院禁止没有经过授权批准的支出
1870，1905~1906	《反赤字法案》（Anti-deficiency Act） 要求财政资金使用要避免过量支出，产生赤字
1921	《预算与会计法案》。授权总统在预算编制中的主导权，在财政部成立预算局和政府会计办公室
1939	将预算局由财政部移至总统行政办公室，并扩大其职责权限
1967	总统预算概念委员会 采取统一的预算，包括信托资金
1974	《国会预算与扣押法案》 建立国会的预算审议流程，成立参议院和众议院预算委员会，成立国会预算办公室
1980	综合修正过程（Omnibus Reconciliation Process） 在国会预算过程中第一次使用修正议案
1985，1987	《平衡预算和紧急赤字控制法》 设立预算赤字减少的目标，制定拨款扣押的程序
1990	《预算执行法案》 建立任意性支出的上限和法定性支出的"随走随付"原则
1990	《财务总监法案》 各主要行政部门配备一名财务总监来对本单位的预算有个整体控制，参与本部门会计和预算全过程
2002~2006	《预算执行法案》（BEA）的终止和财政赤字的重现 在1998~2001年间出现4年的财政盈余后，预算执行法案终止。财政赤字在2004年间达到4130亿美元的历史高位。在过去10年间，参议院在一些法定性支出的"随走随付"原则上有一套内部规则。在2007年，众议院采取了其自己的法定性支出的"随走随付"原则，参议院也相应调整其原则以与众议院保持一致

资料来源：Allen Schick, The Federal Budget, Politics, Policy, Process. (third edition), Brookings Institution Press. 2007, P15.

二、美国联邦预算法律体系演变的启示

美国是一个行政、立法、司法三权分立的联邦制国家,在权力的分配中强调权力的相互制衡。美国也是一个法律体系比较完备的国家,从美国联邦预算法律体系的演变中,我们也可以发现美国联邦预算过程中对法律至上原则的恪守和权力分配的相互制衡。

(一)预算管理的法治化,强化法律至上的原则

美国联邦政府的预算管理过程中充分体现了法律至上的原则,预算编制、预算执行、预算审计的全过程,都可以找到相应的法律依据,并且严格按照既定法律准则约束下开展预算管理各项工作。美国的预算法律法规确定了预算编制与执行的各个程序和各个环节以及各项内容。从预算程序上看,从总统提出的预算要求的编制程序、时间确立,到总统提出的预算要求向国会的提交,到国会收到总统预算决议,各个程序和各个环节,法律上都有明确的规定。从预算编制的内容上看,预算法律对预算功能项目的分类、每一类别中的不同特点与不同的规定,以及编制过程中对于项目的细分、预算编制的要求等,也有明确的法律规定。可以说,美国部门预算的编制,从总体方案的确立到每一项目的细微处的变动,都可以找到其法律的依据,即使新遇到的问题,也会在解决的过程中形成法律,从而做到有法可依。这种完备的法律,可使预算监管的有关各部门监管有据,从而保证预算编制过程中的效率,以及执行中的严肃性。

(二)通过预算法律完善不断完善联邦预算资金分配机制

美国宪法授予了国会征税和授权拨款的权力,如果没有国会的授权批准,总统和行政机构是没权力进行预算支出的,同时也赋予了国会掌管"钱袋子"的绝对权力。1921年《预算与会计法案》规范了总统向国会提交预算的过程,杜绝了各行政部门直接与国会发生申领关系的可能,使总统成为真正意义上的总统,这一法律也确立了美国现行预算管理体制的基本框架。1974年《国会预算和扣押法》建立了国会审议预算草案的机构和过程,同时对预算执行过程中出现财政资金被总统扣押的问题强化国会的控制力。1985年的《平衡预算和紧急赤字控制法》和1990年的《预算执行法案》开始向巨额的财政赤字宣战,规定了削减财政赤字的目标和要求。1993年的《政府绩效与结果法案》,强化建立一种"结果导向型"的预算资金分配机制,并将这一机制贯穿于预算管理的全过程。因此,从美国联邦预算法律体系的演变来看,其发展演变也是联邦预算管理体制、分配机制不断完善的过程。

(三)预算管理机构健全,分工明确,相互制衡

美国预算管理职能由行政部门和立法部门分享,即预算编制和执行职能在行政部门,而预算审批和事后审计职能则在立法部门。总统管理与预算办公室负责美国联邦政府预算的编制;国会预算办公室则协助国会审查和批准预算,而预算收入立法则主要由两院筹款委员会负责,并起草税法经国会批准后执行;财政部负责具体执行预算;预算的监督则由国会中的会计总署负责。美国预算管理模式的分权色彩最为明显。美国立法机构和行政机构各有一套参与预算编制和审核的机构,在立法机构和行政机构内部,不同部门分别行使各自预算管理

权，形成比较彻底的分权型理模式。这样，预算的编制、执行和监督就分别由不同的机构负责，这些机构间既相互独立，又相互制约、密切配合，保证了预算管理体系的高效运转。

（四）美国联邦预算法律体系的演变充分体现了权力的制衡原则

美国宪法的制定者认为国会是代议制民主的最重要的体现，是立法、行政、司法三部门中最重要的部门。从宪法对美国权力结构的规范来看，国会处于权力体系的重要位置，而且事实上，自宪法产生到20世纪初的绝大部分时间里，国会在美国政治生活中确实居于主导地位，美国的政治体制曾被称为"国会政体"。总统虽然被赋予了广泛的行政权力，但总体说来，他更多地被视为国会所制定法律的执行者。国会通过立法权、预算权、任命批准权、弹劾权、条约批准权和调查权等宪法手段对其进行制约。但是自从20世纪以来，总体来说，国会的权力已大大削弱。随着现代行政管理事务的日益专业化、复杂化，委托立法现象大量增加，总统已成为实际上的"主要立法者"。但国会作为三个重要的部门之一，依然是制衡总统的最重要的力量。虽然国会的总体权力已被削弱，但预算权仍然是它的一项实质性权力。甚至可以说，预算权已成为美国国会最重要的一项权力。

（五）预算权是国会制约行政权力扩张的重要砝码

总统参与预算过程的正式角色始于1921年《预算和会计法案》，但是总统仍然只是预算的建议者，国会有完全的自由去修改总统的预算。随着应对1929~1933年大萧条的"罗斯福新政"的实施和20世纪60年代福利国家的建立，总统的预算权力得到空前扩张，国会的阵地不断被挤压。但是预算权一直都是国会所坚守的阵地，每一次规范、改革预算权的法律通过，都是国会为了加强对预算的控制，强化国会的预算权力。虽然总统可以依法对国会通过的预算案行使否决权，但是，总统只能否决整个议案，而国会可以通过"一篮子"议案，将大量的立法捆绑在一个议案里面，以使总统由于不想失去他特别想要的东西而不能否决它们，这一方法也成了国会对付总统的重要策略。

第三节 西方公共预算管理制度

一、国会对政府预算的管理

（一）要求财政提交"统一预算"

财政部门编制预算，将预算收入和预算支出报告给国会并获得批准，这是西方国家通行的做法。这不仅是因为有一个统一的预算蓝本，可供议员们进行审查，更重要的是在议会这个权力机构内使各种无形膨胀的财政支出要求得到平衡和抑制，最后统一在这个预算案之中。由此可见，政府预算管理的力量源泉来自于议会。

（二）国会对政府预算进行事前事后调查

国会对政府预算的收支活动，特别是预算支出活动的调查表现在以下几个方面：设立专门的和临时的机构；逐渐地雇用专业人员进行工作；不断地增加调查经费拨款；举行大量的听证会，议员或委员会就某些问题进行"审讯"活动。调查又分为一般的行政调查和个别案例调查。以上手段都对政府预算的执行具有监督和威慑作用。

（三）国会通过审计和会计对政府预算进行监控

西方国家的现代行政审计一般被分为：英国、美国的立法机关审计模式，法国的司法机关审计模式，德国、荷兰、日本独立的国家审计模式等。国会中的或独立于国会的会计和审计，是促使具体使用资金的部门、财政部门合理地和有效地使用财政资金的有利工具之一，是预算管理非常重要的一个环节。

（四）"阳光法案"的控制和监督作用

预算支出的规模、资金使用方向及其效果在早期是保密的。美国1976年通过了《阳光下的联邦政府法》，规定财政预算必须公开，不仅支出的大项分类要公开，而且每一个部门的支出分项也要公开，以利于新闻、舆论和人民的监督。

二、政府预算的行政管理

（一）预算编制机关具有相对独立性和权威性

一是财政法设立明确的预算编制主持机构。日本财政法规定，日本预算编制权限在大藏省。预算局负责具体起草预算报告。美国制定的《预算和会计法》规定总统对预算编制负责，由总统管理与预算办公室准备预算草案，全权负责预算编制工作。二是这些预算编制机构具有集中的、明确的、有效的权限。

（二）采用行政长官负责制保证预算资金依法使用

行政长官对领取财政预算资金、使用该项资金及其使用效果负责。如美国，下属部门领导或项目领导以及监督人员等都向行政长官报告，而行政长官对财政部并最后向国会报告并承担行政责任。

（三）采用监督和效绩考核结合的方法保障财政资金有效使用

美国对各部门预算支出的监督由财政部门、国会及其各委员会、总会计署和其他审计部门执行。审查内容包括：财政资金使用单位是否在法律所要求和预算规定的范围内使用资金，财政资金是否有效管理并取得预定效果等。

三、预算编制程序

（一）预算编制的准备期

预算编制是一个复杂的过程，它所涉及的一个问题就是预算的准备期应该以多长为宜。预算准备期是指从中央机构发出概算编制指示（预算通报）到立法机关预算定案提交立法机关批准前的时间跨度。

有些国家下年度的预算编制是在当年预算批准后不久开始的。英国和瑞典就是如此，大约是在实际提交预算一年前，就把概算编制通报分送给各支出机构。在美国，预算日程表在提交预算的18个月前就开始了，大约在预算生效前的11~12个月，国会就进行考虑。举例来说，1997~1998财政年度的预算编制工作，从1996年3月份就开始作一般性考察并制定方针；在当年夏季，各行政部门就准备预算申请；秋季，总统及行政管理和预算局审查预算申请。根据1985年、1986年开始执行的预算程序法的规定，不管国会何时集会，总统每年必须在1月3日后的第一个星期一提出预算。

日本的预算年度是从4月1日开始的，但各省（厅）的负责人必须在上一年度的8月31日前，将所有与预算编制有关的估算资料提交具体负责起草预算草案的大藏省大臣。参众两院、最高法院和会计检察院的估算资料，也须在同期提交内阁。大藏省预算局从9月份开始举行预算听证会，审查各部的预算要求和报告。大约在12月底编制出预算草案，送内阁讨论通过。在1月份，内阁将预算提交国会审议和表决。由此程序可知，在日本，预算的编制工作至少在预算年度开始前的15个月就开始了，而立法机关的审议和表决时间长达约3个月。在其他国家也可见到类似的程序，虽然提前的时间较短。在印度，预算编制的正式期限为6个月。

当然，过早准备预算编制也有一个缺点：在某些情况下，预算案提交立法机关审批时早已陈旧过时，因为支出预算数只应按当年实际数估算，提前过长则迫使支出机构对预算支出作非常粗略的估算，产生许多本可避免的差错，结果不得不临时花大力气作大的修正与调整。在通货膨胀严重的情况下，无论是按当年价格还是按预期发生的价格编制预算，问题都会更加复杂。越是过早准备，预算数字产生差错的可能性越大。将准备期缩短一些，可以减少差错和修正的工作量。但缩短准备期并不总是可行，因为有些国家（如美国）的预算的最终制定过程较为复杂。这表明，预算准备期何时开始较好，应依据预算制订过程中各参与者的作用来确定。

（二）多年度预算的编制

有些国家在年度预算之外，还要求编制多年度的财政计划，如英国（5年）、法国（3年）、德国（5年）、澳大利亚（3年），但一般不需要议会批准。编制多年度预算的目的是为改善财政协调和便于中央对地方支出的控制。

编制多年度预算的原因主要在于：（1）多年度预算能够更好地与发展计划相配合，有利于对政府未来年度的活动预算作出较长远的规划和安排，使政府决策更具前瞻性、连贯性和可预测性。(2) 需要巨大财政支出的工程项目的准备器，包括项目鉴别、准备、所需资金的决定等，客观上要求必须有系统的预测。同时，可以清晰地提供所有公共支出项目、特别是建设周期跨年度的资本项目的全部成本，而不是一部分成本。（3）多年度预算可为年度预算的编制提供重要参考数据，使年度预算更为精确，也使编制工作大为简化。

当然，编制多年度预算需要具备一些条件，如需要出色的、有组织的预测工作，需要考虑各种重大的不确定性因素，如通货膨胀率和政府宏观经济政策的变化等。

四、典型国家预算管理实践——美国预算编制程序概述

美国现行的联邦预算编制机制设计、分工模式形成于 1921 年《预算与会计法案》的实施。在 1789～1921 年间的联邦预算编制过程中,国会处于预算编制的主导地位,各行政部门均可绕过总统向国会直接申领资金。1921 年《预算与会计法案》的实施,使总统获得了宪法并未赋予他的预算主导权。总统可以通过其预算报告,提出联邦年度财政政策,提出联邦征税与开支之间的战略安排,提出各笔征税、各笔开支的总体计划,各个行政部门不得直接向国会提交本部门的预算草案。这个法案同时还建立了预算局(Bureau of Budget)来帮助总统协调各行政机关在预算编制过程中的各种事务,1939 年,富兰克林·罗斯福总统意识到预算局的重要性,将其从财政部移到总统行政办公室(Executive Office of the President),1970 年,尼克松总统拓宽了该局的范围并重新命名为管理和预算办公室(Office of Management and Budget,OMB)。

(一) 行政序列参与预算编制的机构与职责

总统、总统管理与预算办公室,以及由财政部、国民经济委员会、经济建议委员会组成的"经济三角"。从而形成了行政部门序列的预算编制机制。行政部门参与预算管理的主要有以下几方面。

1. 总统

负责决定预算实施政策,向国会提交预算报告;随时向国会提交追加预算的请求和预算修正案;签署或否决收入、预算授权和其他与预算相关的法律;向国会通报取消或延期支出的项目;如果必要,签署取消某项预算收入的征收等。

2. 总统管理与预算办公室

美国的总统管理与预算办公室是独立于财政部之外,直接向总统负责的机构。其与预算管理有关的职责主要是编制联邦政府预算草案,根据各部门、机构提出的各自预算方案,经核查后统一汇编成联邦预算,交总统审核。在预算草案经国会批准后,OMB 负责按项目分配资金,并监督行政部门的预算执行情况,保证其达到预算目标。

3. "经济三角"

共同负责经济预测,并制定主要的经济政策。其中,财政部的主要职责是负责收入预算的编制,根据历年的收入情况和经济发展的预测情况,为总统管理和预算办公室提供编制收入预算时所需的信息资料。国民经济委员会的主要职责是为总统提供国民经济政策(各内税部门都有人员参加),制定经济政策和预测。经济建议委员会主要是向总统建议税收政策和需要财政投入的重点领域。

(二) 立法部门参与联邦预算编制的机构与职责

美国国会参、众两院参与联邦预算管理的机构包括以下几个方面(见表 3-2)。

(1) 国会拨款委员会。它是国会中负责拨款法案的常设委员会,其主要职责是为政府部门拨款授权,通过取消拨款的立法和开支结余结转的立法,以及根据国会预算委员会的决定进行新的开支授权。两院的拨款委员会各下设 13 个小组委员会。

（2）国会筹款委员会。它是国会中专门负责税收法案审议的常设委员会。

（3）国会预算委员会。它是国会中专门对总统的行政预算进行审议的常设委员会，主要职责是加快国会审核预算的进程，并使国会能用专家的眼光来审核总统的行政预算。

（4）国会预算办公室（CBO）。这是一个专业的、非党派的机构，没有审批权。它的职责是为国会两院提供客观专业、及时、非政治化的分析，这些分析有助于经济和预算决策。这个办公室还对经济与预算进行独立的分析与预计，并独立地编制一整套预算，供国会参考。

（5）国会会计总署（GAO）。它是审订政府财务，使政府财务活动限制在国会批准的范围内的机构。

表3-2　　　　　　　　国会相关专业委员会、机构的职责分工

预算委员会 （Budget Committee）	拨款委员会 （Appropriation Committee）	筹款委员会 （Revenue Committee）	国会预算办公室 （Congressional Budget Office）	国会会计总署 （Government Accountability Office）
报告预算解决方案	报告预算日常和追加的拨款情况	报告收入立法情况	发布未来10年预算和经济预测报告	为行政机关会计系统提供指导性意见
拟订预算修正议案的解决方案	回顾预算延期拨款和取消拨款的情况	报告在社会保险和其他权利性支出的立法情况	估计未来5年和10年内预算成本变化	审计部分联邦机构的运作情况，对项目进行评估并提出改进意见
分配预算职责、费用给各个专业委员会	为预算委员会提供专业意见	为预算委员会提供政策建议	支持国会两院预算、税收、拨款和其他委员会的工作	对一些延期或取消的拨款项目进行审计，资金是否正当拨回
监控预算，为国会关于预算的立法修改提出建议	在拨款子委员会中分配预算资金	在预算修正案时提出协调的政策建议	发布改变联邦收入和支出政策影响的独立报告	受国会委员会的委托对行政部门的资金使用进行审计
	在行政部门资金使用上提供指导	报告调整公债法定限制的政策建议	回顾总统的预算和其他建议	

资料来源：Allen Schick, The Federal Budget, Politics, Policy, Process. (third edition), Brookings Institution Press. 2007, P55.

（三）美国联邦政府预算编制过程与机制设计

美国财政年度为每年的10月1日到次年的9月30日，美国的联邦预算程序非常复杂，从联邦政府各机构编制各自的预算开始，到联邦预算执行后的审计，一个预算周期长达33

个月。在一个财政年度内，联邦政府要在执行本财政年度预算的同时，审核上一财政年度的预算，并编制下一财政年度的预算。整个联邦预算程序经过四个阶段：预算的编制、预算的审批、预算的执行和预算的审计。下面以2010年美国联邦政府的预算程序为例对其进行说明（见表3-3）。

表3-3　　　　　　　　　　2010年度联邦政府预算编制时间进程表

日程	事项
2008年3~6月	OMB发布下一财政年度预算编制的指导建议，各行政单位预算编制部门提交本部门下年度预算资金需求
2008年7~9月	各部门向OMB报送本部门下年度详细资金需求
2008年10~12月	OMB评估各部门资金需求，将意见返还各部门。各部门可向OMB和总统提出公关意见，最终形成本部门预算上报OMB
2009年1月	CBO发布2008年度预算与经济展望报告
2009年2月	本月第一个星期一，总统向国会提交2010财政年度预算报告
2009年3月15日	国会各专业委员向预算委员会提交预算评估报告
2009年4月15日	预算委员会向国会提交预算修正案的解决方案
2009年5月15日	预算修正案没被国会通过，拨款项目将提交众议院审议
2009年6~8月	众议院和参议院对2008年度拨款项目进行审议，OMB和CBO发布新的2010财政年度的收入和支出预算报告
2009年9月15日	协商拨款的实施方案
2009年10月1日	2010财政年度开始，如果拨款方案没能通过，继续讨论
2009年10月至2010年9月	各行政部门按国会通过的预算履行职责，国会可能会在2010年度追加部分预算拨款
2010年10~12月	各行政部门、财政部和OMB形成2010财政年度决算
2011年1~2月	各行政部门准备预算陈述报告，对各部门预算开支进行定期检查，同时，2010年收入和支出决算数将在2011年度预算编制中加以考虑

资料来源：Allen Schick, The Federal Budget, Politics, Policy, Process. (third edition), Brookings Institution Press. 2007, P54.

（1）预算编制阶段。美国的预算编制时间较长，在每个财政年度前18个月就开始准备预算方案。其间大致经历以下程序：

2008年3~6月，总统在OMB和"经济三角"的协助下，确定2010预算年度的政策目标。7~8月，总统根据2008预算年度的政策目标，以及财政部关于财政收入的估计，制定2010年度预算的指导方针和联邦政府各部门的预算规划指标，并通过OMB下达给各部门。2008年9月，联邦政府各部门将本部门年度预算的建议提交OMB汇总。OMB与各部门官员进行讨论，提出初审意见。各部门有不同意见，可以向OMB提出申诉，经协商仍达不成一致意见时，将问题提交总统决定。最后，由OMB将联邦政府各部门提交的预算汇总成联邦政府预算草案，交总统审查。按照法律规定，总统要在2009年2月第一个星期一之前向国会提交2010年度的联邦预算草案。

（2）预算审批阶段。国会收到总统提出的联邦预算草案后，将其同时提交国会预算办公室、两院预算委员会、两院拨款委员会、其他对支出有管辖权的委员会以及两院筹款委员会审议。2009年2月15日，国会预算办公室（CBO）向两院预算委员会提出预算报告，其内容包括对总统预算的分析、可供选择的财政政策及主要项目的优先次序。两院的各专门委员会则在收到总统预算案的六周内，提出关于预算收支的意见和评估。2009年4月15日，两院预算委员会在考虑其他委员会意见之后，提出第一个国会预算决议案，提交众、参两院讨论，并通知总统。2009年4~6月，总统对这一预算决议案提出修改意见，并报告国会。在第一个预算决议案通过后，两院拨款委员会和筹款委员会即按照决议规定的指标，起草拨款和征税法案。国会应在6月30日完成所有拨款方案的立法工作，并在9月15日前通过规定预算收支总指标的具有约束力的第二个预算决议案，并将其提交给总统。如果总统对国会的预算方案表示认可，经签署后便开始生效；如果总统否决了国会通过的预算方案，那么，国会又要经过大体类似的审议过程，并以2/3的多数反对，则总统的否决才无效。从1997年起，总统可以对国会通过的预算进行部分否决（按原有法律，总统对国会的预算不能部分否决），这样就可避免由于总统与国会在某项预算上的分歧，而影响整个预算执行的局面出现。但1998年6月，最高法院判定这种做法违宪，因为它违反了总统和国会之间的权力分立原则，又取消了总统的部分否决权。

（3）预算执行阶段。预算由国会通过并经总统签署后，就成为预算拨款的基础，并且以法律的形式规定下来OMB负责支出预算的执行，按进度分季拨款，并按项目类别进行分配。在执行过程中需要追加支出，必须经过国会立法（修正案）。行政部门在执行预算过程中，某些特殊的情况下可以采取措施推迟或取消某些项目的支出，但这些措施必须向国会报告，国会可以同意也可以否决这些措施。财政部负责执行收入预算，负责各种国内赋税的征收和国内税收法律的执行。总统管理和负责控制预算执行，检查各部门开支是超支还是节余。按照法律规定，经费超支或该花的钱没花同样是违法。国会会计总署负责监督联邦预算是否按照国会通过的法案执行。

（4）预算的审计阶段。预算年度结束后，由财政部与总统管理和预算办公室共同编制反映预算年度内的预算收支执行情况的决算报告，经审计机构审核，国会批准后即成为正式决算。国会会计总署负责审查联邦预算的执行结果与国会通过的法案是否相符，对各部门的预算执行情况进行审计。另外，有些商业性开支，也请民间的会计公司参与审查。

（四）美国联邦政府预算编制的特点

1. 美国具有完备的预算管理法律体系

美国的预算法律法规确定了预算编制与执行的各个程序和各个环节以及各项内容。从预算程序上看，从总统提出的预算要求的编制程序、时间确立，到总统提出的预算要求向国会的提交，到国会收到总统预算决议，各个程序和各个环节，法律上都有明确的规定。从预算编制的内容上看，预算法律对预算功能项目的分类、每一类别中的不同特点与不同的规定，以及编制过程中对于项目的细分、预算编制的要求等，也有明确的法律规定。可以说，美国部门预算的编制，从总体方案的确立到每一项目的细微处的变动，都可以找到其法律的依据，即使新遇到的问题，也会在解决的过程中形成法律，从而做到有法可依。这种完备的法律，可使预算监管的有关各部门监管有据，从而保证预算编制过程中的效率，以及执行中的严肃性。

2. 联邦预算采取标准周期制度，涵盖预算全过程

从时间上可把一个预算管理周期划分为四个阶段，其中，预算编制和国会审批阶段18个月，预算执行阶段12个月，决算的汇总和审计阶段3个月。美国联邦政府的预算程序较为规范，每一个环节都要经过科学的研究论证，哪一个阶段做什么，哪个部门做什么、各有什么权力等，均有明确的规定。美国标准周期预算制度的核心在于强化了预算的编制。预算编制是预算管理工作的基础环节，直接影响到预算执行和决算的效果。美国联邦政府的预算程序中，预算编制与审批的时间长达18个月，为预算编制的科学化、规范化创造了条件。在此基础上，美国联邦政府还通过对预算执行过程进行严格控制、规范预算调整与变更程序、强化预算约束和绩效分析以及充实决算工作等，有效地提高了美国联邦政府预算的前瞻性、连续性和可控性。美国预算编制过程基本上是一个立法过程，程序非常严格。充足的时间和严格的程序是保证预算质量的重要条件。

3. 预算管理机构健全，分工明确，相互制衡

美国预算管理职能由行政部门和立法部门分享，即预算编制和执行职能在行政部门，而预算审批和事后审计职能则在立法部门。OMB 负责美国联邦政府预算的编制；国会预算办公室（CBO）则协助国会审查和批准预算，而预算收入立法则主要由两院筹款委员会负责，并起草税法经国会批准后执行；财政部负责具体执行预算，预算的监督则由国会中的会计总署负责。美国预算管理模式的分权色彩最为明显。美国立法机构和行政机构各有一套参与预算的编制和审核的机构，在立法机构和行政机构内部，不同部门分别使各自预算管理权，形成比较彻底的分权型理模式。这样，预算的编制、执行和监督就分别由不同的机构负责，这些机构间既相互独立，又相互制约、密切配合，保证了预算管理体系的高效运转。

4. 编制滚动预算和财政中长期计划

以2010财政年度为例，美国联邦政府预算编制机构除了要列示2008预算年度的实际数，2009预算年度的批准数，2010预算年度的预算数外，还列示以后4个预算年度的预测数。这样做有利于将现在与过去和将来进行比较，反映发展的趋势；有利于政府用长远的、发展的观点来考虑问题，保证财政的可持续发展；也有利于财政收支计划于中长期经济发展战略相衔接。

五、美国州与地方政府预算编制过程与机制设计

美国共有50个州，各州政府的预算管理并没有联邦政府的统一规定和约束，仅须遵守本州的宪法及法律。因此，各州的预算管理既有共性，又不尽相同，甚至在某些方面有较大差异。

（一）预算周期

美国州政府一般有两种不同的预算：经常性预算（Operating Budget）和资本性预算（Capital Budget）。经常性预算指保证州政府部门或某一政府项目正常运转的预算。资本

性预算指取得或建设重要的资本项目的预算。资本项目包括土地、建筑物和大型设备等。资本项目的资金一般来自于经常性预算的预算结余、特种收入或者是债券销售。这里仅介绍经常性预算的预算周期有关情况。

超过一半的美国州政府采用一年制的预算周期，即预算只提供一个财政年度的资金。有20个州采用两年制的预算周期，即预算一次提供两个财政年度的资金。不过，在这20个州当中有14州的议会每年都召开会议，因此实际上这些州的议会仍然每年都要审议预算。

美国州政府预算编制过程是各州政府在相互竞争的需求中确定优先公共事项的过程。参与预算编制有关各方基于各自的权利和义务也对政府预算的最后形成有较大影响（见表3-4）。

表3-4　　　　　　　　　　　　预算编制工作流程

时间 程序	7月	8月	9月	10月	11月	12月	1月	2月	3月	4月	5月	6月
发布预算编制说明	—	—										
部门递交预算申请			—	—								
预算审核，预算听证				—	—							
州长确定预算建议						—						
州长递交预算草案							—					
议会举行预算听证								—	—	—	—	
议会通过正式预算									—	—	—	—

注：美国除了阿拉巴马、密歇根、纽约和得克萨斯州外，其余各州的财政年度均为每年的7月1日至次年的6月30日。

（二）州预算编审过程与机制设计

（1）预算办公室发布预算编制说明，部门递交预算。一个新的预算周期开始于州预算办公室对各部门发布预算编制的说明。预算编制说明一般包括经济和财政方面的预测情况，如支出总量、通货膨胀率及州长优先考虑的项目等方面内容。预算编制说明一般于夏季发布，各部门一般在秋季向州长递交预算申请。预算办公室通过分析全国及该州的有关经济数据来预测该州的经济及财政收入形势。经济及财政收入形势的预测将在整体上指导和影响预算编制和审核。议会也会参与经济及财政收入预测。在有些州，预算办公室和议会分别对经济及财政收入形势作出自己的预计。而在其他州，预算办公室和议会对经济及财政收入形势通过协商后形成一致意见。此外，在议会通过预算法案递交州长签署之前，预算办公室和议会都将对经济及财政收入形势预测进行修正。

（2）预算办公室审核部门预算申请。州预算办公室负责分析和审核各部门递交的预算申请，并将其归纳整理成州预算建议递交给州长。各部门向州长递交预算申请后，预算办公室开始审核预算申请。预算审核包括项目评估、经济和收入分析以及需求分析。预算办公室经常通过召开预算听证会与各部门协调，从而审核明确各部门的支出需求。在一些州，在预算办公室向州长递交预算建议之前，预算建议先与各部门见面。

（3）州长审定预算建议及向议会提交预算草案。在审核各部门的预算申请后，预算办公室向州长提出预算建议。州长审议该预算建议，对预算建议提出修改意见，交预算办公室整理后向议会递交预算草案，同时对优先安排的项目做重点说明。

（4）议会审议和批准。议会的各委员会分别审议州长递交的各部门预算草案。这一阶段，议会也会召集相关政府部门举行预算听证会。预算须经议会的参众两院分别通过，因此在通常情况下，参众两院通过的预算之间经常会有差别。这时需要通过召开参众两院联席会议来解决，并以法案的形式正式批准预算。

（5）州长签署预算法案。议会通过的预算法案经州长签署后方正式生效。如果该州州长有预算部分否决权的话，预算法案可能会被州长否决或部分否决（见表3-4）。

（三）预算编制方法

为了提高财政支出的效率和效益，美国各州采用增量预算、项目预算、零基预算以及绩效预算等方法来编制政府预算。这些预算编制方法各有特点：增量预算强调预算增量的变化和预算拨款的增减趋势；项目预算强调支出项目要达到的目的，在某些情况下也强调项目的绩效和成果；零基预算强调从根本上审查设立每个机构、部门及项目的价值；绩效预算则运用量化的绩效指标来考核预算支出安排。

美国绝大多数州都同时使用上述多种预算编制方法，其中增量预算和项目预算的使用范围最为广泛。相当多的州已经采用了绩效预算，通过设置、收集和利用绩效考核指标来指导预算编制和执行。有37个州在支出项目的层面采用了绩效预算；有41个州的部分部门参加了绩效指标的收集和考核。

为了避免经济形势的恶化或紧急情况下不可预见的财政支出导致财政赤字，各州越来越重视预算稳定基金及应急准备金的设立。

预算稳定基金或者称为"雨天基金"可以使各州在经济衰退时能够保持现有支出水平而不必增加或减少税收。换言之，"雨天基金"起到储蓄账户的作用，即当经济景气时，各州节省下一部分财政收入，用于经济不景气的时候的开支。不过实际上，预算稳定基金往往不足以支付经济不景气时的开支总额，并不能起到应对经济周期波动的作用。但它确实能够在短期内起到缓冲的作用，从而为找到新的财政收入来源及支出结构的调整提供宝贵的时间。现在总共有45个州已经设立了预算稳定基金，其中36个州通过公式确定该基金的最高额度。某些州直接确定一个具体金额，大多数州把该基金的最高额度设置为预算收入的一定百分比。

除了预算稳定基金之外，大多数州还设立了应急准备金用于支付不可预计的支出及支出事项已经明确但支出金额尚未能确定的支出。应急准备金通常通过拨款来设立，一般在州长的授权后便可支出，通常用于灾后恢复等。共有 48 个州有应急准备金，金额从最少的州 14 031 美元到最多的州 438 431 815 美元不等。

（四）计算机运用和预算文本

美国各州的政府部门主要通过计算机网络报送预算申请，这些预算申请直接进入预算数据库，经过计算机处理后生成预算工作文件。同时，预算办公室拥有使用本州各种重要的预算信息的技术手段。例如，实现了与审计、人事、税务、议会等部门的计算机联网，可以通过网络调用有关信息。现在各州预算办公室均在着力开发高度集成的预算管理信息系统，从而实现用同一系统对预算信息、会计信息、工资发放、人员变动等信息的集中统一处理。

各州预算办公室也利用计算机技术增加公民了解政府的渠道，从而增强公民的参政议政的意识。现在，美国各州预算办公室均有自己的网站，从这些网站上能下载有关预算信息甚至是全套的正式预算文件。

在计算机系统的帮助下，各州均编制了大量的预算文本以规划、评估及监控政府财政收支。这些预算文本包括预算编制说明、部门预算申请、州长递交的预算草案、议会通过的预算法案等。正如我们前面所提到的，美国州政府预算分为经常性预算和资本性预算，预算文本也分为经常性预算文本和资本性预算文本。

（1）经常性预算文本。州长将经常性预算草案递交议会时一般为一个大本或分部门的几个小本，一般都有数百页甚至上千页，细分到了各部门的二级单位及每个支出项目。预算文本对经济形势分析、收入预测、各部门职责、各项目情况等都有详细的介绍，而且对各部门和项目设立的法律依据、人员情况、工作量、绩效考核目标等一一说明。经常性预算文本内容非常严谨、详尽，为预算的严格执行打下了扎实的基础。

（2）资本性预算文本。各州通常将资本性预算与经常性预算区分开来单独列报，并单独制作资本性预算文本。资本性预算文本对政府的主要资本投资及资本建设项目进行详细的说明。资本性预算可能只包括一个财政年度，但大多数情况下资本性预算包含了今后几个财政年度（一般为 4 年）的有关资本支出的情况。在很多州，资本性预算的确定由预算办公室和其他部门共同承担，如公共事务局、基础设施建设局等。

（五）预算执行与调整

预算生效后便进入执行阶段。预算办公室在预算执行中仍处于主导地位。预算办公室主要通过用款额度来控制各部门预算支出的进度，而在这一点上议会没有发言权。各部门即使有支出预算，但是如果没有预算办公室批准的用款额度，仍然不能进行支付。在大部分州，每季度各部门就本季度用款额度提出申请，预算办公室根据收入情况及支出的轻重缓急进行审批。但在收入形势比较紧张的情况下，用款额度的申请和审批会改为每月一次。

政府的各种支出都必须在支出预算的框架内进行，但在某些情况下支出预算必须进行一些必要的调整。在预算调整方面，各州的规定也不尽相同。所有州都允许同一部门同一支出项目内部进行预算调整，通常这种调整不需经过批准或者只需预算办公室同意即可。45 个州允许在同一部门的不同支出项目之间进行预算调整，通常这种调整需要经过预算办公室或议会的同意。25 个州允许在不同的部门之间进行预算调整，通常这种调整需要经过议会的同意。

思考题：

1. 简述西方预算的理论分类与内容。
2. 简述预算管理的法律依据与编制程序。
3. 简述美国联邦预算法律的演变过程及启示。
4. 简述美国联邦预算、日本政府预算编制的基本程序与启示。
5. 简述美国州政府预算编制过程与启示。

第四章 西方财政职能理论概述

第一节 市场失灵与财政的资源配置作用

财政职能由财政本质所决定的财政所固有的功能和职责,它是不以人的意志为转移的。政府通过财政支出实现自己的职能,因此财政职能在很大程度上体现着政府的政治意图和政策安排,也体现政府管理社会、配置资源的特点。

按照财政职能的历史演进,早期的财政职能,主要是分配和监督职能,即分配财政资金和在财政资金使用过程中,监督财政资金的管理运作,确保资金使用的合法性与合规性。随着政府职能的日益扩大,尤其是第一次世界大战以后各国政府支出剧增,经济大萧条影响到就业与稳定,此时财政负担起更多的职责、成为政府调节经济,实施经济政策的手段,财政的职能发生了变化,派生出积极的调节经济的职责功能,决定财政应该"干什么"。主要是树立财政政策甚至货币政策的结构框架。为了达到某项政治、经济、社会目标,政府制定政策;为了实现政策,政府选择行动方案;为了实现方案,政府统筹资金的获得和使用,所以方案一经决定,政策就在预算框架中反映出来并通过预算实施得以实现。

一、财政的分配、监督、调节职能概述

(一)财政的分配职能

财政分配是指财政参与国民生产总值的分配和再分配集中必要的资金,用以满足社会的公共需要。财政分配职能需要由财政部门运用预算、税收、财政投资、财政补贴、国有企业上缴利润等一系列分配工具来实现,其中主要是通过预算进行的。这是因为,政府预算集中了国家财政的主要财力。政府总预算直接集中了相当数量的以货币表现的社会资源,国家通过税收、公债、上缴利润等分配工具把分散在各地区、各部门、各企业单位和个人手中的一部分国民生产总值集中上来,形成政府预算收入。

财政集中资金只是手段,分配资金满足国家各方面的需要才是目的。由于公共产品的特性决定了市场不能有效地提供,往往需要通过政府预算对其进行资源的配置,因此,国家根据社会共同需要,将集中的财政收入在全社会范围内进行再分配,合理安排各项支出,保证重点建设、行政、国防和科教文卫等方面的需要,为公共产品提供必要的财力保证。因此,政府财政的收入来源和支出用途能够全面反映财政的分配活动,体现集中性财政资金的来源

结构和去向用途，即政府财政收入的来源结构、数量规模和增长速度能够反映国民经济的收支结构、发展状况、经济效益、积累水平和增长速度；政府财政支出的比例结构、支出流向体现国民经济和社会发展以及政府各部门之间的比例关系。

（二）财政的监督职能

财政监督是一种凭借国家政治权利的监督，财政监督职能是财政同国家政权的本质联系所决定的。财政监督是一种寓于财政分配之中的监督，财政是国家为实现其职能，并以其为主体而对社会产品或国民收入（或GDP）的一种分配。所以，分配是财政的基本职能。财政监督职能是从财政分配职能中派生出来的。没有财政分配，财政监督就无法进行和表现。因此，在财政实际工作中，需要由财政机关对行政机关、企事业单位及其他组织执行财税法律法规和政策情况，以及对涉及财政收支、会计资料和国有资本金管理等事项依法进行的监督检查，以确保财政资金分配使用的合法性，进而反映国民经济运行的总体概貌。

（三）财政的调节职能

在市场经济条件下，宏观调控也是不可缺少的，单靠市场调节往往会造成资源配置浪费，也会失去社会公平，所以，当市场难以保持自身均衡发展时，政府可以根据市场经济运行状况，选择适当的财政政策，以保持经济的稳定增长和社会的公平发展。财政的调控功能主要表现在以下几个方面。

1. 通过财政收支规模的变动，调节社会总供给与总需求的平衡

在市场经济条件下，社会总供给与总需求平衡的控制是国民经济正常进行的基本条件。社会总供给是指已经生产出来并进入市场交换的全部商品总和，而总需求是指有货币支付能力的对商品物资的需求总和。只有在商品经济中，商品价值形态和使用价值形态运动相分离，才产生了总供给与总需求的平衡问题。财政收入代表可供政府集中支配的商品物资量，是社会供给总量的一部分；财政支出代表通过预算分配形成的社会购买力，是社会需求总量的一部分。因此通过调节政府财政收支之间的关系，就可以在一定程度上影响和调节社会供求总量的平衡。

2. 通过调整政府财政收支结构，进行资源的合理配置

资源配置是社会可利用的经济资源在公共部门和民间部门之间以及在它们各自内部各领域之间的分配。其中，民间部门资源的最优配置是通过市场价格机制实现的，公共部门和民间部门之间的资源配置和公共部门内部的资源配置是通过政治程序编制预算实现的。财政收入在国民收入中的比重首先影响着整个资源在公共部门和民间部门之间分配的比例，即各自的规模，然后决定分配在公共部门的资源规模的内部配置，即配置结构。可以说，在现代市场经济国家，市场是资源配置的基础机制，而政府财政则是整个社会资源配置的引导机制。

3. **公平社会分配**

财政的收入分配职能是指财政通过收入再分配来调节初次分配形成的收入分配差异，促进社会公正、公平，维护社会稳定。收入分配的目标是实现公平分配，而公平分配包括经济公平和社会公平两个层次。经济公平是市场经济的内在要求，强调的是要素投入和要素收入相对称，它是在平等竞争的环境下由等价交换来实现的。社会公平是指将收入差距维持在现

阶段社会各阶层居民所能接受的合理范围内。财政实现收入分配职能的机制和手段主要有：第一，划清市场分配与财政分配的界限和范围。第二，规范工资制度。第三，加强税收调节。第四，通过转移性支出，改善生活水平和福利水平等。

二、马斯格雷夫的财政三职能学说

理查德·A·马斯格雷夫（Musgrave, Richard A.）和佩吉·B·马斯格雷夫（Musgrave, Peggy B.）提出了财政的主要职能是资源配置职能、收入分配职能、经济稳定与发展职能。他们还认为财政政策的不同职能可能会相互冲突，因此需要协调配合。

（一）财政的资源配置职能

在市场经济体制下，经济社会资源的配置有两种方式来实现，即市场机制和政府机制。市场对资源的配置起基础性作用，但由于存在着公共品、垄断、信息不对称、经济活动的外在性等情况，仅仅依靠市场机制并不能实现资源配置的最优化，还需要政府在市场失灵领域发挥资源配置作用。财政作为政府调控经济社会运行的主要杠杆，是政府配置资源的主体。因为，在经济体系中，市场提供的商品和服务数量有时是过度的，有时是不足的，整个社会的资源配置缺乏效率。财政的资源配置职能就表现在对市场提供过度的商品和劳务数量进行校正，而对市场提供不足的产品和服务进行补充，以实现社会资源的有效配置。

财政的资源配置职能的主要内容表现在以下三个方面：第一，财政可通过采取转移支付制度和区域性的税收优惠政策、加强制度建设、消除地方封锁和地方保护、完善基础设施、提供信息服务等方法，促进要素市场的建设和发展，推动生产要素在区域间的合理流动，实现资源配置的优化。第二，财政通过调整投资结构，形成新的生产能力，实现优化产业结构的目标。如交通、能源等基础产业项目的资金和技术"门槛"高，政府就可通过产业政策指导和集中性资金支持，防止规模不经济的产生。除了政府直接投资外，还可利用财政税收政策引导企业投资方向，以及补贴等方式调节资源在国民经济各部门之间的配置，形成合理的产业结构。第三，市场无法有效提供公共产品，提供公共产品是政府的基本职责。政府一般以税收等形式筹措资金，以不损害市场机制和秩序为原则，提供公共产品。

（二）财政的收入分配职能

财政的收入分配职能是政府为了实现公平分配的目标，对市场经济形成的收入分配格局予以调整的职责和功能。在各种不同的财政手段中，实现再分配的最直接的手段有：（1）税收转移支付，即对高收入家庭课征累进所得税并对低收入家庭给予补助二者相结合的方法；（2）用累进所得税的收入，为使低收入家庭获益的公共服务提供资金；（3）对主要由高收入消费者购买的产品进行课税，并同时对主要为低收入消费者使用的其他产品给予补贴二者相结合的方法；（4）完善社会福利制度，使低收入者实际收入增加，个人收入差距缩小；（5）建立统一的劳动力市场，促进城乡之间和地区之间人口的合理流动，这是调动劳动者劳动积极性，遏制城乡差距和地区差距进一步扩大的有效途径。

(三) 财政的经济稳定与发展职能

在市场经济中，实现充分就业、稳定物价水平、平衡国际收支是财政的经济稳定职能的三个方面。要保证社会经济的正常运转，保持经济稳定发展，就必须采取相应抉择政策，即根据经济形势的变化，即时变动财政收入政策。如积极的财政政策、消极的财政政策、稳健的财政政策以及扩张的财政政策。同时采用"自动"稳定装置，以不变应万变，减缓经济的波动。在政府税收方面，主要体现在累进的所得税上。当经济处于高峰期时，可抑制需求；当经济处于低谷时，刺激需求，促使经济复苏。在政府支出方面，主要体现在社会保障支出上，用以控制在不同经济发展时期失业人口的数量。同时还有政府的农产品价格支持制度。这些都是促进经济发展、实现经济稳定发展的重要措施和手段。

发展是人类永恒的主题。特别是中国，作为发展中的大国，市场欠发达，经济结构亟待调整，资本相对匮乏，企业家阶层尚未形成，促进经济发展是财政无法推卸的责任。而在社会主义市场经济体制下，政府完全可以利用有效的财政政策，加快经济增长，促进经济结构调整，实现经济发展。

三、国内学者对于财政职能的看法

在我国国内，学者们对于财政职能也有很多不同的观点，按时间来划分的话可以分为改革开放前和改革开放后两个时间段。改革开放前的观点带有浓重的计划经济体制的特点，认为财政的核心是分配，财政的两大职能就是分配与监督。改革开放后的观点很多，归纳起来，其中比较流行的观点是"三职能说"和"四职能说"。三职能说主要有以下四种不同的观点：叶振鹏教授认为财政的三种职能是分配职能、调节职能和监督职能，其中调节职能是指以改变社会各集团及成员在国民收入中的占有份额，以及改变国民收入的使用方向和比例关系，从而调整国家经济结构；陈共教授把财政职能归结为资源配置职能、收入分配职能、经济稳定和发展职能；财政部前部长项怀诚（2001）认为财政的职能应该是资源配置职能、稳定职能和公平职能；苏明（2001）教授认为财政职能应该包括政治职能、经济职能和公共职能。四职能说主要包括以下三种观点：郭代模教授（1994）认为财政职能包括财力分配职能、价值管理职能、经济调节职能和财政监督职能；财政部长谢旭人（1994）认为财政职能包括公共保障职能、收入分配职能、经济调控职能和国有资产管理职能；财政部财科所许毅（1996）认为财政职能因该包括主体职能、制导职能、结构职能和机制职能，其中制导职能表示财政应该主动地分配和再分配，制导生产、消费和交换，使市场发挥对资源的基础性配置作用。

第二节 经济发展与政府干预

亚当·斯密1776年出版的《国富论》创立了财政学，在这本书的第五篇"论君主或国家的收入"中,亚当·斯密对立宪君主的义务及财政的职能进行了阐述。在亚当·斯密之后相当长的时期内,财政职能以及西方财政学都没有大的变化,这一时期财政的突出特点是对应"小政府"而存在的"小财政",这一特点顺应了当时资本和市场自由发展的根本要求,公共支出规模较小、活动范围较为狭窄的状况从财力上约束了政府的活动规模与范围,从而使国家只能充当"守夜人"的角色。虽然在亚当·斯密发表《国富论》之后不久,德国的历史学派就提出了从国家干预主义出发的财政理论,但是由于特定历史条件的限制,没有也不可能在资本主义国家成为主流。

1929~1933 年的世界经济大危机,是资本主义世界有史以来最严重和最深刻的一次危机,这次危机的空前严重性和持久性,宣告了自由放任传统经济理论的破产,成为经济学说史上的一个重大的转折点。一些经济学家开始注意到并主张政府干预理论。例如,英国的经济学家凯恩斯早在1926年就发表了《自由放任主义的终结》一书,他力图证明,借助于国家在支出和税收方面的主动政策和对货币流通和信贷的调节,可以消除因总需求不足形成的固有的失业和经济危机。1936年,凯恩斯发表了他的代表作《就业、利息和货币通论》,提出了系统的就业理论和国家干预经济的一系列政策主张,为政府运用财政、货币政策对经济运行进行宏观调控提供了理论支持。

20 世纪 30 年代,也就是凯恩斯理论出现的同时,同样是在德国,出现了弗莱堡学派,这一学派既不同于传统的经济自由主义,也不同于以凯恩斯为代表的各种形式的国家干预主义。该学派与后来的伦敦学派、现代货币学派、理性预期学派和供给学派一起被称为新自由主义。他们反对政府干预经济,主张政府的责任是制定和执行私人经济活动应遵守的规则,鼓励竞争,为市场经济的顺利运行创造适宜的环境。20 世纪 70 年代,西方经济陷入了长期的滞胀阶段,凯恩斯主义者没能提出有效对策,里根总统和撒切尔首相分别在美国与英国采取新自由主义经济主张取得了成功。"冷战"结束后,经济全球化的兴起为新自由主义理论的发展提供了更广阔的空间,同时,新自由主义的实践也成为经济全球化理论的产生和发展的前提和基础。

一、财政学创立初期的德国国家干预主义财政理论

在亚当·斯密的《国富论》之后,也就是 19 世纪的大部分时间内,当时的德国政治上处于封建分封的割裂状态,有 300 多个小邦,政治上的不统一阻碍了经济的发展,各邦国的税制和财政制度各自独立、各行共事,这种不统一成了德意志资本主义发展的障碍。相对于英法等国自由主义经济状况而言,德国的经济是落后的,因为此时英法等国已经进行经历过产业革命,而德国尚未进行。由于认识到德意志邦国结成关税同盟与英国相抗衡的必要性,李斯特、内贝尼乌斯等人提出保护关税主义的主张,1818 年普鲁士的保护关税,1834 年结成的关税同盟,意味着德意志产业资本势力正在逐渐加强,并成为其后德国统一的现实基础。

德国历史学派兴起的另一个原因是德国自身的社会问题,也就是 19 世纪中叶德国的社会经济发展现实,即自由贸易不能解决一个和英国完全不同的国家的工业化问题,德国历史学家要求国家在经济事务中起重要作用,主张在贸易理论上使后进资本主义国家的现实政策与先进资本主义国家的理论相结合。这时候的历史学派虽然还不能看成是国家干预主义的开

端，但却可以看成是结束德国自由经济政策的开端。

德国财政学理论的系统化，是在19世纪前叶通过李斯特、罗雪尔、卡尔迪策耳和海因里希·劳等历史学派而确立的，他们认为，英法流行学派的自由贸易原则的实现必须有一个前提，那就是存在包括一切国家在内的世界联盟和存在持久和平的世界局势。如果没有这个前提，自由贸易只会使先进国家永保其垄断地位，而后进国家则永远处于落后的地位。事实上，自由贸易的前提并不存在，因此，世界主义经济学是行不通的，只能实行国家经济学。只有实行国家经济学，后进国才能赶上先进国，才能最终实现世界联盟，实现真正的自由贸易。

德国历史学派划分为旧的和新的两个时期，旧历史学派存在于19世纪40年代至70年代之间。1841年李斯特在其代表作《政治经济学的国民体系》一书中，主张经济发展阶段论，主张在贸易理论上使后进资本主义国家的现实政策与先进资本主义国家的理论相结合。1843年，历史学派的创始人罗雪尔出版了《历史方法观的国民经济学纲要》一书，这一著作的最大成就是提出影响经济生活的非经济因素，他尝试着使用比较归纳法以及不同的时代、民族、国家和文化的比较，来发现一国经济发展的规律。对于新历史学派来说，19世纪70年代的经济危机是在经济学中要求国家干预的重要出发点。在经济政策方面，新历史学派著作的特点是希望通过国家干预消除经济自由主义的负效果，这时掀起的讨论是围绕政府应该如何干预这一问题进行的。

19世纪后半叶创建德国财政学黄金时代的三个主要人物分别为史泰因、谢夫勒和瓦格纳。史泰因在其《财政学教科书》中认为："财政学财政理论发展的现实基础。"所以说，德国历史学派是与德国民族主义的兴起有着非常紧密的联系，并被认为是对英国启蒙运动和古典经济学的反应。

德国的历史学派所主张的国家干预主义和当时的古典经济理论不同，试图从国家的角度，把人类经济行为放在社会心理学中进行研究。尽管历史学派的研究是在19世纪的德国发展起来的，对其他地方影响很小，但以德国历史学派为代表的国家干预主义，其着眼点在于当时落后的德国，希望通过国家干预，保护德国经济的发展，其意义在于，它重视政府的作用，为国家干预找到了一种理由，因此它的一些基本理论对当前研究财政政策仍然是十分重要的，特别是国家干预主义的财政理论在20世纪市场大规模失效时表现的作用尤为明显，虽然20世纪30年代开始的财政调控经济的理论依据不是历史学派的财政理论，但它也同样强调国家干预，因此二者有许多相似之处。

二、凯恩斯主义经济学的宏观调控理论

20世纪30年代，西方世界发生了一场前所未有的经济大危机，否定了亚当·斯密创立财政学以来的自由竞争时期经济秩序通过市场机制自动调节就能够自动达到和谐的结论，表明自由放任的市场，尽管在一定程度上可以解决社会收入公平和宏观经济稳定等问题，但随着市场经济的发展和规模的扩大，宏观经济波动的规模日益扩大，波动频率日益频繁，自由的市场经济所具有的天然缺陷所形成的危害也日益严重，如果任其发展，最后将只能是以市场经济制度的灭亡而告终，所有这些都给凯恩斯的主张提供了坚实的背景。凯恩斯在其1936年出版的《就业、货币与利息通论》中提出自由放任会导致有效

需求不足，因此主张国家干预经济生活，运用财政政策扩大政府职能，即调节消费倾向和投资引诱职能。在凯恩斯之后，虽然有的国家某一时期奉行的并不完全是凯恩斯主义的财政政策，但其政策也是基本上采用了凯恩斯主义的政府干预经济的内容。20世纪30年代至今的经济实践，证明了凯恩斯主义所主张的政府干预在一定程度上的有效性。它改变了财政政策的作用，将其提高到干预手段的显著地位。凯恩斯的《通论》彻底推翻了支持自由放任政策的旧经济理论，提出了新的理论，使政府的积极财政支出政策符合经济原则，以解决失业问题并克服经济的萧条。《通论》所开出的处方，被认为在救治西方社会疾病——失业、贫穷与不平等上，收到很大成效，第二次世界大战后西方资本主义国家在凯恩斯主义经济理论指导下，经历了长达40年之久的高速经济增长，但因长期运用这种政策，结果又产生通货膨胀、资源浪费、国际通货危机等新的弊病。

产生于20世纪70年代、兴起于80年代的新凯恩斯主义，在90年代有了突飞猛进的发展，新拓展的新凯恩斯主义形成了既不同于传统政府干预学派又不同于自由经济主义的第三条道路经济学。与老凯恩斯主义相比，新凯恩斯主义的一个特点是考虑了全球化对经济、政治和社会的综合影响。在经济全球化时代，经济全球化已经极大地弱化了传统宏观经济政策的对国内经济的调控作用，产业和金融资本的流动性进一步削弱了宏观经济政策的效应。然而，国家仍然在发挥作用，尽管已出现政府偏离单一民族国家的趋势，有时它呈现出向下的分散化趋势。如在一个国家中，中央政府向地方政府放权；有时又呈现出向上集中的趋势如欧盟。但是，政府仍然发挥着重要作用，尽管政府的角色正在发生转变。新凯恩斯主义认为，全球化对政策变化的影响是综合的，作为"第三条道路"经济学基础的新凯恩斯主义的经济政策主张，既超越老社会民主主义偏好的凯恩斯主义需求政策和产业政策，又超越自由经济主义所强调的市场自由化和简化规制的政策。新凯恩斯主义的宏观经济政策的目标是保持低通货膨胀，限制政府借款，促进经济增长和提高就业水平。新凯恩斯主义主张适度的国家干预，认同了新古典经济学关于"对经济过度频繁干预导致了滞胀"的观点，财政政策已经从单纯的扩大公共开支、克服经济危机发展到对经济进行深度和广度的调节，把财政政策的调控范围延伸到经济运行的内部，并强调调控的质量，以维持经济长期发展，这种注重经济内部结构调整的主张是国家干预学说的深化。

三、反政府干预理论——新自由主义经济理论的产生和发展

20世纪70年代，西方国家经历了"二战"后两次最深重的经济危机，整个经济长期陷入滞胀，而凯恩斯主义者却提不出有效对策，从而使他们信奉的经济思想陷入危机，走向衰落。与此同时，新自由主义的各种流派有机会汇合成一股巨大的潮流，在古典自由主义的基础上，结合凯恩斯主义理论，成为当代西方发达国家的主流，主要包括弗莱堡学派、伦敦学派、现代货币学派、理性预期学派和供给学派。

20世纪40年代末到50年代初，以弗莱堡学派代表人物艾哈德为代表的基督教民主联盟同社会民主党内的凯恩斯主义者展开了一场激烈的论战，结果是新自由主义的主张被两党接受，从此，这一学派就成为联邦德国的主流派，"联邦德国奇迹"创造了新自由主义取得成功的范例，但是这一范例却是一个例外，因为战后西方其他各国都奉行凯恩斯主义。与弗

莱堡学派同时代的伦敦学派形成于20世纪30、40年代，其代表人物有罗宾斯和哈耶克等人，他们坚持自由放任，反对任何形式的国家干预。1947年4月，哈耶克在瑞士沃州佩勒兰山召开会议并成立佩勒兰协会，其宗旨一方面要反对凯恩斯国家干预主义，另一方面是为建立一种自由的、不受任何约束的政治经济模式奠定理论基础。

20世纪50年代中期，在美国已经出现反凯恩斯主义的学派，即现代货币学派，其代表人物是弗里德曼。他反对国家干预经济，坚持自由放任的信条，认为市场自发力量可以使经济自然地趋向平衡，经济的动荡都是由于实行政府干预市场经济的错误的财政货币政策造成的。因此他反对凯恩斯主义用扩大政府财政支出的财政政策来消除失业，提出了所谓"自然失业率"的概念。产生于20世纪50年代末和60年代初的理性预期学派本来是现代货币学派的一个分支，其代表人物卢卡斯和巴罗等人利用70年代凯恩斯主义陷入危机的有利时期，在新古典经济学自由市场理论的基础上，运用理性预期方法，对宏观经济理论进行了反思，对凯恩斯主义理论和政策进行了抨击。他们认为，凯恩斯主义的理论是错误的，政策是无效的，违反了西方经济学关于合乎理性的这一基本的假定。根据该假定，人们的预期是合乎理性的，在理性预期条件下，宏观经济政策总体上说根本无效。理性预期学派没有给政府在经济事务中任何权力，认为政府可以彻底地退出对经济的干预。

新自由主义在经济全球化以前主要停留在理论上，其实践也有地域限制，主要流行于发达国家，甚至某一种新自由主义理论只流行于某一国家。在经济全球化条件下，新自由主义的目标是建立全球秩序，但是新自由主义在实践上具有发达国家和发展中国家实行双重标准的特点。那些接受新自由主义经济主张的发达国家由于战后长期推行国家干预主义并收到实效，实行新自由主义并不彻底。但是，发达国家在拓展其全球市场过程中却要求广大发展中国家推行新自由主义经济政策和经营模式，其主要政策主张有私有化、价格的自由化、资本市场自由化、紧缩的财政政策和贸易自由化。这些政策在发展中国家获得了一些成功经验，但总的来说，却都不同程度存在问题。第一，新自由主义政策使发展中国家过分依赖外资，外资一旦撤离，经济就陷入困境。第二，新自由主义在发展中国家造成了越来越严重的财富分配不均问题。第三，新自由主义缺乏有效的公共政策。第四，从国际范围看，新自由主义无法全面促进世界经济均衡发展，非洲的贫困、亚洲的金融危机和拉美国家的经济金融动荡都是证明。新自由主义主张的核心是尽可能弱化国家的作用，主张市场对经济的绝对统治，要求发展中国家减少对经济的干预，把有关主权让渡给国际货币基金组织和世界银行等国际金融机构。由于主要的国际组织都是由发达国家控制，所以说，新自由主义貌似推行市场自由化，实质上是图谋让强国担负起组织和管理世界经济的任务，阻止弱国拥有保护自己市场的机制和手段，保证其企业对弱国的垄断。因此，新自由主义理论和实践虽然在经济全球化过程中得到发展，但却不能为经济全球化进程提供理论支持，更不能得到众多发展中国家的认同。

四、美国传统基金会关于经济自由度的衡量指标

经济自由度指数（Index of Economic Freedom）是由《华尔街日报》和美国传统基金会（Heritage Foundation）发布的年度报告。涵盖全球155个国家和地区。是全球权威的经济自由度评价指标之一。

该指数根据经济自由度50个指标评价各个国家的得分。每一个指标的最高得分为1分，最低得分为5分。在一个指标上分数越高，政府对经济的干涉水平越高，因此经济自由度越低。各个指标累加后的平均值可以计算出总体系数。美国传统基金会的观点是，具有较多经济自由度的国家与那些较少经济度的国家相比，会拥有较高的长期经济增长速度和更繁荣。

根据得分，所有国家和地区被分为如下四个等别：
自由（2分以下）；
比较自由（2~3分）；
不太自由（3~4分）；
受压制（4分以上）。

2005年，这四类的国家和地区分别有17个、56个、70个、12个。至2006年为止，中国香港地区连续12年名列榜首（见表4-1）。

表4-1　　　　　美国传统基金会"经济自由度指数"指标设计

一级指标	二级指标
贸易政策	加权平均关税
	非关税壁垒
	海关腐败
政府财政开支	所得税边际最高税率
	公司税边际最高税率
	政府支出占GDP比例的年度变化值
政府对经济的干预	政府开支在经济中所占比重
	政府拥有的企业和产业
	政府收入中来自国有企业和国有资产的收入所占的比重
	政府的经济产出
货币政策	包括过去10年通货膨胀率的加权年均值
资本流动和外国投资	外资企业法规
	对于外资企业的限制
	对于向外国投资者开放的行业及公司的限制
	对于外资公司的限制及业绩要求
	外商的土地所有权
	外资公司与国内公司在法律上的平等对待
	对于外资企业收入汇出的限制
	对于资本交易的限制
	外资公司本地融资的方便程度

续表

一级指标	二级指标
银行业和金融业	政府对金融机构的所有权
	对于外资银行开设分支及子公司能力的限制
	政府对于信贷配置的影响
	政府管制
	提供所有种类金融服务的自由，证券和保险政策
工资和物价	最低工资法
	不受政府影响，私下设定价格的自由
	政府价格管制
	政府价格管制使用的程度
	政府对影响价格的企业的津贴
产权	司法系统不受政府干扰的自由
	规定合同的商法
	对合同纠纷中外国仲裁机构的认可
	政府对财产的征用
	司法系统内部的腐败
	在接收司法裁定与执行之间的延迟
	私有财产受到法律的承认和保护
规制	经营企业的许可要求
	获取营业执照的容易程度
	官僚机构中的腐败
	劳动规制，如每周工作时间，带薪假期，产假等
	关于环境、消费者安全，以及工人健康的规制
	各规制给企业带来的负担
非正规市场活动（黑市）	走私
	非正规市场中知识产权的盗版
	由非正规市场提供的农业产品
	由非正规市场所提供的工业产品
	由非正规市场提供的服务
	由非正规市场提供的运输
	由非正规市场提供的劳动

资料来源：美国传统基金会。

资料库

2007年1月30日,美国传统基金会公布了"2007年经济自由度指数"报告。在参加评比的157个国家(地区)中,就影响自由经济的10个广义范畴组别内的50项独立元素作出评分。这10个范畴包括:商业自由度、贸易自由度、财政自由度、政府干涉程度、货币自由度、投资自由度、金融自由度、知识产权、腐败程度和劳动自由度。中国香港地区连续第13年全球排名第一。2006年中国的排名为第111位,2007年降至第119位。

表4-2　　　　　　　　　　2007年全球经济自由度指数排行

国家(地区)	排名	自由度(%)
中国香港地区	1	89.3
新加坡	2	85.7
澳大利亚	3	82.7
美国	4	82.0
新西兰	5	81.6
英国	6	81.6
爱尔兰	7	81.3
卢森堡	8	79.3
瑞士	9	79.1
加拿大	10	78.7
中国	119	54.0

资料来源:美国传统基金会。

传统基金会(Heritage Foundation)成立于1973年,总部设于美国首都华盛顿哥伦比亚特区。它被视为美国亲保守派的重要智囊组织。

政治理念:传统基金会除了本身开宗明义,表明是美国保守派组织,其政治主张,也是保守派一直以来所提倡:(1)主张小政府,限制政府开支和规模,因此特别颂扬香港式的"积极不干预"经济政策,支持学券制①等主张;(2)捍卫个人自由;(3)捍卫传统价值;(4)强调美国需要有强大的国防实力。

主要活动:传统基金会作为一个智囊组织,主要活动集中于出版、政策研究、倡议,以及培育新人等方面。这些活动包括:(1)每年公布世界各主要经济体系的经济自由度指数;(2)出版各类研究报告,包括对外政策,以及本土的一些民生经济政策的报告;(3)发表成员的每周评论;(4)筹办青年领袖计划(Young Leader Program),这包括一系列奖学金、见习计划等。

思考题:

1. 简述财政职能的概念及国内外关于财政职能认识的代表性观点。
2. 简述马斯格雷夫的财政三职能理论的内涵。
3. 简述财政宏观调控理论的发展演变历程。
4. 如何理解政府与市场的关系?

---

① 学券制,在中国地区又称为教育券制。这是美国经济学家米尔顿·弗里德曼提倡的一种资助制度,主要目的在于,在维持政府对教育的津贴同时,亦可以引入市场竞争机制,从而提升教育的制度。

主要做法是:(1)政府向家长发出学券,学券金额等于政府每年津贴个别学生的金额;(2)家长自由地,选择合符指定要求的学校,不论政府(公立)或私立都可以;(3)家长用学券缴付学费,学校有权收取学券以外的额外费用,有关费用由自由市场机制决定;(4)学校收到学券后,凭券向政府索回现金。根据以上运作方式,好的学校由于生意滔滔,收取较多的学券,以及学券以外的现金,因而生存下来。而不好的学校,因缺乏消费者,最终因经营不善而被淘汰。由于学券制引入类似市场竞争的方式,教师工会认为,这类制度威胁教师的职业稳定性,打破教师的铁饭碗。因此,美国不少州份实施学券制时,都引发工会与政府间的某种法律诉讼。

第二部分

财政支出框架分析

第五章　公共物品
第六章　外部性
第七章　成本—收益分析

第五章 公共物品

人类的生存和发展必须依赖一定的物质基础和条件,根据消费是否具有非竞争性和非他性,可以将这些物质基础和条件划分为私人物品和公共物品两大类。私人物品是指在消费上具有竞争性和排他性的物品。在市场经济条件下,私人物品可以在不用政府过多干预的情况下,由企业直接生产和提供。而诸如国防、基础教育这类公共物品,由于其消费具有非竞争性和非排他性,即每增加一个消费者并不会影响其他人对该物品的消费,且任何社会成员都有平等地享受其效用的权力。那么,公共物品由谁以什么样的方式来提供更具效率呢?如何解决公共物品供给中"免费搭车"的问题呢?……显然,这些问题的解决都必须基于对公共物品理论的全面思考和把握。本章将在系统梳理和评述西方公共物品理论的基础上,对公共物品供给的相关问题进行深入的分析与研究。

第一节 西方公共物品理论概述

西方公共物品理论是在政府与市场职能边界划分的争论中逐渐产生和发展的。纵观西方公共物品理论的发展,西方经济学家的研究主要是围绕公共物品的概念、特点、分类以及如何实现公共物品的有效供给等方面展开的。

一、关于公共物品概念的研究

早在1739年,著名的哲学家大卫·休谟(David Hume)在其著作《人性论》中谈到了这样的现象:两个邻人可以同意排去他们所共有的一片草地上的积水;因为他们容易了解彼此的意图,都会理解到自己不参加的直接后果,等于是放弃整个计划……但是要使一千人同意那样的行为,那是很困难的,而且的确是不可能的;他们对于那样一个复杂的计划难以同心一致,至于执行那个计划就更加困难了。因为每人都在寻找借口,要想使自己省却麻烦和开支,而把全部负担加在他人身上。政治社会就容易补救这些弊病。执行长官把他们的任何重大部分臣民的利益看做自己的直接利益。……这样,桥梁就建筑了,海港就开辟了,城墙就修筑了,运河就挖掘了,舰队就装备了,军队就训练了。[①] 虽然休谟并没有直接使用"公

---

① 大卫·休谟:《人性论》,商务印书馆1983年版,第578~579页。

共物品"这一概念,但在其分析中已经包含了对公共性问题的探讨和对公共物品最直观的理解:公共物品是对社会中每个人都有益的物品,且只有通过集体行动的方式来完成。

继休谟之后,古典经济学的代表人物亚当·斯密(Adam Smith)在《国民财富的原因和性质的研究》(1776)中从研究"君主和国家职能"的角度对公共物品问题作出了分析。他认为,君主和国家有三大职能:(1)保护社会免受其他独立社会的暴行的侵略;(2)尽可能保护社会的每一个成员免于社会每一个其他成员的不公正和压迫行为的伤害;(3)建立和维持公共机构和公共工程。① 根据对君主和国家的职能的阐述,斯密强调某些物品和服务必须由君主和政府来提供。在此基础之上,斯密还对公共物品的类型进行了划分,形成了全国性公共物品和地区性公共物品区分的思想,并对公共设施和公共工程的提供方式,公共工程的不同提供方式的效率以及公共工程供给中的公平问题等进行了探讨。但是,与休谟的观点不同,斯密认为某些公共物品是否需要君主和政府来提供,应该取决于个人能否有效提供,如果个人不能有效提供这些公共物品,才需要君主和政府出面提供。

基于斯密的研究,约翰·斯图亚特·穆勒(John Stuart Mill)在《政治经济学原理及其在社会哲学上的应用》(1848)中对政府的职能进行了更深层次的探讨,并对为什么某些物品和服务必须由政府来提供进行了论证。在其著作中,穆勒用灯塔的例子来进行说明,他认为由于灯塔的建造者或所有者很难对使用者进行收费来补偿建造灯塔的费用或者获利,这就决定了像灯塔这样的物品很难由个人来提供,而必须由政府通过征税的方式来建造和提供。换言之,对于难以通过收费来弥补成本或者获利的物品,政府的提供就成为了一种必要。

从休谟到穆勒的诸位学者从论述政府职能的角度对公共物品的范围及供给方式等相关问题进行了研究,但他们始终没有对公共物品的概念加以明确的界定,没有找到公共物品区别于私人物品的根本性特征。

对公共物品做出了比较精确的分析性定义的是美国著名经济学家保罗·A·萨缪尔森(Paul A. Samuelson)。1954年,他在《公共支出的纯理论》一文中,对"公共物品"做出了严格的定义,他认为公共物品是指这样的物品,即"任何人消费这种物品都不会导致其他人对该物品消费的减少。"萨缪尔森在其随后的著作——《经济学》(第16版)中,进一步指出公共品(即公共物品)是指那种不论任何个人是否愿意购买,都能使整个社会每一成员获益的物品。私人品恰恰相反,是那些可以分割、可以供不同人消费,并且对他人没有外部收益或成本的物品。②

安东尼·B·阿特金森(Anthony B. Atkinson)与约瑟夫·E·斯蒂格利茨(Joseph E. Stiglitz)在萨缪尔森研究的基础上,对公共物品的概念进行了连续性处理。他们指出萨缪尔森所定义的公共物品是一种"纯公共物品",在现实生活中是一种极端的情况,而更为一般的情况是,有一类商品具有这样一种性质:(在对该商品的总支出不变的情况下)某个"消费的增加并不会使他人的消费以同量减少"。③ 假设纯公共物品是现实生活中一种极端的情况,纯私人物品作为另一种极端的情况,那么介于纯公共物品和纯私人物品之间,还存在

---

① 亚当·斯密:《国民财富的原因和性质的研究》(下卷),陕西人民出版社2001年版,第759~790页。
② 保罗·A·萨缪尔森、威廉·D·诺德豪斯:《经济学》(第16版),华夏出版社2002年版,第268页。
③ 安东尼·B·阿特金森、约瑟夫·E·斯蒂格利茨:《公共经济学》,上海三联书店、上海人民出版社1994年版,第620~621页。

着数量庞大的过渡性物品（也称中间状态物品）。

针对介于纯公共物品和纯私人物品之间的过渡性物品，公共选择理论的创始人詹姆斯·布坎南（James M. Buchanan）在《俱乐部的经济理论》（1965）一文认为：萨缪尔森对"纯公共物品"和"纯私人物品"作出了严格区分，但是还没有一种理论能够涵盖介于"纯公共物品"与"纯私人物品"之间的大量物品。其中一个缺失的环节就是"俱乐部理论"。[①]布坎南指出，现实生活中，在纯公共物品和纯私人物品之间还存在着大量物品，即俱乐部物品。俱乐部物品的消费具有排他性，可以通过收费的方式将非俱乐部成员和未缴费者拒之门外，只向俱乐部成员和缴费者提供俱乐部物品。但是随着俱乐部成员的增加，很可能出现拥挤的现象，降低俱乐部成员效用。假如俱乐部成员只有一个人，那俱乐部物品就成为了纯私人产品；而当俱乐部成员是全体人的时候，俱乐部物品就成为了纯公共产品。

二、关于公共物品性质与特征的研究

与公共物品的概念相似，不同学者从不同角度对公共产品的性质进行了阐述。

萨缪尔森用数学方法将私人物品和纯公共物品表述出来。假设 j 代表不同的消费者，X 表示对某种商品的全部消费，X_j 表示第 j 个消费者对某种商品的消费。则私人物品可以表示为：

$$X = \sum X_j (j = 1,2,3,\cdots,n) \qquad (5-1-1)$$

在式（5-1-1）中，由于 $X = \sum X_j$，即每个消费者对这种私人物品的消费之和就等于这种私人物品的全部消费。也就是说，每增加一个消费者就有可能减少或妨碍其他消费者对该私人物品的消费。

公共物品可以用下面的公式来表示：

$$X = X_j (j = 1,2,3,\cdots,n) \qquad (5-1-2)$$

在式（5-1-2）中，由于 $X = X_j$，说明任何一个消费者对这种公共物品的消费都等于全体消费者的消费，即每增加一个消费者，都不会减少其他消费者的消费，我们把公共物品的这种性质称为非竞争性。公共物品的非竞争性意味着每增加一个消费者带来的边际成本为零。值得注意的是，这里的边际成本为零包含两层意思：一是每增加一个消费者，并不需要多提供一个单位的公共物品，即不需要增加资源的投入或付出额外的成本；二是每增加一个消费者，不会影响或者妨碍其他人的效用，即不会产生"拥挤成本"。

萨缪尔森从非竞争性的角度定义了公共物品之后，还从非排他性与不可分割性两个方面表述了公共物品和私人物品的区别。在《经济学》（第12版）中，他认为："与来自纯粹的私有物品的效益不同，来自公共物品的效益涉及对一个人以上的不可分割的外部消费效果。相比之下，如果一种物品能够加以分割因而每一部分能够分别按竞争价格卖给不同的人，而

---

① Buchanan, J. M., *An Economic Theory of Clubs* [J]. Economica, New Series, Vol. 32, No. 125 (Feb., 1965), pp. 1-14.

且对其他人没有产生外部效果的话,那么这种物品就是私有物品。"① 在《经济学》(第16版)中,萨缪尔森指出:"公共品是指这样一类商品:将该商品的效用扩展于他人的成本为零,因而也无法排除他人共享。公共品最好的例子是国防。一国保卫其自由和生活方式时,它保卫的是所有的居民,无论他们是否愿意接受或者是否为这种保卫支付了费用。"② 显然,萨缪尔森的这两段论述提出了除非竞争性以外,公共物品区别与私人物品的另外两大特性——非排他性与不可分割性。

在这里,非排他性是指公共物品一旦提供,就不可能将任何人排除在该公共物品的消费效用之外。一方面,任何人都不能阻止或排斥他人消费公共物品,因为这在技术与操作层面是不可行的,即使在技术上可行,也会带来较高的成本;另一方面,任何人都无法拒绝对公共物品的消费,即使没有付费或者不情愿(例如国防)。

不可分割性是指公共物品是作为一个整体提供给消费者的,任何人都不可能将公共物品分割并分别出售给不同的消费者,即公共物品在消费方面体现出了集体消费、共同获益的特性。在这里有一点需要说明,公共物品的非竞争性和非排他性源自于产品的不可分割性。③ 正是由于消费者集体消费公共物品,使每个消费者获益的同时不会影响或妨碍他人从中获益,不会引起不同消费者之间利益的冲突。同时,由于公共物品能够带来广泛的外部性消费效果,使得消费者共同获得了公共物品带来的效用,对任何人的排斥都是不可能或在技术上、操作层面难以实现。

受萨缪尔森相关研究的影响,理查德·A·马斯格雷夫(Richard A. Musgrave)从公共产品关联性的角度进一步论述了公共产品的属性:一种纯粹的公共物品在生产或供给的关联性上具有不可分特征,一旦它提供给社会的某些成员,在排斥其他成员对它的消费上就显示出不可能性或无效性(马斯格雷夫,1959;黑德,1962)。④

此后,马斯格雷夫在《财政理论与实践》中继续提到:更精确地说,这两种物品的区别在于,私人物品所产生的利益仅限于购买物品的个别消费者,而公共物品所产生的利益,则不限于购买物品的个别消费者,其他人亦可分沾……假定某地区的空气质量得到改善,那么那个地区所有呼吸空气的人都将获益。换言之,从一个人获得利益并不减少其他人分享利益的意义看,各个不同个人对此类物品上的消费并非'对立'的……公共产品是共享的,其他人的加入不减少原有消费者的消费,因而,排斥其他消费者的利益分享是低效的。因此,运用排斥原则并不合意,即使它是容易实行的。由于公共物品的利益不是属于特定个人的财产权利,市场在此失效。⑤

概括来说,马斯格雷夫强调由于公共物品存在不可分特征(不可分割性)使其具有了非竞争性和非排他性,他认为与私人物品相比较,公共物品具有明显的非竞争性、非排他性与不可分割性。

与萨缪尔森、马斯格雷夫的研究不同,罗宾·W·鲍德威、大卫·E·威迪逊、曼瑟尔·奥尔森、萨瓦斯等学者从各自研究的视角对公共物品某些方面的特性进行了研究和探讨。

---

① 保罗·A·萨缪尔森、威廉·D·诺德豪斯:《经济学》(第12版),中国发展出版社1992年版,第1194页。
② 保罗·A·萨缪尔森、威廉·D·诺德豪斯:《经济学》(第16版),华夏出版社2002年版,第29页。
③ 蒋洪:《公共经济学(财政学)》,上海财经大学出版社2006年版,第62页。
④ 丹尼斯·缪勒:《公共选择》,中国社会科学出版社1999年版,第15页。
⑤ 理查德·A·马斯格雷夫、佩吉·B·马斯格雷夫:《财政理论与实践》,中国财政经济出版社2003年版,第7页。

罗宾·W·鲍德威（Robin W. Boadway）与大卫·E·威迪逊（David E. Wildasin）更加强调公共物品的共同消费性。他们认为："一些商品表现出在同一时间中可使用多个个体得益的特性，即他们是被共同消费的。由一特定群体同时消费的物品的典型例子是国防、法律执行、广播电视，以及为控制洪水所提供的服务。这些物品被称为公共产品。"①

文森特·奥斯特罗姆（Vincent Ostrom）与埃莉诺·奥斯特罗姆（Elinor Ostrom，以下简称奥斯特罗姆夫妇）在《公益物品与公共选择》一文中认为："消费的排他性和共用性只是程度上的差异，而不存在绝对排他或者彻底共用的东西。消费特征的两个极端，即完全可分和完全不可分，在逻辑上把纯粹的私人物品和纯粹的公共物品区分开来……消费的排他性和共同性是独立的属性。他们都可以分为两类。共用性可以分为高度可分的分别使用和不可分的共同使用；排他性可以分为可排他的和不可排他的。"② 简而言之，奥斯特罗姆夫妇将消费上的非排他性和使用的共同性作为公共物品区别与私人物品的根本特征。

曼瑟尔·奥尔森（Mancur Olson）主要集中于研究公共物品的非排他性，他主张："在此定义一个公共的或集体的物品为：任何物品，如果一个集团 X_1，…，X_i，…，X_n 中的任何个人 X_i 能够消费它，它就不能不被那一集团中的其他人消费。换句话说，那些没有购买任何公共或集体物品的人不能被排除在对这种物品的消费之外，而对于非集团物品是能够做到这一点的。"③ 在对这段论述的注释中，奥尔森进一步指出，对于某个集团的集体物品来说，排除任何一个人的消费都是不可行的，即使对于某些集体物品而言，排外存在可能性，但由于排外技术上的不可能，最终导致排外是不可行的、不经济的。

休·史卓顿（Hugh Stretton）与莱昂内尔·奥查德（Lionel Orchard）强调："国防、法律和秩序，灯塔、街道和街道照明是公共物品的几个例子，它们之所以被称为'公共的'，是因为它们如果不能使每个人都得到就不能被供给到任何人，而且不能使它们的单个使用者支付其费用。其次，有些物品，它们可以但却很少向每一个使用者收费，如公路、桥梁、天气预报、公共图书馆、国家公园。最后，有些物品，如教育、医疗服务、公共运输，它们能很好地按市场方式供给，但是许多政府选择免费或者以低费用供给部分公民或全体公民。出于分析的目的，经济学家仅把那些不能在任何使用者支付基础上被供给的物品，例如灯塔，定义为'公共物品'。"④ 史卓顿与奥查德的这段论述说明虽然公共物品具有排他性，但针对不同类型公共物品，情况有所不同。首先，某些公共物品是提供给每个人使用的，且不能针对单个消费者收费的（即无法排他的），诸如灯塔、国防、法律和秩序、街道和街道照明等；其次，某些公共物品是可以针对单个消费者收费的（即排他是可行的），但却很少收费，由国家或政府来免费提供，诸如公路、桥梁、天气预报、公共图书馆、国家公园；最后，某些公共物品完全可以由市场生产和提供，但出于某种因素⑤的考虑，依然由国家或政

---

① 罗宾·W·鲍德威、大卫·E·威迪逊：《公共部门经济学》（第二版），中国人民大学出版社 2000 年版，第 44 页。
② 文森特·奥斯特罗姆、埃莉诺·奥斯特罗姆：《公益物品与公共选择》，载迈克尔·麦金尼斯主编：《多中心体制与地方公共经济》，上海三联书店 2000 年版，第 100 页。
③ 曼瑟尔·奥尔森：《集体行动的逻辑》，上海三联书店、上海人民出版社 1995 年版，第 13 页。
④ 休·史卓顿、莱昂内尔·奥查德：《公共物品、公共企业和公共选择——对政府功能的批评与反批评的理论纷争》，经济科学出版社 2000 年版，第 67~68 页。
⑤ 这些因素可能包括：保护国家安全、维护社会弱势群体利益、保障关系国计民生的支柱产业的发展等。

府免费或收取较低的费用来提供。

萨瓦斯（E. S. Savas）提出以下观点："这些大量的多样化的物品和服务可以通过两个特征——排他和消费——来进行整理和分类……实际上，大量的其他物品并不具有这样的简单特性——只要被大自然创造或者被其他提供者生产出来，一个消费者就能无偿享用……物品和服务的其他特征与消费相关。一些物品和服务可以被消费者共同和同时使用，其数量和质量并不会因此减少或降低；其他一些物品却只能被个人而不是共同消费，即如果被一个人消费者使用，就不能再被第二个消费者使用……一个共同消费品的例子是国防。我从军队获得的保护并没有影响邻居获得同样的保护，他对那种特殊物品的消费不会因我而损减。"[①] 由此可见，萨瓦斯认为不能排他的、被消费者共同使用的、某个人消费不会影响他人消费的物品是公共物品。但是，萨瓦斯并没有将公共物品被消费者共同使用、某个人消费不会影响他人消费的特性界定为不可分割性和非竞争性，而是把他们合起来看作是公共物品在消费上具有的特征。

三、关于物品的分类的研究

西方学者关于公共物品的研究不仅仅局限于探讨公共物品的概念与特征，他们还从如何划分物品、如何界定介于纯粹的私人物品和纯粹的公共物品之间的大量物品等方面进行了思考与分析。

曼昆（N. Gregory Mankiw）根据物品是否存在消费的竞争性和消费的排他性将其分为私人物品、自然垄断、共有物品和公共物品（如表 5–1 所示）。根据曼昆的描述，私人物品具有消费的竞争性和排他性，而诸如国防、知识之类的纯公共物品则同时具有消费的非竞争性和非排他性。介于私人物品和出公共物品之间，还有两类物品，即在消费上具有非竞争性和排他性的自然垄断物品、具有消费的竞争性和非排他性的共有资源。

表 5–1　　　　　　　　　曼昆对物品的分类

		竞争性	
		是	否
排他性	是	私人物品 冰激凌蛋卷 衣服 拥挤的收费道路	自然垄断 消防 有线电视 不拥挤的收费道路
	否	公有资源 海洋的鱼 环境 拥挤的不收费道路	公共物品 国防 知识 不拥挤的不收费道路

资料来源：曼昆：《经济学原理》（上册），生活·读书·新知三联书店、北京大学出版社 1999 年版，第 188 页。

---

① E·S·萨瓦斯：《民营化与公私部门的伙伴关系》，中国人民大学出版社 2002 年版，第 45~47 页。

C. V. 布朗（C. V. Brown）和 P. M. 杰克森（P. M. Jakson）在识别公共物品的过程中，对物品进行了划分（如图 5-1 所示）。

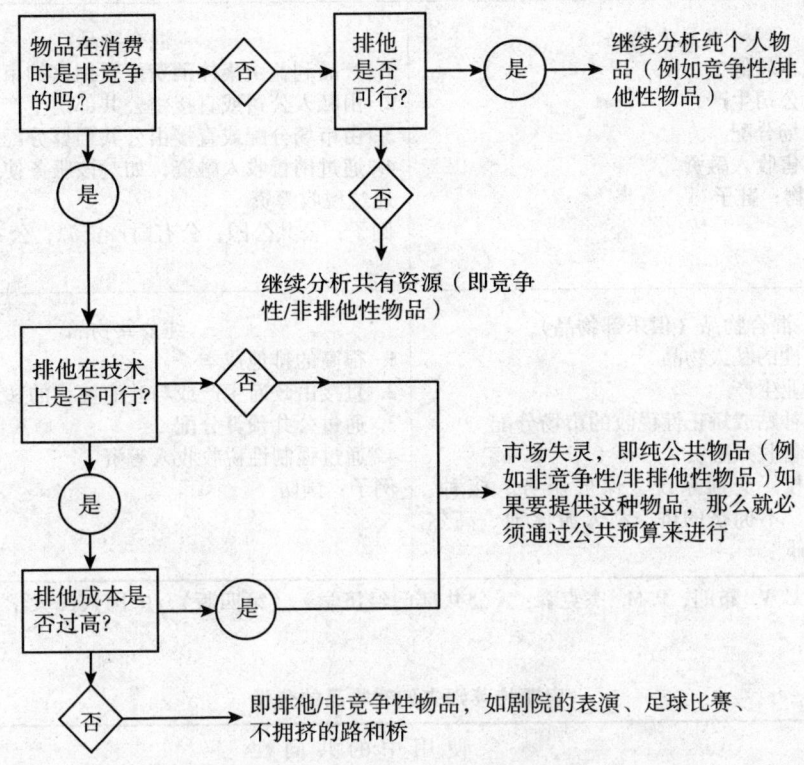

图 5-1 识别公共物品的过程

资料来源：C. V. 布朗、P. M. 杰克森：《公共部门经济学》（第四版），中国人民大学出版社 2000 年版。

布朗和杰克森认为判断某一物品是否是公共物品，首先要看该物品在消费时是否具有非竞争性，如果不具有非竞争性，且排他是可行的，那么这种物品就是纯私人物品。如果该物品在消费上具有非竞争性，且排他在技术上不可行或者成本过高，那么这种产品就是纯公共物品。从这一点来看，布朗、杰克森与曼昆的观点是一致的，都是从消费的非竞争性和非排他性来划分物品的类型的。但与曼昆的观点不同的是，布朗和杰克森将介于纯私人物品和纯公共物品之间的物品统称为混合物品，并将在消费上具有非竞争性和排他性的混合物品定义为俱乐部物品（如表 5-2 所示）。

在《公益物品与公共选择》一文中，奥斯特罗姆夫妇将消费上的非排他性和使用的共同性作为公共物品区别与私人物品的根本特征。因此，他们根据物品在消费上的排他性和使用上的共同性，将物品划分成了私益物品、公益物品、可收费物品和公共池塘物品等四类（如表 5-3 所示）。

表 5-2　　　　　　　　　　　布朗和杰克森对物品的分类

	排　他	非　排　他
竞争	**纯私人物品** 1. 排他成本较低 2. 由私人公司生产 3. 通过市场分配 4. 通过销售收入融资 例子：食物；鞋子	**混合物品** 1. 产品利益由集体消费但受拥挤约束 2. 由私人公司或直接由公共部门生产 3. 由市场分配或直接由公共预算分配 4. 通过销售收入融资，如对该服务使用权的收费或通过税收筹资 例子：公共公园；公有财产资源；公共游泳池
非竞争	**混合物品（俱乐部物品）** 1. 含外在性的私人物品 2. 私人企业生产 3. 通过含补贴或矫正性税收的市场分配 4. 通过销售收入融资 例子：学校、交通系统、保健服务、接种、有线电视、不拥挤的桥、私人游泳池、高尔夫球俱乐部	**纯公共物品** 1. 很高的排他成本 2. 直接由政府生产或与政府签约的私人企业生产 3. 通过公共预算分配 4. 通过强制性税收收入筹资 例子：国防

资料来源：C. V. 布朗、P. M. 杰克森：《公共部门经济学》（第四版），中国人民大学出版社 2000 年版，第 35 页。

表 5-3　　　　　　　　　　　奥斯特莱姆夫妇对物品的分类

		使用中的共同性	
		分别使用	共同使用
排他性	可行	私益物品 面包、鞋、汽车、理发、书等	收费物品 剧院、夜总会、电话服务、收费公路、有线电视、电力、图书馆等
	不可行	公共池塘资源 地下水、海鱼、地下石油	公益物品 社群的和平与安全、国防、灭蚊、空气污染控制、消防、街道、天气预报、公共电视

资料来源：文森特·奥斯特罗姆、埃莉诺·奥斯特罗姆：《公益物品与公共选择》，载迈克尔·麦金尼斯主编：《多中心体制与地方公共经济》，上海三联书店 2000 年版，第 100 页。

奥斯特罗姆夫妇将能够排他且分别使用的物品称为私益物品，将共同使用、无法排他的物品称为公益物品。奥斯特罗姆夫妇将介于私益物品和公益物品之间的物品划分为：共同使用的但具有排他性的收费物品与分别使用但无法排他的公共池塘资源两类。

与奥斯特罗姆夫妇的研究相似，萨瓦斯根据物品的排他性和消费特征（共同使用或者个人使用）将物品划分为：个人物品、集体物品、可收费物品、公共资源。在对不同的物品和服务进行划分之前，萨瓦斯首先对交通服务和设施、供水服务这两类物品的排他性和消费特征进行了研究。

萨瓦斯根据排他和消费这两个变量（连续变量）构成了图 5-2 的两个维度，图表的边界是变量的最大值。如图 5-2，在交通服务和设施中，一方面，从城市街道到高速公路再到收费公路，排他在技术上逐渐变得更为可行，但他们都是由消费者共同使用的；另一方面,从私人汽车到出租服务再到公共汽车,消费逐步由个人使用变成共同使用,但三者在排他上都是可行的。①

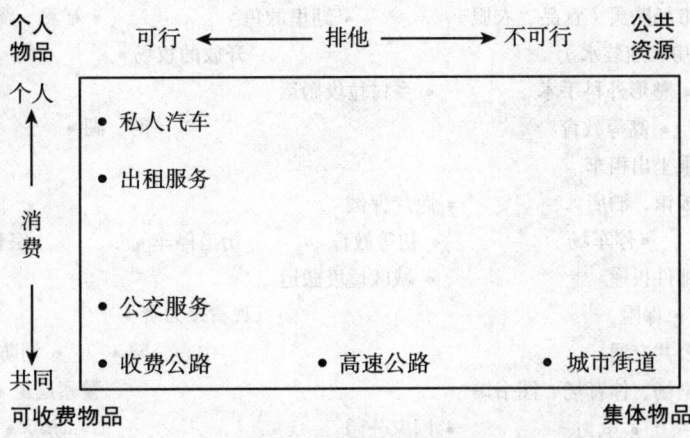

图 5-2 交通服务和设施的排他和消费特征

同样的分析(见图 5-3,具体分析参照上一段论述)。

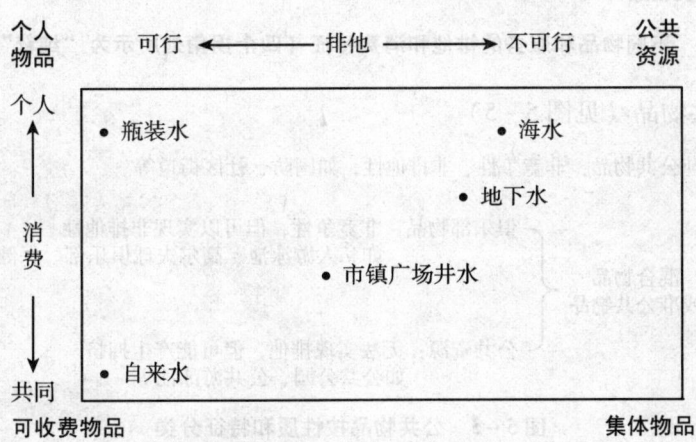

图 5-3 供水服务的排他和消费特征

基于对交通服务和设施、供水服务的排他性和消费特征的研究,萨瓦斯将范围扩大,对不同的物品和服务进行了划分(见图 5-4)。

四、公共物品分类的研究

(一)根据公共物品的性质和特征分类

根据物品的分类,我们按照物品消费的非竞争性和非排他性可以将公共物品分成三类,即同时具有非排他性和非竞争性的纯公共物品,具有非竞争性但可以实现排他的俱乐部物品,以及无法排他但可能产生拥挤的公共资源。其中俱乐部物品和公共资源又可以被称为混

---

① E·S·萨瓦斯:《民营化与公私部门的伙伴关系》,中国人民大学出版社 2002 年版,第 48 页。

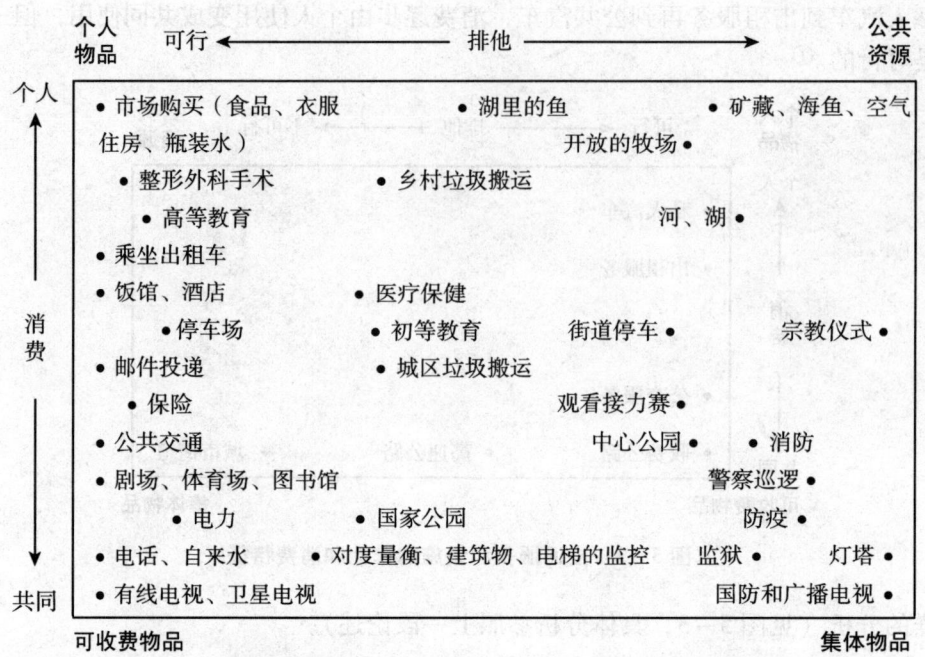

图 5-4 不同物品和服务的排他和消费特征（四个拐角处所示为"纯粹"物品）

合物品或者准公共物品（见图 5-5）。

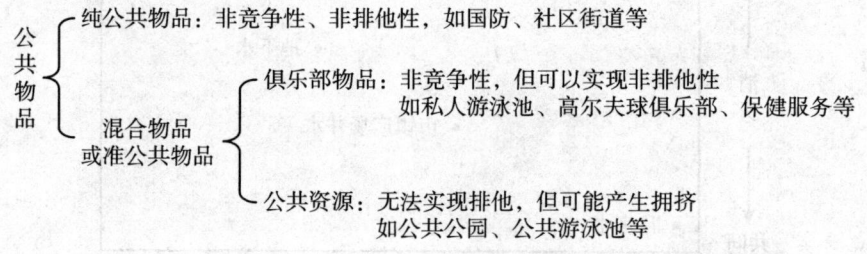

图 5-5 公共物品按性质和特征分类

（二）根据公共物品的形态分类

按照公共物品的具体形态可以将公共物品划分为物质形态的公共物品、资源型态的公共物品、服务形态的公共物品以及制度形态的公共物品。

物质形态的公共物品是指以有形物品的形式出现的公共物品，如城市道路、公园、排水系统等。资源型态的公共物品主要包括能够满足人们需要的自然资源，如矿藏、森林、空气、地热资源等。服务形态的公共物品指以服务的形式出现的公共物品，如国防、消防、天气预报等。制度形态的公共物品是以条文形式存在的，但却是以其中的意义起决定作用的公共物品，它是一种无形的、具有强制约束力的公共物品。[①]

[①] 许彬：《公共经济学导论——以公共产品为中心的一种研究》，黑龙江人民出版社 2003 年版，第 118~119 页。

(三) 根据公共物品的效用范围分类

根据公共物品的效用范围可以将公共物品分为地方性公共物品、全国性公共物品以及国际公共物品。

地方性公共物品是指效用范围仅局限在一定的地方或区域内的公共物品，该地方或区域内的消费者可以平等地享受该公共物品带来的效用，如地方基础设施等。全国性公共物品是指可供一国的全体公民平等地消费并享受其效用的公共物品，如国防、国家法律秩序等。当某些公共物品的效用逐渐超出了单一国家的范围，延伸到了其他的国家或地区，即本国公民和其他国家或地区的公民都可以享受该公共物品带来的效用，我们将这类公共物品称为国际公共物品，如国际卫生安全、国际经济协调机制等。

(四) 根据公共物品的供给主体分类

除以上几种划分公共物品的方法以外，还可以根据提供公共物品主体的不同，将公共物品划分为由政府提供的公共物品、由市场提供的公共物品以及其他主体提供的公共物品。

第二节 公共物品的供给

一、公共物品有效供给的条件

在经济资源总量既定的条件下，如何确定公共物品的最优供给量，实现公共物品供给的帕累托最优（即实现公共物品的有效供给）是任何国家和政府都无法回避的重要议题。经济学的基本原理告诉我们：经济活动的最优水平应该处于边际成本等于边际效益的水平上。财政活动是一种经济活动，因而，这一基本原理同样可用来确定公共产品供给的最佳水平。[①] 为了确定公共物品有效供给的条件，有必要首先了解私人物品有效供给条件的推导过程。

(一) 私人物品有效供给的条件

我们假定社会中仅有 A、B 两个消费者，D_A、D_B 分别代表消费者 A、B 对某种私人物品的需求曲线，S 代表供给曲线，P 代表市场价格，Q 代表产量（见图 5-6）。

如图 5-6，由于私人物品具有可分割性，因此，消费者可以根据各自的收入水平、支付水平以及偏好的不同来决定自己对某一私人物品的消费量，且总需求量是所有消费者消费量之和，也就是说，总需求曲线 D 就是 A、B 两个消费需求曲线的水平加总，即 $D = D_A +$

---

① 蒋洪：《公共经济学》（财政学），上海财经大学出版社 2006 年版，第 64 页。

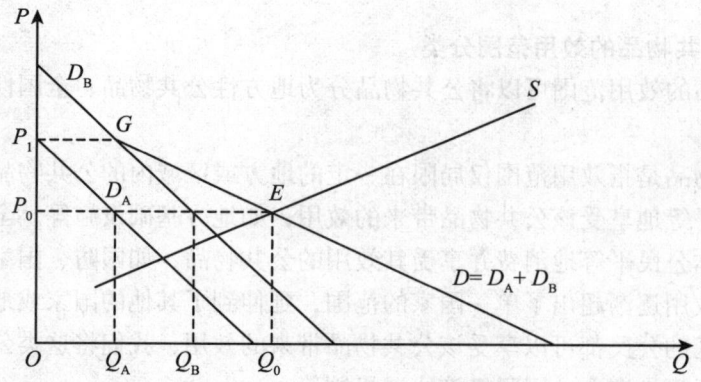

图 5-6 私人物品的最优供给

D_B。在这里有一点需要说明，市场价格在 G 点为 P_1，消费者 A 的需求 $Q_A = 0$，即 $P = P_1$ 时，$D = D_B$（当 $P < P_1$ 时，$D = D_A + D_B$；当 $P > P_1$ 时，$D = D_B$）。

当供给曲线 S 与总需求曲线 D 在 E 点相交时，就意味着市场达到了均衡（均衡价格为 P_0，均衡产量为 Q_0）。在 $P = P_0$ 这一均衡价格水平下，消费者会将各自的消费量确定在边际效益等于物品价格的水平上，即消费者 A 的消费量为 Q_A，消费者 B 的消费量为 Q_B，从而实现个人效益最大化。这时，消费者 A、B 的边际效益就等于物品价格，即等于物品的边际成本，同时，由于消费者 A、B 消费私人物品所获得的边际效益等于社会边际效益，也就等于社会边际成本，也就是说，私人物品供给达到了最优水平。

实现私人物品供给最优水平的条件可以用下面的公式来表示：第 j 个消费者的边际效益 = 社会边际效益 = 社会边际成本，即：

$$MR_j = MSR = MSC \quad (j = 1, 2, 3, \cdots, n) \tag{5-2-1}$$

（二）公共物品有效供给的条件

与私人物品不同，每个消费者对公共物品的消费都是相同的，但是由于不同的消费者偏好的差异，导致他们愿意支付的价格是不同的。也就是说在一定数量公共物品条件下，社会边际收益应该等于所有消费者对该公共物品愿意支付的价格之和，即总需求曲线是每个消费者需求曲线的纵向加总（$D = D_A + D_B$）。

如图 5-7 所示，当供给曲线 S 与总需求曲线 D 的交于 E 时，社会边际效益为 P_0，且 $P_0 = P_A + P_B$，社会边际效益等于消费者 A 与 B 愿意支付的价格之和，也就意味着社会边际效益等消费者 A 与 B 边际效益的加总。同私人物品供给达到最优水平的条件相似，当公共物品的社会边际效益等于社会边际成本时，公共物品供给将达到最优水平。

公共物品供给达到最优水平的条件可以用下面的公式来表示：j 个消费者的边际效益之和 = 社会边际效益 = 社会边际成本，即：

$$\sum MR_j = MSR = MSC \quad (j = 1, 2, 3, \cdots, n) \tag{5-2-2}$$

（三）萨缪尔森模型

公共物品《公共支出的纯理论》（The Pure Theory of Public Expenditure，1954）一文中

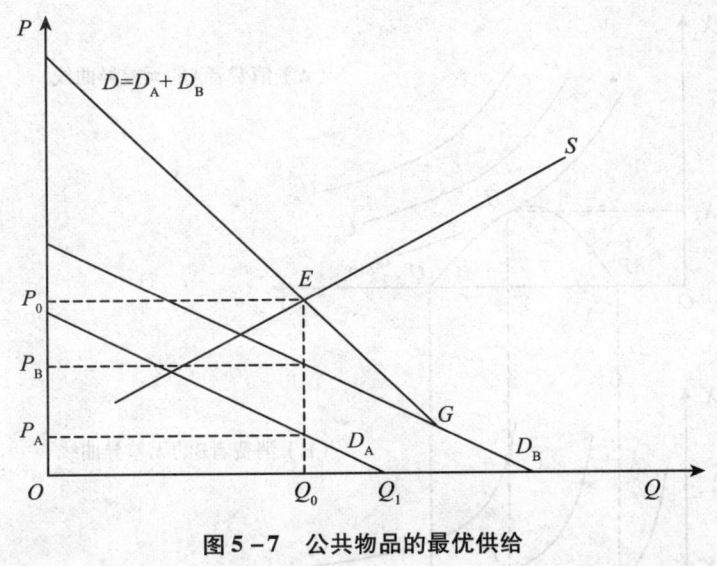

图 5-7 公共物品的最优供给

创立了公用品有效配置模型——萨缪尔森模型,分析并提出了公用品达到最优供给水平所必须满足的条件。

萨缪尔森模型首先假设:(1)社会中有两个消费者 A 与 B,有两种经济物品供他们消费,即私用品 X 与公用品 Y;(2)生产可能性曲线是给定的;(3)消费者的偏好是给定的。据此,可以用图 5-8 来表示公用品的最优配置。

在图 5-8 中,图 5-8(A)表示消费者 A 对私用品 X 与公用品 Y 的偏好,U_{A1},U_{A2},U_{A3} 是消费者 A 的一组无差异曲线群;图 5-8(B)表示消费者 B 对私用品 X 与公用品 Y 的偏好,U_{B1},U_{B2},U_{B3} 是消费者 B 的一组无差异曲线群;图 5-8(C)中曲线 MN 表示社会生产私用品 X 与公用品 Y 的生产可能性曲线,代表在既定的资源和生产技术状况下,社会能够生产出来的私用品与公用品的各种组合。

我们先将消费者 B 的效用水平用无差异曲线 U_{B2} 来表示,再将图 5-8(B)的 U_{B2} 下移至图 5-8(C),使生产可能性曲线 MN 与无差异曲线 U_{B2} 相交于 P、Q 两点①,这就意味着 P、Q 两点之间的部分就是消费者 B 的可能消费组合,从图中看出,消费者 B 可能消费 Y_1 到 Y_2 个单位的公用品,由于公用品的性质使得消费者 A 同样能够消费 Y_1 到 Y_2 个单位的公用品,而消费者 A 的消费可能性曲线就是生产可能性曲线 MN 与无差异曲线 U_{B2} 之间的垂直距离。据此,我们可以在 Y_1 到 Y_2 这个区域内,将消费者 A 的消费可能性曲线表示在图 5-8(A)中,就是曲线 $P'Q'$,它表示在消费者 B 的效用水平固定在 U_{B2} 时,消费者 A 可以消费的私用品和公用品的数量组合。

当消费者 A 的消费可能性曲线 $P'Q'$ 与无差异曲线 U_{A1} 相切时,其切点 H 就代表了消费 A 所能享受的最大效用水平。从切点 H 引一条垂线至图 5-8(C),可以看出,此时消费者 A 消费了 X'_A 个单位的私用品与 Y' 单位的公用品,相应的,消费者 B 消费了 X'_B 个单位的私用品与 Y' 单位的公用品。

---

① 图 5-8(C)的 P、Q 两点表示消费者 B 消费了全部的私用品,即没有私用品可供消费者 A 消费,反映在图 5-8(A)中,就是 P'、Q' 两点的纵坐标为零。

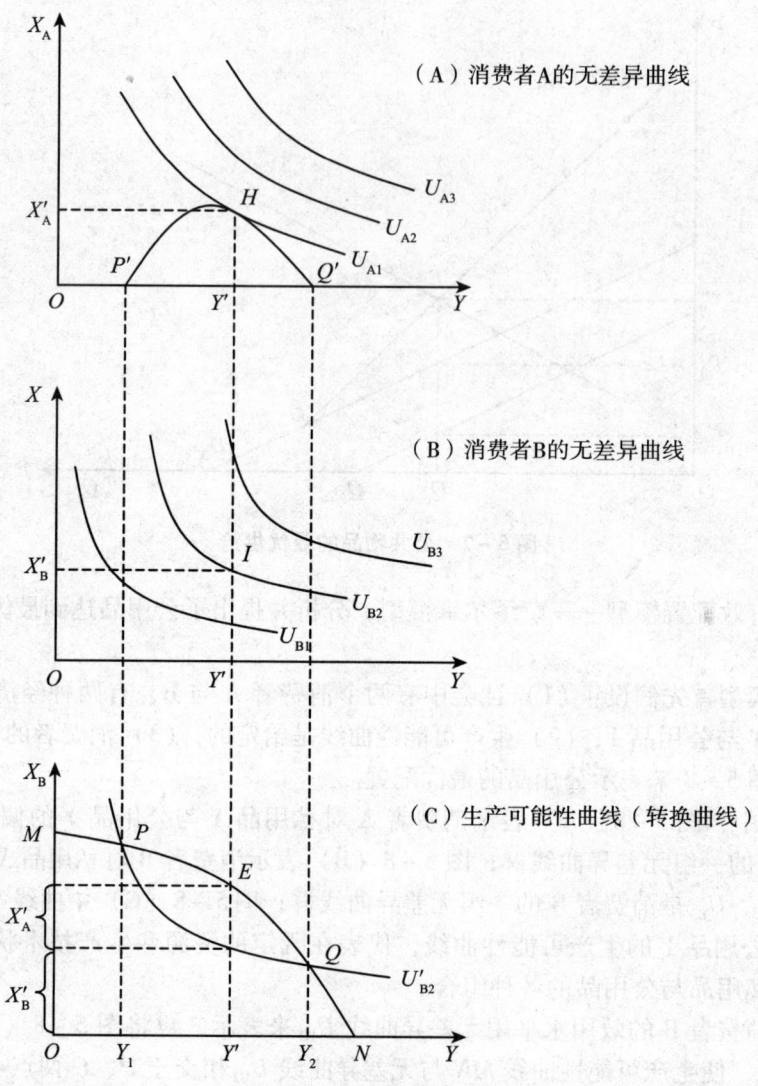

图 5-8 公用品最优配置示意

图 5-8（A）中的切点 H 就是一个达到公用品最优配置水平的一个点。在 H 点，如果消费者 A 想要扩大效用，就必须提高费可能性曲线 $P'Q'$，但由于生产可能性曲线是固定的，就意味着消费者 B 的无差异曲线 U_{B2} 必须向下移动，那么消费者 B 的效用就降低了。简而言之，在 H 点，消费者 A 效用的提高是以消费者 B 效用水平的降低为代价的，即在 H 点，公用品配置水平达到了最优。

从斜率的角度来分析，$P'Q'$ 曲线上任意一点的斜率等于 MN 线上对应点的斜率减去 U_{B2} 线上对应点的斜率，将其简化表示出来就是：

$$P'Q' \text{的斜率} = MN \text{的斜率} - U_{B2} \text{的斜率} \qquad (5-2-3)$$

在最优配置水平点 H 上，$P'Q'$ 的斜率等于 U_{A1} 的斜率，所以上面的式子就变为：

$$U_{A1} \text{的斜率} = MN \text{的斜率} - U_{B2} \text{的斜率} \qquad (5-2-4)$$

根据斜率的定义可知，U_{A1} 的斜率表示消费者 A 消费私用品 X 与公用品 Y 的边际替代率，即：

$$U_{A1} \text{的斜率} = MRS_{XY}^{A} \tag{5-2-5}$$

同理，U_{B2} 的斜率消费者 B 消费私用品 X 与公用品 Y 的边际替代率，即：

$$U_{B2} \text{的斜率} = MRS_{XY}^{B} \tag{5-2-6}$$

生产可能性曲线 MN 的斜率表示社会生产私用品 X 与公用品 Y 的边际转换率，即：

$$MN \text{的斜率} = MRT_{XY} \tag{5-2-7}$$

将式 (4-2-5)、(4-2-7) 代入 (4-2-4) 中，可以得出公用品最优配置水平的条件，即：

$$MRS_{XY}^{A} + MRS_{XY}^{B} = MRT_{XY} \tag{5-2-8}$$

将最初的假设扩大，即不再局限于两种物品、两个消费者，而是推广到社会中的一般情况，则达到公用品最优供给水平的条件为：

$$\sum MRS_{j,k}^{i} = MRT_{j,k} \tag{5-2-9}$$

式中 j，k 表示物品的数量；i 表示消费者的数量。

式 (5-2-9) 说明，为实现公用品的最优配置水平，消费者愿意放弃的全部私用品数量，应该等于在现有的资源和生产技术状况下，为了多生产一单位的公用品人们必须放弃的私用品的产量。

（四）林达尔均衡模型

在明确了公共物品有效供给的条件之后，应该选择什么样的机制来实现公共物品的有效供给呢？关于这一问题，瑞典经济学家克努特·维克赛尔（Kunt Wicksell）首先提出了一致同意的方法。后来，艾里克·林达尔（Eric Lindahl）从国家民主决策机制以及合理划分消费者税负的视角对维克赛尔的研究进行了发展和完善，并提出了一种新的理论模型——林达尔均衡模型（见图 5-9）。

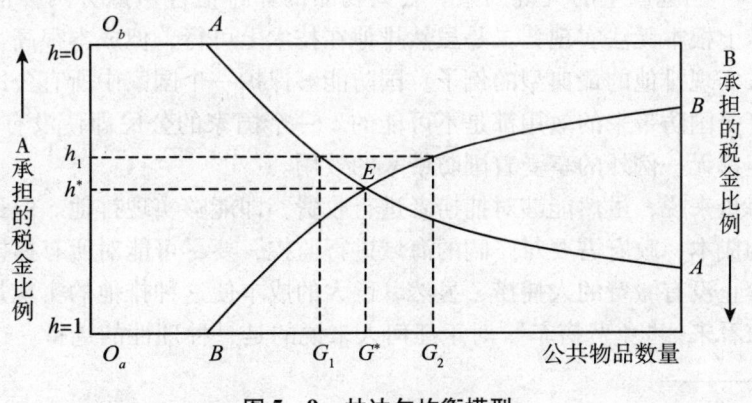

图 5-9 林达尔均衡模型

林达尔均衡模型基于两个基本假设：一是社会中有两个消费者 A 与 B，他们分别代表了相同收入与偏好的两组选民；二是 A 与 B 能够清晰明确地表达自己的偏好。

在图 5-9 中，消费者 A 与 B 是通过讨价还价的方式来决定各自应该承担的公共物品成本①的比例的。分别以 O_a、O_b 为原点的坐标系来描述消费者的行为，用横轴公共物品数量，纵轴表示 A 与 B 承担公共成本（税收）的比例，其长度为单位值 1②，用曲线 AA 与 BB 来表示 A 与 B 对公共物品的需求曲线。

为了确定公共物品的均衡产量，可以首先从纵轴上任意选取一点 h_1 来表示消费者 A 承担的税收比例，根据 A 的需求曲线，可以看出 A 只需消费 G_1 单位的公共物品。对于消费者 B 来说，其承担的税收比例为 $1-h_1$，同样根据 B 的需求曲线，发现 B 要求消费 G_2 单位的公共物品。由于 $G_1 \neq G_2$，A 与 B 两人没有达成一致。为了解决这种不一致，A 与 B 会进行持续的讨价还价，直到税收比例处于 h^* 点时，即需求曲线 AA 与 BB 相交于 E 点，才能够产生双方都同意的公共物品数量 G^*，也就是公共物品的最优供给水平。

从林达尔均衡模型可以看出，实现公共物品有效供给的关键在于消费者能够明确表达自己对公共物品的需求，并愿意承担相应的税收成本。但是，在现实经济生活中，人们为了逃避纳税，都不愿意真实表露自己对公共物品的需求，只希望获得公共物品能够带来的效用，从而导致了"免费搭车"现象的产生，最终造成公共物品的供给水平远低于最优水平。此外，由于消费某一公共物品的人数众多，要在众多人之间确定一个每个人都能够接受的税收承担比例是非常困难的，而并不像模型中描述的那样简单。

二、"免费搭车"问题

根据林达尔模型的描述，只要消费者都按照其所享受的公共物品带来的效用，来捐献自己应当承担的公共物品的资金费用，则公共物品的供给量就能达到最优水平。但是，在现实经济生活中，任何消费者都可能在不付出任何代价的情况下，享受通过其他消费者的缴费而提供的公共物品的效用。这种现象在经济学中被称为"免费搭车"问题。

"任何时候，一个人只要不被排斥在分享由他人努力所带来的利益之外，就没有动力为共同利益做贡献，而只会选择做一个'搭便车'者。"③ 由此可见，公共物品的非排他性是导致"免费搭车"问题产生的关键因素。公共物品的非排他性可以分两种情况：一是排他不可能，在技术上根本无法实现；二是虽然排他在技术上可行，但成本很高。

国防是无法实现排他的最典型的例子。国防能够保护一个国家中所有公民的安全，排除任何一个公民享受国防带来的效用都是不可能的。一个国家的公民即使没有缴纳任何费用，或是不情愿，但都无一例外的享受着国防带来的效用。

对于捕捞海鱼来说，虽然能够对捕捞者进行收费，即能够实现排他。但是实现这种排他要花相当巨大的成本，政府需要对广阔的海域进行监控，要尽可能对所有捕捞海鱼的人进行收费，同时要禁止没有缴费的人捕捞，显然，巨大的成本使这种排他的实现是不值得的。

在经济学家看来，"免费搭车"对于任何人来说的是一种理性的选择。这就是说，只要

---

① 在模型中，公共物品的成本以税收的形式表现出来。
② 即如果 A 承担的成本比例为 h，那么 B 承担的比例就是 $1-h$。
③ 埃莉诺·奥斯特莱姆：《公共事物的治理之道》，上海三联出版社 2000 年版，第 18 页。

公共物品或服务存在,"免费搭车者"的出现就不可避免;所以,在合作性的自愿捐献和成本分担制度下,公共物品或服务的供给量发生不足,而低于其应当达到的最佳产量水平,就是一件不言而喻的事情了。①

出于"免费搭车"的心理,任何消费者都不愿意真实表露自己对公共物品的需求,导致市场偏好显示机制失灵。在这种情况下,市场就无法有效率地提供公共物品。即使市场愿意提供公共物品,那也是不足量的,无法满足社会对公共物品的需要。图 5-10 说明了市场提供公共物品带来的效率损失。

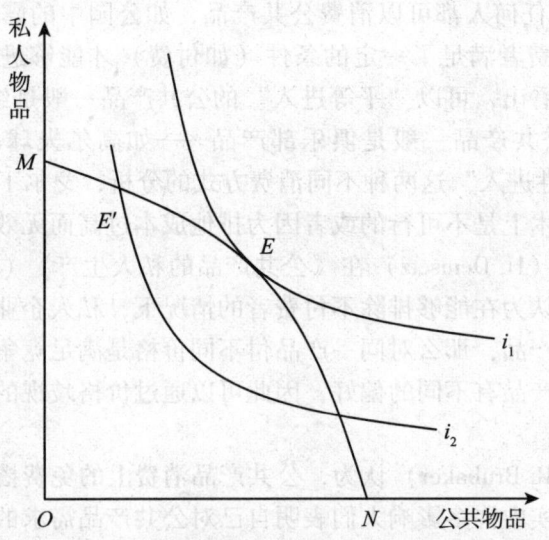

图 5-10 市场提供公共物品的效率损失

在图 5-10 中,MN 代表生产可能性曲线,i_1、i_2 代表消费者的无差异曲线,当 i_1 与 MN 相切于 E 点时,消费者从其所消费的公共物品和私人物品组合中获得了最大的效用。但由于"免费搭车"问题的存在,市场无法或不足量提供公共物品,导致 E 点沿着 MN 向左移动至 E' 点,E' 点表示市场把更多的资源放在生产私人物品之上,减少了公共物品的供给,对于消费者来说,可供其消费的公共物品就减少了,其效用水平也就随之降低到了 i_2 这个水平上。

正是由于"免费搭车"问题导致市场提供公共物品带来了效率的损失,使公共物品由政府来提供成为了一种必要。

三、公共物品的私人供给

公共物品政府供给的低效以及相对于私人物品的公共物品属性的变化,使人们重新将目光投向了市场,理论分析和经验事实证明,在很多条件下,市场完全能够有效地提供公共物品。②

---

① 高培勇,杨志勇,杨立刚,夏杰长编著:《公共经济学》,中国社会科学出版社 2007 年版,第 67 页。
② 吴伟:《公共物品有效提供的经济学分析》,经济科学出版社 2008 年版,第 104 页。

（一）公共物品私人供给的可能性

从公共物品的属性来看，萨缪尔森对公共物品的界定只适用于纯公共物品，而且其将物品划分为纯私人物品和纯公共物品也显得过于简单。对介于纯私人物品和纯公共物品之间的大量过渡性物品来说，由于其并不同时具备非竞争性和非排他性，就拓展了公共物品供给的选择空间，使公共物品私人供给成为了一种可能。

戈尔丁（Claudia D. Goldin）认为，公共物品消费存在着"平等进入"和"选择性进入"。"平等进入"是指任何人都可以消费公共产品，如公园中的露天音乐会。而"选择性进入"则是指只有当消费者满足了一定的条件（如付费）才能够进行消费，如在音乐厅中举办的音乐会等。不难看出，可以"平等进入"的公共产品一般是纯公共产品，如国防等。而"选择性进入"的公共产品一般是俱乐部产品——如高尔夫球场、音乐厅等。基于对"平等进入"和"选择性进入"这两种不同消费方式的分析，戈尔丁认为公共物品不能由市场提供是因为排他在技术上是不可行的或者因为排他成本过高而无效率的。

哈罗德·德姆塞茨（H. Demsetz）在《公共产品的私人生产》（1970）一文中对戈尔丁的观点进行了发展，他认为在能够排除不付费者的情况下，私人企业能够有效地提供公共产品。若一个产品是公共产品，那么对同一产品付不同价格是满足竞争性均衡条件的。由于不同的消费者对同一公共产品有不同的偏好，因此可以通过价格歧视的方法来对不同的消费者收费。

布鲁贝克尔（Earl R. Brubaker）认为，公共产品消费上的免费搭车问题缺乏经验方面的科学根据，它忽视了现实中许多影响人们表明自己对公共产品需求的重要因素。例如，社区中某一成员虽然因为"免费搭车"享受了短期利益，但他会失去社区成员的信任而有损于自己的长期利益。出于这一考虑，社区成员"免费搭车"的动机就会大大减弱。"免费搭车"动机的减弱，使得市场偏好显示机制能够正常运转，市场能够根据不同人的偏好有效率地提供公共物品。

罗纳德·科斯（Ronald Coase）在《经济学中的灯塔》（1974）一文中提出：历史表明，英国早期的灯塔是由私人建造并经营的。这些私人经营的灯塔根据来往船只的大小及航程所经过灯塔的次数来确定收取的费用的数额。在1820年，英格兰和威尔士拥有的46座灯塔中，有34座都是由私人建造的。因此，科斯认为，长久以来被视为公共物品的灯塔是可以由私人提供、筹资建造、管理和经营的，政府的作用局限于产权的确定与行使方面。

从政府运行机制的角度来分析，同市场体制一样，作为一种制度安排的政府在运行的过程中也难免出现"失灵"。首先，政府在提供公共物品的过程中处于垄断地位，缺乏竞争机制。这就使政府没有主动降低成本、提高效益的动力和积极性，可能会提供过多的公共物品，浪费社会资源；其次，对于政府来说，社会效益高于经济效益，但社会效益缺乏明确的衡量标准和科学的评估手段，因而，政府提供公共物品的价格和成本是难以测量的；最后，由于监督机制的不完善、信息不对称等因素的存在，政府在提供公共物品时很可能为了维护自身利益而制定损害公众利益的决策。因此，将私人供给方式引入公共物品供给领域，有利于形成对政府供给的竞争压力，迫使政府在满足公众利益的前提下，努力寻求降低成本、提高效率的有效途径。

由此可见，公共物品私人供给不仅在理论和经验上是可行的，而且还能够弥补政府

"失灵"带来的效率损失,提高公共资源利用率。

(二) 公共物品私人供给的条件分析

虽然,公共物品能够由私人来提供,但要做到有效供给,还必须满足一些条件。首先,能够由私人提供的公共物品一般是混合物品,即准公共物品。由于纯公共物品具有非竞争性和非排他性的特征,使私人无法有效提供纯公共物品。同时,纯公共物品一般涉及范围较大、成本高、公益性强,使私人没有能力而且也不愿意来提供纯公共物品。其次,公共物品的排他性必须可行的。如前一部分所述,正是纯公共物品的非排他性引发了"免费搭车"问题的产生,进而导致市场提供公共物品带来了效率的损失,使得公共物品由政府来提供成为了一种必要。这也就是说,要避免市场提供公共物品带来效率损失,公共物品在排他上必须是可行的,而且是容易实现的。最后,必须有产权制度作为保障。阿尔钦(A. Alchian)在《产权:一个经典的注释》一文中认为:"产权是一个社会所强制实施的选择一种经济品的使用的权利。"[①] 由此可见,明确的产权能够使产权的拥有者产生良好的预期,从而产生足够的积极性来行使产权。也就是说,只有在明确界定了产权,且制定了一系列保护产权的制度安排的前提下,私人才能够积极地、有效率地提供公共物品。

(三) 公共物品私人供给的形式

公共物品私人供给可以采取以下三种形式:

(1) 完全由私人供给。即完全由私人筹集资金,负责生产、提供以及维护公共物品。一般需要资金少、竞争性或排他性强的公共物品适于使用这种供给方式。这类公共物品的价格可以由市场供求机制和竞争机制决定,而不需要通过政府来制定。

(2) 私人与政府联合供给。私人和政府联合供给可以是政府将公共物品的生产经营权交给私人,而政府则通过专门的管制计划、法例规定对私人的生产经营活动进行管制;也可以采用生产与供给分离的方式,即私人负责生产,政府向私人采购该公共物品然后提供给消费者。

(3) 私人与使用者联合供给。当公共物品的受益范围较小时,可以由私人和该公共物品的主要受益者联合供给。比较典型的是私人与社区的联合供给,当公共物品的受益范围主要集中在一个社区时,该公共物品的供给就可以由私人和社区自主安排。

(四) 公共物品私人供给中政府的作用

按照物品消费的非竞争性和非排他性,可以将公共产品分为纯公共产品、俱乐部物品和公共资源。对于纯公共产品来说,应该完全由政府供给。而对于俱乐部物品,则可以采用私人供给的方式。但是公共产品由私人供给绝不意味着该公共产品的供给与政府毫无关系,相反,政府在公共产品私人供给中发挥着至关重要的作用。政府的作用可以从以下两个方面来理解:

首先,政府要为公共产品私人供给者提供制度激励,这包括对公共产品产权的界定以及

---

① 科斯、阿尔钦、诺思著:《财产权利与制度变迁——产权学派与新制度学派译文集》,上海三联书店1991年版,第166页。

给予某些激励措施等。因为产权作为一种强制性的制度安排，私人无法进行界定，所以只能由政府来界定。而且，由于某些公共产品具有成本高、周期长、公益性强等特点，这就需要政府通过财政补贴或其他优惠性政策来提高公共产品私人供给者的积极性。

其次，政府要控制公共产品私人供给过程中可能会出现的负外部性问题。与公共产品政府供给一样，在公共产品私人供给过程中也可能会产生负外部性问题。如私人取得公共产品的产权后，可能凭借着垄断优势来提高公共产品消费的准入价格，降低消费者的效用。

四、用扭曲性的税收为公共物品融资的情景

政府用扭曲性税收为公共物品融资的行为，可能会影响市场的正常运转，从而使资源配置产生扭曲导致经济效率的损失。由于税收具有无偿性，即政府征税并不需要向纳税人返还什么，这就意味着纳税人原本已经获得的经济利益的直接减少，纳税对于纳税人来说是一种经济利益的损失。政府征税导致纳税人可以控制的资源和生产要素减少，必然会影响其生产和消费活动，从而使社会资源的配置产生了扭曲。

此外，以个人为例，在个人收入水平不变的情况下，政府通过对某种私人物品征税（如消费税）或者提高税率来为提供公共物品融资的行为，会对个人福利水平产生影响。

如图 5-11 所示，用横轴表示消费者消费私人物品的数量，纵轴表示消费公共物品的数量。假设在一定时期内，消费者的个人收入是固定的，且全部用于了消费私人物品 M 和公共物品 N（假设 M 与 N 的价格是不变的），可以将消费者购买公共物品和私人物品的数量组合连成一条直线，即图中的直线 AB，AB 这条直线表示在一定价格水平下，消费者的不同消费组合。假设消费者的无差异曲线 i_1 与 AB 相切于 E 点，则在 E 点上，消费者购买的私人物品和公共物品达到了效益最大化，给消费者带来了最大程度上的满足。

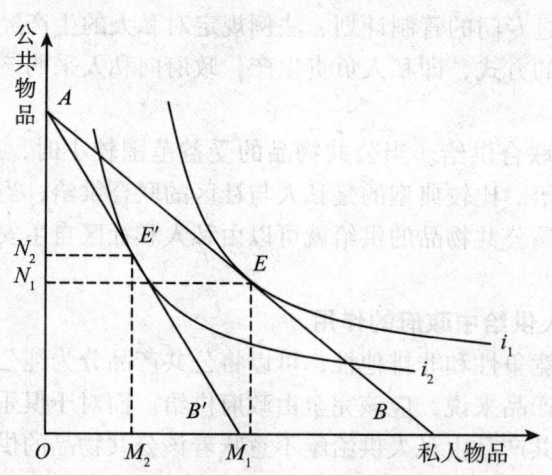

图 5-11 扭曲性税收对个人福利水平的影响

如果政府对某种私人物品征税或者提高税率，会使该私人物品价格上升，则消费者会减少对该私人物品的消费，消费量由 M_1 减少到 M_2，相应的消费组合线也由 AB 变为 AB'。与此同时，消费者的无差异曲线也向左移动至 i_2，并与 AB' 相切于 E_2 点。虽然 E_2 点也表示了消费者购买的私人物品和公共物品达到了效益最大化，但消费者所获得整体效益却下降了。在

这里，我们认为政府对私人物品征税或者提高税率，是为了融资来提供公共物品，但是征税或者提高税率的直接结果就是降低了消费者的效用，因为，首先，政府要将一部分资金用于弥补征税的成本，而不是将其全部用于公共物品的供给，也就是说，税收和公共物品之间并不存在完全的"等价交换"。其次，对于不同的消费者而言，其消费公共物品的数量是一致的，但对于该私人物品的消费量是不同的，即某些消费者对这种私人物品依赖程度较高，则消费量也就较大，而其他消费者则可能消费较少。因此，政府对某种私人物品征税或者提高税率的行为可能会造成不同消费者之间的不公平。

五、国际公共物品的供给

在经济全球化的大背景下，国际经济合作与交流的日益的深化，加深了国与国之间的经济依赖程度，并使某些公共物品的效用逐渐超出了单一国家的范围，延伸到了其他的国家或地区，即本国公民和其他国家或地区的公民都可以享受该公共物品带来的效用，我们将这类公共物品称为国际公共物品。

应该说在经济全球化的过程中，国际公共物品供应呈现出不断增长的趋势。这表现在诸多方面，某些领域的全球性的公共安全机制及某些领域的全球性的经济安全机制的初步构架，某些领域的全球性的环境保护制度的初步建立，国际公共基础设施（国际铁路、国际公路、国际海洋运输服务设施、国际航空运输服务设施等）的发展，区域性经济合作制度、区域性政治合作制度、区域性安全合作制度的建立和发展等等都反映了国际公共物品供应增长的趋势。最近20多年来国际公共物品的增长达到了前所未有的速度。[①]

但是，在高速发展的背后，国际公共物品与国内公共物品一样，也面临着如何实现有效供给的问题。对于国内公共物品供给来说，政府是提供公共物品的主体，政府通过财政和税收手段筹集资金，向公民提供其必需的公共物品。而在没有国际政府的前提下，多个国家或地区共同需要的国际公共物品到底应该由谁来提供呢？

一般情况下，人们会首先把目光投向政府，认为政府应该成为提供公共物品的主体。与国内公共物品供给的情况不同，在国际公共物品供给方面，各国政府都充当着本国利益的代表，其行为都是为了实现本国公民利益的最大化。同时，由于国际公共物品在消费上具有非排他性，也就是说，国际公共物品一经提供，各受益国家的所有公民都能够享受该国际公共物品带来的效用，因此，作为"经济人"的各国政府，都会产生"免费搭车"的心理，不愿主动承担提供国际公共物品的责任。而这种"免费搭车"的心理往往被认为是理性的，是符合国内公民利益需要的，因为如果政府主动承担提供国际公共物品的责任，必然会挤占用于提供国内公共物品的资源，从而降低本国公民的福利水平。由此可见，只要没有强制性的制度约束，任何一个国家都可能不去承担提供国际公共物品的责任，并最终导致国际公共物品供给不足。

除了政府之外，市场也可以承担提供国际公共物品的责任。但是国际公共物品的性质决定了市场在提供国际公共物品时存在固有的缺陷。首先，国际公共物品的非竞争性意味着任何国家公民对该物品的消费都不会影响他国公民获得该物品带来的效用，这就说明增加一个

[①] 曾国安、吴琼：《关于国际公共物品供应的几个问题》，载于《经济评论》2006年第1期。

人消费并不会增加国际公共物品的生产成本,即边际成本为零。按照经济活动达到最优水平的条件——"边际成本＝价格＝边际效益"来看,国际公共物品是不应该收费的。但是提供国际公共物品是要付出成本的。因此,任何一个理性的生产者都不愿提供国际公共物品。其次,国际公共物品的非排他性导致"免费搭车"的问题又很难被有效解决。各国为了逃避在提供国际公共物品中承担更多的责任,不愿真实表露对国际公共物品的需要,使得市场无法提供适量的国际公共物品。再其次,像国际卫生安全、国际扶贫机制这类国际公共物品具有很强的公益性,提供这类国际公共物品所获得的直接经济收益是无法弥补成本的,这就说明,受经济利益驱动的市场机制不愿意也不可能来提供国际公共物品。最后,诸如国际安全、国际法律制度、国际经济协调机制等公共物品不适合有市场来提供,而且市场也不具备提供这种国际公共物品的能力。

可见,政府和市场在提供国际公共物品时都存在效率损失的问题。然而,从长远来看,国际公共物品需求量大、受益范围广、公益性强等特点决定政府必须在国际公共物品供给中承担主要责任。基于各国政府的"经济人"特征与"免费搭车"的心理,要保障国际公共物品的供给就必须采取强制性的制度约束,推动各国政府间以国际协议的形式来决定各自在国际公共物品供给中应该承担的责任。

在现实中,仅仅依靠协议的约束作用是不足够的。要避免国际公共物品供给不足现象的出现,还需要依靠外部强制力,督促参加协议的各国政府严格执行协议,积极承担和履行提供国际公共物品的责任。同时,建立各国政府间的协调机制也是保证国际公共物品有效供给的重要手段。协调机制要贯穿国际公共物品供给的全过程,不仅在签署协议、划分具体责任的时候需要协调,在执行协议、履行责任的过程中更加需要协调机制发挥作用。协调机制的建立有以下几点原则:一是责任与能力对等原则。在划分责任时,要根据各协议国的经济实力划分责任,经济发达的国家要承担较多的责任,以提高各协议国作为整体的福利水平。二是责任与受益对称原则。在坚持责任与能力原则的基础上,按照受益的程度划分责任。三是动态原则。即各协议国承担的责任不是一成不变,而要根据各协议国的经济发展水平、获取收益的数量的变化而做出相应的调整。

结论:

➢ 西方经济学家从不同的角度对公共物品的概念进行了研究与分析。休谟、斯密、穆勒等学者从论述政府职能的角度对公共物品的范围及供给方式等相关问题进行了研究,但他们始终没有对公共物品的概念加以明确的界定。对公共物品做出了比较精确的分析性定义的是美国著名经济学家萨缪尔森,他认为公共物品是指这样的物品,即"任何人消费这种物品都不会导致其他人对该物品消费的减少"。其后,阿特金森、斯蒂格利茨、布坎南等人对公共物品概念做出了更进一步的补充与完善。

➢ 任何一个消费者对公共物品的消费都等于全体消费者的消费,即每增加一个消费者,都不会减少其他消费者的消费,我们把公共物品的这种性质称为非竞争性。公共物品的非竞争性意味着每增加一个消费者带来的边际成本为零。

➢ 公共物品的非排他性是指公共物品一旦提供,就不可能将任何人排除在该公共物品的消费效用之外。一方面,任何人都不能阻止或排斥他人消费公共物品,因为这在技术与操作层面是不行的，即使在技术上可行，也会带来较高的成本；另一方面，任何人都无法拒绝对公共物品的消费，即使没有付费或者不情愿（例如国防）。

➢ 不可分割性是指公共物品是作为一个整体提供给消费者的，任何人都不可能将公共物品分割并分别出售给不同的消费者，即公共物品在消费方面体现出了集体消费、共同获益的特性。在这里有一点需要说明，公共物品的非竞争性和非排他性源自于产品的不可分割性。

➢ 按照不同的分类标准可以将公共物品划分为不同的类型。根据物品消费的非竞争性和非排他性可以将公共物品分成纯公共物品、俱乐部物品、公共资源三类。其中俱乐部物品和公共资源又可以被称为混合物品或者准公共物品。按照公共物品的具体形态可以将公共物品划分为物质形态的公共物品、资源形态的公共物品、服务形态的公共物品以及制度形态的公共物品。根据公共物品的效用范围可以将公共物品分为地方性公共物品、全国性公共物品以及国际公共物品。除以上三种划分公共物品的方法以外，还可以根据提供公共物品主体的不同，将公共物品划分为由政府提供的公共物品、由市场提供的公共物品以及其他主体提供的公共物品。

➢ 在经济资源总量既定的条件下，如何确定公共物品的最优供给量，实现公共物品供给的帕累托最优（即实现公共物品的有效供给）是任何国家和政府都无法回避的重要议题。根据经济学基本原理，当公共物品的社会边际效益等于社会边际成本时，公共物品供给将达到最优水平。

➢ 在现实经济生活中，任何消费者都可能在不付出任何代价的情况下，享受通过其他消费者的缴费而提供的公共物品的效用。这种现象在经济学中被称为"免费搭车"问题。正是由于"免费搭车"问题导致市场提供公共物品带来了效率的损失，使得公共物品由政府来提供成为了一种必要。

➢ 公共物品政府供给的低效以及相对于私人物品的公共物品属性的变化，使人们重新将目光投向了市场，理论分析和经验事实证明，在很多条件下，市场完全能够有效地提供公共物品。但要做到有效供给，还必须满足一些条件：首先，能够由私人提供的公共物品一般是混合物品，即准公共物品；其次，公共物品的排他性必须是可行的；最后，必须有产权制度作为保障。公共物品私人供给可以采取以下三种形式：完全由私人供给、私人与政府联合供给以及私人与使用者联合供给。

➢ 政府用扭曲性税收为公共物品融资的行为，不仅可能影响市场的正常运转，使资源配置产生扭曲导致经济效率的损失。还可能在个人收入水平不变的情况下，对个人福利水平产生影响。

➢ 当某些公共物品的效用逐渐超出了单一国家的范围，延伸到了其他的国家或地区，即本国公民和其他国家或地区的公民都可以享受该公共物品带来的效用，我们将这类公共物品称为国际公共物品。国际公共物品的供给问题可以依靠政府间协议（配合制度约束与协调机制）的方式来实现有效配置。

思考题：

1. 根据西方公共物品理论，谈谈你对公共物品的认识。

2. 纯公共物品和纯私人物品的本质区别是什么？
3. 物品能够被分成哪几类？分类的依据是什么？
4. 简述公共物品的分类。
5. 公共物品有效供给的条件是什么？与私人物品有效供给的条件有什么区别？
6. 什么是"免费搭车"问题？它对公共物品供给产生了什么影响？
7. 为什么私人能够提供公共物品？试举几个私人提供公共物品的例子。
8. 用扭曲性的税收为公共物品融资会产生什么样的影响？
9. 结合实际生活，谈谈你对国际公共物品的认识。

第六章 外部性

提到外部性，一个明显的例子就是环境污染。企业排出的废水、废气污染了空气和水源，使生活在这一环境中的人们受到了损害，比如，由于吸入大量受污染的空气而患上呼吸系统疾病，或者由于河流受到污染使渔民无法继续捕鱼，如果这些利益受到损害的人们得不到相应的补偿，或者说排污企业不需要为其排污造成的居民境况变差付出任何代价，就产生了外部性。那么外部性问题究竟会给经济活动带来什么影响？私人部门和公共部门将如何解决外部性问题？政府解决外部性问题会给收入分配带来怎样的影响？这些都是本章所要解决的问题。

第一节 外部性与资源配置

一、外部性的含义

"外部性"最早是由英国经济学家马歇尔（Alfred Marshall）在其1890年出版的《经济学原理》一书中提出的。在书中，马歇尔用"外部经济"的概念描述了由于企业外部的各种因素所导致的生产费用减少的情形。马歇尔认为，外部经济往往能因许多性质相似的小企业集中在特定的地方而获得：在那里，生产工具、工艺、方法和技能以及企业组织的进步能得到迅速的研究和交流；辅助工业也相应产生，提供种种服务；有专长的优良工人也可充分施展才干。① 在这之后，他的学生庇古（Arthur Pigou）于1920年出版的《价值与财富》一书中对外部性问题进行了系统的分析，在书中首先提出了边际私人成本（收益）与边际社会成本（收益）不一致的问题。在庇古之后，鲍默尔（William Jack Baumol）、萨缪尔森（Paul A. Samuelson）、史普博（Daniel Spulber）、布坎南（Buchanan）、斯蒂格利茨（Joseph E. Stiglitz）等著名经济学家都对外部性问题作出了精辟的分析。对于外部性，史普博将其定义为："某种外部性是指在两个当事人缺乏任何相关的经济交易的情况下，由一个当事人向另一个当事人所提供的物品束"。② 斯蒂格利茨认为："只要个人或企业从事的行动对另一个

---

① [英] 阿尔弗雷德·马歇尔：《经济学原理》（上卷），商务印书馆1981年版，第280页。
② [美] 丹尼尔·F·史普博：《管制与市场》，上海三联书店、上海人民出版社1999年版，第56页。

人或企业有影响，后者并没有因此付费或收费，那么我们说外部性存在。"① 萨缪尔森则认为："生产和消费过程中当有人被强加了非自愿的成本或利润时，外部性就会产生。更为精确地说，外部性是一个经济机构对他人福利施加的一种未在市场交易中反映出来的影响"。②

综合上述观点，我们将外部性定义为：行为主体的活动对于其他行为主体产生的未能通过市场交易或价格体系反映出来的影响。当为他人带来有益的影响时，则为正外部性，比如房屋使用者在下雪天清扫自家门前的雪，这不仅使自己的出行更加便利，还为路过他家门口的路人带来了方便，不过路人并没有因此而支付报酬；反之，如果对他人带来了不利的影响，则称为负外部性，污染、噪音和拥挤等都是常被提到的负外部性的例子。

二、外部性对资源配置的影响

从外部性的定义可以看出，由于外部性活动没有经过市场交易，因而当事人不必承担负外部性活动对他人所造成的损失，也不能获得正外部性活动给他人带来的收益。这样，外部性活动的私人成本（Private Cost）与社会成本（Social Cost）就不一致，或者说外部性活动使私人成本与社会成本之间发生了偏离。当一项经济活动存在负外部性时，私人行为给社会带来了额外的成本，因此社会边际成本大于私人边际成本；当存在正外部性时，私人行为能给社会带来额外的收益，因此私人边际收益小于社会边际收益。下面我们将利用经济学的有关图表分析正外部性和负外部性给资源配置带来的影响。

（一）负外部性对资源配置的影响

根据福利经济学第一定理，在完全竞争的市场条件下，市场运行的结果必定符合帕累托效率。不过，这需要许多严格的前提条件，其中之一就是经济中不存在外部性。换句话说，如果经济中存在外部性，那么完全竞争市场下达到的均衡将不再是帕累托最优。比如在一条河的上游有一家造纸厂，而在下游则有一家度假旅馆。这两家企业都使用这条河，造纸厂将这条河当做废水排放的地方（假设造纸厂可以任意排放污水而不用承担任何排污费用），而旅馆则需要利用水上娱乐项目来吸引顾客。这时，由于造纸厂排放的污水污染了河流，使下游的旅馆必须增加额外的开销来治理河水，否则这家旅馆将会因为缺乏水上娱乐项目而丧失大量顾客，从而营业额下降。在图 6-1 中，MR 代表每一产量水平下造纸厂的边际收益，假定它随着产量增加而下降。MPC 代表每一产量水平下造纸厂的边际私人成本，主要包括在一定产量水平下每多生产 1 吨纸所需的材料、运输、资本、劳动和管理等成本，假定该成本随着产量的增加而增加。造纸厂生产会排放出污水，从而损害了旅馆的利益，旅馆必须要支付额外的钱来治理污染。在每一产量上，旅馆需要承担的额外的治污成本用 MEC 来表示。③ 这样，如果从社会成本的角度来看，那么造纸厂生产纸张的成本还应该包括污染成本，在图中用 MSC 来表示社会成本，社会成本曲线位于私人成本曲线的上方。

---

① [美] 约瑟夫·E. 斯蒂格利茨：《公共部门经济学》（第3版），中国人民大学出版社2005年版，第182页。
② [美] 保罗·萨缪尔森：《经济学》（第16版），华夏出版社1999年版，第267页。
③ 边际外部成本一般来说是递增的，此处为了讨论方便，假设它为常数。

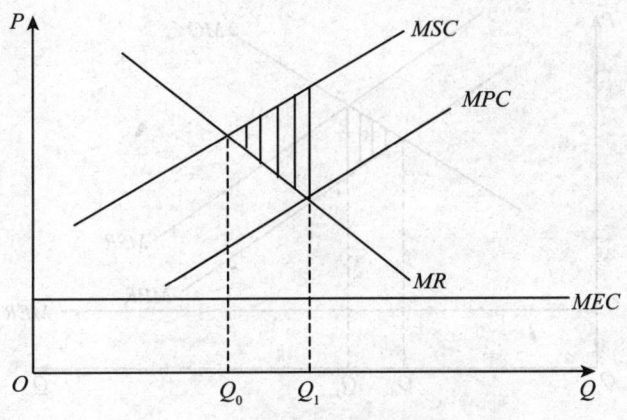

图 6-1 负外部性与资源配置效率

造纸厂为了使其利润达到最大化,它将选择 $MPC = MR$ 时的产量进行生产,即市场均衡产量为 Q_1。需要注意的是,造纸厂在生产决策中并没有将污染成本考虑在内,因为承担这一成本的是旅馆而不是它。因此,如果从全社会的角度来看,社会效率产量应该是当 $MSC = MR$ 时的产量 Q_0。在 Q_1 产量下,社会边际成本(MSC)大于社会边际收益(MR),给社会带来了效率损失(用阴影部分面积表示)。

通过上述分析,我们可以得到以下结论:

(1)当负外部性存在时,商品或服务的价格并不能反映生产这一商品或服务所投入的全部社会成本,生产者据以作出决策的边际成本是边际私人成本(MPC),边际私人成本小于边际社会成本。也就是说,当存在负外部性时,厂商会忽视产品的外部成本,从而使产品的实际供给量大于帕累托最优供给量,造成社会福利损失。

(2)从上述分析中我们发现,通过某种方式将产量从 Q_1 下降到 Q_0 时,社会效率产量得以实现。不过这时的产量并不等于零,换句话说就是造纸厂的污染并不为零。因此,我们可以说污染为零并不是社会的理想状态。要找到合适的污染量需要对成本和收益进行权衡,而权衡的结果往往是某一正值污染水平。①

(二)正外部性对资源配置的影响

再来看看正外部性对资源配置的影响。当存在正外部性时,将会使得社会边际收益大于私人边际收益,在图 6-2 中表现为社会边际收益曲线(MSR)位于私人边际收益曲线(MPR)的上方,两者之间的垂直距离即为边际外部收益,用 MER 来表示。当市场达到均衡时,产品的产量为 Q_0,在这一点上私人边际收益等于边际成本。但是,从全社会来看,这一供给量并不是帕累托最优供给量,因为在这一点上社会边际收益大于边际成本,如果继续扩大生产直到 Q_1 时,将会增加社会福利(用阴影部分面积表示),也就是说在市场均衡下,没有达到社会福利最大化。通过分析,我们得出这样的结论:当存在正外部性时,产品的实际供给量将小于帕累托最优供给量,给社会福利带来损失。在生活中,这方面的例子很多,比如基础教育、传染性疾病疫苗接种、环境保护等。

---

① [美]哈维·S·罗森:《财政学》(第6版),中国人民大学出版社 2003 年版,第77页。

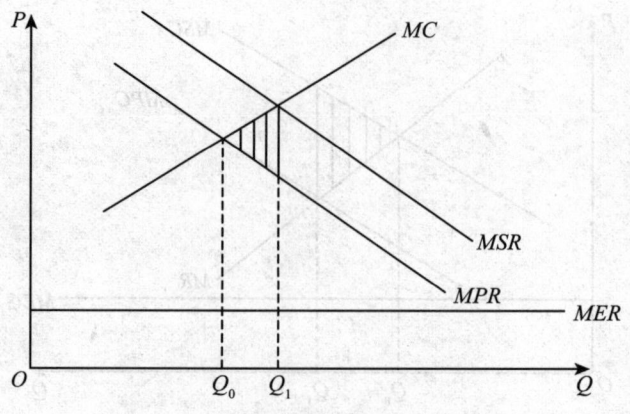

图 6-2 正外部性与资源配置效率

通过上述分析我们可以得到以下结论：

当正外部性存在时，商品或服务的价格并不完全等于这一商品或服务的全部社会收益，商品的边际私人收益小于边际社会收益。而生产者或消费者据以作出决策的边际收益是边际私人收益，外部收益被忽视，从而使产品的实际供给量或消费量小于帕累托最优数量，造成社会福利损失。

（三）总结

通过上述分析说明，只要有外部性，私人福利最大化的动机就不能自动导向社会福利的最大化，市场均衡就是没有效率的。在现实生活中，外部性现象普遍存在，因此几乎每一个市场中都存在不同程度的资源配置不当问题，市场失灵难以避免。

第二节 私人部门解决外部性问题的手段

通过上一节的分析我们知道，当存在外部性时，会导致市场机制的低效率运行。本节将讨论，在哪些情况下，私人个体能通过自主行动来避免外部性的存在。

一、讨价还价与科斯定理

当个人或企业不需要为自己行为造成的全部结果支付费用时，就产生了外部性问题。这一问题有时可以通过人们之间的讨价还价来解决，不过前提是赋予当事者的某一方外部性产品的产权。为了说明这一点，我们假定造纸厂拥有这条河的产权，再假定造纸厂和旅馆之间的讨价还价是没有成本的。这时，由于造纸厂获得了河流的产权，因此它可以任意地排放污水到河流中，而旅馆为了使其水上娱乐项目能正常运转，要么自己出钱来治理河水，要么向造纸厂付钱让其降低产量，从而降低污水排放量。从造纸厂一方来看，就某一既定单位产量而言，只要造纸厂从旅馆那得到的收入大于生产该单位产量的净增收益（$MR-MPC$），那么造纸厂就愿意生产这一单位的产量。从旅馆一方来看，只要旅馆需要付给造纸厂的钱少于它治理污染所需的边际治污成本（MEC），那么旅馆就愿意付钱给造纸厂而不是自己治理污染。只要旅馆愿意支付的钱大于造纸厂由于不生产某一数量纸张而带来的净收益的损失，那么双方就有讨价还价的机会。即当 $MEC > (MR-MPC)$ 时，有讨价还价的余地。用图6-3来进一步说明，在产量为 Q_0 时，MR 与 MPC 之间的垂直距离 AB 等于 MEC，在 Q_0 点右边的任一产出水平上，旅馆愿意支付的钱都大于 $MR-MPC$，而在 Q_0 点的左边，旅馆只有付出大于其边际治污成本的钱才能让造纸厂减少单位产量。因此，旅馆愿意为造纸厂将产量恰好减到帕累托供给量 Q_0 处而付钱。

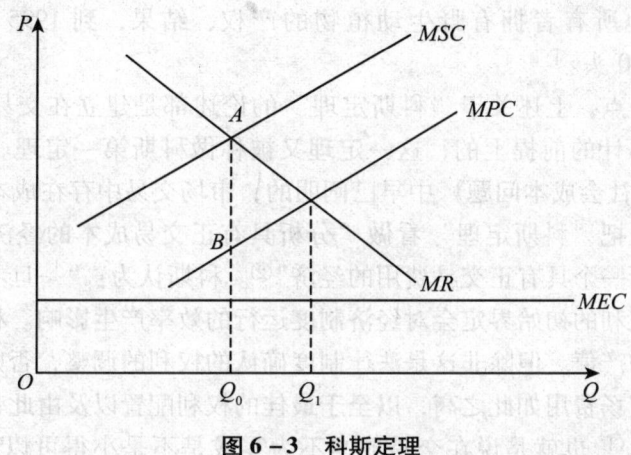

图6-3 科斯定理

如果将产权赋予旅馆，那么就成为造纸厂向旅馆付钱来换取排污的许可。这时，只要旅馆收到的钱大于由于造纸厂污染给它带来的营业额减少的数额，那么旅馆就愿意接受一定程度的污染；而造纸厂向旅馆支付的费用只要小于净增收益（$MR-MPC$），那么为了生产某一数量而付款就是合算的。同理，双方在 Q_0 处达成协议，即旅馆卖给造纸厂生产 Q_0 产量的权利。

在上述例子中我们可以发现，当造纸厂和旅馆之间讨价还价成本为零或很低的情况下，只要明确河流的产权，那么外部性问题就能够通过市场交易得以解决，而不需要政府出面干预。这就是科斯给出的解决外部性的办法——界定和保护产权。他认为只要界定并切实保护产权，外部性问题就能在随后产生的市场交易中得到消除，不管谁获得了产权都是如此，不过前提条件是：第一，交易成本（讨价还价成本）很低；第二，产权所有者能够明确外部性的来源且能合法的防止外部性的损害。科斯的这一结论后来被新制度经济学的代表人物之一、1982年诺贝尔经济学奖获得者乔治·施蒂格勒（George J. Stigler）称为"科斯定理"（Coase Theorem）。乔治·施蒂格勒所谓的"科斯定理"还可以解释为：只要产权已得到明确的界定和有效的保护，在交易成本为零或很低的情况下，无论初始产权分配给谁，通过产权的市场交易，都能实现资源的最优配置。

不过在实际中，诸如大气污染这样的外部性，所牵涉的谈判人很多，即使当事人能够聚到一起进行讨价还价，也难以避免很高的交易成本。另外，即便是明确了产权的所有者，该所有者也很难确定空气污染者的准确范围以及每个污染者应负责的损害比例。而且即使上述条件都成立，从收入分配的角度来看，产权的安排实际给收入分配带来不同的结果，因为产权实际上是有价值的。

尽管实现科斯定理需要严格的前提条件，不过这种用市场化手段解决外部性的方法有助于解决环境保护、野生动植物保护等领域的一些外部性问题。比如，在哈维·罗森所著的《财政学》一书中有这样一个例子：为了保护非洲的大象，一种方法就是禁止狩猎。可是，当地村民没有动力服从该禁令，他们仍旧照常狩猎，对他们来说，每杀死一头大象的边际成本实际为零。这样就导致大象被大量捕杀。另一种方法是分配动物的产权，在这种情况下，村民有动力保护兽群，因为他们能通过出售狩猎的许可权而赚钱。有研究表明，肯尼亚在1977年禁止所有狩猎活动，可是到了1989年，其大象数量从167000头减少到16000头。相反，津巴布韦让土地所有者拥有野生动植物的产权，结果，到1995年，其大象数量从40000头增加到68000头。①

另外需要补充一点，上述关于"科斯定理"的论述都是建立在交易成本为零或是交易成本低到可以忽略不计的前提上的，这一定理又被称做科斯第一定理。然而，正如科斯在《企业的性质》和《社会成本问题》中早已阐明的，市场交易中存在成本，是不容忽视的事实。因此，科斯本人把"科斯定理"看做"分析具有正交易成本的经济路程中的一块垫脚石，以便进一步分析一个具有正交易费用的经济"②。科斯认为："一旦考虑到进行市场交易的成本，……合法权利的初始界定会对经济制度运行的效率产生影响。权利的一种调整会比其他安排产生更多的产值。但除非这是法律制度确认的权利的调整，否则通过转移和合并权利达到同样后果的市场费用如此之高，以至于最佳的权利配置以及由此带来的更高的产值也许永远也不会实现"。③ 也就是说在交易成本不为零或是不是小得可以忽略不计的情况下，权利的初始分配将影响资源的配置效率，从而影响社会总体福利，因此合理的制度选择可以减少交易成本，使外部性内在化，使资源得到合理配置，这被称做科斯第二定理。由此可以进一步得到如下推论：第一，在选择把全部可交易权利界定给一方或另一方时，政府应该把权利界定给最终能导致社会福利最大化，或社会福利损失最小化的一方；第二，一旦初始权利得到界定，仍有可能通过交易来提高社会福利。但是，由于交易成本为正，交易的代价很高，因此，交易至多只能消除部分而不是全部与权利初始配置相关的社会福利损失。④ 与"科斯定理"相比，科斯第二定理实际上才是科斯产权理论的重点所在，这一定理说明在正交易成本的情况下，法律在决定资源如何利用方面起着极为重要的作用，从而将产权安排与资源配置直接对应了起来。

二、归并（mergers）

解决外部性问题的另一种市场化方式是归并，即通过将施加和接受外部成本或利益的经济单位合并，从而将外部成本或外部收益"内部化"。简单来说，就是市场机制可以通过扩

---

① ［美］哈维·S·罗森：《财政学》（第6版），中国人民大学出版社2003年版，第81页。
② Ronald Coase. The institutional structure of production [J]. *American Economic Review*, Vol. 82, No. 4, 1992: 717.
③ ［美］罗纳德·科斯：《论生产的制度结构》，上海三联书店1994年版，第158页。
④ ［美］约瑟夫·费尔德：《科斯定理》，载于《经济社会体制比较》2002年第5期。

大企业规模，组织一个足够大的经济实体来将外部性内部化。利用归并方式来解决外部性问题一般适用于外部性影响范围比较小的情况。以本章所述的造纸厂和河滨旅馆为例，如果造纸厂买下旅馆，或是旅馆买下造纸厂，再或是第三方将两家企业都买下，那么合并后的企业在进行生产经营决策时将从一个企业的角度综合考虑，外部性的结果将在这个大企业的内部发生，从而实现外部性的内部化。在决定造纸厂的产量时，合并后的企业将会考虑到造纸厂排污使河滨旅馆营业额减少的情况，因此会在权衡两个企业得失净值的基础上决定造纸厂的产量，这时由于不存在污染外部性问题，从而企业的边际成本与收益等于社会的边际成本和收益，资源配置将达到帕累托最优状态。

三、协议解决

当产权没有完全界定时，协议有时能够成为解决外部性问题的方法。这里所说的协议就是能够明确协议各方的权利和义务的、具有约束力的凭证性文件。协议的作用在于监督当事人双方（或多方）信守诺言、约束轻率反悔的行为。当外部性边界能够明确界定、谈判和达成协议的成本比较低时，可以通过制定协议的方式来解决外部性问题。比如，一家企业所进行的研发活动能够给同行业的其他企业带来正的收益，那么这些企业可以通过协议的方式将各自一部分资金集中起来，让具有研发优势的企业利用这些资金进行研发，研发成功后所带来的收益按协议规定共享。再如，在一个公寓区中，一些住户为了防盗在窗户外安装了防盗栏杆，这将影响公寓区整体外观的美观度，从而给小区居民带来不利的外部影响。这时，为了保持公寓区的美观，住户可以通过共同协商制定协议的方式，禁止住户安装防盗栏杆。

有时协议安排并不能解决外部性问题，谈判和达成协议的成本可能非常高，协议某一方可能要求享有过大的好处，或者不可能强制要求所有潜在的相关者都参加到协议中来。因此，通过制定协议来解决外部性问题在实际操作中存在许多的困难。

四、社会习俗或道德

有些社会习俗会迫使人们在行为时考虑他们会带来的外部性。比如，我们从小就被教育不能随地乱扔垃圾、不能随地吐痰等，从而大部分人会因为自己乱扔垃圾等行为感觉到难堪，这种难堪给我们造成的效用损失超过了寻找垃圾箱给我们带来的时间或精力的损失，因此我们之中的大部分人会"三思而后行"。有些西方学者将社会道德对负外部性的约束称为良心效应。这种良心效应的基本含义是：产生或引起负外部性的行为是一种缺德或败德行为，行为人对自己造成或引起的外部不经济性及其对他人和社会造成的损失深感不安，在良心的驱动下主动减少其外部不经济性的生产，或者主动对受到损害的诸方给予各种形式的补偿。[1] 也就是说，通过提高社会道德方面的教育，可以在某种程度上抑制外部性。

---

[1] 顾光建、王树文等：《公共经济学原理》，上海人民出版社2007年版，第89页。

第三节 公共部门解决外部性问题的手段

上一节主要介绍了私人部门如何解决外部性问题,从这些私人市场解决外部性的方法中我们可以看出,这些方法往往需要满足一定的条件,很多的外部性问题并不能够通过市场化的途径得到解决,这时政府可以采取一些手段进行干预,这些手段主要包括:征税、补贴、开辟外部性交易市场、公共规制等。

一、征税

外部性之所以造成完全竞争市场资源配置的低效率,在于它使经济主体在进行经济决策时并没有将外部成本或外部收益考虑在内,从而使边际外部成本或外部收益偏离社会边际成本或边际收益。对于负外部性使私人边际成本小于社会边际成本的情况,政府可以向有关企业或个人征收一笔与每单位产出的边际外部成本相等的税收来使私人边际成本提高到与社会边际成本相一致的水平,从而将负外部性内在化。这种税收被称为矫正税(Corrective Tax),有时被称为"庇古税"(Pigouvian Tax),它是以20世纪英国经济学家庇古(A. C Pigou)的名字命名的。下面我们将以本章中已经提到过的造纸厂污染河流的例子来说明"庇古税"的基本原理。

假定对造纸厂的每单位产量课征数量为 T 的税,T 等于企业生产单位产品所带来的边际外部成本的大小($T = MEC$)①。征税后造纸厂进行生产的边际私人成本增加了,厂商的供给曲线从 S 移动到 S'(见图 6-4),S' 反映了造纸厂生产纸张的所有边际社会成本。追求利润最大化的动机使造纸厂将产量定在使边际收益等于边际成本时的水平,即 MR 与 $MPC + T$ 的交点所决定的产量,这时我们发现市场均衡产量恰好等于帕累托最优点 Q_0。与没有征收庇古税相比,造纸厂的产量从 Q_1 降到了效率水平 Q_0,从而克服了过度生产的问题,而且政府因为征税而取得了一笔收入,在图 5-4 中这笔税收收入表示为矩形 $ABCD$ 的面积。有人建议,可以把这笔税收收入用来补偿造纸厂向河流排污而给其他河流使用者带来了损失,这一损失在外部性经庇古税矫正后仍然存在。不过对于这一建议很多经济学家表示反对,因为如果人们一旦知道如果使用河流可以得到一笔补偿,那么原本不打算使用河流的人也会加入到河流使用者的行列中来,而不考虑他们的加入对造纸厂成本的影响。

---

① 这里,我们假设边际外部成本并不随着产量变化而变化,因此单位征税额就相当于任一产量下的边际外部成本。更一般的,如果边际外部成本是递增的,那么单位征税额应等于帕累托最优产量 Q_0 下的边际外部成本,即产量为 Q_0 时,MSC 线与 MPC 线之间的垂直距离。

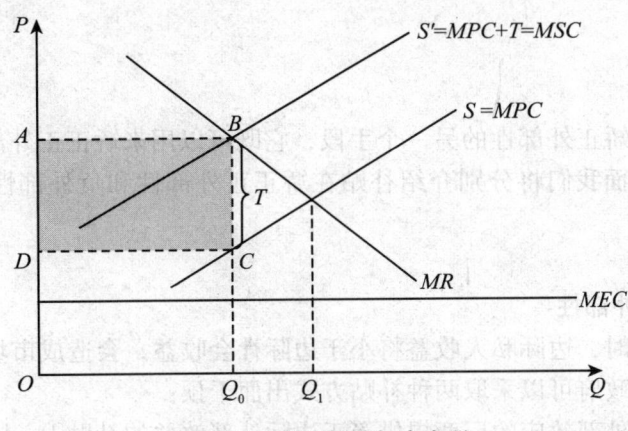

图6-4 负外部性与庇古税

实施庇古税有两种可行的办法①：

第一，对每一单位产品征收一个给定的税额，税额为边际外部成本的价值量。这种征收方式是以造成负外部性的企业的产量为征税对象，因此比较容易确认。其缺点是，一旦征收标准确定，企业就没有动力去减少或消除外部成本，或者企业会带来更大的外部性。因此，政府有关部门就需要不断根据企业边际外部成本的变化情况调整税额标准，这不仅会带来不小的成本，而且调整税率要通过立法等程序，并不是一件容易的事。

第二，直接向外部成本本身征税。所谓直接向外部成本本身征税，就是根据企业排放的废水、废气等有害物质的数量来征税。由于课税的对象是直接造成外部成本的物质的数量，因此企业如果减少污染物的排放量也就意味着少缴税。因此，这种征税方式有利于鼓励企业减少污染物质的排放量。

虽然政府通过征收庇古税来解决外部成本问题在理论是吸引人的，但是在实际操作中却比较困难。因为政府很难准确地评价外部成本的货币价值，从而也就很难设定适当的税率。从理论上来说，外部成本的货币价值由受其影响的人们为消除这种影响所愿支付的代价来决定。但是，实际上却很难将人们对负外部性的评价整合为一个统一的认识，而且受到外部性影响的人们不一定愿意或者不能准确地对外部性对自身的影响作出评价。当然，虽然政府在运用庇古税来解决外部性问题时面临不小的困难，但这并不意味着政府无法通过税收的办法来解决外部性问题。只要政府所确定的单位税额低于边际外部成本，那么征收矫正性税收就能够一定程度的改善资源配置的效率，使得完全竞争企业的产量向效率产量靠近。

尽管庇古税在实际运用中面临一定的困难，但是从目前各国实践来看，庇古税在外部性治理中应用得很普遍，特别是在环境保护领域，庇古税已成为应用最广泛的一种方法。比如，芬兰、瑞典、挪威等国开征了二氧化碳税；美国、德国、日本、挪威、瑞典等国开征了二氧化硫税；德国开征水污染税，以废水的"污染单位"为基准，实行全国统一的税率；美国、荷兰、德国、日本等国征收噪音税；美国、日本等国家征收工业用计税、车辆拥挤税；等等。

---

① 蒋洪：《公共经济学》，上海财经大学出版社2006年版，第91页。

二、补贴

补贴是政府用来矫正外部性的另一个手段,它既可以用来矫正正外部效应,又可以用来矫正负外部效应。下面我们将分别介绍补贴在矫正正外部性和负外部性方面是如何发挥作用的。

(一) 补贴与正外部性

当存在正外部性时,边际私人收益将小于边际社会收益,会造成市场均衡产量低于帕累托最优产量。这时,政府可以采取两种补贴方式出面干预:

第一,向产生正外部效应的厂商提供等于边际外部效益的补贴①,从而降低企业的边际生产成本,使企业生产更多具有正外部性的产品,以达到纠正市场失灵的目的。如图6-5所示,政府对厂商每生产一个单位具有正外部效应的产品补贴A,A等于产品的边际外部收益,从而厂商生产该产品的私人边际成本下降A,供给曲线从S下移到S'($S'=S-A$),市场均衡产量从Q_1增加到Q_0,达到帕累托最优产量。补贴使得除买卖双方之外的第三方从正外部性产品中所获得的收益增加,获得的总收益用矩形$MNYX$的面积来表示,净增加部分用矩形$MNZQ$的面积来表示。

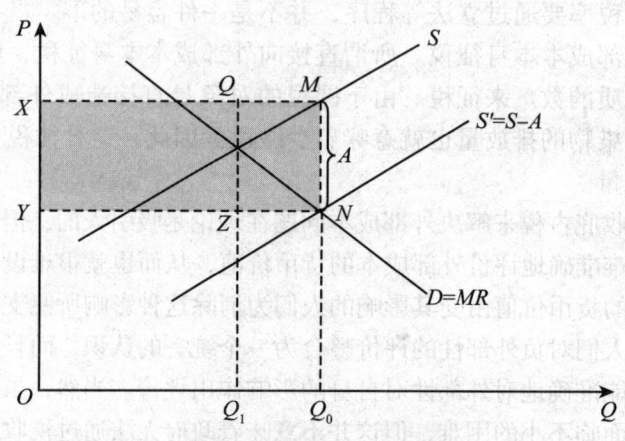

图6-5 生产者补贴与正外部性

第二,向消费具有正外部性商品的消费者提供补贴,以使消费者购买商品时自身所需支付的价格下降,从而扩大正外部性商品的消费量。其中,补贴的数量相当于正外部性商品的边际外部收益②。以接种肝炎疫苗为例,由于接种肝炎疫苗不仅使接种者降低患上肝炎的可能性,同时也使未接种者被传染上疾病的可能性降低,因此接种疫苗就具有

---

① 这里,我们假设边际外部收益并不随着产量变化而变化,因此单位补贴额就相当于任一产量下的边际外部收益。更一般的,如果边际外部收益是递减的,那么单位补贴额应等于帕累托最优产量Q_0下的边际外部收益。

② 这里,我们假设边际外部收益并不随着产量变化而变化,因此单位补贴额就相当于任一产量下的边际外部收益。更一般的,如果边际外部收益是递减的,那么单位补贴额应等于帕累托最优产量Q_0下的边际外部收益,即产量为Q_0时,MSR线与MPR线之间的垂直距离。

正外部性。如图6-6所示，疫苗接种者获得的边际私人收益（MPR）低于社会边际收益（MSR），从而造成竞争市场的均衡产 Q_1 出低于帕累托最优水平，因为。这时，我们假设政府向每个接受疫苗接种的消费者提供相当于边际外部收益的补贴 A，这一补贴使得每支疫苗的边际私人收益增加了 A。从而，疫苗的需求曲线从 D 向上移动到了 D'，市场均衡产量也从 Q_1 提高到了 Q_0。从图6-6中可以看到，竞争市场均衡点从 B 点移动到了 M 点，不仅均衡产量提高了，市场价格也从 P 提到了 P_1。不过，在 M 点，消费者由于得到了政府的补贴 A，因此消费者购买疫苗的实际净支付价格为 P_2（等于 P_1-A），也就是说比未补贴前支付的价格下降了。由于消费者购买疫苗的所需支付的价格下降，从而使得需求量从 Q_1 提高到了 Q_0，即市场均衡产量达到了帕累托最优产量。补贴后，除买卖双方之外的第三方从肝炎疫苗接种中获得的收益用矩形 P_1MNP_2 的面积来表示，比补贴前增加 $XMNY$ 的面积。

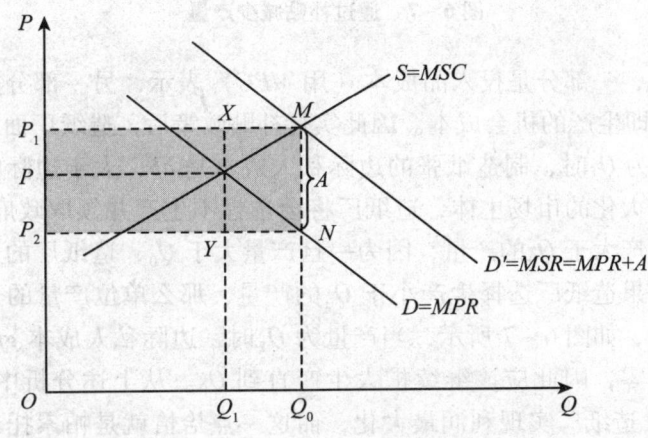

图6-6 消费者补贴与正外部性

（二）补贴与负外部性

当存在外部成本时，比如企业生产中的污染，政府除了可以对其征收矫正性税收外，还可以采用向企业提供补贴的手段，以减少污染。主要有两种补贴方式：一是对污染企业每停止生产一单位的产品给予一定量的补贴；二是对污染企业治理污染给予补贴。这两种补贴形式都能够在满足一定条件的前提下达到减少污染（外部性）的目的，下面就来具体分析两种补贴方式的效应。

1. 通过补贴减少产量

假定污染企业的数量是固定的，那么政府通过向污染者支付补贴使其减少产量，从而获得效率产量。以本章中已提到过的造纸厂向河流排放污水为例，另外，为了使讨论更具一般性，我们假设造纸厂排污的边际外部成本递增，在图6-7中用向右上方倾斜的直线 MEC 表示。

假定政府宣布造纸厂每停止生产一单位的产品，那么政府将向其提供 A 单位的补贴，补贴相当于效率产量 Q_0 下的边际外部成本 h_i（为了讨论简单假设政府补贴不存在成本），这时造纸厂将会在补贴与减产之间进行权衡，以达到利润最大化的目的。在产量为 Q_1 时，生

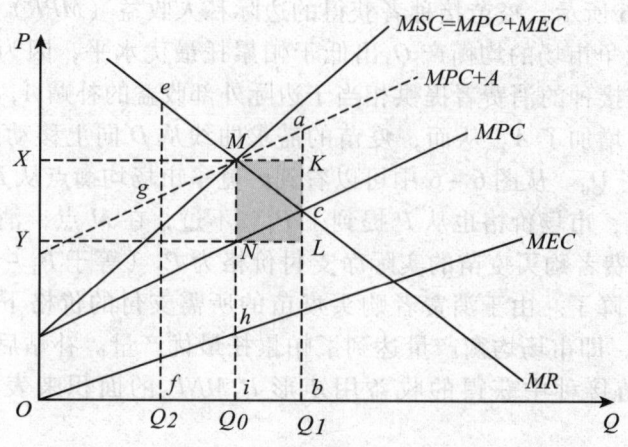

图 6-7 通过补贴减少产量

产成本由两部分构成，一部分是投入品成本（用 MPC）表示，另一部分则是造纸上选择生产而放弃的补贴 A，即生产的机会成本。因此实行补贴政策后，造纸厂面对的边际私人成本是 $MPC+A$。在产量为 Q_1 时，制造纸张的边际私人成本是 ab，大于边际收益 cb。因此，作为理性的追求利润最大化的市场主体，造纸厂将会选择不生产并领取政府补贴。同理可知，造纸厂并不会选择生产大于 Q_0 的产量，因为一旦产量大于 Q_0，造纸厂的边际私人成本将会大于边际收益。而如果造纸厂选择生产小于 Q_0 的产量，那么单位产量的边际私人成本将会小于边际收益。例如，如图 6-7 所示，当产量为 Q_2 时，边际私人成本 gf 小于边际收益 ef，造纸厂的净收益大于零，因此应该继续扩大生产直到 Q_0。从上述分析中，我们不难看出，只有在产量为 Q_0 时，造纸厂实现利润最大化，而这一点恰恰就是帕累托最优产量，也就是说，补贴促使造纸厂只生产效率产量 Q_0。

虽然通过补贴减少产量和征收矫正性税收都令产量达到了市场效率产量，但是这两种方法对收入分配的影响却是不同的。在征收矫正性税收时，造纸厂要缴税，缴纳数量用图 6-7 中的矩形 $XYNM$ 来表示。而在补贴的情况下，造纸厂不仅不用缴纳这笔税收，还可以获得 $MNLK$ 的补贴。自然的厂商更愿意实施补贴政策。不过，补贴政策除了面临庇古税在实践中所面临的困难外，在存在独有的问题。比如，在图 6-7 的分析中，我们假设企业的数量是固定的，因为，在实际中，由于补贴会带来企业利润的提高，因此会吸引更多的企业在河边办厂，从而加大对河流的总污染程度；再如，补贴从社会道德方面来说，是不合理的。因为，明明带来负外部性的企业损害了其他人的利益，却不仅不需要它们为自己的有害行为负责，反过来还要给它们补贴；不仅如此，我们在这部分的讨论中假设政府补贴不存在成本，实际上政府补贴有可能带来税收扭曲等成本，但是这部分成本生产者并不会考虑到生产决策中，因此会带来市场均衡产出低效率的情况，关于这一点我们将在接下来的部分进行具体的分析。

2. 为治理污染提供补贴

需要注意的是，在这部分的讨论中我们将假定政府补贴存在成本。如果不对企业生产过程中的污染行为进行征税或者罚款，那么企业几乎没有什么动力去花钱治理污染，因为企业从污染减少中所能获得的直接收益几乎为零。但是对于整个社会来说，治理污染将带来污染的减少和社会福利的增加。如图6-8所示,假定政府为企业治理污染的支出提供补贴A,当提供的补贴等于治理污染的边际外部收益(MER)时,则治理污染支出的使用达到有效水平,即治理污染的边际社会成本等于边际社会收益,这时企业的污染减少Q_0个单位。

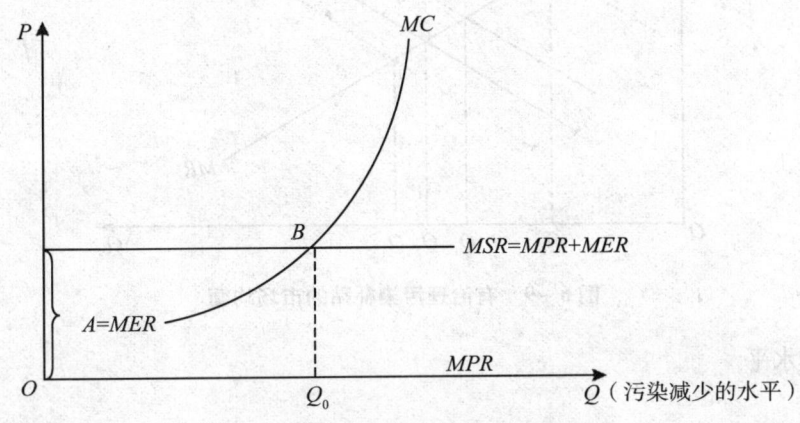

图6-8 治理污染补贴

但是,这种治理污染的补贴并不能够完全纠正由外部性带来的资源配置低效率,也就是说补贴后社会资源配置不能达到帕累托最优。以造纸厂生产为例,政府提供治理污染补贴后,生产钢铁的总边际社会成本包括两部分:一部分是生产纸张的投入品成本;另一部分则是政府补贴治理污染的成本(比如政府为补贴进行融资所导致的税收扭曲)。但是在进行决策的过程中,造纸厂并不会将政府补贴成本纳入生产决策的考虑范围之内,也就是说造纸厂生产的边际社会成本超过了边际私人成本,因此造纸厂的生产仍然超过了效率水平。如图6-9所示,Q_2是补贴前的产出,远远大于效率产出水平Q_0。政府对造纸厂提供污染治理补贴后,使得污染得到了减少,从而降低了生产的总边际社会成本,即MSC曲线下移到MSC',尽管存在政府补贴成本(如政府为补贴融资而取得收入所导致的税收扭曲),但是污染水平降低所带来的社会收益超过了这些成本。这时,补贴后的帕累托最优产出水平从Q_0增加到了Q_1。另一方面,如果政府提供的治理污染补贴被造纸厂用来购买治理污染的设备,而这些设备给企业带来了一些额外的收益(比如提高了企业投入资源的利用效率),那么治理污染补贴就不仅降低社会的边际成本,还降低了造纸厂的边际私人成本,即MPC曲线下移到MPC'。这时,市场均衡产出由Q_2提高到了Q_3。不过由于治理污染的设备主要收益是污染的减少,因此市场均衡产量超过帕累托最优产量的数量应当是有所减少的。

从分配的角度来看,补贴和税收会对不同的经济主体产生不一样的影响。对于污染者来说,其更想要的是治理污染补贴而不是矫正性税收,原因在于前者能够给企业带来更高的利润。对于消费者来说,征税会使产量下降、产品市场价格升高,从而使消费污染企业生产的产品的消费者处境变差。而对于那些要通过纳税的方式为治理污染补贴融资的纳税人来说,实行矫正性税收来治理负外部性问题,显然能够降低其纳税负担,从而处境变好。另外,从效率的角度来看,实行治理污染计划并没有让生产者在生产决策中面对真实的生产成本,因此存在资源配置的低效率问题,而矫正性税收如果设置得当,则能在竞争市场上达到帕累托

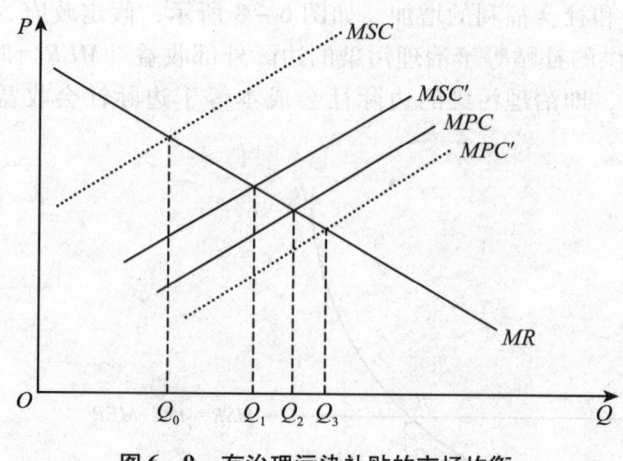

图 6-9 有治理污染补贴的市场均衡

最优资源配置水平。

三、开辟外部性交易市场 (creating market)

外部性引起资源配置无效率的原因在于缺乏相关资源交易的市场，这也就意味着如果政府能够建立相关市场，那么就有可能改善甚至是消除外部性带来的资源配置低效率问题。其中排污权交易制度就是一个很好的例子，这一制度的建立实际上相当于政府创造了一个本来不会自己出现的洁净空气或水的市场①。所谓排污权交易是指在一定区域内，在污染物排放总量不超过允许排放量的前提下，内部各污染源之间通过货币交换的方式相互调剂排污量，从而达到减少排污量、保护环境的目的。② 这一制度最早是由美国经济学家戴尔斯于20世纪70年代提出的，在此之后这一制度在解决负外部性问题上使用的越来越广泛。为了阐明这一制度的基本原理，我们假定在一个环境系统内有两个污染企业 A 和 B。两个企业治理自身排放污染物的边际成本分别是 MC_A 和 MC_B，在图 6-10 中用曲线 MC_A 和 MC_B 表示。如果这时政府不对企业的污染行为进行干预，那么企业没有动力或压力去治理污染，从而 A、B 两家企业的排污量分别为 150 个单位和 100 个单位。假定政府出面对企业的污染行为进行干预，如果两家企业排污的边际社会成本为 60 元，则对两家企业的每单位排污收取数量为 60 的排污费，也就是说这时企业治理污染的边际收益为 60 元。当企业需要为污染支付排污费时，它将会在生产决策中将排污量调整到使治理污染的边际成本等于边际收益时的数量。按此决策，A 企业的排污量为 70 个单位，B 企业的排污量为 20 个单位，在这个环境系统中的总排污量为 90 个单位。

如果政府实施排污权交易制度，而环保部门制定的排污总量控制指标就是 90 个单位以内，这时政府将 90 个单位的排污许可证平均分给企业 A 和 B（也就是说 A 和 B 企业各获得 45 个单位的排污许可证），并允许企业在市场上自由交易这些排污许可证。当 A 企业只能排放 45 个单位的污染时，其治污的边际成本是 75 元。这时，只要排污许可证交易市场上一单

---

① [美] 哈维·S·罗森：《财政学》（第6版），中国人民大学出版社2003年版，第85页。
② 中华人民共和国环境保护部网站。http://www.mep.gov.cn/xcjy/hjcs/200902/t20090206_133993.htm.

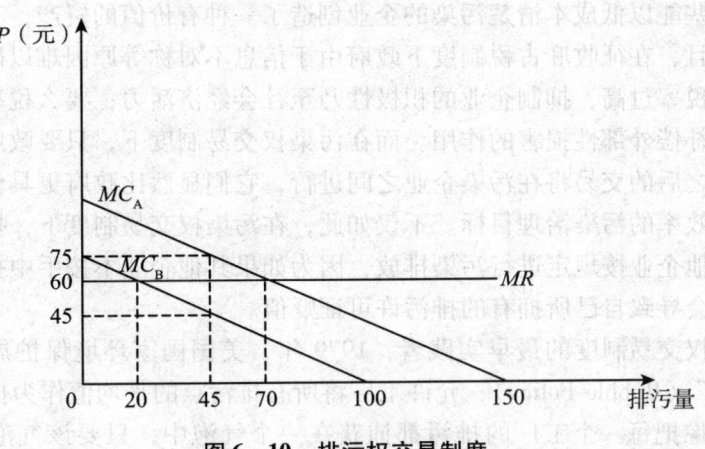

图6-10 排污权交易制度

位排污许可证的价格低于75元，那么A企业都愿意购买一单位的排污权利。当B企业只能排放45个单位的污染时，其治污的边际成本是45元。这时，只要排污许可证交易市场上一单位排污许可证的价格高于45元，那么B企业就愿意将这一单位的排污权利转让出去。于是，在排污权交易市场上，A、B两家企业将会自愿发生交易，直到两家企业的治污边际成本相等时，交易将告一段落。这时，单位排污许可证的价格是60元，共有25单位的许可证从B企业转移到了A企业。

排污权交易制度一方面可以保证污染的总排放量限制在政府期望的数量之内；另一方面污染许可证的市场交易也可实现总排污量在企业间的有效配置，使实现既定水平排放量的成本更低。比如，假设政府出台一项新的规定，要求环境系统内的A和B企业每天减少一吨的二氧化硫排放量，A企业在现有产量下达到新规定要求的排放量减少水平的边际成本为每天2000元，而B企业在现有产量下达到新规定要求的排放量减少水平的边际成本为每天500元。如果不存在排污权交易制度，那么每天减少两吨二氧化硫排放量的边际社会成本为2500元。试想如果每天两吨的排放量减少是通过B企业每天减少两吨污染物排放量来实现的，而A企业则不用减少排放量，那么达到政府新规定的边际社会成本将仅为每天1000元，远远低于原来的2500元。但是，如果寄希望于政府通过考察污染企业减少排污量的边际成本来分配减排任务基本上是不可能的，由于信息不对称，企业不会主动向政府提供其真实的减排边际成本信息，因为企业知道如果减排边际成本低那么将会承担更多的减排任务。这时，解决这一问题的最好办法政府允许排污权在企业间进行交易。只要B企业将排污许可证卖给A企业的单位所得高于B企业治理污染的边际成本500元时，B企业就愿意代替A企业来完成减排任务；而只要A企业从B企业手中购买排污许可证所需支付的价款低于A企业治理污染的边际成本2000元时，A企业就愿意从B企业手中获得排污的权利。从而交易价格将介于500元到2000元之间，必能以低于2500元的成本实现减排任务。

与征收庇古税相比，污染权交易制度同样是一种让企业为它们造成的负外部性付出代价的治理方法，企业要么为其排放行为缴纳矫正性税收，要么为其额外的排放量购买排放许可证。不同的是，征收庇古税能够使政府获得收入，这些收入可以用来补偿受到外部性损害的当事人或是用于其他用途；而污染权交易制度不仅使政府能从排污许可证的发放中取得收入，而且还为那些能以低成本清楚污染的企业创造了一种有价值的资产，有利于降低消除外部性的成本。而且，在征收庇古税制度下政府由于信息不对称等原因难以确定准确的外部性成本，从而要么税率过高，抑制企业的积极性乃至社会经济活力；要么税率过低，起不到限制企业排污以及补偿外部性损害的作用。而在污染权交易制度下，只要政府能够合理的制定污染控制总量，之后的交易将在污染企业之间进行，它们显然比政府更具信息优势，因此能以低成本实现高效率的污染治理目标。不仅如此，在污染权交易制度下，排污许可证的所有者会积极监督其他企业按规定进行污染排放，因为如果其他企业不按手中持有的排污权利数量排放的话，就会导致自己所拥有的排污许可证贬值。

美国是排污权交易制度的最早实践者，1979年，美国国家环境保护局（EPA）颁布了一项"气泡政策"（Bubble Policy），允许工厂将所有排污点的平均值作为排污量。在"气泡政策"中，就好像把每一个工厂的排污都捕获在一个气泡中，只要该气泡向外界排放的污染物总量符合政府规定的排污量，则允许气泡内各个排污源自行调整各自的排污量。在这之后，美国又推出了排污银行计划来作为气泡政策的补充，排污银行允许排污削减量超过法定数量的污染者存储排污削减信用，这些信用可以存到银行以备以后使用。1990年美国修改《清洁空气法》，将排污权交易在法律上制度化。

1999年，排污权交易由美国环保协会引入中国，开展"运用市场机制减少二氧化硫排放的研究"，并开始在一些城市进行试点。通过试点，排污权交易获得较好的效果：一方面污染排放总量得到了有效的控制，促进了环境保护，有利于经济的可持续发展；另一方面排污权交易鼓励企业通过技术改造等进行污染治理，最大限度地减少排放总量，企业节约下来的污染排放指标成为了一种能够为企业带来收益的可用于交易的"有价资源"。

不过，需要指出的是，排污权交易在实际运用中，也存在一些问题，比如环境问题的复杂性使我们很难明确界定环境资源的产权或是使用权；对排污权交易进行相关规定和管理等，常常会带来过高的交易成本，等等。这些问题阻碍了排污权交易的实践。

四、公共规制

公共规制是政府治理负外部性的另一种可行方法。所谓公共规制就是政府部门根据有关的法律、法规和标准等，直接对当事人产生外部成本的行为进行限制。限制的形式有很多种，可以根据具体情况来选择。比如说，可以对企业污染物的排放（浓度或者排放量）限制在一个可以接受的水平上；可以对污染企业的产量进行限制（当排放量与产量成一定比例时，限制产量与限制污染物排放量具有同等的意义）；可以对生产前端的原料和能源投入过程进行控制；等等。一般来看，众多的限制形式主要可以划分两类：一类是投入规制，即把规制的注意力集中在标准、惯例和投入上，比如不得使用某些等级的煤，强制私人小汽车安装消除污染的设备，或者建造达到一定高度的烟囱；另一类是基于绩效的规制，即把规制的重点放在对污染数量的控制上，在这种规制方法下，政府关心的只是污染多少，比如对生产企业污染排放量的限制、对汽车尾气排放的管制。

不过，公共规制在实施过程中有以下几个问题：

第一，政府需要掌握大量的信息。在投入控制下，政府要控制各种类型的污染源，就需要掌握大量的与各种污染物相关的信息，许多信息有可能技术性很高，这有可能使管制的信息成本很大，失去有效性；而在基于绩效的规制下，政府需要掌握包括不同企业边际生产成本即生产者的供给曲线、消费者需求曲线、边际成本价值等在内的信息。在掌握这些信息的基础上，政府才能根据需求曲线和边际社会成本曲线的交点来决定效率产出水平，并规定生产者的最高产出水平。可以看出，在规制下，政府面临更大的获得有效信息的困难。比如，在庇古税治理方式下，政府所需要的信息只是产品的边际外部成本，而不需要了解企业的边际私人成本和社会需求等信息。再比如，政府对于不同的企业需要规定不同的污染削减数量，否则规制就可能是无效率的。为了说明这一点，我们假如有两个企业 A 和 B，它们都向大气中排放二氧化硫。假设 A 企业和 B 企业的边际收益分别是 MR_A 和 MR_B，在图 6-11 中用曲线 MR_A 和 MR_B 来表示。另外，为了简化分析过程，假定 A 企业和 B 企业面临相同的边际私人成本 MPC，且 A 企业和 B 企业利润最大化的产量都等于 Q_0。

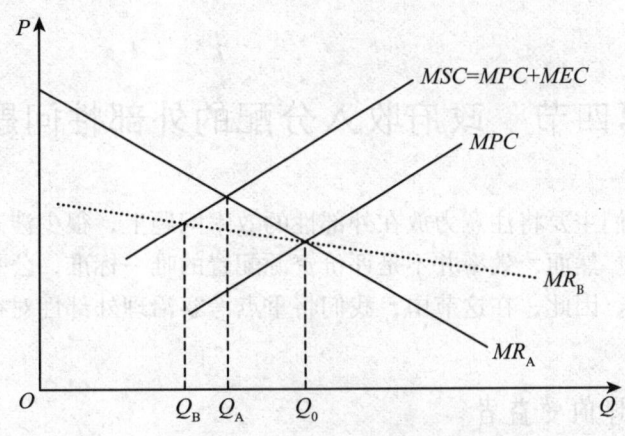

图 6-11　对两个污染者的规制

假设两家企业生产的边际外部成本为 MEC，则边际社会成本是 $MSC = MPC + MEC$。如果要达到资源配置的帕累托最优水平，则每一企业的产量都应该是使边际收益等于边际社会成本时的数量。则在效率要求下，A 企业的产量是 Q_A，B 企业的产量是 Q_B。可以看出效率要求 B 减少的产量大于 A 减少的产量。也就是说，政府规定所有企业等量减产，有可能会造成一些企业生产过多，而一些企业生产过少。因此，效率要求政府按照各个企业的边际收益、边际私人成本和边际外部成本的具体情况来决定企业的产量，这将有可能使得公共规制出现信息失灵而无法实施。

第二，与征收庇古税以及提供矫正性补贴相比，公共规制要想根据情况的变化及时作出调整更加困难。在公共规制下，即使政府能够获得企业的供求曲线等信息，但是要想根据瞬息万变的情况进行及时的调整要么在技术上不可行，要么成本过高。在实践中，技术的进步、原材料和劳动力需求的变化都会造成产品供给曲线的变化，消费者的需求也可能发生变化而使需求曲线发生变化，边际外部成本更是可能因为人口数量等众多因素而发生改变，这就要求政府限制的产量要不断根据变化而调整，这样才能满足效率的要求。而在征收庇古税和提供矫正性补贴的情况下，只有外部边际成本发生变动时，才会引起政府干预效率，而边际私人成本和边际收益的变动，并不影响庇古税和矫正性补贴在纠正外部性上的效率。

第三，与排污权交易制度相比，公共规制不仅需要政府规定污染或是产品的社会总量，而且还要为每一个企业规定各自的限额,这样才能追究总量超标的责任者。但是,由于信息不对称等原因,政府要想清楚地知道每一个企业的成本情况,不仅耗时耗力,而且还难以得到准确的结果。

第四,管制虽然限制了污染的水平,但是却没有将外部成本转变为企业面对的内部成本,承担污染成本的依然是社会,而不是制造污染的企业。①

总的来说,外部性问题通常需要通过干预来提高资源配置效率,不论哪种干预措施都存在一些实践上的困难。不过,与征收庇古税、提供矫正性补贴、排污权交易制度等通过市场机制来运行的治理外部性措施相比,规制手段并不是一个好的解决外部成本的工具,因为它往往不如其他几种治理方式有效。但是这个工具又是必不可少的。在实际运用中,应该将它与其他经济手段(比如庇古税、补贴、排污权交易等)结合起来使用。

第四节 政府收入分配的外部性问题

在前几节中,我们主要将注意力放在外部性的效率问题上,很少涉及外部性及其解决措施对收入分配的影响。然而,效率并不是评价资源配置的唯一标准,公平对于社会福利水平来说同样非常重要的。因此,在这节中,我们将重点考察治理外部性对社会分配的影响。

一、外部性治理的受益者

在前几节讨论外部性与资源配置效率问题中,我们所举的例子往往只涉及简单几个污染受害者和一种污染物,但是在实际生活中,几乎所有人都遭受着多种外部性所带来的损害。根据有关研究表明,穷人区一般比富人区更容易受空气污染的危害。② 如果事实如此,那么在其他条件不变的情况下,政府对空气污染这一负外部性行为进行干预,提高空气质量,会使收入分配更加公平。在城铁沿线增加隔音设施,将会减少地铁沿线居民的噪音,而一般城铁沿线的住房价格由于交通便利往往会高于同一区域其他住房的价格,因此,我们可以说对噪音这一负外部性的治理将有可能主要使高收入家庭受益。

对于同一事物的评价会因为教育背景、收入水平、年龄等因素的不同而产生较大的差异。因此,作为一种主观效用评价,从负外部性治理中所获得的收益会因人而异。假定高收入家庭愿意为某种空气质量的改善支付比低收入家庭更多的钱。即使一项清洁计划从实物量来看,使低收入家庭比高收入家庭受到的污染程度减少得更多,但从价值量来看,该计划仍然有可能更有利于高收入家庭。③

---

① 蒋洪:《公共经济学》,上海财经大学出版社2006年版,第92页。
② Cropper and Oates. Environmental Economics: A Survey [J]. *Journal of EconomicLiterature* 1992:727.
③ [美]哈维·S·罗森:《财政学》(第6版),中国人民大学出版社2003年版,第90页。

二、外部性治理的成本负担者

谁是外部性治理成本的负担者？对于这一问题的分析不能单单从庇古税直接负担者、为补贴融资的纳税人、购买排污许可证的生产者、由于政府规制而减产或减少某种活动的企业和个人等等角度来分析，而应该从更广的范围、从公平的角度来讨论。

假定政府对负外部性的干预措施使污染企业的减少产量，那么随着产量的减少，不仅会带来污染的减少，还会影响收入分配。因为随着产量的减少，该产品的价格会上升，使消费这种产品的消费者处境变差。如果这种产品的消费群体主要是高收入者，那么在其他条件相同的情况下，这一外部性干预措施会让收入分配更加公平，高收入者成为外部性治理成本的主要负担者。反之，如果低收入者是消费这种产品的主要群体，那么干预所带来的产品价格上升，使低收入者的处境变差，从而收入分配不公平程度加剧。也就是说，考查外部性治理成本的承担者时，需要知道污染企业所生产的产品的需求状况。

假定政府对负外部性的干预使得污染企业减少产量，这时，这些企业生产所使用的投入品数量也相应地减少。也就是说，对某些投入品的需求减少，从而使投入品所有者或生产者的处境变差。一些污染企业和生产投入品的企业的工人在短期会失业，在长期将被迫接受低的工资水平，这些工人成为外部性治理成本的主要负担者。如果这些工人是低收入者，那么政府治理外部成本的行为将会加剧收入分配的不公平。

通过上述分析，可以看出要确定外部性治理成本的承担者是一件非常困难的事情。因为，外部性治理不仅仅会改变治理措施当事人的收入分配情况，而且还会产生一系列的连锁性影响，影响范围非常广泛。

结论

➢ 外部性是指行为主体的活动对于其他行为主体产生的未能通过市场交易或价格体系反映出来的影响。当存在外部性时，边际私人成本或边际私人收益会偏离边际社会成本或边际社会收益。

➢ 外部性可以是正的，也可以是负的。正的外部效应会给除了市场交易当事人之外的第三者带来收益，而负的外部性则会给除了市场交易当事人之外的第三者带来成本。

➢ 外部性会降低市场资源配置的效率，带来效率损失。因为，企业或个人在进行生产或消费决策时，只会依据自身面对的私人边际成本和私人边际收益进行决策，并不会把边际外部成本或边际外部收益考虑在内。当存在负外部性时，厂商面对的私人边际成本低于社会边际成本，由于无需对外溢成本进行补偿，因此会导致市场均衡产量超过帕累托最优量。当存在正外部性时，经济主体并得不到外部收益，因此经济主体实际得到的私人收益会小于其经济活动创造的总社会收益，因此会导致市场均衡产出低于帕累托最优量。

➢ 解决外部性问题的关键在于实现外部性的内在化。在某些时候，外部性并不一定需要政府出面干预，私人部门的行为有时就有可能实现外部性的内在化，私人部门解决外部性问题的手段主要有明确界定产权并进行交易、归并、协议解决以及社会习俗或道德约束等等。

➢ 在外部性所涉及的当事人很少、交易成本为零或很低的情况下，通过私人部门的讨价还价就有可能解决负外部性问题，而不必求助于政府部门干预。科斯定理表明，只要产权已得到明确的界定和有效的保护，在交易成本为零或很低的情况下，无论初始产权分配给谁，通过产权的市场交易，都能实现资源的最优配置。

➢ 当私人部门的行为难以解决外部性问题时，政府有必要出面进行干预，以提高社会资源配置的效率。政府治理外部性的方法主要有庇古税、矫正性补贴、创造市场以及规制等。

➢ 对于负外部性使得私人边际成本小于社会边际成本的情况，政府可以向有关企业或个人征收一笔与每单位产出的边际外部成本相等的税收来使私人边际成本提高到与社会边际成本相一致的水平，从而将负外部性内在化，这种税被称做庇古税。庇古税让生产者能够面对其生产产品所带来外部成本，促使生产者有动机使污染量不超过有效水平。

➢ 矫正性补贴既能用来治理正外部性，又能够用来治理负外部性。在正外部性时，政府可以向产生正外部效应的厂商提供等于边际外部效益的补贴，从而降低企业的边际生产成本，使企业生产更多具有正外部性的产品；或者政府可以向消费具有正外部性商品的消费者提供补贴，以使消费者购买商品时自身所需支付的价格下降，从而扩大正外部性商品的消费量。在负外部性时，政府主要可以通过两种补贴方式对外部性问题进行治理，一是对污染企业每停止生产一单位的产品给予一定量的补贴；二是对污染企业治理污染给予补贴。

➢ 外部性引起资源配置无效率的原因在于缺乏相关资源交易的市场，排污权交易制度的建立实际上就相当于政府创造了一个本来不会自己出现的洁净空气或水的市场①。所谓排污权交易是指在一定区域内，在污染物排放总量不超过允许排放量的前提下，内部各污染源之间通过货币交换的方式相互调剂排污量，从而达到减少排污量、保护环境的目的。排污权交易制度一方面有利于政府控制污染的总水平，另一方面使实现既定水平排放量的成本更低。

➢ 公共规制手段无论是对发达国家，还是对发展中国家来说，都是传统的、占主导地位的环境管理手段，但这一方法与征税、排污权交易等相比，很可能是无效率的，在使用中具有较大的局限性。

思考题：

1. 解释什么是外部性？试举出几个正外部性和负外部性的例子。
2. 试用供给—需求曲线分析，当商品在竞争性市场上进行交易时，外部性如何阻碍了资源配置效率的实现？
3. 什么是科斯定理？科斯定理在实现外部性内在化上是如何发挥作用的，其发挥作用的前提条件是什么？
4. 什么是庇古税？庇古税如何能够调整厂商决策所面临的成本以反映外部性？其在实践中的障碍是什么？

---

① [美]哈维·S·罗森：《财政学》（第6版），中国人民大学出版社2003年版，第85页。

5. 试述矫正性补贴在矫正外部性上是如何发挥作用的？局限性是什么？
6. 政府如何通过创造市场来治理外部性？这一治理措施的优点是什么？
7. 公共规制的方法与诸如庇古税和可交易的排污许可证相比，在消除污染方面的主要区别是什么？为什么基于市场的各种治理污染的办法能够以尽可能低的成本实现既定数量的排放物削减？
8. 与征税、排污权交易手段相比，公共管制在消除负外部性方面有哪些局限性？

第七章 成本—收益分析

福利经济学认为，某项政策或某项工程是否可行，关键取决于该项目实施前后社会福利的变化情况。也就是说，如果社会福利增加了，那么这个项目就是可行的；反之，则不应该实施这个项目。显然，这种方法是非常正确的。但由于确定和评估社会福利函数需要巨大的信息量和复杂的技术，因此，运用社会福利函数评估某个项目可行度在具体操作中是非常困难的。但是，福利经济学的这种观点为成本—收益分析奠定了理论基础。本章将对成本—收益分析的主要内容以及具体实践进行介绍。

第一节 成本—收益分析的基本原理

成本—收益分析是对某个项目所有收益与成本进行定量分析，并以此为依据制定决策的方法。美国财政学家大卫·N·海曼（David N. Hyman）认为："成本—收益分析的应用有助于提高效率，因为它确保了那些边际社会成本超过了边际社会收益的新项目不会提交给政府审议。"[①] 由此可见，对于成本—收益分析来说，其分析的基础与核心就是确定某个项目的收益与成本，即只要某个项目的边际社会收益大于边际社会成本，就可以实施该项目。

自1900年美国陆军工程兵部队最早利用成本—收益分析对各种水资源项目的合意性进行评估以来，成本—收益分析作为一种有效的技术方法和工具，已广泛应用于私人投资与公共投资的分析决策过程中。一般来说，成本—收益分析包括以下五个步骤。

（1）明确项目议案所包括的所有内容。
（2）列举项目议案涉及的所有收益与成本。
（3）对所有收益与成本进行评估，并以货币的形式表现出来。
（4）将项目未来的所有收益与成本折算为现值。
（5）选择合适的决策标准，并以此为依据来选定项目。

---

① 大卫·N·海曼：《财政学》，北京大学出版社2006年版，第197页。

一、明确项目议案所包括的所有内容

明确项目议案所包括的所有内容是成本—收益分析的首要步骤。不论是私人部门还是公共部门,要对某个项目进行成本—效益分析,就必须首先明确完成该项目所涉及的所有工作或活动。因为,只有明确了该项目议案所涉及的所有工作或活动,才能够确定完成该项目能够产生的所有收益与成本,否则成本—效益分析就会产生偏颇。

二、列举项目议案涉及的所有收益与成本

在明确项目议案的所有内容之后,就需要列举项目议案涉及的所有收益与成本。一个新的项目确定以后,其包含的所有工作或活动都可能产生收益与成本,而这些收益与成本就是进行成本—效益分析的基础。

私人部门在进行决策时,往往选择能够带来最大经济利益的项目,即以该项目产生的直接收入与的直接成本为评价依据。而对于公共部门而言,其决策是从全社会资源配置的角度来考虑公共利益问题的,因此,公共部门在列举收益和成本时,不仅要包括直接收益和直接成本,也要考虑间接收益和间接成本。

收益可以分为直接收益(direct benefits)和间接收益(indirect benefits)。直接收益是指项目所导致的产出的增加或生产率的提高,且由该项目的直接受益者享受的收益。比如,政府投资修建一条公路,其直接收益就是个人和企业交通成本的减少。间接收益是指该与项目没有直接关系的人所获得的收益。对于政府修建的公路而言,公路两侧的商店、旅馆、加油站等的利润也可能增加,因为政府虽然没有对他们直接投资,但由于公路的修建使该地区的交通更加便利了,经济活动也就随之发展起来。

与收益类似,成本也可以分为直接成本(direct costs)和间接成本(indirect costs)。直接成本是指直接投入项目的成本。比如,修建公路所直接消耗的资金、劳动力以及建筑材料等。间接成本是指建造和运营项目过程中产生的外部成本。仍以修建公路为例,公路的修建可能对该地区原有的自然环境产生破坏,也可能占用了部分耕地减少了该地区的粮食产量等等。但是,在列举项目议案涉及的所有收益与成本时,尤其是在列举项目收益时,需要注意避免重复计算(详见本章第四节)。

三、评估项目议案的所有收益与成本

在完整地列举了项目议案涉及的所有收益与成本后,就需要将这些收益与成本用货币的形式表现出来,并进行评估。对于私人部门来说,计算收益和成本是比较容易的,因为收益就是项目带来的收入,成本就是为该项目投入的费用,而且私人部门的项目收益与成本都可用市场价格来表示。

但对于公共部门而言,评估收益与成本就比较复杂了。这是因为公共部门的收益与成本不能完全通过市场价格来表示。首先,公共部门某些项目提供的产品并不在市场上交易,也就不存在市场价格。比如国防、环境污染治理这类纯公共物品,由于不能通过市场来提供,

因此就不存在市场价格。其次，即使某些物品可以在市场上出售，但其市场价格并不能反映其真实的边际社会收益与边际社会成本。这种情况出现在如下三种场合：一是某一项目的任何产品都是在垄断市场上出售的；二是产品的生产导致外部效应的出现；三是存在补贴或税收导致的扭曲。① 因此，在公共部门在进行成本—收益分析时，就需要寻找间接的替代方法来评估项目议案的所有收益与成本。关于评估公共部门收益与成本的方法，我们将在本章第三节中详细讨论。

四、将项目未来的所有收益与成本折算为现值

将项目议案的所有收益与成本折算为现值是成本—收益分析的重要步骤。由于项目所产生的收益与成本都是在未来一段时间内发生的，因此，在成本—收益分析中必须考虑这些收益与成本的时间价值。其中，有效的方法就是将收益与成本进行贴现，将其折算为现时收益，使得项目未来各期的收益与成本都能够在同一时间基础上进行比较。

贴现（discounting）就是将未来某个时期的货币价值，按照一定的贴现率，折算为现时价值（present value，PV）的过程。假设贴现率为 r，那么 i 年后得到的 X 元钱的现值 PV 可以用式（7-2-1）来表示：

$$PV = \frac{X}{(1+r)^i} \qquad (7-2-1)$$

下面我们通过一个实例来进一步讨论贴现问题。

假设有两个项目 A 与 B，A 与 B 在未来 5 年各年的收益如表 7-1 所示。

表 7-1　　　　　　　　　项目 A 与 B 产生的收益　　　　　　　　　单位：万元

项　目	项目未来各年的收益				
	第 0 年的收益	第 1 年的收益	第 2 年的收益	第 3 年的收益	第 4 年的收益
项目 A	30	30	30	30	30
项目 B	90	15	15	15	15

如果将项目 A 与 B 在未来 5 年的收益加总起来，两个项目所能够产生的收益是相同的，都是 150 万元。但是，项目 A 与 B 在未来 5 年各年产生的收益是不同的。项目 A 每年都能够产生 30 万元的收益，而项目 B 在实施当年产生了 90 万元的收益，而其后 4 年每年能够产生 15 万元的收益。如果假设贴现率 5%，那么项目 A 与 B 的现值分别为（单位：万元）：

$$PV^A = \frac{30}{(1+0.05)^0} + \frac{30}{(1+0.05)^1} + \frac{30}{(1+0.05)^2} + \frac{30}{(1+0.05)^3} + \frac{30}{(1+0.05)^4} = 136.38$$

---

① 大卫·N·海曼：《财政学》，北京大学出版社 2006 年版，第 199 页。

$$PV^B = \frac{90}{(1+0.05)^0} + \frac{15}{(1+0.05)^1} + \frac{15}{(1+0.05)^2} + \frac{15}{(1+0.05)^3} + \frac{15}{(1+0.05)^4} = 143.19$$

从项目 A 与 B 现值的计算中可以看出,两个项目的现值均小于其未来 5 年的收益之和,且项目 B 的现值大于项目 A 的现值。这正是时间因素对收益的货币价值产生的影响,由于项目 B 的主要收益产生于项目实施当年,因而其现值也就较大。也就是说,在贴现率不变的情况下,项目收益越集中在早期,该项目的现值也就越大。

五、选择项目评估的标准,并以此为依据来选定项目

成本—收益分析是以定量分析的结果为依据来制定决策的方法。在实际应用过程中,可以作为成本—收益分析决策依据的标准有很多,我们在这里介绍三种常用的标准,即净现值标准、内部收益率标准、收益—成本比率标准。

(一) 净现值标准

净现值(net present value,NPV)标准是把某个项目未来各年的收益与成本折算为现值(用 PVB 表示收益现值,用 PVC 表示成本现值)①,再以净现值($NPV = PVB - PVC$)的大小作为衡量该项目可行性的标准。如果用 B_i、C_i 分别表示某个项目的收益和成本,r 表示贴现率,i 表示年份,则该项目的收益现值与成本现值可表示为:

$$PVB = \sum_{i=0}^{T} \frac{B_i}{(1+r)^i} \quad (7-2-2)$$

$$PVC = \sum_{i=0}^{T} \frac{C_i}{(1+r)^i} \quad (7-2-3)$$

由式(7-2-2)和(7-2-3),可以用式(7-2-4)来表示净现值:

$$NPV = PVB - PVC = \sum_{i=0}^{T} \left[\frac{B_i - C_i}{(1+r)^i} \right] \quad (7-2-4)$$

判断这个项目是否可行的必要条件就是 NPV 是否大于零。如果 $NPV > 0$,那么该项目就是可行的;而当 $NPV < 0$ 时,该项目就不应该继续实施。有一点需要说明,即使 $NPV > 0$,也并不意味着 $B_i - C_i > 0$ 恒成立。也就是说,在某一时点上,$B_i - C_i < 0$ 是可以成立的,只需要保证在 $i \in (0, T)$ 这个区间内所有净现值之和大于零,就可以实现 $NPV > 0$(如表 7-2 所示)。

假设某个项目周期为四年,将实施该项目的当年作为第 0 年,从当年开始每年可获得收益 800 元,当年发生成本 1000 元,以后各年不再产生成本。假定贴现率 r 为 5%,那第 i 年的贴现系数就为 $1/(1+0.05)^i$。NPV 的计算步骤和结果如表 7-2 所示。

---

① 收益现值:present value of the benefits, PVB;成本现值:present value of the costs, PVC。

表 7-2   NPV 计算的步骤和结果

项目	第0年	第1年	第2年	第3年	总额
第 i 年的贴现系数（贴现率为5%）	1	0.952	0.907	0.864	
第 i 年的收益（元）	800	800	800	800	3200
第 i 年的收益乘以贴现系数（元）	800	761.6	725.6	691.2	2978.4
第 i 年的成本（元）	1000	0	0	0	1000
第 i 年的成本乘以贴现系数（元）	1000	0	0	0	1000
NPV（元）					1978.4

如表 7-2 所示，在第 0 年，收益现值（800 元）小于成本现值（1000 元），即 $B_1 - C_1 < 0$，但是 NPV（1978.4）依然大于零。这就说明，该项目可以实施，但在开始实施项目的当年，收益现值小于成本现值。

那么两个项目相比较的情况是怎么样的呢？

假设有两个可供选择的项目 A 与 B，用 B^A 与 C^A 来表示 A 项目的收益与成本，用 B^B 与 C^B 来表示 B 项目的收益与成本，那么项目 A 的净现值可以用式（7-2-5）来表示。

$$NPV^A = \sum_{i=0}^{T} \left[\frac{B_i^A - C_i^A}{(1+r)^i} \right] \tag{7-2-5}$$

项目 B 的净现值则可以用式（7-2-6）来表示。

$$NPV^B = \sum_{i=0}^{T} \left[\frac{B_i^B - C_i^B}{(1+r)^i} \right] \tag{7-2-6}$$

显然，根据成本—收益分析的原理可知，假如 $NPV^A > NPV^B$，即项目 A 的净现值大于项目 B 的净现值，那么项目 A 优于项目 B；反之亦然。

（二）内部收益率标准

内部收益率（internal rate of return，IRR）标准是将能够使未来各年收益现值之和等于成本现值之和的贴现率作为衡量项目可行性的标准。用 ρ 表示内部收益率，则根据定义，可以用式（7-2-7）表示内部收益率。

$$NPV = \sum_{i=0}^{T} \left[\frac{(B_i - C_i)}{(1+\rho)^i} \right] = 0 \tag{7-2-7}$$

式中，B_i、C_i、i，NPV 的含义与式（7-2-4）相同。利用内部收益率来衡量项目的可行性时，需要以投资资金的机会成本——市场利率作为重要的参照标准，即如果内部收益率高于市场利率，则该项目就是可行的；否则，就应该放弃该项目。例设，某个项目的建设周期为三年，在实施当年需要投资 15 万元且不产生任何收益，在其后的两年每年都可以产生净收益10万元，那么该项目的内部收益率就为：

$$\frac{-15}{(1+\rho)^0} + \frac{10}{(1+\rho)^1} + \frac{10}{(1+\rho)^2} = 0$$

根据可取值范围，$\rho \approx 22\%$。也就是说如果市场利率小于22%，那么这个项目就是可行的；反之，则应该放弃该项目。

当在诸多不相容的项目中进行选择时，一般应选取内部收益率最大的项目。但是，以内部收益率为标准来选择项目，可能会产生失误。如图7-1所示，横轴代表净现值 NPV，纵轴表示贴现率 ρ。由式（7-2-4）可以看出，NPV 与 ρ 呈反比例变化，即 ρ 上升，NPV 就下降。用直线 A、B 代表两个项目的净现值与贴现率之间的关系。当 $\rho = \rho^*$ 时，项目 A 的净现值 NPV^A 小于项目 B 的净现值 NPV^B，即应该选择项目 B，放弃项目 A。当 $NPV^A = NPV^B = 0$ 时，项目 A 的内部收益率 ρ^A 明显大于项目 B 的内部收益率 ρ^B，即应该选择项目 A，放弃项目 B。显然，依据不同的衡量标准，得出了截然相悖的结论。

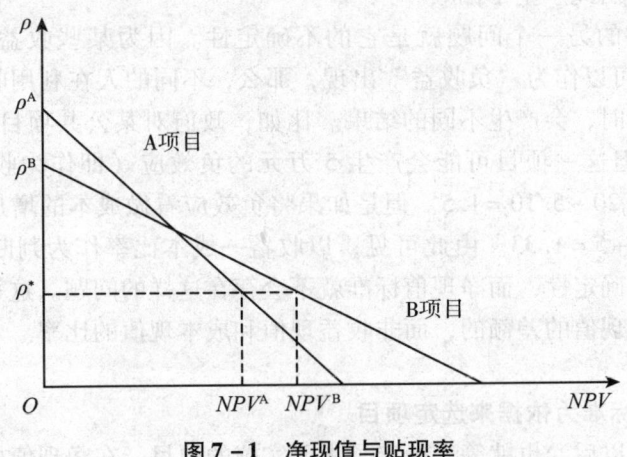

图7-1 净现值与贴现率

（三）收益—成本比率标准

收益—成本比率（benefits-cost ratio，BCR）标准是将收益现值与成本现值之比作为衡量项目可行性的标准的。则那么收益—成本比率就为：

$$BCR = \frac{PVB}{PVC} = \frac{\sum_{i=0}^{T} \frac{B_i}{(1+r)^i}}{\sum_{i=0}^{T} \frac{C_i}{(1+r)^i}} \tag{7-2-8}$$

以收益—成本比率为标准时，只要 $BCR > 1$，就说明该项目的收益现值大于成本现值，即该项目是可取的；反之，如果 $BCR < 1$，则该项目的收益无法弥补成本，是不可行的。在表7-2的例子中，$PVB = 2978.4$，$PVC = 1000$，则 $BCR = 2.9784 > 1$，即该项目是可取的。由于净现值等于收益现值与成本现值之差（$NPV = PVB - PVC$），那么只要 $NPV > 0$，$BCR > 1$ 就必然成立；反之，如果 $NPV < 0$，那么 $BCR < 1$。

当利用收益—成本比率对规模相同的项目进行对比时往往是有用的。但在衡量不同规模的项目时，收益—成本比率可能产生误差，如表7-3所示。

表7-3　　　　　不同规模项目的 *BCR* 与 *NPV*（贴现率为5%）

项　目	B_0	B_1	C_0	C_1	*BCR*	*NPV*
A	1	3	1	2	1.328	0.952
B	1	9	1	7	1.248	1.905

在表7-3中，假设有两个不相容的项目A中B，可以看出项目A的规模小于项目B的规模。对于规模小的项目A来说，其收益—成本比率较大，但是净现值较小；而规模大的项目B，其收益—成本比率较小，但是净现值较大。也就是说，按照收益—成本比率标准，项目A优于项目B；但按照净现值标准，项目B优于项目A。这是因为收益—成本比率不能反映净现值的大小，由此产生了偏颇。

收益—成本比率的另一个问题就是它的不确定性。因为某些收益可以被视为"负成本"，而某些成本也可以作为"负收益"出现，那么，不同的人在利用收益—成本比率标准对同一项目进行分析时，会产生不同的结果。比如，政府对某公共项目投资10万元，其直接收益为20万元，但这一项目可能会产生5万元的负效应（即作为收益的减项），那么，收益—成本比率就为20-5/10=1.5。但是如果将负效应看做成本的增加，那么，收益—成本比率就变为20/10+5=1.33。由此可见，以收益—成本比率作为判断项目可行性的标准时，会带来较大的不确定性，而净现值标准就不会存在这样的问题。这是因为净现值标准是基于收益现值和成本现值的差额的，而非收益现值和成本现值的比率。

（四）以选定的标准为依据来选定项目

选定了决策标准以后，也就等于选定了将要实施的项目。在净现值标准、内部收益率标准、收益—成本比率标准这三个标准中，净现值标准是较为可靠的决策依据，因为根据前面的论述，我们知道在某些情况下，选择内部收益率标准与收益—成本比率标准作为决策依据，可能会产生偏颇。

当然，成本—收益分析并不是绝对有效的分析工具，它也是存在缺陷的。首先，成本—收益分析是建立在大量信息的基础之上的，特别是列举和评价项目议案所包含的所有收益与成本，如果无法获取项目某些收益与成本的信息，那么成本—收益分析就变得不是那么有效。其次，对于公共部门而言，由于间接收益和间接成本有时是难以衡量的，且很难用货币的形式予以表现，这就使以定量分析为手段的成本—收益分析受到了挑战。最后，对于公共投资而言，当某项投资给不同经济主体带来的效益不同时，成本—收益分析就显得不是那么可靠。由于成本—收益分析存在的各种局限性，在实践中，我们还可以选择成本有效性分析（cost-effectiveness analysis）或成本—效率分析（cost-efficiency analysis）来对某个项目进行分析和决策。

第二节 公共部门的贴现率问题

从上一节的论述中，我们知道，贴现是将项目的所有收益与成本折算为现时收益的有效手段。从式（7-2-1）可以看出，贴现率（discounting rate）是决定现值 PV 的关键因素，即贴现率不同，货币的时间价值也就不同。对于私人部门来说，在理论上，其贴现率可以用投资资金的机会成本来表示。但公共部门贴现率的确定不像私人部门那样简单，本节将介绍确定公共部门贴现率的几种可能情况。

一、基于私人部门收益率的贴现率

在选择公共部门贴现率时，我们不妨参照私人部门确定贴现率的方法，那么，其中必须首先考虑的因素就是计划投资于公共项目的资金用于私人部门时能够产生的收益率。

在实践中，投资于公共项目的资金是通过各种征税来获得的，也就是说，公共部门获得这些资金是以私人部门投资和消费的减少为代价的。下面我们通过两个实例来进行介绍。

假设公共部门的项目资金来源于私人部门投资的减少。如果私人部门可以投资某一项目，该项目需要投入资金 100 万元，且能够带来 20 万元的收益（即税前收益率为 20%）。如果政府把这 100 万元从私人部门抽走用于公共项目投资，那么，社会就损失了本应该从私人部门投资获得的 20 万元，因此，这项公共部门投资的机会成本就是私人部门投资的税前收益率 20%。而这 20 万元的收益是否课税并不重要，因为不论这笔 100 万元的资金是全部由私人部门掌握，还是其中一部分归政府所有，关键的是税前收益率衡量的是这笔资金为社会创造出来的价值。

假设公共部门获得的项目资金减少了私人部门用于消费的资金。如果某人今年消费了 100 元，那么他就不得不放弃明年这 100 元消费加上将这 100 元存入银行所能获得的 10 元的利息（假设利率为 10%）。也就是说，今年消费 100 元的机会成本，就是把这 100 元存入银行能够获得的收益率 10%。但是，由于所得税的存在（假设所得税税率为 50%），明年可用于消费的这笔收益只能是税后收益，那么，今年消费的机会成本就变为税后收益率 5%。如果政府把这 100 元抽走，显然，私人部门因消费的减少而受到的损失就是税后收益率 5%。也就是说，以私人部门消费减少为代价而筹集的资金是按税后收益率来贴现的。

在现实经济生活中，由于投资于公共项目的资金即来源于私人部门投资的减少，也来源于私人部门消费的减少，因此，公共部门贴现率可以参照税前收益率与税后收益率的加权平均数来确定。其中，税前收益率的权数由投资资金占总资金的比例确定，税后收益率的权数消费资金占总资金的比重来决定。结合上述两个实例，如果投资于公共项目的资金有 30% 来源于私人部门投资的减少，70% 以私人部门消费的减少为代价，那么，公共部门的贴现率就为 9.5%（30%×20%+70%×5%）。但是，在实践中，要确定投资于公共项目的资金到底有多大比例来源于私人部门投资的减少，有多少资金是以私人部门消费的减少为代价的，是一个非常复杂的问题，因此，利用私人部门税前收益率与税后收益率的加权平均数来确定公共部门贴现率是十分困难的。

二、社会贴现率

确定公共部门贴现率的另一种情况就是以社会贴现率为参照标准。社会贴现率是指整个社会愿意用将来消费换取现在消费的利率。① 一般来讲，社会贴现率都低于市场收益率，这是因为以下原因：

第一，对后代人利益的关心。

在现实中，私人部门更倾向于将其拥有的资金用于投资与消费，而非储蓄，也就是说，私人部门对未来收益所适用的贴现率过高。这种情况说明了私人部门往往只关心自身眼前的福利，而对于其他人未来的福利缺乏考虑和关心。而作为公众利益的代表，政府不仅要对当代人的福利负责，也要关心后代人的利益，因此，公共部门的贴现率应该低于市场收益率。

第二，家长主义——政府的远见。

哈维·S·罗森（Harvey S. Rosen）认为："即使从狭隘的个人利益出发，人们也不会有对未来收益充分重视的远见，因此，他们在对这种收益进行贴现时，用的贴现率太高。庇古（1932）把这个问题说成是'缺乏远见的能力'。政府所使用的贴现率，应当与个人认识到其自身利益时将会采取的贴现率一样。这是一种家长主义论点，即政府强迫公民减少现在的消费，以换取将来更多的消费，到那时，人们可能会感激政府的远见"。②

第三，正外部性效应。

根据第六章关于外部性的论述，我们知道，当正外部性存在时，商品或服务的价格并不完全等于这一商品或服务的全部社会收益，商品的边际私人收益小于边际社会收益。而生产者或消费者据以做出决策的边际收益是边际私人收益，外部收益被忽视，从而使得产品的实际供给量或消费量小于帕累托最优数量，造成社会福利损失。

由此可见，当私人部门的投资能够产生正外部性时，市场往往不能提供足够的这种投资，即市场失灵或市场无效率。而要弥补这种市场失灵，矫正市场无效率，就需要政府选择低于市场收益率的贴现率来加以引导。

第三节 公共收益与成本的估值

评估私人部门某个项目的收益与成本，只需要按照市场价格来计算其投入该项目的成本与获得的收益即可。但对于公共部门而言，情况就不是这么简单了。通过前两节的分析我们知道，由于公共部门项目的收益与成本不能通过市场价格来计算，而且市场存在的缺陷使市

---

① 郭庆旺、赵志耘：《财政学》，中国人民大学出版社2002年版，第268页。
② 哈维·S·罗森：《财政学》（第六版），中国人民大学出版社2003年版，第214页。

场价格不能反映公共项目的真实边际社会收益与边际社会成本。那么，通过什么方法来对公共收益与成本进行估值呢？

在介绍公共收益与成本的估值方法之前，我们先引入一个重要的概念——影子价格。影子价格（shadow price）是指能够真正反映社会边际成本和消费者边际效用的价格。影子价格的确定根据所估值产品的不同而不同。在充分竞争的市场经济条件下，产品的市场价格就等于影子价格。而在不完全市场中交易的产品，将其市场价格进行调整，排除了垄断、税收、失业等问题以后的价格，就是影子价格。

下面，我们将针对公共收益与成本估值的方法展开讨论。

一、市场价格

在运行良好的市场经济条件下，商品的价格既能够真实地反映生产该产品的边际社会成本，也能够反映消费者消费该产品的边际效用。如果公共部门某个项目的产品能够在市场中交易，那么市场价格就可以用来对该项目的收益与成本估值。

但是，在现实经济生活中，由于市场失灵和无效率的现象普遍存在，市场价格就不一定能够反映产品的边际社会成本与边际效用，即产品的市场价格不等于其影子价格。所以，在市场失灵或无效率的情况下，就需要对市场价格进行调整，寻找能够反映真实社会边际成本的影子价格。

二、经过调整的市场价格

在不完全竞争市场中，产品的市场价格不一定能够反映其边际社会成本与边际效用。但是，市场价格可以帮助我们来确定这些产品的影子价格。下面我们就将研究在现实经济中存在垄断、税收、失业的情况下，影子价格是如何确定的。

（一）垄断问题

在完全竞争的条件下，产品的价格等于边际成本。但当某一产品的生产处于垄断时，一般来讲，垄断价格要高于边际成本。那么，对这一垄断产品的估价，是使用市场价格，还是使用边际生产成本呢？这就取决于公共部门的购买行为对市场产生的影响。

假定某公共部门欲购买一批投影设备用于支援贫困地区建设，且该投影设备被某个企业所垄断。如果公共部门的购买量足够大，公共部门的购买行为就会对投影设备的市场供求关系产生影响。假如该投影设备产量的增加量正好等于公共部门的购买量，那么，社会机会成本就等于增加生产这些投影设备所消耗资源的价值，即社会机会成本等于社会边际成本。假如该投影设备的产量没有增加，或者产量的增量小于公共部门的购买量，公共部门对该投影设备的消费就会挤占一部分私人部门的消费，而私人部门消费者仍然是根据市场价格来决定自身对该投影设备的购买。如果将这两种可能性综合起来考虑，公共部门购买这批投影设备的成本就应该由社会边际成本与市场价格的加权平均值来进行衡量。

（二）税收问题

假如公共部门某个项目的投入物需要缴纳销售税，则该投入物生产者所得到的价格就小于消费者愿意支付的价格。那么，对于这一需要缴纳税收的公共项目投入物来说，其成本是应该以生产者的价格为标准，还是以消费者的价格为依据呢？

同样，我们可以借鉴确定垄断产品成本的方法。假如该投入物产量增大了，且增加量正好等于公共部门的购买量，那么，就可以以生产者的价格为标准。假如该投入物的产量没有增加，则可以以消费者的价格为依据。最后，将这两种可能性综合起来考虑，这些投入物的成本就应该由生产者价格与消费者价格的加权平均值来决定。

（三）失业问题

公共部门项目的实施需要雇佣适当数量的工人，而这些工人不仅可以是正在为私人部门工作的人，也可能由处于非自愿失业的人组成。我们首先考虑第一种情况，假设这些工人来私人部门，则意味着这些工人被公共部门雇用就可能降低了私人部门的产出，因此，这些工人的机会成本就是他们为私人部门工作获得的工资。

在第二种情况中，由于受雇的工人是处于自愿失业状态的，那就不存在机会成本，也就是说，这些工人受雇于公共部门，其放弃的只包括他们的闲暇。而对于处于自愿失业状态的人来说，其闲暇的价值是很低的。对于非自愿失业者来说，又包含着两种复杂的情况：（1）如果政府要将失业率维持在某个特定水平上，那么公共部门雇用了这些处于自愿失业状态的工人，就意味着受雇与其他部门的工人将成为新的非自愿失业者，其他部门的产出也就随之下降，而这些新的非自愿失业者的机会成本就是他们原先的工资。(2) 即使公共部门雇用的工人在项目开始时处于非自愿失业状态，但并不能说他们在整个项目实施期间都处于非自愿失业状态，他们很可能在私人部门找到新的工作机会，那么，计算这类工人的机会成本就显得更加复杂。然而，要对某个人的就业前景进行预测是一件相当困难的事情。由于对失业资源的定价方法还没有达成一个共识，因此，按照现行的工资水平对失业的劳动力进行估值，是一个比较好的方法。

三、消费者剩余

消费者愿意支付的数额与其实际支付数额之间的差额就是消费者剩余（consumer surplus）。让我们通过几个例子来了解消费者剩余。

假设某人想购买一些馅饼，他愿意为购买第 1 块馅饼支付 5 元，愿意为购买第 2 块馅饼支付 4 元，依此类推①。但是，馅饼的市场价格为 1.5 元，那么他购买的每一块馅饼所支付的金额都是 1.5 元。那么，他购买第一块馅饼时获得了 3.5 元的剩余（他愿意支付的 5 元减去他实际支付的 1.5 元）；第二块获得了 2.5 元的剩余。按照这种算法，他获得的总消费者剩余为 8 元（3.5 元 + 2.5 元 + 1.5 元 + 0.5 元）。

---

① 由于消费者边际效用是递减的。所以，随着消费量的增加，消费者愿意为单位数量商品所愿意支付的金额也是递减的。

在图 7-2 中，消费者剩余就是补偿性需求曲线以下，价格曲线以上的阴影面积。在一般情况下，补偿性需求曲线和非补偿性需求曲线几乎是相同的，所以，通常消费者剩余可以用需求曲线以下，价格曲线以上的阴影面积来表示。

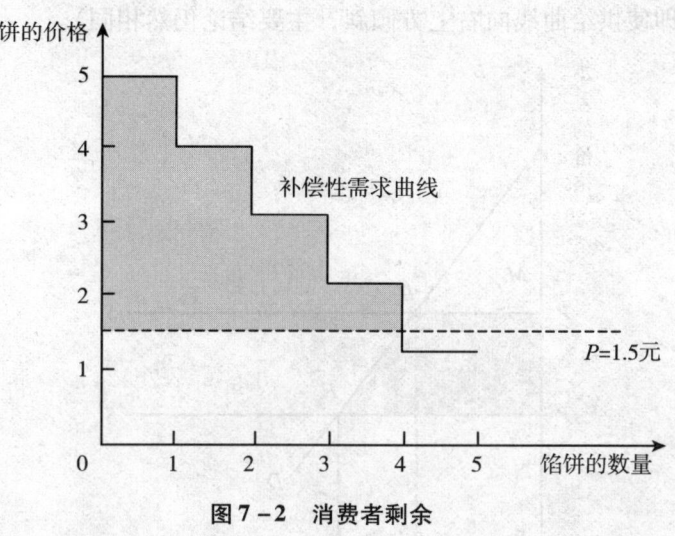

图 7-2 消费者剩余

消费者剩余可以用来衡量公共收益。假如，公共部门修建了一座不收费的桥梁，这座桥梁的价格可以视为从"无穷大"逐渐降至零。这座不收费桥梁给消费者带来的效用就是总消费者剩余，如图 7-3 所示。

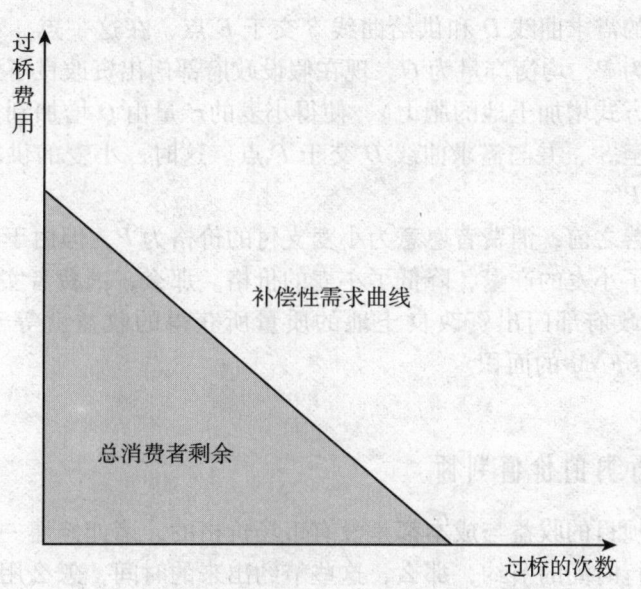

图 7-3 公共部门建造桥梁的收益

图 7-3 中的阴影部分就是总消费者剩余，它计算的是人们愿意为使用桥梁支付的最大值。在现实中，由于这座桥梁是不收费的，所以补偿型需求曲线以下，横轴以上的全部面积就是总消费者剩余。显然，如果消费者剩余小于建造桥梁的成本，那么，就不应该建桥；反之，如果消费者剩余大于建造桥梁的成本，那么，建造这座桥梁就是划算的。

对于更为普通的公共项目而言，情况是否一样呢？

假设某一地区种植小麦，其供给和需求情况如图7-4所示。横轴表示小麦的产量，纵轴表示小麦的价格，曲线 D、S 分别为小麦的需求曲线和供给曲线（为便于分析，将供给曲线设为水平线，即使供给曲线向右上方倾斜，主要结论仍然相同）。

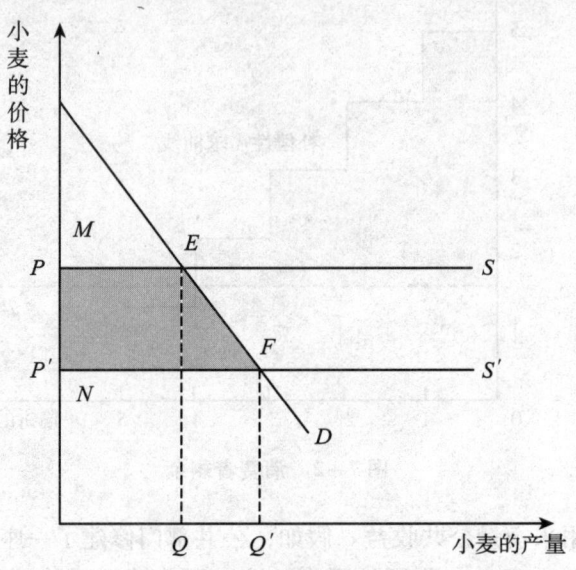

图7-4　产量增加后的消费者剩余

一开始，小麦的需求曲线 D 和供给曲线 S 交于 E 点，在这一点，小麦的供求达到了均衡，这时市场价格为 P，均衡产量为 Q。现在假设政府部门出资改良了这块土地的质量（如通过施肥、灌溉等方式增加土地的肥力），使得小麦的产量由 Q 增加到了 Q'，那么，小麦的供给曲线也就位移至 S'，并与需求曲线 D 交于 F 点。这时，小麦的供求达到了新的均衡状态，且均衡价格为 P'。

在土地质量改善之前，消费者愿意为小麦支付的价格为 P，但由于政府部门出资改良了土地的质量，增加了小麦的产量，降低了小麦的价格。那么，消费者实际为小麦支付的价格为 P'，也就是说，政府部门出资改良土地的质量所获得的收益就等于消费者剩余，即图7-4中的阴影部分 $EFNM$ 的面积。

四、对经济行为的价值判断

公共部门许多项目的收益与成本都是没有市场价格的，诸如修建一条高速公路，其直接收益就是使用者出行时间的节约，那么，这些节约出来的时间，怎么用货币来衡量它们的价值呢？再如，政府部门面临着一项能够挽救很多生命的项目，但是，要实施这个项目可能耗费相当大的成本，那到底应不应该实施这个项目呢？其中的关键就在于怎么对生命的价值进行估算。在实际中，类似的问题很常见。在这里，我们就从时间估值、生命估值这两方面来进行探讨。

（一）时间估值

"时间就是金钱"是每个人都赞同的"真理"，但对于成本—收益分析方法而言，我们必须计算出时间到底值多少钱，才能分析某个项目的可行性。一般来讲，经济学认为可以通过"闲暇—工作"之间的选择来确定时间的价值。一个人可以在到底是享受闲暇（拥有属于自己的时间），还是去工作从而获得收入之间进行选择。也就是说，一个人多放弃一个小时的闲暇，也就多获得了他工作一个小时能够得到的工资。那么，在这种情况下，这个人闲暇（时间）的价值就可以用其税后工资来表示。

但是，这种方法也存在很多问题：首先，如果一个人处于非自愿失业状态，即他愿意接受现行的工资水平，但由于各种原因使得他无法找到能够提供这种工资水平的工作。那这类人对自己闲暇时间的估价就会很低，因此，他们多放弃一个小时的闲暇所要求获得的补偿远比他工作一个小时能够得到的工资要低很多；再次，每个人对时间的估价是不同的。如果一个经过长时间辛劳工作的人，选择通过度假来恢复体力，那么他对于时间的估价就会很低，即不会在意多休闲一个小时而放弃的机会成本。而对于时间比较紧迫的人来说，时间的价值就会很高。①

（二）生命估值

关于生命价值的讨论是成本—收益分析方法关注的热点。在现实中，公共部门的某些项目常常需要面对这一问题。关于如何估价生命的价值很难达成一个共识。但是，经济学家提出了两种估算生命价值的方法。一种是通过计算一个继续活着能够获得收入的数量来估算的；另一种是通过计算一个人需要获得多少额外的收入来补偿死亡概率的增加来估算生命的价值的。

第一，计算损失的收入。这种计算方法认为：如果一个人死亡了，那么他死亡的代价就是如果他还活着且能够获得的收入的现值，也就是他生命的价值。但是，按照这种算法，没有死亡，但失去工作的人的生命是没有价值的，显然，这样的说法是无法令人接受的。

第二，计算能够补偿死亡概率增加的额外收入。在现实中，出租车司机面临的死亡率明显高于中学教师。他们之所以愿意面临更高的死亡概率，是因为他们为了获得更高的工资水平。如果以中学教师的工资水平为准，那么出租车司机收入高于中学教师收入的那部分，就可以用于衡量生命的价值。

五、对无形物品的估值

在现实中，公共部门有些项目的收益与成本是无法估算的。如英法海底隧道的修建，使英法两国获得了很强的荣誉感和自豪感；开展登月计划、宇宙空间计划，是提高声望和国家软实力的重要途径；等等。在估算这些收益与成本时，要赋予他们货币价值是一件非常困难的事情。在某些情况下，无形物品的价值是相当巨大的，这就令使用成本—收益分析来衡量

---

① 也有人根据不同交通方式对于时间估值的影响提出：交通时间的有效成本大约为税前工资率的50%（Small, 1992, pp. 43—45。引自哈维·S·罗森：《财政学》（第六版），中国人民大学出版社2003年版，第219页）。

某个项目的可行性显得不是那么可靠。

诸如登月计划这样的项目，其部分收益和成本是可以估算的，但像提升国家声望和软实力这样的收益，确实无法进行有效估值。假设登月计划可以估算的收益与成本为 B 与 C，无法估算的收益为 X。那么，要实施这一计划，X 就必须大于 $C-B$。经过公共部门的研究与讨论，如果认为无法估算的收益非常大，那么该计划就是可行的。换一个角度来考虑，如果 $C-B$ 的值较小，那就说明花费了较小的成本就可以提升国家声望和软实力，当然，这样的计划是可行的。但是，如果 $C-B$ 是一个庞大的数值，那么，可能就会有人反对该计划的实施。

即使无形物品收益与成本是难以估值的，我们仍然可以利用其他的方法来衡量某个项目的可行性。如我们在前面提到的成本有效性分析。

思考题：
1. 什么是成本—收益分析？它包含哪些基本步骤？
2. 什么是贴现？试根据贴现的公式来举例说明。
3. 什么是社会贴现率？为什么社会贴现率要低于市场收益率？
4. 简述公共收益与成本的估值问题。

第三部分

财政的政治经济学

- 第八章　公共选择理论
- 第九章　财政联邦主义
- 第十章　预算中的政治

第八章 公共选择理论

第一节 公共选择学派概述

一、公共选择学派的产生

公共选择学派（The School of Public choice）是美国20世纪60年代以后逐渐兴起的一个新自由主义经济学流派。因其主要阵地在美国的弗吉尼亚州，故又称弗吉尼亚学派（Feqenia School）。公共选择理论可以定义为对非市场决策的经济研究，或者简单地说，是对政府决策过程的经济分析。公共选择理论（Theory of Public Choice）的主要特征是用经济学的方法来研究广泛的非市场决策的政治问题。在政治学和经济学之间架起一座新的桥梁，为经济科学开辟了新的研究领域。

一般认为，20世纪50年代是公共选择学派的萌芽时期，邓肯·布莱克[①]于1958年发表的《委员会与选举理论》，被看做现代对公共选择理论研究的最近先驱。当然，需要提及，早在19世纪末，瑞典经济学家维克塞尔在他的论文中就提出了公共选择理论基础的全部三个要素：方法论上的个人主义、经济人以及看做交换的政治，布坎南本人也承认，维克塞尔应得到现代公共选择理论的最重要的先驱之称号。但是，促使公共选择学派形成并使影响不断扩大的主要代表人物当属詹姆斯·M·布坎南[②]、戈登·塔洛克[③]两位著名经济学家。

[①] 邓肯·布莱克（Duncan Black, 1908~1991）被认为是公共选择学派的现代开拓者之一，他在1958年出版 *Theory of Committees and Elections*，剑桥大学出版社。

[②] 詹姆斯·M·布坎南（James M Buchanan, 1919~ ）美国公共选择学派最主要的代表人物和创始者。他1919年出生于美国田纳西州，1940年毕业于田纳西中部大学，1941年获硕士学位。第二次世界大战期间，曾在海军服役5年，退役后进入芝加哥大学从事研究工作，这项工作使他1948年获得博士学位。1949年他返回田纳西大学任教，开始其学术生涯。1956~1968年在弗吉尼亚大学担任经济学教授并掌管托马斯·杰斐逊政治经济学和社会哲学研究中心，1968~1969年，担任洛杉矶加利佛尼亚大学经济学教授，他于1969年成为布莱克斯堡的弗吉尼亚大学教授，在该校他伙同戈登·塔洛克创办并领导公共选择研究中心。1982年该中心迁往哥伦比亚特区华盛顿附近的弗吉尼亚州乔治·梅森大学，此后布坎南一直在该处工作。
布坎南还担任过美国南部经济协会会长（1963年）、美国经济协会会长（1972年）、美国西部经济协会副会长（1982年）等职。1986年布坎南教授因对政治决策理论与公共经济学所做的开拓性贡献而荣获诺贝尔经济学奖。1962年，布坎南与公共选择学派的另一名重要代表人物戈登·塔洛克（Gordon Tulloch 1922~ ）写了一本名为《同意的计算：宪法民主的逻辑基础》，标志着公共选择学派的形成。

[③] 戈登·塔洛克，1922年出生于美国伊利诺伊州，1947年、1949~1951年、1951~1952年先后获芝加哥大学、耶鲁大学、康奈尔大学的法学博士学位。1947~1956年曾在美国国务院驻外机构任职，1959~1962年在南卡罗来纳大学任教，1962~1967年任弗吉尼亚大学助理教授，1967~1968年任赖斯大学经济学教授，1968年以后任弗吉尼亚大学工业学院和州立大学经济学教授。在公职方面，他1956年曾任公共选择学会会长，1980年任美国南部经济协会会长。1998年荣获美国经济协会"杰出会员"奖。

1957年，布坎南与美国学者沃伦·纳特在美国弗吉尼亚州弗吉尼亚大学成立托马斯·杰斐逊政治经济学和社会哲学研究中心，开始有目的地研究政治经济学和社会学等问题；1963年，布坎南与塔洛克在弗吉尼亚州的夏洛茨维尔又创立"非市场决策制定委员会"，开始对非市场决策理论的研究。1968年，"非市场决策制定委员会"改名为"公共选择协会"，并正式出版《公共选择》杂志，促进了公共选择理论的迅猛发展。

　　由于20世纪60年代凯恩斯理论处于绝对主流经济学地位，公共选择理论在早期的研究受到很多磨难，这主要是因为公共选择理论的观点与当时经济学的主流观点差别太大，布坎南与塔洛克的学术研究成果甚至被校方视为异端学说，1968年，布坎南与塔洛克被迫离开弗吉尼亚大学，托马斯·杰斐逊政治经济学和社会哲学研究中心因而自动解散。1969年，布坎南与塔洛克相聚弗吉尼亚州的弗吉尼亚理工学院，在公共选择协会的基础上，又成立了公共选择研究中心。此后，公共选择理论影响日益扩大，同时使公共选择理论传播到欧洲和日本。

　　应当说，20世纪60年代是公共选择学派发展成型的阶段。特别是1962年，布坎南和塔洛克出版了《同意的计算：宪法民主的逻辑基础》一书，为现代公共选择理论奠定了坚实的基础，被认为是公共选择学派形成的标志。布坎南和塔洛克在书中主张恢复政治经济学研究，在经济研究上回归到古典学派，去分析规则和制度对经济的影响，把政治因素纳入经济分析之中。

　　20世纪80年代和90年代，公共选择理论得到迅猛发展，越来越多的人受到公共选择理论的影响。1983年，布坎南转任弗吉尼亚州乔治·梅森大学的经济学教授，公共选择研究中心也从弗吉尼亚理工学院转移到乔治·梅森大学。这一段时间里，公共选择理论吸引了越来越多的学者来研究它，受到社会各界广泛的重视。尤其是公共选择学派的主要代表人物布坎南于1986年获诺贝尔经济学奖，更使公共选择理论名声大噪。现在，几乎所有的经济学教科书在分析财政政策、分析市场失灵与政府失灵时，都应用公共选择理论。在公共财政理论或公共经济学教科书中，更是长篇大论地介绍公共选择理论。[①]

二、公共选择理论的含义

　　人们对政府行为的关心在两个层面上：第一层面，政府作出了什么样的决策；第二层面，决策是怎样制定的。

　　公共选择理论就是用研究经济的一系列方法来分析和研究政府的政策制定过程，研究在既定的社会公众的偏好和政治程序下，政府政策是怎样制定出来的，以及如何改革政治程序，以改进决策的效率。所以，公共选择理论是对非市场决策的经济研究，或者说经济学在政治决策中的应用。

　　经济学在政治决策中的应用，主要体现在将"经济人"的概念和分析方法引入政治决策领域。公共选择理论最基本的概念就是"经济人"假设。

---

① 文建东著：《公共选择学派》，武汉出版社1996年版，第1~3页。

三、"经济人"的含义——理性的自利主义者

公共选择理论也以"自利"为出发点来解释人们的行为,这一点与经济理论分析是一样的。人是理性的自利主义者,包括两层意思:一是在行动选择上,人是理性的,能够最充分地利用他所得到的、关心所处环境的信息,诸如价格、品质等来最大化自身利益,人的理性行为可以使他以追求最大利益为动机。二是指无论对消费者或生产者还是某一政治团体的领袖来说,他的行为都是自利的,时刻关心的是他的个人利益。这种理性的自利主义者,就是公共选择理论中假设的"经济人"。

"经济人"的行为在竞争有序的市场机制下,可以增进社会福利。而竞争有序要具备两个条件:第一,容许自利并保护个人自利的权利,使每一个经济人都有足够的积极性去努力工作。第二,完善的竞争性市场结构(完善的竞争性市场结构是能够排除寻租行为的),又反过来约束人们,使人们的自利动机只能在一定限度内发挥作用,而不能发展到损人利己的地步。

市场机制和个人的自利与理性行为相结合,能促使社会福利的增进。关于这个观点,古典经济学派的主要代表亚当·斯密认为:"作为生产者,每个人力图应用他的资本来使他所生产的产品得到最大的价值(利润),在主观上他并不企图增进公共福利,也无法感知他所增进的公共福利有多少,他所追求的仅仅是他个人的安乐、个人的利益。由于追逐自身利益,他常无意识地增进了社会福利,这种无意识的效果,要比他真正想(主动)促进社会利益时得到的效果要大得多。"[①]

公共选择学派把"经济人"作为他们分析政府决策过程的出发点,这样就把政府决策过程视为经济学上的交易过程。作为经济上的交易市场,是由需求方与供给方组成的一个交易结构,供求双方经过讨价还价最后在双方均满意的价格和数量水平上达成交易。与经济交易相类似,政治市场也是由供求双方组成,需求方是选民与纳税者,供给者是政治家和政府官员,通过举手选举来完成公共物品配置。

四、公共选择理论与经济市场理论的相似之处

公共选择理论与经济市场理论的相似之处,主要表现在以下几个方面:

(一)作出与一般经济理论相同的各种行为假定

公共选择理论的"经济人"假设,实际上是把市场经济理论中的"经济人"假设引入到公共选择理论中来,在非市场选择中,人们的行为选择与人们在市场经济条件下一样,都是以实现个人利益最大化为原则。

(二)对个人偏好作出类似于市场的描述

在经济市场上,消费者喜欢什么商品,就可以买什么商品;在政治市场中,投票人偏好

---

① [英]亚当·斯密著:《国民财富的性质和原因的研究》(下册),商务印书馆1994年版,第254页。

某项公共项目，就投这个项目的票。

（三）提出和传统经济理论一样的问题

在经济市场上，人们往往会涉及商品的价格、消费偏好、资源配置是否符合效率和公平的目标等问题。与此类似，在政治决策市场上，人们也提出类似的问题。

五、政治市场和经济市场的差异

（一）确定性程度不同

私人经济市场的选择行为和选择结果，存在一对一的关系，个人行为选择与选择结果有直接联系；而在政治市场上，个人参与选择，但最终决策结果通常不是由某个人决定，而是集体来决定，个人选择与选择结果不尽一致。

（二）偏好体系不同

公共选择理论认为，在民主制度下的政治市场上，公共物品的产量通过投票决定，生产费用由投票人缴纳税收弥补，个人支付税收与单个公共物品的消费不存在一对一的关系，个人选择与结果没必然的、直接的联系，这里只存在总的税收与总的公共开支的对应关系，即一揽子公共物品间的整体联系。政府试图将各种不同的投票者的偏好综合为统一的社会偏好，但这种偏好不可能同时符合所有个人的偏好。在私人产品市场上，个人对私人产品的决策只涉及他自己的偏好，个人偏好与选择结果是完全一致的，不会有偏好受到压抑的可能。

（三）偏好表达的方式不同

在私人经济市场上，个人偏好是用货币来表达的，即按市场交易规则用货币数量决定自己所需的私人物品；而在政治市场上，个人偏好是通过投票来表达的，即按政治程序投票决定公共物品的产量，或者是直接决定，或者是选出代表代为决定。

（四）在政治市场上，个人偏好有可能被隐瞒

其原因在于：（1）由于某投票人表露偏好对决策结果影响很小，该投票者没有强烈表示偏好的动机。（2）公共产品受益的非排他性。如果政府提供公共产品的成本是根据个人偏好不同而分摊的话，人们就会隐瞒或歪曲地显示自己的偏好，以避免或减少成本的负担，同时又享受同样的利益。即公共产品的非排他性。

（五）强制性程度不同

在私人经济市场上，个人用货币购买物品，可以完全表达个人的意愿，没有强制。而在政治市场上，政府在进行决策时，决策结果是集体作出的，当某个人不满意时也得遵照执行，具有强制性。所以，在政治决策过程中，公共选择带有一定的强制性，投票人要遵守少数服从多数的原则，接受他们不喜欢的公共物品，支付他不情愿支付的税收，其结果是，投票人在他消费的一揽子公共产品当中，他消费的公共产品与所需要的量相比过多或过少。

六、公共选择理论研究的方法论

(一) 个人主义的方法论

尽管公共选择理论研究政治决策过程，政治决策过程是集体选择行为，但公共选择理论采取个人主义的分析方法，把个人看成是评价、选择与行动的最基本单位，因而也是公共选择理论要分析的基本单位。公共选择理论把政府也人格化，纳入分析视野。从方法论看，集体变成一个个体，即使分析复杂问题也会变得简单许多。

公共选择学派认为，人类的一切行为，无论是政治行为还是经济行为，都应从个体的角度去寻找原因，因为个体是组成群体的基本细胞，个体行为的集合构成了集体行为。公共选择要分析的就是个人的偏好、决策、选择与行动，在一个既定的组织构成制度结构中，是怎样产生某种复杂的特定总体后果的。

(二) 人的经济学

人的经济学认为，作为一个人，无论他处于什么地位，人的本性都是一样的，都是追求个人的利益，满足极大化个人的利益是人的最基本的动机。

"经济人"的假设反映了人类行为的基本特点，是社会中所有个体的统计特征。

政治决策程序有三种：(1) 直接民主决策，即公共决策通过所有选民每人一票的方式来决定，每一个人的决策权利相等。(2) 集中决策，即由某些人或某个人代替公众进行公共决策，其他人没有决策权利。(3) 间接民主决策，即由全体选民通过投票产生一定数量的代表，并由这些代表代替全体选民作出公共决策，这是一种直接民主决策与集中决策相结合的决策形式。

第二节 直接民主制度下的公共选择问题

一、一致同意规则

一致同意原则也称全票通过原则，是指一项集体行动方案，只有在所有参与者都同意，或者至少没有任何一个人反对的前提下，才能通过的一种表决方式。例如，联合国安理会的决议，任何决议的实施都必须事先得到安理会五个常任理事国——美、俄、英、法、中的一致同意（这里的同意可指不反对）。如果有一个理事国反对，就意味着议案被否决。1990年海湾战争爆发时，联合国安理会就是否出兵干涉进行投票表决，结果以四票赞同，一票弃权（不同意，但也不反对）而获得一致通过。

一致同意的达成，给经济学家们所提出的特殊命题的有效性提供了检验，一般应在立宪层次上选择一致同意原则，在绝大多数的投票中，选择多数票原则来运作，是相当理性的。一致同意原则有利也有弊，它的特点可以归纳为以下几个方面：

第一，全票通过原则所产生的决策结果必定是一种帕累托改进。这一点容易理解。如果这一方案使某人或某些人的境况变糟，那么，这一方案必定会有人反对，因而不被通过。方案被通过必定意味着全体的福利境况得到改善，至少没有人受到损失。

第二，每个个体都有很强的意愿去表达真正的个人偏好。这是因为任何成员都不能把自己的意愿强加给他人，也不能将自身的利益凌驾于他人的利益之上，所有成员的权益能绝对地保障。

第三，可以避免"免费搭车"行为的发生。在一致同意原则下，每个投票人都可以根据自己的意愿来选择，他的行为选择至少不会使他的利益受损。如果某个方案的投票，出现别人不付任何代价地从中获利，就至少会损害另一些人的利益，另一些人的利益受损，这些人就会投票否决，哪怕是他们当中的一个人。所以，如果投票按全票一致通过原则，则没有一个可以不付任何代价从中受益，"免费搭车"问题得到有效解决。

第四，一致同意原则的效率是低下的。在现实生活中，要同时获得以上三个方面的成效非常困难。如果投票人足够地多，他们的偏好和利益呈现多元化状态，按一致同意原则来投票的话，可能事先要做非常复杂的协商工作，投票过程才可能取得均衡的结果。因为它要求人们多次进行投票，耗费大量的人力、物力和财力，才可能了解人们的偏好，这当然会延误决策时间，错过决策机会。所以，尽管一致同意原则有它的优点，但由于它效率太低，投票成本太高，以致人们只在很少的场合使用这一原则来投票。

二、多数票通过原则

在直接民主决策中，全体一致原则由于上述原因，一般不大采用，而最常见的是多数票通过原则。多数票的含义有两种：简单多数（1/2 以上的投票者赞同）和 2/3 多数。一般情况下，比较不重要的方案用简单多数即可。重要的方案须得到至少 2/3 选民的同意。

多数票决策避免了全体一致原则下可能出现的一个决策也作不出的尴尬局面，也比全体一致决策大大降低了成本。因此，在实际生活中，绝大多数的决策都使用这一原则投票。

利用多数票通过原则进行决策，如要实现均衡，须满足下列条件：（1）投票者具有单峰形偏好（Single-peaked-preference）。即投票者可以将付诸表决的不同方案加以排序，只出现一个极值（峰）。（2）付诸表决的方案是两两进行投票表决的，以获胜次数最多的方案为最后的决策。

为了理解单峰形偏好，先了解什么是单峰状态？单峰状态是指个体的偏好排列如同一座只有一个顶峰的高山一样，它只有最多一个上坡面和最多一个下坡面，而不能像群山那样起伏不断，不能呈先下后上之形状。图 8-1（a）、(b)、(c) 为单峰形的情况，图 8-1（d）为双峰形。

这里再给出更为规范的单峰偏好定义[①]：令 Y 和 Z 是 X 维度上的两点，使 $Y, Z \geq X_i^*$ 或者 $Y, Z \leq X_i^*$，那么，投票者 i 的偏好是单峰的，当且仅当 $[U_i(Y) > U_i(X)] \longleftrightarrow [|Y - X_i^*|] < [|Z - X_i^*|]$，这里 $U_i(Y)$ 和 $U_i(X)$ 表示 i 对 Y 和 X 的偏好。换言之，单峰偏好的定义，如果 Y 和 X 都在 X_i^* 的同一边，那么与相比 i 更偏爱 Y，当且仅当 Y 比 Z 更靠

---

① ［美］丹尼斯·C·缪勒著：《公共选择理论》，中国社会科学出版社 1999 年版，第 83 页。

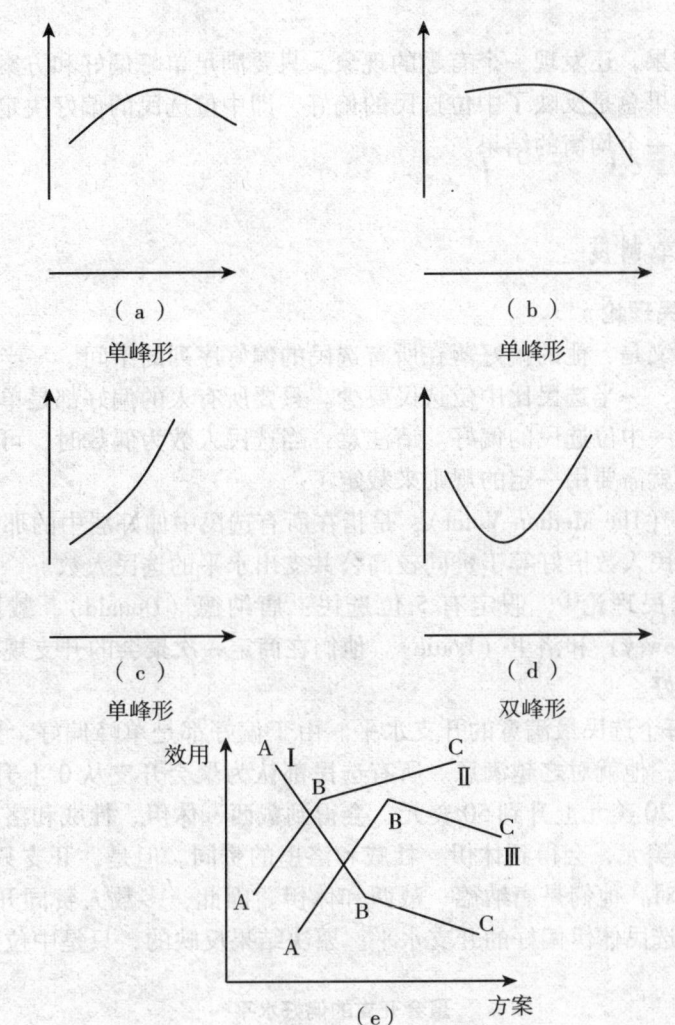

图 8-1

近 X_i^*。

现在举一个例子说明,为什么满足以上条件,多数规则会产生一个均衡结果。为简单起见,但不失一般性,现有三个投票人Ⅰ,Ⅱ,Ⅲ,三个方案A、B和C。

投票人Ⅰ的偏好排序:A>B>C。

投票人Ⅱ的偏好排序:C>B>A。

投票人Ⅲ的偏好排序:B>C>A。三人偏好排序情况如图8-1(e)所示。

由图8-1(e)可以看出,这三人的偏好都是单峰的,Ⅰ、Ⅱ、Ⅲ三人的极值(峰值)分别为A、C、B。

根据多数票投票原则,就A、B表决,Ⅱ,Ⅲ都认为B优于A,于是投B的票,只有Ⅰ投A的票,因此,B获胜。同理,就B、C表决,Ⅰ、Ⅲ投B,B胜。就A,C表决,Ⅱ、Ⅲ投C,C胜。

由于在三场投票中,B获胜两场,最终选B,B的获胜与投票顺序无关,因而B获胜的结果是均衡的。

从以上投票结果，还发现一个有趣的现象，只要满足单峰偏好和方案两两对决这两个条件，投票的最终结果总是反映了中位选民的偏好，即中位选民的偏好决定了投票结果，多数票通过必然会产生一个均衡的结果。

三、登记选举制度

（一）中位选民理论

中位选民的定义是，他的偏好落在所有选民的偏好序列的中间。一半选民对该物品的需求比中位选民要多，一半选民比中位选民要少。只要所有人的偏好都是单极值的，多数裁定的结果必然反映这一中位选民的偏好。请注意：当选民人数为偶数时，可能出现两个选民票数相同的结果，这就需要用一定的规则来裁定了。

所谓中位选民（The Median Voter），是指在所有选民中偏好居中的那个选民，赞成较低公共支出水平的选民人数恰好等于赞同较高公共支出水平的选民人数。

为说明中位选民理论①，假定有 5 位选民：唐纳德（Donald）、戴西（Daisy）、休伊（Huey）、杜威（Dewey）和洛里（Louie）。他们在商定一次聚会的开支规模，每个人对聚会的规模具有单峰偏好。

表 8-1 给出每个选民最满意的开支水平。由于偏好都是单峰偏好，即开支水平离某个选民的极值点越近，他就对之越满意。所有选民都认为聚会开支从 0 上升到 20 美元，要比不开支好一些。从 20 美元上升到 50 美元，会得到戴西、休伊、杜威和洛里的赞同；开支从 80 美元上升到 100 美元，会得到休伊、杜威和洛里的赞同。但是，开支只要超过 100 美元，至少有 3 位选民反对，他们是唐纳德、戴西和休伊。因此，多数人赞同开支 80 美元。但这个数字正好是中位选民休伊偏好的开支水平。票决结果反映的，只是中位选民的偏好。

表 8-1 聚会开支的偏好水平

选 民	开支（美元）
唐纳德	10
戴 西	50
休 伊	80
杜 威	100
洛 里	150

资料来源：曾康华著：《西方财税理论研究》，中国财政经济出版社 2007 年版。

显然，当所有偏好是单峰时，多数票通过原则可以产生均衡结果，而且，这样选出的结果刚好反映了中位选民的偏好。但是，当所有选民的偏好并不都是单极值时，就可能产生不了均衡结果。

---

① ［美］哈维·S·罗森著：《财政学》，中国财政经济出版社 1992 年版，第 115~124 页。

(二) 中位选民理论在计量经济学的应用①

假定现有一个社区，公共物品量为（G），每单位公共物品的相对价格为（P），中位选民的收入为（I）。如何通过 P 和 I 决定 G 呢？如果能找到一组 P 和 I 对 G 的一组数据，就可建立一个回归方程，其中公共物品的数量是被解释变量，P 和 I 为解释变量。公共物品 G 需求对价格 P 和收入变化的反映程度 I 就可分别从 P 和 I 的系数中推导出来。

要建立这样的回归模型有几点需要注意。首先是公共物品价格的计量。设 P 为中位选民所购买的边际单位 G 所付出的费用。P 的大小取决于购买一边际单位 G 所需的资源成本以及中位选民必须支付的资源成本部分。而中位选民必须支付的成本部分又取决于该社会的税收方式。例如，假定政府只通过对住宅征收比例税而取得全部收入来配置 G。如果中位选民的房子的价值为 V，税率为 t，那么，他的税负即为 tV。他的税款占全社会税款的份额为 tV/tV^*，V^* 代表全社会所有房屋的总价值。t 可以消掉。因而中位选民负担的资源成本，可以简化为他的房子的价值与全社会所有房屋的总价值之比率。因此，有关税收制度资料加上全社会的公共物品的资源成本的资料，可以用来确定 P。

其次是数据来源并不能准确判定，谁是对公共物品偏好程度适中的中位选民，因而，也无法知道他的收入。一种解决办法是，假定社区的中位收入也是中位选民的收入。但这样假定，并不总是对的。一般而言，穷人对公共教育的需求相对低些，而且随着他们的收入增加，这一需求也在增加。假定人们的收入变得很高后，他们就会把子女送到私立学校，因而对公共教育的需求随收入的增加而下降。因此，高收入和低收入者对公共教育的需求都相对低些，中位收入者对公共教育的需求可能高于教育有中位偏好的人的需求。

四、多数票决策的困境

根据多数票原则投票，如果投票人中有双峰偏好，还会得到均衡的结果吗？为了说明这个问题，还利用上面给的例子，不过现在假定：Ⅰ、Ⅲ的偏好次序不变，仍分别是 A>B>C 和 B>C>A，而Ⅱ的评价修改为 C>A>B。则，Ⅰ、Ⅲ是单峰形的，Ⅱ的双峰形的。

先就 A、B 投票，Ⅰ、Ⅱ都投 A 的票，Ⅲ投 B 的票，A 获多数，A 胜；
再就 B、C 投票，Ⅰ、Ⅲ都投 B 的票，Ⅱ投 C 的票，B 获多数，B 胜；
最后就 A、C 投票，Ⅱ、Ⅲ都投 C 的票，Ⅰ投 A 的票，C 获多数，C 胜。

三场投票，每一场都有一个不同的胜者，社会的选择出现了一种不合逻辑的现象：A>B，B>C，C>A，这种情况被称为循环投票（Cyclical voting）（见图 8-2）。

从以上分析可以得出结论：如果偏好存在多峰形，投票表决就没有稳定结果。

再用前面举的例子，即，Ⅰ的偏好为 A>B>C；Ⅱ的偏好为 C>A>B；Ⅲ的偏好 B>C>A。在此确定一个投票次序，即先就 A、B 进行表决，胜者与 C 进行比较。结果是：A 与 B 进行表决，A 胜；A 与 C 进行比较，C 胜（见图 8-3）。

在既定投票顺序下，淘汰制投票将能出现唯一稳定的结果。但投票顺序改变一下的话，将会出现其他结果。比如（乙），如果我们就 A、C 投票，胜者与 B 对决，胜者将是 B。

---

① [美] 哈维·S·罗森著：《财政学》，中国财政经济出版社 1992 年版，第 116~117 页。

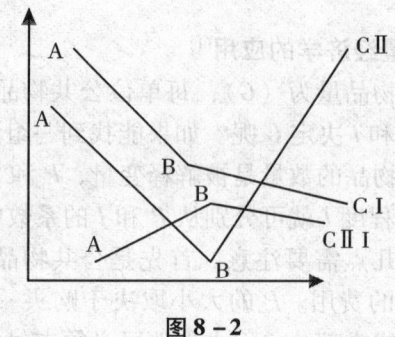

图 8－2

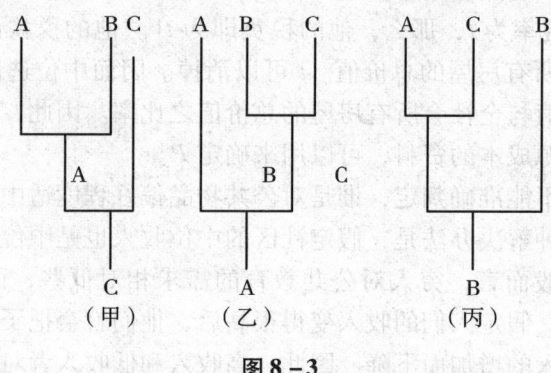

图 8－3

民主投票的结果取决于投票顺序，而投票顺序的确定又是主观的、独断的。难怪投票程序经常被操纵，以期得出符合投票顺序确定者意愿的结果。

在这种情况下，如果投票者在事先知道了别人的偏好，为了避免自己最不满意的结果出现，会有意歪曲自己的偏好（不诚实投票）。

在上两例中，（丙）的情况是：每一个人诚实投票，将会出现 B 胜的结果。而 B 胜是 Ⅱ 所最不愿意见到的结果。

如果 Ⅱ 知道 Ⅰ、Ⅲ 两人的偏好顺序，为了避免 A 的出现，第一轮投票表决 A、C 时，歪曲自己的偏好，不投 C 而投 A 的票，由于 Ⅰ 也投 A 的票，这样第一轮获胜的将是 A 而不是 C；第二轮，A、B 对决，各人都诚实投票，获胜的仍为 A，这样 B 的决策结果就被避免了。

可见，只要有人知道按真实偏好投票会出现最不利于自己的结果，并且知道别人的偏好时，就会隐瞒、歪曲自己的偏好，以避免最坏结果的出现。

如上所述，多数决策如果不能满足单峰形偏好的条件，将会出现各种各样的问题，这些问题统称为投票决策困境（The Voting Paradox）。

五、互商投票制

多数票通过原则的存在的问题是，无法使人们表达他们对某事的偏好程度。这样，就会诱使投票人之间作选票交易，互投赞成票，从而投票人各自的愿望都得以实现，这就是互商投票制（Logrolling）。

举一个例子来说明互商投票制。假定有三个项目：敬老院、公共图书馆和足球场，为简便起见，假设该社会只有三位选民Ⅰ、Ⅱ和Ⅲ。表8-2给出了每个项目的福利情况。

表8-2　　　　　　　　　　　　互商投票制可增进福利

项　目	选　民			总净福利
	Ⅰ	Ⅱ	Ⅲ	
敬老院	400	-100	-110	190
公共图书馆	-80	300	-60	160
足球场	-240	-120	800	440

资料来源：曾康华著：《西方财税理论研究》，中国财政经济出版社2007年版。

从表8-2可以看出，就全社会而言，实施哪个项目都会使社会受益，但是，如果对一个项目进行一次表决，那么结果会是怎样呢？选民Ⅰ将投票赞同建敬老院，因为建敬老院他来说非常重要，福利是正的。但选民Ⅱ和Ⅲ都会投反对票，因为建医院对他们来说福利是负的。根据多数票通过原则，对是否建敬老院进行投票，结果被否定。同理，若对建公共图书馆和足球场也不能通过。所以，尽管这三个项目的净福利为正，但按多数票通过原则投票，没有一个项目能被通过。

如果选民Ⅰ特别盼望修建敬老院，他能不能实现愿望呢？选票交易可以帮他实现这个愿望。假定选民Ⅰ与选民Ⅱ达成如下交易：选民Ⅰ投票赞同建公共图书馆。选民Ⅰ通过这一交易可得到净福利320，选民Ⅱ可得到净福利200，因两人各得其所，于是拍板成交。敬老院和图书馆因而得以修建。同理，选民Ⅰ和选民Ⅲ也可以做交易，以支持建足球场来换取选民Ⅲ对建敬老院的赞同。因而，互商投票使三个项目都得以通过，结果是令人满意的。

当然，互商投票制也可以导致不合人意的结局，可由一个数字来说明，见表8-3。

表8-3　　　　　　　　　　　　互商投票制可降低福利

项　目	选　民			总净福利
	Ⅰ	Ⅱ	Ⅲ	
敬老院	400	-200	-210	-10
公共图书馆	-80	300	-235	-15
足球场	-485	-300	800	-15

资料来源：曾康华著：《西方财税理论研究》，中国财政经济出版社2007年版。

如用是否增进社会福利的标准来判断，因每个项目的净福利均为负值，每个项目都应被否决。但在互商投票的情况下，某个或所有这些无效率项目会被通过。假定选民Ⅰ为使选民Ⅱ投票赞同建敬老院的票而支持建公共图书馆。在选民Ⅰ和选民Ⅱ的相互支持下，两个项目都得以通过。同理，选民Ⅱ和选民Ⅲ可以在足球场和公共图书馆上做交易，从而使这两个项目得以通过。

六、阿罗不可能定理

根据前面的分析，多数投票原则和互商投票制都存在缺陷。从而引出一个重要问题来，即是否有任何伦理上可以接受的方法，将个人偏好转换为集体偏好而能避开这些问题。阿罗认为，在民主社会中，一个集体决策规则应能符合下述标准①。

第一，无论选民的偏好是什么，最后都能得出结果。例如，如果某些选民的偏好是多极的，决策程序也能起作用。

第二，它必须能按次序列出一切可能的结果。

第三，它必须对个人偏好作出反应，具体地说，如果每个人都选 A 而不选 B，那么，整个社会的排序也必须是 A 而不选 B。

第四，它必须前后一致。也就是说，如果在 A 与 B 之间选择，A 胜，在 B 与 C 之间选择，B 胜，那么，A 必然要胜于 C。

第五，社会对 A 和 B 的排序只取决于个人对 A 和 B 的排序。

第六，个人专制不予考虑。社会偏好绝不应反映单个人的偏好。

总的看来，这些标准是相当合理的。但阿罗分析中的一个重要结论是，一般来说，无法找到一个符合所有这些标准的投票规则。这就是阿罗不可能定理。

换句话说，在民主社会里，能否找到一种投票程序，它所产生的结果不受投票顺序的影响，同时又尊重每一个人的偏好，能将所有人偏好变为一种社会偏好，作出前后一致的决策呢？诺贝尔经济学奖获得者肯尼思·阿罗的研究证明，这是不可能的。这就是阿罗不可能定理（Arrow's Impossibility Theorem）。

第三节　代议民主制度下的公共选择问题

一、被选举的政治家的作用

公共选择理论认为，从个人角度出发，政治家的目标是当选或连任，需要争取选民的投票。作为政治家的个人来说，要争取选民的投票，这促使政治家按大多数选民的意愿作出公共决策。政治家如何去满足大多数选民的意愿呢？

（一）偏爱公债甚于税收

在收入政策方面，政治家倾向用发行的公债来代替税收。这是因为：增税会减少选民收入，引起选民的不满。而发债，并不强制性地减少选民的收入，虽然最终靠增税偿债，但负担是由未来选民负担。政治家倾向少收税并不是税收不会增加，也不否认在间接民主体制中

---

① ［美］哈维·S·罗森著：《财政学》，中国财政经济出版社 1992 年版，第 122 页。

社会的税收负担会达到相当沉重的程度,"少收税"只是相对于支持现有规模的公共项目支出而言,税收无法满足需要。

(二) 倾向扩大开支

在支出政策方面,政治家将倾向于扩大开支。原因在于:(1) 每一公共项目都与一定社会群体利益相关,违背这一群体的愿望,将失去选票。(2) 管理者会利用信息优势影响政治家决策,而管理者的行为目标是本部门规模的最大化。(3) 公共支出的规模越大,政府能干的事就越多,就越能突出本届政府的政绩。

如果上述行为成为事实的话,那么,在实践上将表现为政府支出与公债占国民生产总值的比重不断上升。

每一届政府不愿意增加税收,但又愿意多花钱,而且把还债的任务留给下一届政府承担,这种趋势如果继续下去,将会引发一系列的经济问题,如通货膨胀、经济运行效率下降等问题。

二、政府雇员的作用

虽然管理者接受政治家的指令,其职责是贯彻执行既定的方针政策,但他们仍具有一定的独立性。

(一) 独立性

管理工作具有较强技术性,不能像政治家那样经常更换,否则将使工作停顿或脱节。如市政工程、环境保护、公共教育、公共卫生、社会保障等方面都需要有相对稳定、熟悉本行业的专家来进行管理和实施。为了保证公共管理工作不受政治家变化的干扰,一些国家甚至规定公共管理者不得解雇,以避免"一朝天子一朝臣"的情况出现。管理者一般来说是相对稳定的,他的工作具有一定的独立性,有些工作可以依据他的偏好来做。

(二) 部分决策权

尽管管理者的职责是执行命令,但一项指令不可能规定实施过程中的所有细节,管理者总是在不同程度上拥有自行决策的权力。

(三) 对政治家决策的影响

政治家的决策需要信息,公共项目需求方面的信息来自选民,而供给和成本方面的信息则依赖于管理者。因为管理者直接参与各项具体业务,他对实际情况了解更多,更仔细。管理者不是仅仅处在单纯接受指令的地位上,他还对政治家的决策产生重要影响。

三、特殊利益集团

特殊利益集团是指任何一个力图影响公共政策的组织,这种组织是由少数有共同利益,特别是有共同经济利益的投票人组成的。特殊利益集团在政治过程中的活动及其重要性,既不独立于政府预算的总规模,也不独立于这种预算的组成。特殊利益集团的活动主要是进行政治游说,力争通过有利于自己的立法和政策。显然,对于集团而言,游说结果是一项公共物品,有利于集团内的所有成员;对于社会而言,游说是一个私人物品,只利于集团。

特殊利益集团形成的基础有:共同的收入来源,相同的收入水平,相同的行业,同一地区,以及相同的人口统计学的特征,如年龄、性别等。在这些基础上划分的选民,也具有共同的经济利益。一般而言,利益相同的选民人数越少,利益所受影响越大,则越容易形成联盟。

特殊利益集团的力量很大,这表现在他们总能左右议案的表决,通过有利于自己的议案。他们和当选议员、任命官员形成一个"铁三角":议员批准一既定项目,官僚实施这一项目,特殊利益集团则从中获益。特殊利益集团具有或取得这种力量的主要方式有:第一,为缺乏信息的选民免费提供信息,竭力鼓动他们支持自己;第二,向政治家或议员们游说,提供他们所缺乏的专业技术信息;第三,给予议员们政治资助,鼓动他们批准有利于特殊利益集团的议案,并把它混杂在一揽子政策之中以防被识破;第四,与其他特殊利益集团相互捧场,互投赞成票。特殊利益集团的这些做法获得成功的原因在于:一般选民掌握信息不完全,不知道这些议案将会带给自己何种损失,况且这种损失很分散,即使识破了这些议案的实质,众多的选民也难以联合起来予以反击。

四、特殊利益集团的种类

特殊利益集团可以分为三类:特权集团、中级集团和潜在集团。在特权集团中,至少某些成员,甚至每一个成员,都有动机保证集体物品得以提供,即使自己承受全部成本也在所不惜。特权集团一般规模比较小,当然也不尽然。

在中级集团中,没有一个成员能从集团公共物品中获得足够多的收益以刺激自己单独提供公共物品,而且每个成员都能相互注意对方的行为,能识别他人是否为公共物品的提供尽力。在这种集团中,公共物品既有可能提供出来,也同样可能得不到生产;如果生产出来,那就一定是合作生产或集体生产,不可能由某一个人单独生产;这种集团的公共物品之所以能够生产出来,是因为每一个成员互相监督着对方的行为,通过威胁、允诺而达成由条件的合作。

但是,现实中大量的集团属于潜在集团,这类集团的特点是:集团规模较大,因而不能提供任何刺激以促使个人参与生产公共物品或承担公共物品生产的成本。在这种集团中,由于成员很多,一个人是否对公共物品的生产做出贡献,他人既不会注意到,更不会作出反应,因而每个人都不愿提供或参与提供公共物品。事实上,潜在的集团很可能根本就不存在,例如失业者、白领工人等。这类集团成员存在共同的利益尤其是经济利益,他们有着组织成一个集团进行政治游说活动的潜在可能性。至于这种可能性能否实现,则要取决于种种条件。

有些潜在集团确实存在着,这可能是有一些因素促使它由潜在变为现实,有些集团是由政府出面设置的,如美国农场局。但更多的潜在集团的存在,则是因为存在着"选择性刺激",促使潜在集团的成员按照由集团导向的方式行动,对集团活动作出贡献。

潜在集团的初衷绝不是进行政治游说,因而不是组成利益集团。这是因为游说活动对利益集团而言是一项纯公共物品，不存在排他性，不可能由选择性刺激，故在游说问题上集团成员存在免费搭车行为，潜在集团难以根据共同利益形成利益集团。但是，当潜在集团因为其他目的而成立时，游说活动也就附带产生。这表明，潜在集团往往要实现包括游说活动在内的种种目的，其中游说活动只是集团实现其他目的时的一个副产品，只有当潜在集团完成其他功能时也顺便进行政治游说，这个潜在集团才是利益集团。因此，这种潜在的利益集团是作为追求其他目的的组织的附属活动而存在的。例如工会的主要目的是增强与资方抗衡的力量以提高个人的工资，这种工会不是利益集团；当工会组织起来后，它们也就顺便进行院外游说活动，这时工会才是利益集团。实际上，潜在利益集团既完成着游说功能，也完成着社会功能。

第四节 政府规模

一、政府规模的衡量

在西方国家，人们衡量政府规模，存在多种的标准，一个常用的标准是公共部门的雇员数。即政府雇员人数越多，政府规模就越大；反之，政府规模就越小。但是，根据政府雇员的多少来判断政府规模的大小，可能会出现错误。设想有一个国家，该国是由少数公共雇员通过巨型计算机来进行一切经济决策。如果根据政府工资单上的人员数来判断该国政府的规模，那肯定会低估政府的重要性。同样，很容易设想另一种情况：政府雇员很多，公共部门却相对弱小。虽然出于种种目的，了解政府雇员数是有用的，但是，这无助于弄清楚政府规模的核心问题，即政府对社会资源的控制程度如何。因此，一个更切合实际的方法，是根据政府的年度开支额来衡量其规模的大小，政府的开支一般由三部分构成：（1）商品和劳务的采购费用。（2）对人们、企业和其他政府的转移支付。（3）利息支付。一般而言，这些开支会列入统一预算中，所以，人们最认同用政府的开支规模来衡量政府的规模，如果政府开支增加了，人们就认为政府规模扩大了；反之，政府规模就缩小了。

但是，以常规政府预算规模来衡量政府控制社会资源的程度，会给人们造成假象。这样说至少有两个理由：因为有预算外开支和政府"隐蔽性"成本的存在。例如在美国，负责预算外项目的联邦机构由联邦掌管，但其财政活动却依法不包括在预算总额中。还有就是某些政府活动，虽然表面上支出不多，但对资源配置的影响很大。例如政府颁布法令，对汽车尾气污染排放标准进行管制，增加了拥有汽车或使用汽车的人的开支，这种"隐蔽性"的支出是因政府颁布法令引起的，从理论上说，这应该算做政府"支出"的增加，纳入到政府支出活动分析的框架。遗憾的是，计算政府这样的"支出"几乎是做不到的。因为人们无法准确知道哪些汽车是受政府颁布法令强制以后才装上治理尾气污染装置的。

显然，现实生活中，要准确、客观地计算政府支出规模是难以办到的，因为无法用一个数据来概括政府支出对经济的影响程度。尽管如此，仍然要寻找某个能合理衡量政府规模大小的指标，以衡量政府增大的趋势。许多经济学家愿意以传统定义的公共支出作为一个粗略的、但有用的衡量指标。和许多其他不完善的衡量指标一样，只要意识到其局限性，并用其他相关指标予以补充，它还是能给人以启示的。

二、公共支出的最优规模理论

亚当·斯密从国家应当履行义务的角度，论述了国防费、司法经费、公共工程及公共设施费用、公共机关的费用、维持君主尊严的费用的必要性，他说："社会的一般收入，除开支国防费及君主养尊之外，还须补充许多特别收入部门的不足。"① 这是公共支出的最优规模理论的较早论述，但他的论述并没有明确界定公共支出适度规模的界限。比如，他认为，国家要承担司法经费的开支，但司法经费并非由国家全额承担。那么，国家承担司法经费的合理界限是什么？亚当·斯密并没有仔细阐明。后来，约翰·斯图亚特·穆勒算是找到了其中的问题所在，他举了"灯塔"的例子，说明政府最好用税收来筹资兴建"灯塔"，即根据人们的偏好来配置公共产品，政府按公共产品的供给情况来筹集相应的收入。到了19世纪下半叶，当效用观和边际分析方法运用到财税理论研究中时，维克塞尔和林达尔提出的"维克塞尔—林达尔模型"，是对公共支出最优规模界定的一次成功尝试，尽管要发现"维克塞尔—林达尔模型"的均衡点，维克塞尔和林达尔提出很苛刻的适用条件，但已勾勒出萨缪尔森后来精妙表述的重要特征。

20世纪20年代，庇古把外在性和边际效用的概念运用到了公共支出的最优规模理论上，他给出了公共产品最优供给的边际条件，使公共支出的最优规模理论第一次获得了数学意义上的表达，但他并没有给出严谨的数学证明。直到萨缪尔森在1954年发表的一篇经典性的论文中，公共支出最优规模与资源的有效使用的关联问题才被明确提出了。因此，萨缪尔森在这篇论文里的公共支出理论被看做公共支出最优规模理论的主要突破之一。他在这篇论文中提出了公共支出最优规模理论的三个核心问题②：（1）如何用分析的方法定义集体消费产品③（即集体消费和个人消费难以有意义地加以划分的产品。（2）怎样描述生产公共产品所需资源的最佳配置的特征？（3）如何评价能给公共部门的支出提供财源的既有效率而又公平的税收体系的设计？尽管这些问题在萨缪尔森以前的学者都进行过研究，但对这三个问题的认识都只是取得一种阶段性的成果或不是完整的清晰的认识，而萨缪尔森纯的系统阐述是巨大的飞跃，他给所有这些问题提供了一个综合答案。以致后来的经济学家，为探讨公共支出的最优规模理论，基本上都是遵循他的基本思路来进行的。

在萨缪尔森关于公共产品最优供给的一般均衡模型中，公共产品最优供给的条件是：生产的边际替代率等于消费的边际替代率之和相等。满足这个条件，就实现了资源在公共产品与私人产品之间的最优配置，也即实现资源在公共产品和私人产品最优配置时，公共支出的最优规模也就确定下来了。

由于公共产品的利益受区域限制，经济学家把公共产品区分为全国性公共产品和地方性

---

① ［英］亚当·斯密著：《国富论》下册，商务印书馆1994年版，第375页。
② 《新帕尔格雷夫经济学大词典》第3卷，经济科学出版社1996年版，第1133页。
③ 在《新帕尔格雷夫经济学大词典》第3卷中的第1133页翻译的集体消费产品，在本书中是指的混合公共产品。另外，需要指出的是，《新帕尔格雷夫经济学大词典》的译者把 Public Goods 翻译成"公共财货"，在本书里还是采用"公共产品"的译法，这也是我国经济学界普遍认同的一种译法。

公共产品，发展这一理论是许多经济学家不断探索的结果。但最引人注目的是詹姆斯·M·布坎南在1965年提出的"俱乐部模型"理论，这个模型从理论上解决了最优规模的地方政府下的最优地方公共产品供给。将这一模型应用于地方公共支出分析，就会得出结论：假如每个地方政府辖区里的居民偏好是同质的，且政府的规模可使成本最小，则该辖区就构成一个能够稳定且有效地提供公共产品的机制。也即地方公共支出的最优规模。

当然，"俱乐部模型"理论是"蒂布特模型"的一个特例。蒂布特模型是分析地方政府公共支出一个最有影响的模型，在蒂布特模型中，蒂布特假设居民迁移成本很低，地方政府能以最低的平均成本提供公共产品，且地方政府是通过非扭曲性的税收来筹资。只要允许人们自由流动，地方政府之间就会有竞争，就会导致地方政府有效率地提供公共产品。

混合公共产品的提供，可能要求部分地通过政府预算给予提供，也是公共支出最优规模理论涉及的问题，人们在这些领域，提出了市场和政府联合供给的种种方案，总之，公共支出的最优规模理论是与整个社会可动用的资源及资源使用效率联系在一起的，换言之，当整个社会资源量在私人领域与公共领域配置达到帕累托效率状况时，公共支出的规模是最优的。

可见，随着公共产品理论的不断扩充和修正，公共支出最优规模理论也会同时获得发展。

三、衡量公共支出相对规模的指标

（一）公共支出占国内生产总值的百分比

这个指标反映在一年的国内生产总值中政府集中和分配的份额，可以全面衡量政府经济在整个经济结构中的相对重要性。具体的公式是：公共支出比率＝公共支出/国内生产总值。

表8－4是西方国家公共支出占国内生产总值比重的情况。从表8－4反映的情况看，在过去的100多年的时间里，西方国家公共支出占国内生产总值比重发生了明显变化。在19世纪末，古典经济学派仍占据主流经济学的地位，由此反映在西方国家公共支出占国内生产总值的比重都不高，这一比重最高的国家是澳大利亚，达到18.3%，最低的国家是瑞典，只有5.7%。这一时期，几个主要的西方国家，如美国、日本、德国、法国和英国，这一比重也不高。所以，在19世纪的西方国家，受经济发展水平和古典经济学派财政思想的制约，整个西方国家公共支出占国内生产总值的比重都处于较低的水平。

表8－4　　　　　　　　西方国家公共支出占国内生产总值比重　　　　　　　　单位:%

年份 国家	19世纪末期	第一次世界大战前	第二次世界大战前		第二次世界大战后			
	1870	1913	1920	1937	1960	1980	1990	1996
澳大利亚	18.3	16.5	19.3	14.8	21.2	34.1	34.9	35.5
奥地利	10.5	17.0	14.7	20.6	35.7	48.1	38.6	51.6
加拿大	—	—	16.7	25.0	28.6	38.8	46.0	44.7
法国	12.6	17.0	27.6	29.0	34.6	46.1	49.8	55.0

续表

年份 国家	19世纪末期	第一次世界大战前	第二次世界大战前		第二次世界大战后			
	1870	1913	1920	1937	1960	1980	1990	1996
联邦德国	10.0	14.8	25.0	34.1	32.4	47.9	45.1	49.1
意大利	13.7	17.1	30.1	31.1	30.1	42.1	53.4	52.7
爱尔兰	—	—	18.8	25.5	28.0	48.9	41.2	41.0
日本	8.8	8.3	14.8	25.4	17.5	32.0	31.3	35.9
新西兰	—	—	24.6	25.3	26.9	38.1	41.3	34.7
挪威	5.9	9.3	16.0	11.8	29.9	43.8	54.9	49.2
瑞典	5.7	10.4	10.9	16.5	31.0	60.1	59.1	64.2
瑞士	16.5	14.0	17.0	24.1	17.2	32.8	33.5	39.4
英国	9.4	12.7	26.2	30.0	32.2	43.0	39.9	43.0
美国	7.3	7.5	12.1	19.7	27.0	31.4	32.8	32.4
平均	10.8	13.1	19.6	23.8	28.0	41.9	43.0	45.0

资料来源：Vito Tanzi, Ludger Schulknecht: "Pulic Spending in the 20th Century: A Global Pehspective." Cambridge University Press, 2000.

到了20世纪初期，西方国家相继完成了从自由放任的资本主义时期到垄断资本主义时期的过渡，与此相适应，国家的职能进一步加强，为了保证国家履行其职能，西方国家公共支出占国内生产总值的比重进一步上升。但仔细观察就会发现，尽管这一比重有上升，但上升的幅度并不是很大，比如在1913年，除了澳大利亚、日本和瑞士的这一比重略有降低外，其他西方国家的这一比重都有上升，上升幅度最大的国家是奥地利，达6.5个百分点。上升幅度最小的国家是美国，只有达0.2个百分点。而在20世纪初期到第二次世界大战前的1937年，西方国家公共支出占国内生产总值的比重都有增长，尤其引人注意的是，第一次世界大战和第二次世界大战的始作俑者的德国，这一比重上升的幅度最大，达到19.3%。其次是英国，上升幅度也达到17.3%。排第三位的是日本，上升幅度为17.1%。第四位国家是意大利，上升幅度为14%。可见，在20世纪初期到第二次世界大战前，部分西方国家推行军国主义，是促使国家公共支出占国内生产总值比重大幅度上升的最主要的因素。

在"二战"后的几十年里，西方国家为了治理战争的创伤、加强政府对社会经济运行的干预以及加强社会保障制度的建立，国家职能得到进一步加强。特别是"二战"后，西方国家普遍推行凯恩斯的扩张性财政政策，更是加大了国家对经济的干预程度，这直接导致国家公共支出占国内生产总值比重上升。这一比重上升最快的国家是瑞典，1960年这一比重为31%，到1996年为64.2%，上升了34.2个百分点。究其原因，主要是瑞典在"二战"后推行福利国家政策。虽然瑞典是北欧的一个小国，但它推行的福利国家政策一直被看做西方"福利国家"的典范。瑞典经济政策的理论基础是瑞典学派的经济理论，而瑞典学派的经济理论强调充分就业、收入均等化、和实施"从摇篮到坟墓"的社会福利保障制度。要实施完善的社会保障制度，必然伴随着庞大的政府福利开支，福利开支的增加又是靠庞大的政府公共支出来支撑的，所以，公共支出占国内生产总值比重必然就高。其他的欧洲国家，如法国、英国、奥地利、德国、挪威都有类似的情况。

美国公共支出占国内生产总值比重上升的趋势实际上从 20 世纪 30 年代就已经显现。20 世纪 30 年代，美国总统罗斯福实施"新政"，加大了政府对经济的干预力度，导致财政支出规模迅速扩大，如 1929 年美国各级政府公共支出为 104 亿美元，GDP 为 1038 亿美元，全部政府公共支出占 GDP 的比重只有 10%，而到了 1934 年，美国各级政府公共支出为 129 亿美元，GDP 为 695 亿美元，全部政府公共支出占 GDP 的比重达到 19.6%，可见，这一比重上升之快，直接与政府加强干预经济有关。到了 20 世纪 60 年代，美国政府公共支出占 GDP 的比重已经接近欧洲国家的水平，但从 60 年代到 90 年代的几十年时间里，美国政府公共支出占 GDP 的比重只上升了 5 个百分点左右，相对于欧洲国家来说，这一比重上升的幅度无疑是缓慢的。这说明，美国推行的政策与欧洲国家推行的政策存在差异，在"二战"后的一段时间，欧洲国家一方面医治战争创伤，恢复国民经济；另一方面，由于受到瑞典学派经济理论的影响，又在大力实施完善的社会保障制度，把瑞典社会模式视为效仿的榜样；而在美国，尽管它在 20 世纪 30 年代就开始着手建立社会保障制度，但美国始终没有提出建立福利国家的主张，因为美国是自由市场经济国家，在这一大背景下，美国政府一直在效率与公平之间进行权衡的基础上来推行它的社会保障制度，所以，直到今天，美国的社会保障制度也没有欧洲国家社会保障制度那么完善。美国联邦政府用于社会保障方面的开支占其支出的比重在 30% 左右，而欧洲国家的这一比重比美国联邦政府的这一比重要高许多，如瑞典，1981 年全部公共支出 3756 亿克朗中约有 85%，即 3192 亿克朗用于各种社会福利开支①。

日本的公共支出占 GDP 比重的变化情况与欧美有所不同，直到 20 世纪 60 年代以前，日本政府一直是以效率优先原则来发展本国经济，并以私人资本成为促使经济发展的主要动力，对于体现公平原则的社会保障制度的建设不予重视，所以，从 19 世纪末到 20 世纪 60 年代，国家公共支出占 GDP 的比重只增长了 9 个百分点，上升的速度非常地缓慢。然而到了 20 世纪 60 年代，由私人资本推动日本经济增长的力量日趋衰落，这时日本国内民众呼吁，政府应出面引导经济的增长，于是，在 20 世纪 60 年代中期，日本政府在"二战"后首次发行公债，同时日本政府开始全面实施社会保障制度，以致日本公共支出占 GDP 的比重从 1960 年的 17.5% 上升到 1996 年的 35.9%，增长了 18.4 个百分点。可见，日本在 100 多年时间里，前 60 多年里公共支出占 GDP 的比重增长很小，后 40 多年这一比重增长要快于前一时期，尽管如此，日本公共支出占 GDP 的比重要明显低于欧洲国家。

在美国，1929～1996 年的 67 年间。公共支出占 GDP 比重的增长主要体现在联邦一级政府，如 1929 年，联邦政府公共支出占 GDP 的比重为 2.6%，州及地方政府这一比重为 7.4%，联邦政府公共支出占全部政府公共支出的比重为 26%，州及地方政府这一比重为 74%；到了 1945 年，联邦政府公共支出占 GDP 的比重为 37.9%，州及地方政府这一比重为 3.6%；联邦政府公共支出占全部政府公共支出的比重为 26%，州及地方政府这一比重为 74%。1960 年，联邦政府公共支出占 GDP 的比重为 17%，州及地方政府的这一比重为

---

① 丁冰著：《瑞典学派》，武汉出版社 1995 年版，第 188 页。

6.1%，联邦政府公共支出占全部政府公共支出的比重为73.7%，州及地方政府这一比重为26.3%。1996年，联邦政府公共支出占GDP的比重为22.5%，州及地方政府这一比重为9.7%，联邦政府公共支出占全部政府公共支出的比重为69.8%，州及地方政府这一比重为30.2%。这说明，在20世纪30年代以前，美国联邦政府实行古典经济学派的政策主张，不干预经济运行，所以联邦政府公共支出占GDP的比重比较低，但到了30年代以后，美国联邦政府奉行凯恩斯学派的政策主张，加大了政府干预经济生活的力度，于是，联邦政府公共支出占GDP的比重迅速上升，在1945年更是达到了峰值，此后这一比重下降。但1960~1996年期间，联邦政府公共支出占GDP的比重只增长了5个百分点左右，增幅大大趋缓。进入21世纪后，美国联邦政府公共支出占GDP的比重保持在20世纪90年代中期的水平①。

（二）税收收入占国内生产总值的比重

可以用政府税收收入占国内生产总值的比重，来衡量在国内生产总值中由私人收入转为政府财政收入的份额，这个指标可以大致反映政府对国内生产总值进行分配的规模。该指标与政府公共支出占国内生产总值的百分比的差别在于不包括公共支出中的赤字部分，即政府借债取得的资金。政府借债必须按期偿还，但并不是把私人取得的收入转为政府所有，只是私人资金暂时让渡给政府。

政府税收收入占国内生产总值的比重是衡量宏观税负的主要指标，这一指标与公共支出占国内生产总值比重的指标相比，前者从收入上反映政府在一定时期占有的社会可利用资源的规模，后者从支出上反映政府在一定时期使用的社会资源规模。当然，还有其他的指标来反映政府公共支出的规模。

（三）公共支出对国内生产总值的弹性

这个指标表示国内生产总值的增长引起公共支出增长幅度的大小，即公共支出增长幅度对国内生产总值增长幅度的比例。假设i年公共支出增长率为E_i，GDP增长率为R_i，则公共支出弹性$\eta_i = E_i/R_i$。这里$i = 1, 2, 3, \cdots, n$。

假设i年和$i-1$年公共支出分别为G_i和G_{i-1}为，i年和$i-1$年GDP分别为Y_i和Y_{i-1}，如果$\eta_i > 1$，则$G_i/Y_i > G_{i-1}/R_{i-1}$；如果$\eta_i < 1$，则$G_i/Y_i > G_{i-1}/R_{i-1}$；如果$\eta_i = 1$，则$G_i/Y_i = G_{i-1}/R_{i-1}$。即，如公共支出弹性大于1，则说明公共支出占国内生产总值的比重上升；公共支出弹性等于1，公共支出与国内生产总值保持同一比例增长，则公共支出占国内生产总值的比重保持不变；公共支出弹性小于1，公共支出增长低于国内生产总值的增长，则反映公共支出占国内生产总值的比重下降。

表8-5反映了从1989年到1996年美国联邦政府η_i的变化情况，可以看出，1990年$E_{1990} > R_{1990}$，即$\eta_{1990} > 1$，则，$G_{1990}/Y_{1990} > G_{1989}/R_{1989}$；而1992年$E_{1992} < R_{1992}$，即$\eta_{1992} < 1$，则，$G_{1992}/Y_{1992} > G_{1991}/R_{1991}$。

---

① 根据 Hyman, D. N. Public Finance: a contemporary application of theory to policy. Harcourt, Inc. 1999. 中有关数据计算。参见赵志耘著：《财政支出经济分析》，中国财政经济出版社2002年版，第291页附表4。

表8-5　　　　　　　　　　　美国联邦政府公共支出对GDP的弹性

年 份	1989	1990	1991	1992	1993	1994	1995	1996
G_i（亿美元）	11946	13045	14291	14442	14914	15341	15938	16421
Y_i（亿美元）	54387	57438	59167	62444	65530	69357	72538	75761
G_i/Y_i（%）	21.96	22.71	24.15	23.12	22.76	22.12	21.97	21.67
η_i	—	1.64	3.17	0.19	0.66	0.49	0.85	0.69
$\Delta G_i/\Delta Y_i$	—	0.36	0.72	0.05	0.15	0.11	0.19	0.08

数据来源：《世界经济统计年鉴（1998）》。

（四）边际公共支出倾向（marginal propensity to spend in the public sector）

假设 i 年的 GDP 和公共支出分别为 G_i 和 Y_i，则 i 年 G_i 的边际量为 ΔG_i，Y_i 的边际量为 ΔY_i，$i=1,2,3,\cdots,n$。定义：边际公共支出倾向 $\lambda_i = \Delta G_i/\Delta Y_i$。由定义可以证明，若 $\Delta G_i/\Delta Y_i > G_{i-1}/Y_{i-1}$，则 $G_i/Y_i > G_{i-1}/Y_{i-1}$；若 $\Delta G_i/\Delta Y_i < G_{i-1}/Y_{i-1}$，则 $G_i/Y_i < G_{i-1}/Y_{i-1}$；若 $\Delta G_i/\Delta Y_i = G_{i-1}/Y_{i-1}$，则 $G_i/Y_i = G_{i-1}/Y_{i-1}$。而且 $\Delta G_i/\Delta Y_i > G_{i-1}/Y_{i-1}$ 等价于 $\eta_i > 1$；$\Delta G_i/\Delta Y_i < G_{i-1}/Y_{i-1}$ 等价于 $\eta_i < 1$。$\Delta G_i/\Delta Y_i = G_{i-1}/Y_{i-1}$ 等价于 $\eta_i = 1$。从表8-5看出，如1991年 $\Delta G_{1991}/\Delta Y_{1991} = 72\%$，1990年 $G_{1990}/Y_{1990} = 22.71\%$，即 $\Delta G_{1991}/\Delta Y_{1991} > G_{1990}/Y_{1990}$，则 $G_{1991}/Y_{1991} > G_{1990}/Y_{1990}$，如1996年 $\Delta G_{1996}/\Delta Y_{1996} = 8\%$，1995年 $G_{1995}/Y_{1995} = 21.91\%$，即 $\Delta G_{1996}/\Delta Y_{1996} < G_{1995}/Y_{1995}$，则 $G_{1996}/Y_{1996} < G_{1995}/Y_{1995}$。

四、公共支出绝对量的衡量

（一）公共支出总量增长

西方国家公共支出在过去的100多年时间里呈现不断增长，表8-6反映了从1929年到2000年美国联邦政府公共支出的情况。2000年与1929年相比，美国联邦政府公共支出总量增长了687.5倍，平均每年增长257.4亿美元。

表8-6　　　　　　　　　　美国联邦政府公共支出　　　　　　　　　　单位：亿美元

年份	1929	1930	1939	1949	1960	1970	1980	1990	2000
公共支出	27	28	90	420	896	2091	6225	12845	18562

资料来源：Hyman, D. N. Public Finance: a contemporary application of theory to policy. Harcourt, Inc. 1999。2000年数据取自《世界经济统计2002年》，经济科学出版社。

表8-7反映1900～1995年英国政府公共支出的情况，此间英国政府公共支出增长了1540.3倍，平均每年增加30.8亿英镑。尤其是1950年以后，英国政府公共支出的增长幅度明显加快，1950～1995年的45年间，英国政府公共支出增长了85.6倍，平均每年增加64.3亿英镑。

表 8-7　　　　　　　　　　　　　英国政府公共支出　　　　　　　　　　　单位：亿英镑

年份	1900	1910	1920	1930	1940	1950	1960	1970	1980	1990	1995
公共支出	1.9	1.7	11.9	8.1	39.5	34.2	61.2	140.9	860.7	2074.4	2926.5

资料来源：《苏联和主要资本主义国家经济历史统计》，人民出版社 1983 年版，1995 年和 2000 年数据取自《世界经济统计 2002 年》，经济科学出版社。

再看表 8-8，反映从 1900 年到 2000 年日本政府公共支出的情况，2000 年与 1900 年相比，日本政府公共支出总量增长了 222531 倍，平均每年增长了 9353.4 亿日元。实际上，1900～1940 年的 40 年间，日本政府公共支出只增长了 20.2 倍，每年增长 1.4 亿日元。然而在 1940 年到 2000 年的 60 年间，日本政府公共支出只增长了 15961.4 倍，每年增长 15588 亿日元。可见，在"二战"后，日本政府公共支出增长幅度大大高于"二战"前。

表 8-8　　　　　　　　　　　　　日本政府公共支出　　　　　　　　　　　单位：亿日元

年份	1900	1910	1920	1930	1940	1950	1960	1970	1980	1990	2000
公共支出	2.9	5.7	13.6	15.6	58.6	6330	17430	81880	434050	692686	935340

资料来源：《苏联和主要资本主义国家经济历史统计》，人民出版社 1983 年版。1995 年和 2000 年数据取自《世界经济统计 2002 年》，经济科学出版社。

（二）公共支出结构变化情况

现在分析部分西方国家公共支出结构变化的情况。表 8-9 反映了加拿大政府公共支出的情况。1933～1995 年期间，社会福利支出的比重增加，教育支出比重保持基本稳定，交通和通讯支出的比重在下降，债务支出和其他支出的比重下降。可见，表 8-9 中数字反映总的趋势是，转移性支出比重呈增长趋势，购买性支出比重呈下降趋势。

表 8-9　　　　加拿大政府若干年份按财政职能划分的财政支出构成情况　　　　单位：%

财政支出项目	1933 年	1963 年	1995 年
保健支出	3.7	9.2	13.2
社会福利支出	14.0	15.0	24.0
教育支出	11.3	16.2	12.3
交通和通讯支出	9.4	12.2	4.4
对个人和财产的保护性支出	4.2	4.0	6.8
债务支出	31.5	8.5	19.9
其他支出	30.2	34.7	19.4
支出总额	100.0	100.0	100.0

资料来源：1933 年和 1963 年资料来自加拿大统计史（1983 年，渥太华），1995 年数据来自加拿大 1996 年国家财政（1997 年，多伦多税收基金会）。

表8-10反映20世纪90年代美国联邦政府公共支出的情况。1990年一般公务支出占联邦政府公共支出比重为6.6%,1996年为8.4%,上升1.8个百分点。1990年国防支出占联邦政府公共支出比重为25.6%,1996年为15.9%,下降9.7个百分点;1990年公共秩序和安全占联邦政府公共支出比重为0.9%,1996年这一比重为1.3%,上升0.4个百分点;1990年教育占联邦政府公共支出的比重为1.8%,1996年为1.8%;1990年卫生支出占联邦政府公共支出的比重为12.9%,1996年为19.7%,增长了6.8个百分点。1990年社会福利支出占联邦政府公共支出比重为26.6%,1996年为28.8%,增长了2.2个百分点。住房和通信支出占联邦政府公共支出的比重为2.7%,1996年为2.7%。1996年文娱和宗教支出占联邦政府公共支出的比重为0.3%,1996年为0.3%。1990年能源、农业、工业、交通运输和其他经济活动占联邦政府公共支出的比重为8.0%,1996年这一比重为5.6%,下降2.4%。其他支出占联邦政府公共支出的比重为15.7%,1996年这一比重为15.7%。从这些支出结构可以看出,美国政府联邦政府公共支出中,排在前五为依次是社会福利支出、卫生支出、国防支出和其他开支,这几项开支之和占联邦政府公共支出的比重为80.1%。尤其是社会福利开支占联邦政府公共支出的比重最大,达到28.8%,充分说明,西方国家社会福利开支在公共支出中独占鳌头。

表8-10　　　　　　　　　　美国联邦政府公共支出　　　　　　　　单位:亿美元

年份	1989	1990	1991	1992	1993	1994	1995	1996
总支出	11946	13045	14291	14442	14914	15341	15938	16421
一般公务支出	787	872	1055	1152	1232	1267	1355	1385
国防	2936	2950	3089	2965	2875	2773	2679	2607
公共秩序和安全	106	112	138	161	169	174	192	209
教育	215	227	247	253	299	296	312	295
卫生	1542	1758	1966	2311	2551	2797	3056	3239
社会福利	3178	3334	3735	4113	4343	4532	4650	4735
住房和通信	327	342	366	384	392	405	454	440
文娱和宗教	32	33	37	31	44	41	86	51
能源	54	48	36	61	58	61	60	51
农业	219	171	206	209	263	216	163	160
工业	6	9	9	9	9	11	11	11
交通运输	299	316	339	361	378	411	393	394
其他经济活动	383	790	851	240	211	282	247	246
其他支出	1872	2071	2204	2187	2115	2125	2315	2571
财政赤字	-1438	-2181	-2725	-2893	-2540	-2015	-1599	-1146

资料来源:《世界经济统计年鉴(1998)》。

五、有限政府论与行政扩张倾向

公众、立法机关、媒体等公共选择机制难以控制和监督政府行为,政府行为的行政和政治倾向较强烈。在过去,政府规模似乎受它组织收入的能力所限制,如果这样的话,21世纪政府规模增长率显然依靠政府继续扩大税基的能力。

考察政府规模有两个角度:一个是政府的规模和增长速度;另一个是通过公共选择理论的预算最大化模型、理性选择模型和路径依赖模型来阐述。

从第一种角度看,增长与规模等同于一回事,因为政府增长首先是政府规模的延伸,可是,政府增长有路径依赖的话,构造解释政府规模的模型不能抓住导致政府增长的因素,使辨析政府增长和政府规模的某种细微的差异就显得十分重要。

从第二种角度看,公共选择理论对政府规模的解释仍停留在把政府规模看成是居民集体选择结果的模型上。

看来,单一的解释都是片面的,实践的经验表明,有限政府论与行政扩张倾向的争论还将持续下去。

结论:

公共选择学派是美国20世纪60年代以后逐渐兴起的一个新自由主义经济学流派。公共选择理论可以定义为对非市场决策的经济研究。

公共选择理论最基本的概念就是"经济人"假设。人是理性的自利主义者,包括两层意思:一是在行动选择上,人是理性的,能够最充分地利用他所得到的、关心所处环境的信息。二是他的行为都是自利的,时刻关心的是他的个人利益。这种理性的自利主义者,就是公共选择理论中假设的经济人。

政治决策程序有三种:(1)直接民主决策,即公共决策通过所有选民每人一票的方式来决定,每一个人的决策权利相等。(2)集中决策,即由某些人或某个人代替公众进行公共决策,其他人没有决策权利。(3)间接民主决策,即由全体选民通过投票产生一定数量的代表,并由这些代表代替全体选民作出公共决策,这是一种直接民主决策与集中决策相结合的决策形式。

中位选民的定义是,他的偏好落在所有选民的偏好序列的中间。一半选民对该物品的需求比中位选民要多,一半选民比中位选民要少。只要所有人的偏好都是单极值的,多数裁定的结果必然反映这一中位选民的偏好。

多数决策如果不能满足单峰形偏好的条件,将会出现各种各样的问题,这些问题统称为投票决策困境(The Voting Paradox)。

多数票通过原则的存在的问题是,无法使人们表达他们对某事的偏好程度。这样,就会诱使投票人之间做选票交易,互投赞成票,从而投票人各自的愿望都得以实现,这就是互商投票制。

在民主社会里,能否找到一种投票程序,它所产生的结果不受投票顺序的影响,同时又尊重每一个人的偏好,能将所有人偏好变为一种社会偏好,作出前后一致的决策呢?诺贝尔经济学奖获得者肯尼思·阿罗的研究证明，这是不可能的。这就是阿罗不可能定理。

考察政府规模有两个角度：一个是政府的规模和增长速度；另一个是通过公共选择理论的预算最大化模型、理性选择模型和路径依赖模型来阐述。

思考题：

1. 公共选择理论产生的背景。
2. 什么是公共选择理论？
3. 什么是单峰偏好？什么是双峰偏好？
4. 什么是互商投票制？
5. 什么是中位选民理论？
6. 如何衡量政府的规模？

第九章 财政联邦主义

第一节 财政联邦主义的理论背景

一、美国联邦主义

美国在1776年发布的《独立宣言》，是摆脱英国殖民统治的檄文，不是一种新政府形式的框架，但它建立了美国的核心价值观：自由、平等和自治，其成为1787年美国宪法的基础。因此，建立美国政府的基础不是《美国宪法》，而是《联邦条例》。联邦主义不是理论原则，而是1787年由于各州也已存在多年这一事实而有必要作出的妥协。

美国政府传统中最根本的分权制度是联邦制，或者说宪法在联邦和州政府之间所作的政府权力配置，这一配置既把没有具体授予联邦的权力保留给了州政府，也确立了联邦法律至高无上的地位。宪法把统治权力划分为两个层次——全国与州。美国各州和联邦政府的关系是美国宪法体制的首要问题。美国历史上出现过联邦政府与州政府间的利益冲突，都与划分权力有关。

美国联邦主义基本上是一种分权体制，这一体制授予各州以及它们自己选择的方式处理地方事务的权力。同时，联邦主义授予全国政府决定全国事务的权力。在实践中，在州与全国的政治行动之间存在着重叠的部分，但也存在责任分工。全国政府在处理各类事务时，首要任务是国防和货币，而州政府的首要责任在公共教育和警察保护这样的政策领域。全国和州也有一些共享的权力领域（见表9-1）。

表9-1　　　　　　　　　　美国政府间权力划分

全国政府权力	共享权力	州政府权力
国防	金融信贷	批准设地方政府
货币	税收	教育
邮政	执法	公共安全
外交	批准开办银行	登记与选举
州际事务	交通	州内事务

资料来源：［美］托马斯·帕特森著：《美国政治文化》，东方出版社2007年版，第77页。

20世纪30年代以来，美国联邦政府与州和地方政府之间的关系发生了深刻的变化，主要表现两个发展趋势上：第一种趋势是美国联邦政府权力长期扩张。过去许多领域只是在州和地方政府的控制之中，而现在美国联邦政府也在参与这些领域的运作，尽管美国联邦政府并没有主导这些政策领域，但美国联邦政府的确在这些领域扮演着重要的角色，这要追溯到20世纪60年代的社会福利政策，美国联邦政府为了实施社会福利政策，在医疗、公共住房、营养、福利、城市发展等原本属于州和地方政府职责范围，也开始涉足。第二种趋势是全国权力的部分收缩。这一被称为"权力移交"的趋势包括将权力从联邦政府向州和地方政府的"下放"，权力移交逆转了数十年之久的联邦权力的增加，但只是在某些领域，并只在温和的程度上发生①。

新联邦主义发展的趋势是政府间的相互依赖性在加强。进入21世纪，现代交通、商贸和交流体系超越地方和州政府的边界，随着世界经济一体化的趋势加快，这些体系在规模上是全国性的，甚至是国际性的，这就要求联邦政府承担更多的责任。

相互依赖性也鼓励全国、州与地方决策者联合起来解决政策问题而协力工作，这种合作的努力被称为合作联邦主义。

二、财政联邦主义

20世纪80年代初，美国发生了一个特殊事件：美国长岛的格伦科夫市颁布禁令，禁止居住在该市的苏联外交人员使用该市的网球场和其他娱乐设施，原因是苏联人没有缴纳该市的财产税。格伦科夫市的这一行为惊动了美国联邦政府，美国国务院要求该市停止插手外交事务。但格伦科夫市市长说："除非国务院将苏联人未缴的财产税像本市居民那样付齐，否则，苏联人就不得进入网球场。"②

这一事件反映了美国联邦制度下的三个基本财政问题：

第一，中央政府与地方政府的事权如何划分？中央政府有干预地方政府事务的权力吗？

第二，公共产品的供给由哪一级政府提供更合理？中央和地方政府如何划分公共产品供给的职责？

第三，用什么筹资方式才能更有效地提供公共产品呢？

事实上，以上这些问题涉及在联邦和地方政府之间集权与分权的合理划分。

西方国家公共部门并不是由单一的或完全集中的一级政府组成的。实际上在西方国家，政府可以被划分为多个级别和层次。如在美国、德国和澳大利亚这些典型的联邦制③国家里，有联邦政府（中央政府）、州政府、地方政府④。即使在英国和法国这样的非联邦制国

---

① ［美］托马斯·帕特森著：《美国政治文化》，东方出版社2007年版，第91页。
② ［美］哈维·S·罗森著：《财政学》，中国财政经济出版社1992年版，第665页。
③ 奥兹（Oates, Wallace E. Fiscal Federalism. New York: Harcourt Brace, 1972）为联邦制政府下了一个较好的经济定义："联邦制政府是一个既在集中也在分散层次上进行决策的公共部门，在这个部门中，各级政府做出的与公共服务供应有关的选择，主要是由相应的管辖区的居民（以及或在其中从事各种活动的其他人）对这些服务的需求决定的。"
④ 据1993年普查，美国有83000个政府管辖区，其中1个联邦（Federal），50个州（State），3043个县（County），19296个市（Municipality），16666个镇（Township），14556个学区（District）和33131个特区（Special District），学区和特区一般不是政府，功能比较单一。州、地方政府之间的相互作用在美国的财政制度中起着关键的作用。［美］哈维·S·罗森著：《财政学》，中国财政经济出版社1992年版，第664页。

家里，也存在着中央和地方三级政府。

所谓"财政联邦主义"（Fiscal Federalism），原指联邦制国家各级政府财政收入和支出的划分及其由此产生的相关问题，现在则泛指国家各级政府间的集权和分权的关系。

财政联邦主义要解决的问题主要包括：联邦、州和地方政府之间的财政收支关系如何确定？财政体制的建立怎样有利于充分体现财政配置、分配和稳定职能？如何使财政体制的运行更加有效。即核心问题是如何在政府之间进行集权和分权的划分。

第二节 蒂布特模型

一、蒂布特模型的提出

美国华盛顿大学经济学家蒂布特[1]在 1956 年提出的一个著名的模型——蒂布特模型（Tiebout Model）的实质内涵[2]是：只要消费者—投票者可以在"行政管辖区"当中进行选择，就存在一种对公共产品的偏好显示机制——流动性。如果消费者迁往具有他偏好的地方服务水平的行政区，也就同时显示出他的偏好，并在他的需求曲线上停下来，即"用脚投票"。只要有足够多样的行政区可供选择，所有的消费者都可以有（或者至少接近）它们的需求曲线。

蒂布特指出，人们之间偏好的不同以及人口的流动性，制约着地方政府生产和提供公共产品的种类、数量和质量。如果有许多地方和相应的地方政府，且每一地方分别提供的公共产品最适合某些人们的需求偏好。这些人就会选择前去那个地方居住。通过这种"用脚投票"，表明了人们对某些公共产品的消费偏好。人们通过"用脚投票"，选择那些公共服务和税的组合最符合其心愿的地区来居住。

居民以选择居住社区来满足他对公共产品的需要，并为公共产品和服务支付税款。当达到均衡状态时，人们以他们对公共产品的需要为依据，分布在不同的社区。每个人都得到了他自己满意的公共物品量，不能因搬迁而增加其福利。否则，个人是会"以脚投票"的。因此，这一均衡是帕累托效率的均衡。蒂布特认为，正是因为"用脚投票"的机制在起作用，会促使各个地方政府之间的"竞争"，使地方政府有效地生产和提供人们合意的公共产品。对市场不能有效地提供公共物品的观点，其根源在于，是因为市场无法迫使人们表露其对公共物品的真正偏好，每个人都想成为"免费搭车者"。传统的结论是：需要某种形式的政府干预。

蒂布特认为，人们在不同管辖区之间的流动能力，使一个类似市场的解决公共产品供应

---

[1] 查尔斯·米尔斯·蒂布特（Tiebout, Charles Mills, 1924~1968）出生在美国康涅狄格州诺沃克，1950 年在韦斯利扬大学获文学学位，1957 年在密执安大学获哲学博士学位。蒂布特 1954~1958 年在西北大学以及 1958~1962 年在洛杉矶加利福尼亚大学执教后，1962 年他成为西雅图华盛顿大学的经济学及经济管理学教授。他于 1968 年 1 月 16 日去世。蒂布特最主要的著作是发表在《政治经济学杂志》（1956 年 10 月号）上的《地方公共支出的纯理论》，在这一著作中，他提出了"蒂布特模型"。

[2] 《新帕尔格雷夫经济学大词典》第 4 卷，经济科学出版社 1996 年版，第 691~693 页。

的机制产生了。人们"用脚投票",选哪些公共服务和税的组合最符合其心愿的地区为居住地。大体上,和人们在私人市场上购买私人物品一样,他选择居住某个社区来满足他对公共产品的需求,并为公共产品支付税款。当均衡达到时,人们以他们对公共产品的需求为依据,分布在不同的社区。每个人都得到了他自己满意的公共产品,不能因搬迁而增加其福利,否则,个人是会搬迁的。帕累托效率的均衡消除了"免费搭车"行为,不存在"市场缺陷",因而也不需要通过政府干预来实现帕累托效率的均衡。

二、蒂布特模型的前提条件

蒂布特模型提出以后10多年里并未引起人们重视,直到奥兹(Oates,1969)发表关于财产税问题的论文后①,蒂布特模型才激发了人们浓厚的兴趣,此后人们对这一模型进行了大量研究,这些研究大部分就是找到一组条件,来满足在"用足投票"前提下,会导致公共产品效率供应。这些条件归纳起来涉及七个方面②。

第一,地方政府的行为不产生外部效应。如果社区提供的公共产品具有外部效应,根据资源配置理论,资源配置将是缺乏效率的。因此,要使蒂布特模型有效,必须要有地方政府的行为不产生外部效应的条件,如果这一条件不满足,蒂布特模型就存在缺陷。

第二,假定人们完全可以自由流动。每个人都可以几乎不费任何成本地迁入到那些公共产品和税的组合最使他满意的社区去居住。一个人的就业地点对他的居住点没有限制性影响,也不影响其收入水平。

第三,人们拥有充分信息,即充分了解每个社区提供的公共服务水平和相应必须缴纳的税。

第四,社区数目足够地多,可供人们充分选择。因为人们偏好是有差异的,这一条件保证人们可以充分选择他偏好的社区去居住。

第五,假定提供公共产品和服务的单位成本不变。即公共产品和服务数量增加1倍,总成本也将增加1倍。相应地,假设人们偏好相同,那么,居民人数增加1倍,人们对公共产品和服务的需求量也增加1倍。

第六,以比例财产税为公共物品和服务筹资为最佳,但税率在社区间可以不同。蒂布特曾经假定以人头税筹资,但许多经济学家认为用财产课税筹资比较接近现实,布鲁斯·W·汉密尔顿③在一个简单但极端的模型里,仔细分析了分区控制和建筑物控制可以消除"免费搭车"的产生。他认为,如果实施财产税,配合以适当的分区,使其变成一次总付税,则筹资效果更佳。一个富裕社区的公民们,在确知分区的法律会保护他们不受"免费搭车"者的侵犯时,可以缴足以资助他们要求的公共产品和服务的赋税。

第七,社区可以实施排他性分区法,即制定土地禁止作某些用途的法律。为防止"免费搭车"行为的产生,地方政府可以规定修建任何房屋的面积不得小于某个最低水平。这

---

① Oates·W·E, 1969, The effects of property taxes and local public spending on property values: an empirical of tax capitalization and the Tiebout hypothesis. *Journal of Political economy* 77 (8), November-December, pp. 957 – 71.
② [美] 哈维·S·罗森著:《财政学》,中国财政经济出版社1992年版,第684~686页。
③ Hamilton, B·W, 1975, Zoning and property taxation in a system of local governments. *Urban Studies* 12 (2), June, pp. 205 – 11.

个条件很重要，要理解为什么这一假设条件很重要，只需再回顾一下蒂布特模型。在蒂布特模型中，社区是以其成员对公共产品的需要为依据划分的，在收入与公共产品和服务的需求呈正相关，即社区将以收入多少来划分。在高收入社区，财产价值的水平可能较高。因此，社区能以相对较低的财产税率为一定数额的公共产品和服务筹资。如果不实行排他性分区法，低收入家庭就愿意迁入富裕地区，并建造相对小的房屋，由于高收入社区的税率低，因而，低收入家庭在纳税义务较小的情况下，能享受较多的公共物品，"免费搭车"行为就会产生。随着越来越多的低收入家庭了解到这一点，并迁入该地区，该社区家庭的平均税基明显下降，这就必须提高税率，为日益增加的人口所需要的更多公共产品和服务筹资。

假定人口是高度流动的，因而，没有人能够说服富人会容忍这种状况继续发展下去。富人家庭会"用脚投票"选择其他更适合他们的社区居住。但有什么东西去阻止穷人跟着他们也迁过去吗？除了对人口流动采取限制措施外，没有其他办法。显然，如果不对蒂布特模型加以排他性分区法的限制，就有可能在蒂布特模型中形成一种穷人追逐富人社区居住的局面。所以，排他性分区法是防止这种情况出现和维持稳定的帕累托效率均衡的一个措施。

三、蒂布特模型评价

要使蒂布特模型有效，必须满足以上条件，否则，蒂布特模型的有效性便会削弱。在现实生活中，人们并不能随意流动，因为流动的成本很高，而且一国的社区可供选择的数量不可能足够地多，某一个社区人们的偏好函数不会像俱乐部成员那样是相同的，也不存在完全按人们偏好来划分社区，或者在一个社区里住居的人都有相同的偏好函数，除非有足够多的社区可选择。要使地方政府的行为完全不具有外部效应也是难以做到的，因为地方政府之间存在竞争，很容易刺激地方政府出台具有很强外部效应的优惠政策来，结果又会使地方政府最后不得比取消这种优惠政策。

在现实中，要实现人们充分了解每个社区提供的公共服务和必须缴纳的税是很难的。任何一个社区，都有"免费搭车"者存在，如果存在"免费搭车"者，就难以寻求最佳社区规模和最优公共产品数量之间的组合。而且，即使在一个社区内部，人们可能有相同的偏好，但不可能有完全相同的收入，因而在一个社区里，人们对公共产品的供应水平也不是完全相同的，对于任何一个社区来说，恐怕都是这样。不过，应当承认，这种情况在西方国家普遍存在：公共产品和服务的规模与当地税收规模是基本相对称的，而税收的规模与当地财产税的规模基本是相匹配的。一个提供良好公共服务的社区，应当有相匹配的财产价值对应，税收也不例外。

从理论上说，实施社区排他性分区法的假设与允许人们充分流动存在一定的冲突，这是因为，如果实施社区排他性分区法，允许人们充分流动的条件就不可能实现；如果允许人们充分流动，就很难实施社区排他性分区法。但是，在现实中，西方国家的社区确实存在着相当程度的以收入分区的情况。

尽管蒂布特模型要求有很严格的前提条件，在现实中不可能满足这些条件。但是，蒂布特模型机制在现实生活中是在起作用的。美国是一个实行自由市场经济的国家，美国人口存在着很大的流动性，有资料显示①，在美国1993年人口普查中发现，任何一个年份中，大约有16%的美国人住在与上年不同的地方，而且，在大部分大都市区，确实有大量不同类型的社区可供挑选，这说明"用脚投票"机制在美国发挥着作用。

第三节　最优的联邦主义

一、问题的提出

　　财政联邦主义是处理政府间财政关系的一种规范制度，其实质便是财政分权理论。所谓财政联邦主义是从经济学角度来寻求有效履行政府职能所需要的财政支出与收入在各级政府间的最优分配，其在现实中的体现就是分税制。在西方，尽管有些国家的政体是中央集权制，有些是联邦制，但在财政体制上都可以称为"财政联邦主义"。从理论意义上讲，财政联邦主义国家的地方政府拥有相对较大的独立性，这是适应市场经济发展的必然结果。

　　财政体制与政治体制是密切联系的。就各级政府的关系而言，政府体制基本上分为单一国家、联邦和邦联三种形式。单一国家是高度集中化的政府体制，中央政府拥有绝对的政制权力和财政权力，地方政府不过是中央政府的派出机构或代理人，没有真正的财政独立性和决策权。邦联正好相反，它是独立国家之间极其松散的联合体，独立国家的联合是为了特殊而有限的目的，如共同的外交政策和防务政策。在邦联中，中央政府缺乏真正的政制独立性，因而没有财政权力，不能向属下居民征税；相反，各国在财政和政治上是相互独立的，拥有独立主权，公民各自隶属并忠诚他所在的成员国家；各独立国为中央实体的运行分摊活动资金，例如独联体、欧盟、北约等就具有邦联性质。

　　联邦则介于单一国家与邦联之间，在联邦制中，地方政府既隶属于中央政府，又具有相当的独立性，主权在组织于中央政府之下的全国公民与组织于地方政府之下的居民二者之间的分配，并受到宪法的保护；两级各有不同的权限，用以管理所辖范围内公民的活动；居民隶属于地方政府，但忠诚于国家。这种体制既分权又集中，美国联邦与州的关系是联邦制最典型的例子。

　　财政联邦制的关键是财政分权与财政集权相结合，财政权力在中央政府与地方政府之间适当分配，允许地方有独立决策权，同时由中央政府进行统筹。

　　现实中的财政体制并不理想。理想的财政体制应是基于经济考虑建立的财政联邦制。其原则是，中央政府提供全国性公共物品如国防，地方政府提供地方性公共物品如市政建设。地方政府应从经济效率标准出发确定最优规模的辖区；中央政府以提高效率为目的对辖区进行适度干预，允许人们在各辖区之间自由迁移流动。

　　最优联邦主义的主要目标是决定如何恰当划分各级政府的职能。首先考察宏观经济职能。实际上，旨在影响就业水平和通货膨胀的财政收支政策，应由联邦政府负责。没有一个

---

① Harvey S. Rosen, *Public Finance*, The McGraw Companies, Inc, 1995, 4 th Edition, p. 514.

州或地方政府大到可以影响整个经济活动的程度，例如，让每个地方政府各自为政和执行独立的财政政策，是没有道理的。经济学家认为，即使中央政府也不大可能实行有效的反周期政策。其次，它涉及各级政府辖区规模的确定和地方公共物品的配置。应考虑三个因素：

第一，地方公共物品的作用范围。作用范围越大，辖区规模越大，或者说应由更高级别的行政区域提供该公共物品。例如从公园到消防、司法、教育和国防，这些物品的施惠范围越来越大，因此，公园应由区政府提供，消防由市政府提供，司法由市政府或州政府提供，教育由州政府或国家提供，国防由国家提供。这实际上是从消费角度根据受益范围而划分辖区界限或规模。

第二，地方公共物品的生产成本。公共物品由哪一级政府提供是一回事，生产则是另一回事。生产方式有三种：（1）由提供公共物品的行政区政府生产。（2）由几个行政区政府联合生产。（3）由私人企业生产后出售或租给提供公共物品的行政区。选择生产方式的原则是力求生产成本最低。

第三，集体决策最低。组织集体活动必须承担决策成本或组织成本。社区越大，决策成本越高，因为大社区中成员很多，很难达成协议，需要耗费时间协商，才能达成决策。因而一方面，社区不能随公共物品作用范围扩大而一定扩大规模；另一方面，公共物品也不能因作用范围而一定由更高级别或更大的行政区政府提供。如职业培训的好处可能遍及整个州，但因为州决策成本太高，职业培训更适宜由各县或市政府分别提供。

二、今日联邦主义

20世纪30年代以来，联邦主义发展的一个明显特征是，联邦政府权力扩张的趋势一直在持续，今日的联邦政府在许多政策领域里发挥作用，而这些领域过去曾经只是在州和地方政府的控制之下。联邦政府并没有主导这些政策领域，但的确扮演着重要的角色。如20世纪60年代，约翰逊总统推行的社会福利政策，包括医疗、公共住房、营养、福利、城市发展和其他此前保留给州和地方政府管辖的领域。

今日联邦主义的第二个特征是，联邦权力的部分收缩。这一被称为"权力移交"的趋势包括将权力从联邦政府向州和地方政府下放。权力下放逆转了过去几十年来联邦政府权力的增加，但只是在某些领域，并只在温和的程度上发生。

今日联邦主义的一个突出表现，就是政府间的相互依赖比以往任何时候都明显。现代交通、商贸和交流体系超越了地方和州的边界。这些体系在规模上是全国性的，甚至是国际性的。

第四节 分权制度的优缺点

一、财政集权和分权的界定

分权是一个广泛使用的术语，然而其在不同的场合有不同的含义。财政分权这个概念同地域分权和政府决策分权是紧密联系在一起的。

西方国家采用地域分权策略旨在鼓励地方政府促进本地区经济的发展,这种策略通过中央政府运用补助和税收激励手段增强地方政府的财力,以满足地方政府提供公共产品和服务所需资金的需求。同时,通过在大城市中征收较高的税收,相应提高其服务成本,从而减少人们对大城市的吸引力。如果实施这一政策能够成功的话,地域分权策略会使城市分布规模逐渐趋于合理化。西方国家实施的这种政策,使城市的规模大都得到适度的控制,而地方政府财力的增强,为其管辖区域提供合意的公共产品和服务提供了资金支持。

政府决策分权及其实施是指给予地方政府更多权力的含义。实施这种策略的目的在于,通过减少实施各项政策的运行成本,提高政府管理效率,加快政府行动步伐。并且,实施分权可以让地方政府更多地参与决策公共产品和服务的规模和种类,有助于地方政府提供更为适当的各种公共产品和服务项目。

财政分权所包含的基本内容有:给予地方政府一定的税收权力和支出责任范围;允许地方政府自主决定其预算支出规模和结构。通过这些分权的实施,处于最基层的民众就能够自由地选择他们所需要的政府类型,并积极参与社会管理。其结果便是地方政府能够提供更好的社会服务,选民也更为满意。所以,财政分权的实质是赋予地方政府一定的自主权以便独立进行财政决策。

可以设想两种特殊情况:一种极端是只有一个政府控制一切社会经济活动;另一个极端是每个社区完全自治。前者是高度集权型的政府结构,后者是完全分权型的政府结构。事实上,这两种情况中任何一种在西方国家实施的政府结构中都不存在,西方国家政府是介于这两者之间的政府体制。一般情况下,如果大部分决策权集中在有较大管辖区的政府手中,就意味着这种体制比大部分决策权集中在较小管辖区的政府体制的集权程度更高一些。

怎样来衡量一种体制比另一种体制更为集权呢?集权与分权理论中一个通常的衡量指标是政府财力集中率:即中央政府直接支出占各级政府支出总额的比重,这里所说政府直接支出是指除对其他政府单位的转移支付以外的一切开支。

表9-2反映了美国政府支出在各级政府间的分配状况随时间变化的情况。在1900年,政府财力主要集中在地方政府,这一状况一直维持到20世纪30年代。20世纪30年代以后,美国政府间的集权趋势在加强,如1938年,联邦政府支出的比重超过了地方政府,此后,联邦政府支出的长期的趋势是比重在提高,但不是稳步提高。进入20世纪80年代以后,美国政府间支出比重变化不大,这说明,美国政府间集权和分权的划分进入一个相对比较稳定的时期。

表9-2　　　　　　　　　美国各级政府财政支出比例　　　　　　　　单位:%

年度	联邦政府	州政府	地方政府
1900	34.1	8.2	57.7
1910	30.1	9.0	60.9
1920	39.7	9.8	50.5

续表

年度	联邦政府	州政府	地方政府
1930	32.5	16.3	51.5
1938	45.5	16.2	38.3
1950	59.3	15.2	26.5
1960	57.6	13.8	28.6
1971	48.4	18.6	33.0
1980	54.9	18.1	27.0
1988	57.1	17.4	25.6
1990	56.2	17.9	25.9
1991	55.4	18.6	26.0
1992	53.9	20.1	26.0

资料来源：U.S. Department of Commerce, 1995, Statistical Abstract of the United States. p.299; Harvey S. Rosen, 1995, Public Finance, 4th edition. pp.509.

表9-3反映的是部分西方国家20世纪70~80年代财力集中率的大致情况。政府财力集中率最高的国家是法国，为84%，其次是英国，为71%；政府财力集中率最低的国家是加拿大，为41%，其次是瑞士，为47%。其余的西方国家这一比重都在50%以上，在这些国家中，美国中央政府的直接支出占直接支出总额的比重并不算高，为55%，只排在倒数第四位。所以，从总体上看，西方国家财力集中率还是比较高的。

表9-3　　　　　　　　中央政府直接支出占直接支出总额的百分比　　　　　　　单位：%

国家	比率	国家	比率
澳大利亚	51	瑞典	57
加拿大	41	瑞士	47
法国	84	英国	71
西德	57	美国	55

资料来源：[美]哈维·S·罗森：《财政学》中国财政经济出版社1992年版，第667页。表内的数据反映的是20世纪70~80年代各国的大致情况。

政府财力集中率指标可能并不可靠。比如地方政府为筑路进行开支，而部分款项则来自中央政府的补助，显然，没有中央政府的财力补助，哪怕是比重不大的部分补助，地方政府也无法开工筑路，这实际说明，没有中央政府的补助，地方政府就可能不会进行筑路，决策权部分实际掌握的中央政府手中。但政府财力集中率并不能反映这种情况。所以，如果地方政府是支出行为受中央政府的约束，那么，财力集中率就会低估实际的集权程度。相反，如果地方政府能够成功地游说中央政府以实现其目的，那么，财力集中率就可能高估财政集权的程度。

用直接支出计算的财力集中率指标反映的是各级政府实际支配财力的情况，并不反映资金来源路径。所以，财力集中率指标只是一个粗略的指标，只能大体反映一个国家财政体制的财力集中度，无法反映出中央政府一方面提供拨款，同时限定资金用途和适用方式的情况，这是利用财力集中率指标分析现实问题必须注意的地方。

表9－4给出了按美国政府职能划分的各级政府的支出分布状况。这些数字表明，国防和国际关系以及社会保障的职责全部由联邦政府承担，若干对生活水平和质量有重要影响的社会活动，比如教育、公路、公共福利、医院、保健、失业补偿、治安等主要是由州和地方政府联合提供服务的。需要指出，70%的福利开支是由州和地方政府提供的。住房和城市更新扩建服务主要由联邦政府和地方政府提供。但是，这一数字多少夸大了分权性分配的重要性，理由如下：

第一，这些开支的大部分资金（约3/4）是由联邦政府筹资的。联邦政府只是通过大规模的转移支付把资金转移给地方政府，而转移给政府的资金中绝大部分是有限制条件的。所以，从表中数据反映的情况，只是各级政府实际直接支出的情况，它不能全面反映各级政府财力集中与分散的全部事实。

第二，在地方政府开支中，相当大的开支项目的标准由联邦政府来制定。比如地方政府实施的对孤儿的补助计划，联邦政府制定了很详细的指导原则，但在州和地方政府具体实施这一开支项目时，在福利水平和标准的确定上，仍有一定的自主权。

表9－4　　　　美国各级政府的若干职能支出百分比（1985财政年度）　　　　单位：%

	联邦	州	地方
国防和国际关系	100.0	0	0
教育	6.4	26.1	67.5
公路	1.8	59.2	38.9
公共福利	26.6	55.6	17.8
医院	17.3	36.6	46.1
保健	32.1	36.0	31.9
治安	14.1	12.8	73.2
住房和城市更新扩建	44.2	5.6	50.2
失业补偿	1.2	98.4	0.4
社会保障	100.0	0	0

注：由于四舍五入，各行百分数加起来可能不等于100%。

资料来源：[美]哈维·S·罗森：《财政学》，中国财政经济出版社1992年版，第669页。

表 9-5 是 1992 财政年度美国三级政府分项支出比例的情况,除了国防、邮政服务、社会保障与医疗保险项目 100% 由联邦政府负责,联邦政府还承担 80.9% 的环境保护开支,99.2% 的退伍军人福利开支;而火灾消防方面的开支 100% 由地方政府负责,其余项目在三级政府之间分担,主要是由地方政府负担。

表 9-5　　　　　　　　　1992 财政年度美国三级政府分项支出比例　　　　　　　单位:%

支出项目	联邦政府	州与地方政府		
		合计	州政府	地方政府
国防	100	…	…	…
教育	7.6	92.4	24.5	67.9
高速公路	1.2	98.8	59.8	39.0
公共福利	23.6	76.4	62.1	14.2
邮政服务	100	…	…	…
自然资源	80.9	19.1	14.2	4.9
警察	16.3	83.7	11.8	71.9
监狱	7.8	92.2	59.0	33.2
排水	…	100	6.9	93.1
退伍军人福利	99.2	0.8	0.8	…
火灾消防		100	…	100
社会保障与医疗保险	100	…	…	…
政府职员退休金	42.3	57.7	45.0	12.7
失业救济	0.3	99.7	99.3	0.4

资料来源:《美国财政制度》,中国财政经济出版社 1998 年版,第 37 页。

二、分权制的优点

在西方国家,绝对的分权政府是不存在的,那么,分权的界限在哪里?分权制的优点有哪些?综合西方国家财政分权理论,可以归纳六个方面[①]。

(一)地方政府配置公共产品和服务更能反映人们的偏好

在现实社会中,人们的偏好是不一样的,有人希望子女就读的学校配有先进的教学设

---

① Harvey S. Rosen, *Public Finance*, The McGraw Companies, Inc, 1995, 4 th Edtion, pp. 519-523. 王绍光著:《分权的底限》,中国计划出版社 1997 年版,第 19~29 页。

施，其他人则认为不必要。有些人喜欢博物馆，有些人则不喜欢。如果由一个集权政府来配置公共产品和服务的话，很可能在全国范围内提供同样水平的公共产品和服务，而不会考虑人们的偏好是否相同。如果一个人接受的公共物品量更能适合其偏好，那么，给他提供多于或少于他需要的公共产品和服务的量，显然是低效率的。人们普遍认为，在分权制下，对公共产品和服务有相同偏好的人会通过"用脚投票"聚在一起，这样，一个地方政府就可能提供符合其居民需要的公共产品和服务的类型和数量了。这是因为，地方政府与民众更为接近，更加了解民众的偏好，而收集民众偏好信息的成本也低廉得多。但对于中央政府来说，搜索和处理每个人偏好的信息成本无疑是昂贵的。

如果人们得到更多他们所需要的东西，他们的社会福利水平将得以改进，政府配置资源的效率因此而提高。如果人们认为他们所得到的公共产品和服务与所支付的税款相比是划算的话，他们也更愿意支付税款，整体付款意愿也会提高。因此，实行政府间的分权体制与相对更加集权的体制相比，将会增加人们的付税意愿，从而减少地方政府为补偿提供公共产品和服务成本进行征税的阻力。

(二) 有利于促使地方政府对各地居民负责，促进政府间的竞争

地方政府提供公共产品和服务有利于资源效率的提高。人们以赋税和使用者缴费的方式为公共产品和服务支付费用，因此，人们要求地方政府所提供的公共产品和服务的数量和质量是合意的。如果人们对所提供的公共产品和服务不满意的话，他们（选民）可能会罢免应负责任的地方政府官员。

有关政府行为的许多理论都强调，由于政府管理者行为缺乏利益激励机制，政府管理者可能没有降低提供公共产品和服务的成本的积极性。如果企业不能把成本降到最低水平，最终是要倒闭的，而政府管理者却可以敷衍度日。但是，如果蒂布特模型在起作用的话，居民可以在社区之间进行自由选择，这样一来，不称职的政府可以致使本社区的居民迁移其他社区，这一威胁可能促进政府管理者更有效率地提供公共产品和服务，更关心居民的需要。只有每个社区的政府都关心本地区的居民，并尽可能为其提供他们所爱好的公共产品和服务。那么，政府之间便会形成竞争机制。

(三) 地方政府有利于实施制度创新

在集权体制下，实行什么政策和怎么执行政策统统由中央政府决策。由于中央政府实施某一政策缺乏多样性和灵活性，因而很难实施制度创新，因为中央政府可能为实施某一制度创新政策付出巨大成本。相反，在分权体制下，分权使各地政府有机会尝试种种政策试验，更可能出现别开生面的思路和做法，即使失误，其负面影响和风险也是有限的。事实上，地方政府之间的竞争有利于制度创新，使之能更好地满足人们的要求。在西方国家，地方政府实施新政策的例子比比皆是。

对于一个地方政府而言，制定某些政策的正确性与否，有时是不清楚的。解决此类问题的方法是，让每个地方政府选择适合的政策来实施，然后比较其结果。某一地方政府实施多样化而又灵活的政策，会增加寻求解决问题的新办法的机会，而不给全国其他地区带来风险。

（四）给人们更多的自由选择

在集权体制下，政府所提供的公共产品和服务是统一的，很难满足人们的不同偏好，人们也无法依据自己的偏好进行选择。在分权体制下，每一地方政府可以根据本地区人们的偏好来提供公共产品和服务。由于"用脚投票"机制在发生作用，地方政府所提供公共产品和服务的情况存在差异，给人们带来自由选择的机会。如果某人在一个地方过得不称心，他完全可以迁移到他处去居住，"用脚投票"来显示他的偏好。

（五）有利于缩小政府的总体规模

集权意味着中央政府对地方政府有更多的制约，中央政府无疑扩大了干预范围。因此，政府财力集中率可能会进一步提高，政府规模有扩大之势。而分权带来了地方政府间的竞争，从而打破了中央政府一统天下的局面。这意味着将市场竞争因素引入政府部门，从而打破政府某种程度的垄断，其结果必然是促使政府效率的提高和政府总体规模的缩小。

（六）有利于发挥地方政府官员的信息优势

在集权的情况下，由于地方政府官员比中央政府官员更加了解当地的情况，这种信息不对称会促使地方政府官员运用其信息优势蒙骗、误导中央政府，使中央政府的决策失效；而在分权体制下，地方政府官员可以发挥他们的信息优势，为满足本地居民的偏好提供合意的服务。若要有效实施分权管理模式，也即要充分体现分权的优点，必须以下列三个先决条件为前提：

（1）分权的单位必须足够小。这个条件主要是保证地方政府的决策的合意性，如果在一个足够大的社区，实施某一政策很难符合所有人的偏好。设想一下，在一个有几十万甚至上百万人口的社区要作出一项合意的决策，并不比在更大的社区容易多少。所以，要求具备分权的单位必须足够小这个条件，至少在理论上可以保证在分权体制下，地方政府配置资源是有效率的。

（2）居民必须拥有用投票影响政府的权力。具备该条件，可以从制度上保证人们对政府的监督权力，会使政府感到来自选民的压力，如果政府不对选民负责的话，选民有权选举新政府来取代原来的政府。如果居民没有投票权力，则无从表示自己的偏好，也没法迫使地方政府对他们负责。

（3）居民必须有自由迁移的权力。这个条件非常重要，如果没有蒂布特模型机制在起作用，居民就不能充分显示他们的偏好，正是因为居民有"用脚投票"的选择权，才能对对地方政府行为形成一种约束机制。

如果不能满足以上三个条件，分权的优点就不能充分发挥出来。当然，即使满足上述三个条件，分权也不是万能的，因为在现实生活中，存在分权失灵的领域，比如，西方国家的实践表明，实施社会保障政策，地方政府无法履行这一职责，必须通过集权体制才能有效实施这一政策。

当然，在分权的六个优点中，也许有利于缩小政府的总体规模这一条根本就不存在。分权是否有助于缩小政府规模是个实证问题，没有充分的经验数据支持这一观点。西方有的学者对此进行过研究，有些人的研究证实了这个假设有些人的研究得出了相反的结论，也有人发现分权程度与政府规模不相关①。总之，分权并不必然导致政府总体规模的缩小，既然如此，也许最后这样一种说法最具现实性：分权可能与政府大小没有任何必然联系。

不能把分权体制下能够促进制度创新的作用夸大。换句话说，制度创新只会在地方政府活动的范围内进行。在地方政府不应或者无法活动的领域，分权不会带来什么有益的创新。比如让某一地方政府社会保障政策，只要允许人们充分流动，当人们得知这一政策会给他们带来好处时，人们就会纷纷迁入这一地区，最后使得这一社区实施的社会保障政策由于地方政府财力无力支撑而不得不取消。所以，在分权体制下，地方政府不能作为的领域，不适宜进行制度创新实验。

三、分权制的缺点

尽管分权制优点被人们充分认识，但分权制的缺点也不容忽视，在分权理论中，西方国家学者归纳出分权制的四大缺点。

（一）资源配置缺乏效率

西方经济理论认为，外部效应的存在会导致资源的低效率或无效率配置，即导致资源的过度配置或资源配置不足。在分权制下，一般来说，一个地方政府提供本辖区的公共产品和服务对其他地区不产生外部效应。比如说，某个地区的公共图书馆对其他地区人们的福利几乎没有什么影响。但在有些情况下，一个社区的政府提供的地方公共产品和服务有可能影响其他社区的人们的效用水平。如一个地区能提供良好的公共教育，而其中受到良好公共教育的一部分青年人后来可能迁入其他社区，其他社区就会因多了受教育的劳动力而受益。或者，如果某一地区的污水污染了一条下游经过其他地区的河流，下游地区的成员就会因此而受损。在现实生活中，地方政府的行为如果产生外部效应，就会导致地方政府过多提供公共产品和服务，或者提供的公共产品和服务不足，从而使资源配置缺乏效率。

由此可以得出如下结论：当公共产品的外部影响越强时，由越低级次的政府来提供这类公共产品和服务，其效率会越低下，改由更大的地区来提供可能会更具有效率些。如果公共产品的外溢性大到整个国家，那么，该项公共产品和服务最好由中央政府来提供。

但在现实生活中，外溢性极强的公共产品和服务（例如国防等）毕竟为数不多，这就涉及另一个问题：当一个区域性的公共产品和服务产生外溢性问题时，会导致资源配置的低

---

① 王绍光著：《分权的底限》，中国计划出版社1997年版，第19～29页。
Harvey S·Rosen, 1995, Public Finance, 4th edition.
Michael L·Marlow, "Fisal Decentrelization and Government Size", *Public Choice*, Vol. 56, (1989).
Jeffrey S·Zax, "Is there a Leviafhan in Your Neighborhood?" *American Economic Review*, Vol. 79 (1989).
Philip J·Grossman and Edwin G·West, "Federalism and the Growth of Government Revisited", *Public Choice*, Vol. 79 (1994).
Kevin F·Forbes and ErnestM·Zampell, "Is Leviathan a Mythical Beast?" *American Economic Review*, Vol. 79 (1989).
Wallace E·Oates, "Searching for Leviathan: An Empirical Study" *American Economic Review*, Vol. 75 (1985).
Michael A·Nelson, Search for Leviathan, "Comment and Extension", *American Economic Review*, Vol. 77 (1987).
James B. Hell, "The Search for Leviathan Revisited", Public Finance Quarterly, Vol. 19 (1991).

效率。如何来克服这种低效率配置资源的情况发生呢？一种思路是将几个地区联合起来提供这类公共产品和服务，那么，所有加入提供公共产品和服务的地区都会受益，而且还会使这些地区每个人必须承担的成本下降。例如，相邻地区共同组成警察机构可能是合理的。而那些完全独立行事的社区，就会失掉这种节省费用的机会，从而造成资源配置的低效率，这是实施这一方法的不足之处。

还有公共产品和服务供应中的规模经济问题。当然，地方政府不同活动的规模经济是不同的。如确定图书馆的最优规模与确定消防最优规模的方法是不同的。如果公共产品和服务存在外部效应，那么，确定这项公共产品和服务的最优规模，有助于使重叠管辖制度得到合理化。在重叠管辖制下，各个辖区只负责供应那些其规模经济刚好与本辖区的规模相适应的服务项目。

社区之间的联合，可以更有效地提供具有外部效应的公共产品和服务，使资源配置的效率提高。当然，还有其他一些促使提高资源配置效率的方法，例如，可以将一定公共物品或服务的提供，承包给其他政府部门或私人部门。在西方国家，公共产品和服务由政府委托给私人提供的情况并不鲜见，这是提高资源配置效率可供地方政府选择的方法。但是，这种制度安排使一个管辖区关于消费多少和生产多少的决策之间的联系，变得松散起来。

在分权制下，有时无法得到提供公共产品或服务的规模经济效应。对有些公共服务而言，在更大范围内来统一提供，不仅效率更高，而且人们分摊成本更少。例如社会治安，在一个较大范围内为居民提供统一的保护，比在一个较小的范围内为居民提供保护效率更高，而分摊到每个人身上的成本会因此降低。问题在于，各地区很难为此类公共产品和服务的提供达成共识，因为每个地区都将采取掩饰自己对这类公共产品和服务偏好的策略，希望别的地区尽可能多地承担这类公共产品和服务的成本。这就是说，在存在规模经济效应的情况下，地方政府也会发生隐瞒偏好行为，所以，分权制下在提供地方性公共产品和服务方面，也存在低效率的情况。

（二）低效率的税制

从效率的角度看，一次总付税是具有效率的，不发生税收扭曲的情况，但在现实生活中，具有一次总付税性质的税收并不存在，那么为什么说，在一定区域下实施的税制是缺乏效率的呢？要知晓其中缘由，必须知道效率税制是如何来衡量的。根据税收理论，一个有效率的税制，一定是产生税收超额负担尽可能小，而额外收益尽可能大的税制。比方，有效率的商品课税要求，对供给弹性或需求弹性小的商品以较重的税率，对供给弹性或需求弹性大的商品以较低的税率。假如整个国家的资金供给是固定的，而资本在不同社区之间是高度流动的，每个社区都认识到，如果本社区对资本课以重税，资本就会流向其他社区，使本社区受损。这样，一个理性的地方政府，即使要对资本课税，税也是很轻的。相反，从全国的角度来看，效率要求对资本课以重税，因为资本的总供给是没有弹性的。但这只能对封闭的国家来说如此，如果一个国家的开放度很高，对资本课以重税，就会使资本外流。当然，对总资本量假设不变也不符合现实。

个人和企业的行为决策，在多大的程度上受地方税率高低的影响，由于缺乏数据支撑，难以作出实证分析。但可以作出合理的推断：从全国的角度看，分权制下的地方政府课征的税不大可能是有效率的。因为每个地方政府都可能根据税负能否转嫁到其他地区来选择税种。例如，如果全国唯一的一座金矿坐落在某一个地方政府管辖的范围内，那么，该地方政府对黄金开征的地方税的大部分负担，将落在其他地区的使用者身上。从该地区的地方政府来看，开征黄金税是一个好主意，但从全国来看，就不一定如此了。据美国的一位学者（Phares，1980）估计①，在美国约有17%的州税转嫁给其他州的居民。

地方税制产生的税收转嫁问题，使地方政府提供的当地公共产品和服务的规模，可能从效率角度看过大了。根据萨缪尔森公共产品最优供给均衡条件，地方政府提供的公共产品和服务的量，在边际社会收益等于边际社会成本时达到最优。如果一个地方政府能把一部分税负转嫁到其他地区，那么，该地方政府所承担的边际成本就会低于边际社会成本，就会使该地方政府增加公共产品和服务的量，直到边际社会收益等于所承担的边际成本为止，而这一边际成本是低于边际社会成本的。所以，在这种情况下，地方政府提供的地公共产品和服务的量超过最优量。

一般情况下，实行分级财政的西方国家，地方税收由地方政府负责组织实施，由此带来征税的规模经济问题，一个地方政府可能无法利用征税的规模经济，使地方政府征税的成本偏大。因为每个地方政府都要耗资去建立税务机关，如果共建税务机关则可能大大节约征管成本。当然，通过管辖区之间的合作，也可以得到部分的规模经济，而不需要真正的合作。例如在美国，在若干州中，城市课征的税，是由州税务机关征收的。

（三）公平问题

假如某一地方政府实施收入再分配的计划，因这一政策具有外部效应、"用脚投票"和"免费搭车"等缘故，最终导致该地方政府不得不放弃这一计划。从福利经济学的角度分析，收入向穷人转移被认为是合理的，但由一个地方政府来实施这一计划不能奏效。例如，如果在某个地方政府开征一种有利于低收入成员的税，假定允许人们自由流动，其他地区的低收入成员将要迁入该地方政府管辖区域，随着低收入成员的迁入的增多，实施收入再分配的计划的成本也在提高。同时，该地区高收入者可能决定迁走，因为高收入成员不能忍受"免费搭车"行为而负担过高的税收，这样，一方面，对该地区的税基的需求在扩大；另一方面，事实上税基则在缩小，收入再分配计划最终不得不放弃。发生这种情况的根本原因是"蒂布特模型"机制在起作用，因为人们的居住决策是受可能的税收与福利组合的影响，当人们认为税收与福利组合不符合其意愿时，便会出现"用脚投票"。

政府实施收入再分配计划，基于以下两种考虑：一是社会正义，社会普遍存有对低收入者的同情心，通过实施再分配政策，把一部分收入由高收入者向低收入者转移，被认为是符合社会正义原则。二是社会安定，因为收入分配的严重不平等可能造成社会冲突，而政府的职能之一就是调节社会冲突。在前一种情况下，收入再分配是社会正义的体现；在后一种情况下，收入再分配是政府为促使社会安定付出的保险费。所以，不论是以上哪种理由，由地方政府来实施收入再分配计划都难以达到其目的。西方经济学家普遍认为，收入再分配的计划很难有效在分权制下实施。

---

① Harvey S·Rosen, *Public Finance*, 1995, 4th Edition. pp. 519–523.

（四）地方政府几乎不可能解决宏观经济问题

西方国家宏观经济稳定的主要目标是谋求经济增长、充分就业、稳定物价和国际收支平衡，而财政政策和金融政策是政府为了达到这些目标的主要手段。在分权体制下，即使赋予地方政府运用这两种政策的权力，它们也无法达到稳定宏观经济的目标。其原因在于，假定某个地方政府试图通过大规模减税政策来刺激本地经济增长，以降低失业率。只要当地的经济是开放的，减税形成的相当一部分购买力会用来购买产自外地的产品，从而增加外地的就业率，而不是本地的就业率。如果为了让本地经济从减税中得到全部好处而切断本地与外地的经济联系，则不仅整体经济效益下降，而且当地经济效益也会下降。再假定让地方政府治理通货膨胀，只要商品流动是充分的，由于市场机制的作用，稳定任一地区物价水平而不受其他地区物价波动影响是不可能的。所以，地方政府稳定该地区的物价水平的任何努力都不可能奏效，除非地方政府所调节的是整个国家的物价水平。但是，如果要某一地方政府负责稳定全国的物价水平，显然超出了地方政府的能力，这是不可想象的。

四、财政集权和分权的原因

政府在一定时期内究竟是采取财权集中还是财权分散的方法提供公共产品和服务，是由许多因素决定的。从以上的分析来看，分权制的优点是人们认为不应集权的原因，而分权制的缺点又是人们认为需要集权的道理。所以，过度的分权体制和过度的集权体制都不是西方国家的现实选择，西方国家政府间的财权是集权还是分权？要从公平和效率两个角度进行权衡来划分。根据以上分析，总结出财政集权的原因和财政分权的原因。

（一）财政集权的原因

（1）分权不利于宏观经济稳定，而集权有利于宏观经济稳定。财政分权在实现宏观经济稳定问题上的无效率或低效率是人们认知的。

（2）集权有利于收入再分配计划的实施。由各地方政府分别实行收入再分配政策，只会导致人口和财富的非正常流动，最终导致政策失效。由中央政府在全国范围内实施社会福利等收入再分配政策，才能够收到预期的效果。

（3）集权有利于将具有跨地区外溢性效应内在化，分权将无法纠正跨地区的外溢性作用内部化。因此，对于外溢性大而且明显的公共产品和服务，应由上一级政府提供；如果公共产品和服务的外部效应惠及整个国家，应由中央政府负责提供这类公共产品和服务。

（4）集权有利于获得规模经济效应，而分权不利于获得规模经济效应。所以，对具有规模经济程度较高的公共产品和服务，应由上一级政府甚至中央政府负责提供。

（5）集权有利于提供全国性公共物品和服务，而分权不利于提供全国性公共物品和服务。

除此之外，当战争和自然灾害等特殊情况发生时，也可能会导致国家财权在一定程度上集中。

集权的缺陷集中体现在两个方面：一是中央政府很难了解各地的具体情况，由于缺乏对各地信息的充分了解，中央政府就不可能制定适合各地具体情况的政策；二是难以设立一种既能调动各级地方政府官员的积极性，又能使他们的行为与中央政府保持一致的激励机制。一般情况下，中央政府对各地情况的了解必须依赖各级地方政府官员，而各级政府官员缺乏激励机制的刺激，贯彻中央政府意图的积极性往往不足，但蒙骗中央政府的劲头很大，结果造成中央政府无法依据各地居民的偏好制定相应政策，从而造成资源配置的低效率。另外，中央政府的权力无人约束，在这种情况下，一旦中央政府决策有误，很难加以制止，其危害性也比在民主的分权体制下大得多。

（二）财政分权的原因

集权的弊端给分权提供了理由，归纳起来，实施分权的理由主要有三点。

（1）地方政府比中央政府更能了解当地居民的偏好。如果由地方政府提供公共产品和服务，由于地方政府比中央政府更了解当地居民的需求曲线，能够较好地反映本地居民的消费偏好，而中央政府却不容易做到这点。

（2）地方政府比中央政府更适合提供具有拥挤性的公共产品和服务。对于消费的拥挤程度较强的公共产品和服务，应由地方政府负责提供，而中央政府不适合提供此类的公共产品和服务。

（3）地方政府比中央政府更适应民族的复杂性和居民偏好的多样性。通常，一个国家内民族的多样化程度越高，则人们之间的消费差异也就越大，财权的分散程度也就相应越大。而居民偏好的多样性特点，也需要多样的地方政府可供人们选择。

综上所述，既然财政分权和集权各有利弊，任何一个国家都不应该试图建立一个完全分权或完全集权的财政体制。因为如果建立了一个完全分权的财政体制，固然能够得到分权的好处，但也必须承受分权的弊端。反之，如果建立一个完全集权的体制，就要准备既获得集权之利也蒙受集权之害。显然，这两种选择都不理想。如此说来，抽象地争论"到底分权好还是集权好"是徒劳无益的。人们探讨集权和分权问题的焦点在于：在市场经济体制下，某一时期内，哪些权力应该由地方政府行使，哪些权力应该由中央政府行使，才能使资源配置更具效率？

第五节 宪法的作用

一、国家的权力属于人民

国家的权力属于人民，但不可能人人都参与国家权力的行使。为解决这一矛盾，美国宪法的制定者们设计和提供了一个合理的运行机制：人们以契约形式来确定人民与政府的权利与义务关系，这个契约就是以宪法为中心的法律体系。其具体表现为：宪法以人民总契约形式的最高法出现。这主要从三方面对国家权力进行限制：第一，宪法规定国家的权力属于人民，政府的权力来源于人民的委托与授权。第二，宪法为政府权力运行规定道德基础，即权力的运行是为了促进公民的权利与公共利益。第三，宪法规定政府权力运行的界限，这个界限就是公民的权利。政府权力运行不侵犯公民的权利。同时，代议制的核心在于通过选举，选出自己满意的代表去行使国家权力。选举的过程是"多数表决"的过程，也是一种集体合意或者说达成契约的过程。人民与其代表或者其他公职人员之间的关系实质上是一种契约关系。人民代表按照权力所有者的意愿行使国家权力的过程，也就是一个执行契约的过程；而一旦代表不按权力所有者的意愿行使国家权力，人们就有权对其予以罢免、弹劾。在司法独立制度中，也可以感觉到社会契约的存在。政府与人民的权利义务关系，政府各部门之间的权利义务关系及制约关系由宪法确定。如果这些关系在运行中突破了宪法的规定，司法机关作为独立于这两种关系之外的力量，可以独立地作出判断，并使这两种关系达到平衡。正是通过这种契约机制，才能使国家权力最终掌握在人民手中，正是通过这些机制，美国宪法为美国政局的稳定提供了可靠的保障。

二、保证了美国政治局势的稳定

1787年以来，世界发生了翻天覆地的变化。然而美国宪法却保持不变，其中4/5原文无须改动仍能适用。其原因在于美国宪法朴实无华，没有大话、空话和假话，能够建立起无可争辩的威信和效用，能够起到保证长治久安的作用；在于美国宪法的措辞简洁而笼统，留有充分的解释和修正的余地，使之能与时代一起进步，合法地自我完善而不必诉诸革命。200多年来，美国宪法在美国的政治、经济和社会生活中，具有至高无上的地位。在美国宪法规制下，美国的政治公开，政局稳定，成为西方民主政治的典范。从对美国宪法内部机制的设定和运行的分析入手，可一窥美国宪法如何为美国政治的公开和政局的稳定提供保障机制的精妙。在美国制定宪法时，制宪者们深知，当政治国家与市民社会相分离时，国家权力所有者与国家权力行使者之间也会发生分离。为此，他们致力于建立一种制度来保障国家权力的运行，体现权力所有者的意愿，而不至于发生权力的运行背离甚至走向权力所有者的对立面。

三、明确规定了个人的权利和义务，保护私人产权

建国之初，美国就出现了一起私立学院充公案。19世纪10年代，在美国东北部的新罕布什尔州的达特茅斯学院，该校董事会与校长龃龉，董事会炒了校长的"鱿鱼"。在美国革命中立过战功的校长，利用自己的政治影响，促使州议会通过法律，以学校乃属"公益事业"为由，将学校改为公立。董事会以州议会违反宪法中的契约条款（政府"不得通过损害契约义务的法律"）为由，把官司一直打到最高法院。最高法院以契约神圣、私产免受公权干涉为由，一致裁决，推翻了州议会的法律，而且它借题发挥，明确了私人企业和民间组织（即法人）可以像自然人一样，获得宪法的保护而免于政府的政治干预。由此，最高法院为19世纪后半叶美国工业化时代的"自由放任"奠定了坚实的法律基础，开始了其为私有企业保驾护航的漫长历程。结果，美国私有企业、民间组织（如基金会）如雨后春笋蓬勃发展，整个社会充满了活力。英国的一位著名法律权威梅因爵士曾指出，该案成为19世纪"许多美国大铁路公司成功的基础"。正是它的原则"在现实生活中保证了对经济力量的充分利用，由此取得了开拓北美大陆的成就"。当然，物极必反，到20世纪初，企业法人

以契约神圣权来损害个人，特别是劳工基本权利的现象屡见不鲜，日趋严重。时代的变迁，也促使最高法院开始缓慢地对契约权利加以必要的限制。由于有法律的保驾护航，市场的无形之手尽情发挥着作用，一直到20世纪30年代罗斯福实施国家干预的所谓"新政"为止，美国成为一个资本主义最为放任自流的国家，拥有一个最少政府干预的市场经济和最发达的市民社会。即使在国家干预市场成为常态以后，美国依然是西方世界中政府规制最少的国家。在这样的环境中，科学发现和技术发明不断涌现，更为重要的是，适应市场的制度创新成为美国傲视全球的最大资本，形成了为其带来源源不断利益的制度霸权。就生产方式而言，有从19世纪中期起源于枪械制造业的标准化生产（即所谓的"美国制度"），到20世纪初汽车业的流水线作业；在融资领域，有从19世纪所有权和经营权分离的托拉斯模式，到今天风行全球的共同基金和风险基金；在营销领域，有小企业成功法宝的特许经营和连锁商店；在消费领域，有信用卡支付和按揭贷款。无数的制度创新让最新的技术发明以最快的速度转化为最大规模的生产。汽车和电影都是在欧洲最早出现的，但却是在美国最早普及的，这绝非偶然，美国依靠的就是生产和营销制度的创新。正因为在制度创新方面绝对优势，美国在19世纪90年代就成为世界最大经济强国，一个多世纪后仍然执世界经济之牛耳。

总之，美国宪法是美国的立国之本，同时也是美国富强的保证。宪法对政府权力的限制促使了美国政府的顺利运行，保持了政局的稳定；而对私有权的保护促使市场经济的兴起，这又为美国经济的发展做出了巨大的贡献。毫无疑问，一个国家的发展和强盛有很多因素，但是，如果一个国家要长盛不衰，那必须有一套良好的制度来保证，而美国宪法则提供了这一点。

第六节 政府间的财政转移支付

一、财政转移支付的形式

政府间转移支付制度是在处理中央财政与地方财政关系时，协调上下级之间关系的一项重要制度，它一般是通过垂直的资金流动的形式，即从上一级财政流向下一级财政，来实现上级对下级政府的补助。

上级政府对下级政府实行财政补助一般出于以下目的：一是为地方政府提供额外的收入来源，弥补地方政府的收支差额，增强其提供公共服务的能力；二是中央政府通过对地方政府财政补助，对地方的财政支出进行控制和调节，使其为实现中央政府的宏观政策服务；三是由于地方政府提供的某些服务项目（如教育、修路等）具有一定的外溢性，其所产生的利益不仅使本地区居民受益，而且还使其他地区的居民受益，因此，上级政府可以采取一定形式对地方政府进行补助，以鼓励其提供这种具有外溢作用的公共产品；四是地方与地方之间财政状况和服务水平不平衡，转移支付便函于促进社会公平目标的实现；五是利用转移支付可以促进国家实现某些特殊的社会目的，例如，美国联邦对州、地方的教育补助就提出了接受补助的学区不能实行种族歧视和种族隔离的要求。从形式上看，政府间转移支付可分为条件补助、专项补助和无条件补助三种类型。

(一) 有条件补助

有条件补助是指附带条件的补助。也就是说，当上一级政府把资金补贴给下一级政府时，专门指出如何具体使用该笔资金，不得移作他用。

在实践中，有条件补助又具有对等和不对等两种形式。所谓对等形式是指受补贴政府必须自己拿出一定比例的资金，才能有资格接受上一级政府的补助。如比例为100%，称"一对一对等"形式，即受补助者如接受100美元的补贴，自己也要拿出100美元；如果补贴的比例为50%，则接受100美元的补贴，自己要拿出50美元。在实行时，补贴的比例是不固定的，根据地方政府的具体情况，由中央政府决定。一般来讲，上级政府对比较富裕的下级政府提供补助金时，往往要求较高的补贴比例。所谓不对等形式就是指对某些接受补助政府可以不要求其提供资金的有条件补助。

有条件补助往往会产生收入效应和替代效应。收入效应是指接受补贴的下级政府会因得到补贴而放松了开辟自身财源的努力，从而使本身的财政收入来源减少。替代效应是指由于得到了上级政府的补贴，下级政府提供公共产品的成本就大为降低，这就会使下级政府倾向于扩大供给，从而也扩大了来自本身财政收入的那部分公共支出。这两个效应说明，上级政府向下级政府进行补助，虽本意是想消除下级政府的赤字或财政亏损，但却往往有助长下级政府增加开支的倾向，同时，还会减少下级政府开辟财源的努力，结果只会使下级政府财政更加陷入恶性财政赤字的循环之中。

(二) 专项补助

专项补助也称分类补助。就是指只规定某一类支出的补助总额，而不具体规定用途和要求，在同类范围内由地方政府自行决定补助的具体使用项目。专项补助一般仍需由地方政府向上级政府主管部门提交有关补助计划执行情况的书面报告。

专项补助与有条件补助有相似之处，这就是上级政府对于接受补贴的下级政府都要规定这种财政补助的使用方向。但是，专项补助又不同于有条件补助，即它不具体指明下级政府应该使用款项的细目和用途。例如，上级政府向下级政府补助一笔款项作为教育经费，下级政府可经用它来购买书籍、给教员发薪水、用于学校的午餐的费用、建造学校宿舍或者购置教学设备等，只要没有超出教育经费的范围都是允许的，但不能把此项经费用于办旅游事业或其他事业。

(三) 无条件补助

无条件补助是上级政府对下级政府的补助款项，不限定使用范围与要求，即上级政府只是简单地给下级政府拨出一笔款项，而不附带任何条件。这种类型的财政补助也是必要的，因为：(1) 从管理和使用上来说，上级政府把一大笔资金补贴给下级政府后，由于不规定具体的使用方向，有利于下级政府集中灵活地使用这笔资金，可以促进规模经济的发展。(2) 不同的省（州）与地方政府所具有的财政能力是有差别的，如果中央或上级政府对财政补助事无巨细、一律规定款项的使用方向，则不利于地方政府因地制宜地使用财政资金。(3) 增加地方政府的财力，可以充分发挥地方的积极性，减少中央集权程度。这对于集权程度较高的单一制国家来说更应如此。

从世界各资本主义发达国家的具体转移支付制度来看，无条件补助的形式在各国有所不同。在法国，一般把无条件补助称为一般性补助，或平衡预算性质的补助，它不是针对某一项开支，而是用于维护地方预算收支平衡的，每个市镇都可以得到这种补助。

在美国，无条件补助就是指收入分享。收入分享的思想早在20世纪40年代就由美国的阿尔文·A·汉森和哈维·S·珀洛夫二人在《国民经济中的州和地方财政》一书中提出。他们当时设想把分享作为解决州和地方问题的方法之一。到50年代，他们的设想进一步发展。1972年，美国国会通过了《州和地方政府补助法》。从此，联邦政府就开始实行对州和地方的无条件补助，即所谓的收入分享。根据收入分享制度，联邦政府每年要按照一定的、比较复杂的公式在各州之间分配一定数额的联邦收入。公式中考虑的因素，包括州的人均所得、所得税率、人口数量等等。在各州所分享到的资金中，约1/3直接归州政府使用，余下的2/3再根据一定的公式分配给地方政府。根据规定，无条件补助的州和地方政府可以按照自己的意图使用这种资金，联邦政府对此一般不加以限制。

一般地说，无条件补助比有条件补助更能产生收入效应或替代效应。因此，各国财政学者对转移支付制度褒贬不一。持批评意见的人认为，转移支付制度会破坏地方政府的独立性，造成中央集权的官僚制度，干扰地方预算，妨碍预算控制效果，引起支出浪费和不必要的政府间纠纷等等。持赞许意见的人却认为，转移支付制度可以使中央和地方使用发展共同事业，解决地方政府举办某项事业财力不足的困难，促进税制改革以及地方政府代替中央政府办理某些事业，督促地方政府注重其容易忽视的事业等。

二、政府间转移支付制度的作用

尽管西方财政学者对政府间转移支付制度褒贬不一，但在各国的财政实践中，它对发达国家经济发展的作用却是明显的。具体表现在以下几个方面。

（一）政府间转移支付制度加强了中央政府对地方政府的控制

地方的自治权限逐渐缩小，中央政府的调控作用日益加强，这是资本主义社会经济发展的一种必然趋势。尽管在当今的资本主义发达国家中，中央与地方的集权与分权程度不尽相同，但地方政府对中央政府却都存在着从属和依赖关系，这明显地表现为中央政府集中了大量的财政资金，而地方政府则要依靠中央政府的补助。中央政府通过向地方政府提供日益增加的补助，把地方政府的预算牢牢地置于自己的控制范围之内。中央政府的财政补助金是地方政府财政收入的重要来源，地方政府只有靠中央政府的补助才能实现财政收支的平衡。从这个意义上说，地方财政已成为中央财政体系的从属部分，这无疑会加强中央政府对地方政府的控制，地方政府对中央政府的服从性也会加强，从而有利于中央政府的政策意图。

（二）政府间转移支付制度是中央政府稳定经济政策的重要手段

中央政府对地方政府实行财政补助金制度，这是资本主义发达国家财政体制的共同特征之一。随着国家干预程度的加强，各国越来越多地把它作为刺激需求，增加就业的一项重要措施。20世纪30年代以来，各国地方政府为对付经济危机而举办的许多公共福利事业都是在这种体制下得到中央政府的资助的。特别是在危机严重时期，中央政府往往增加各种反周期补助，帮助地方政府延长对失业者提供补助金的期限支持地方政府兴办公共工程和其他服务项目，这对于迅速恢复和增加就业，缓和和减轻经济活动的迅速下降起到了重要作用。

（三）政府间转移支付制度有利于吸引地方财力建设与全国利益相关的项目

地方政府进行的重大建设项目通常需要经中央政府认可，得到中央政府的补助才能进行，否则，地方政府一般无力进行重大建设。另外，中央政府给予的补助金也会产生"多边效果"。例如，在有条件补助中，要求给予补助金的先决条件是地方政府在得到中央政府补助的同时必须拨付相应的投资，这不仅有助于重大建设项目在全国范围内得到平衡，而且还吸引了地方的财力参加解决全国性问题，实现中央政府的各项宏观计划。

三、发达国家的政府间转移支付制度

由于各国政治、经济状况不同，资本主义发达国家都力求从自己的国情出发，在政府间转移支付制度中突出自己国家的特点。日本和德国的做法最为典型。

（一）日本的政府间转移支付制度

日本政府针对大部分财政收入由中央组织，而大部分支出由地方财政实现的状况，为了解决地区间经济发展不平衡而造成的各地方政府之间财力上悬殊问题，确保地方经济顺利发展，采取了以下三种方式实现中央财政对地方财政的补助。

1. 国家下拨税

这是指中央政府为了解决各地区的经济发展，把国税中的所得税、法人税和资源税按一定比例（目前比例为32%）拨给地方的一种款项。国家下拨税的目的，是为了保证地方政府都有一定的财力作基础，独立地行使其职能，可以起到调节地区差别的作用。它首先是作为国税的一部分由中央统一征收，然后，根据各地方政府的财力充裕程度，从保证地方政府的财力均衡出发，拨付给地方政府。国家下拨税，不指定专门用途，也不附加其他条件，相当于前面提到的无条件补助。日本的国家下拨税分为普通下拨税和特别下拨税，前者占总额的94%，后者占6%。两者在弥补地方财源不足上的目的是一致的。但后者是对普通下拨税确定以后发生的灾害、歉收等情况和个别的特殊情况提供的补充性财源。

2. 国家让与税

它是把作为国税征收的特定的税种的收入按照一定的客观标准转让给地方政府的一种税。目前共有5个税种，即地方公路让与税、液化石油气让与税、汽油吨位税、航空燃料税和特别吨位税。这5种税数量较少，专门用于公路和航空交通。前3种作为道路修筑和维修经费的财源而转让给地方政府的，转让金额完全根据道路的总长度和面积等客观标准而确定，与征收地方无关。航空燃料让与税是为了维修机场和有关设施，防止飞机噪音等而转让给机场等有关地方政府的一部分财源。特别吨位让与税转让给征税地点，即港口所在地的市町村，不指定专门用途。

3. 国库支出金

它是根据一定的目的和条件由国库拨付给地方政府，用于特定支出的一种财政资金。按照支出的性质和目的，国库支出金可分为三大类：国库负担金、国库委托金和国库补助金。在地方政府应办的事务中，有些关系到整个国家的利益，需要国家统一标准，由国家负担其全部或部分经费，国家为此而拨付的资金称为国库负担金，如义务教育中的教员工资等。有些事务本应由国家负担，但发生在地方，委托给地方办理，国家为弥补地方公共团体支出中用于这部分事务的支出，拨付给地方的国库支出金就是国库委托金，如国会议员当选费、自卫队驻扎费等。在地方兴办的事务中，有些国家认为需要通过补助的形式加以鼓励，这种国家出于行政上的需要，根据自身判断而拨给地方的国库支出金，就是国库补助金，如那些国家认为有利于工业均衡布局的地方开发工业用地等。

（二）德国的政府间转移支付制度

德国的政府间转移支付制度既包括中央地方或上下级之间的资金调节，也包括发达地区与不发达要地区之间的税收调节。前者称为"纵向财政平衡制度"，后者称为"横向财政平衡制度"。

1. 纵向财政平衡制度

纵向财政平衡制度是为了确保各级政府履行各自职责所必需的财源，通过税收在各级政府之间进行分配。这种税一般是指共享税。按照分税制的要求，德国各级政府除了各自拥有专享税外，还有彼此共同的共享税，它包括所得税、公司税和增值税。一般来说，德国所得税和公司税一经确定分成比例后，多年不变，如所得税从1980年起在联邦、州、区之间的比例分别为42.5%、42.5%和15%，公司税在联邦和州之间各得50%，而增值税收入在联邦和州之间的分配比例则随收入和支出的变化而变化，一般两年调整一次，具体比例由联邦政府确定。1976年联邦和州的比例为69∶31，1978年为67.5∶32.5，1988年为65∶35。从一定意义上说，德国增值税的分配起到了一个收入系统中保持平衡的协调作用。

2. 横向财政平衡制度

横向财政平衡制度，就是通过"抽肥补瘦"的办法，把财力较强的一些州的一部分增值税收入转拨给经济力量较弱的一些州，进行横向资金调剂，达到各州财力的总体平衡。这种分配分两步进行。第一步，根据各州人口数量将州预算应得全部增值税收入的75%分配给各州，计算时还要考虑一些别的因素，如生态环境、人口状况等。剩下的25%建立一个为经济不发达州服务的援助基金。第二步，根据州、区人均税收收入进行再分配。计算再分配资金时采用两个指标：一是"财政能力"，即某个州预算全部税收收入额加上本州各区主要税收收入的50%；二是全国各州和区预算主要税收收入总额除全国人数乘本州人数，这就是建立在人均税收收入基础上的州收入定额。实际税收收入高于计算出的定额的州，必须将一定的收入拨付给收入低于定额的州。德国法律规定，经济上欠发达州的收入应当至少为平均指标的95%，再分配额的大小只取决于各州税收收入的差距。这个差距（假定平均指标为100%）1989~1990年在77%~112%之间，除经济发达地区的援助外，联邦预算也对不发达州进行补贴，1976~1986年联邦预算将所得增值税收入的1.5%用于这种补贴。

结论：

美国政府传统中最根本的分权制度是联邦主义，美国联邦主义基本上是一种分权体制，这一体制授予各州以及它们自己选择的方式处理地方事务的权力。同时，联邦主义授予中央政府决定全国事务的权力。

蒂布特在 1956 年提出的一个著名的模型，蒂布特模型（Tiebout Model）的实质内涵是：只要消费者——投票者可以在"行政管辖区"当中进行选择，就存在一种对公共产品的偏好显示机制——流动性。如果消费者迁往具有他偏好的地方服务水平的行政区，也就同时显示出他的偏好，并在他的需求曲线上停下来，即"用脚投票"。只要有足够多样的行政区可供选择，所有的消费者都可以有（或者至少接近）它们的需求曲线。

最优联邦主义的主要目标是，决定如何恰当划分各级政府的职能。当今联邦主义发展的一个明显特征是，联邦政府权力扩张的趋势一直在持续，联邦政府在许多政策领域里发挥作用，而这些领域过去曾经只是在州和地方政府的控制之下。联邦政府并没有主导这些政策领域，但的确扮演着重要的角色。例如，20 世纪 60 年代，约翰逊总统推行的社会福利政策，包括医疗、公共住房、营养、福利、城市发展和其他此前保留给州和地方政府管辖的领域。

今日联邦主义的第二个特征是，联邦权力的部分收缩。这一被称为"权力移交"的趋势包括将权力从联邦政府向州和地方政府下放。权力下放逆转了过去几十年来联邦政府权力的增加，但只是在某些领域，并只在温和的程度上发生。

分权是一个广泛使用的术语，然而其在不同的场合有不同的含义。

财政分权所包含的基本内容有：给予地方政府一定的税收权力和支出责任范围；允许地方政府自主决定其预算支出规模和结构。通过这些分权的实施，处于最基层的民众就能够自由选择他们所需要的政府类型，并积极参与社会管理。其结果便是地方政府能够提供更好的社会服务，选民也更为满意。所以，财政分权的实质是赋予地方政府一定的自主权以便独立进行财政决策。

美国宪法的制定者们设计和提供了一个合理的运行机制：人们以契约形式来确定人民与政府的权利与义务关系，这个契约就是以宪法为中心的法律体系。其具体表现为：宪法以人民总契约形式的最高法出现。美国宪法保证了美国政治局势的稳定美国宪法明确规定了个人的权利和义务，保护私人产权。

政府间转移支付制度是在处理中央财政与地方财政关系时，协调上下级之间关系的一项重要制度，它一般是通过垂直的资金流动的形式，即从上一级财政流向下一级财政，来实现上级对下级政府的补助。

思考题：

1. 今日联邦主义发展的趋势是什么？
2. 什么是财政联邦主义？
3. 分权的优缺点是什么？为什么？
4. 集权的优缺点是什么？为什么？
5. 蒂布特模型的前提条件是什么？为什么？
6. 美国宪法的作用。
7. 政府间转移支付制度的作用。
8. 为什么纵向转移支付制度在绝大多数国家难以实施？

第十章 预算中的政治

第一节 预算程序中的政治

一、政府的角色及其利益

（一）作为经济调控者的政府

当今世界，没有任何国家的经济完全符合自由放任模式或集体主义模式，所有的国民经济模式都是"混合"形式，尽管如此，世界各国的经济在混合程度上还是有很大的不同，与欧洲国家相比，美国更依赖于私人所有制和私人积极性，然而，美国政府也调控私营工商业的运行，美国公司不能为所欲为，必须在联邦条例所确定的生产和分配规则内运作，政府的调控政策的目标是为了促进效率和公平的实现。

（二）作为环境保护者的政府

最近几十年来，美国人没有像今天这样重视对环境的保护。如今，美国的污染程度要远远低于20世纪60年代的水平，这得益于美国政府对环境污染的治理和保护。但政府对环境污染的治理和保护，也引起一些争论，对全球变暖现象就是一个典型的例子。2002年，小布什政府宣布，美国不会签订《京都议定书》，理由是，并不清楚气候的自然波动可能对气候变暖产生多大的影响，也不知道变化的速度有多快，美国不愿意加入1个有缺陷的条约，如果美国签署《京都议定书》的话，会对美国经济产生消极影响。而指责美国政府的人则认为，美国每年排放的温室气体占全球的1/4，对于全球的变暖现象，美国有责任减少温室气体的排放。可见，美国政府在环境保护方面也陷入"两难困境"。

（三）作为经济利益促进者的政府

美国政府一直对美国经济起重要的促进作用，美国政府一直致力于如何促进企业的发展，提供贷款和税收优惠是政府促进企业发展的有力方式，在过去的几十年中，联邦政府对企业的征税的份额一直在减少，相反，个人承担了更重的税负。政府对企业做出的最大贡献在于它所提供的那些传统的服务，如教育、交通和国防。主要靠政府赞助的大学为企业提供了大多数专业和技术劳动力，以及大部分可以转化为产品开发的基础研究，全国的陆路、水路和机场是其他公共部门的贡献，没有这些，企业不可能运作。总之，美国企业再也没有比政府更大的支持者了。

二、立法机关的角色及其利益

（一）国会立法的功能

根据美国宪法，国会被授予立法功能，也就是制定法律的权威。国会的宪法权利是实质性的，它们包括：征税、支出、贸易调控和宣布战争。

国会的组织方式使得对重大议题难以达成一致。因为国会是两院制而不是一院制，每个议院都有自己的权力和选民基础，没有另一院的同意，众议院和参议院都不能颁布立法，这两院很难说是同一事物的两种样式。加利福尼亚和北达科他州在众议院拥有相同的代表，但在众议院，由于是按人口比例分配代表，加利福尼亚有 53 个席位，北达科他州只有 1 个席位。

国会的立法活动得到三个国会机构的支持：国会预算局、总审计局、国会研究所。

（二）国会的代表功能

在制定法律的过程中，国会成员代表美国社会的各种利益，从而让他们在全国立法机构中享有发言权。自从美国建国以来，代表功能的适当方式就备受争议，反复出现的问题是，代表的主要关注点是作为整体的国家利益，还是他或她自己选民的利益。这些利益在一定程度上是重叠的，但很少完全一致。对全社会有利的政策并不总是同等地有利于特定的地区，有时甚至会对某些地区造成损害。

（三）国会的监督功能

尽管国会颁布全国的法律并拨款来落实这些法律的实施，但还是委托行政部门来执行这些法律。国会的指责就是监督行政机关忠实地执行法律，恰当地支出经费，这种监督活动被称为国会的监督功能。

监督功能在很大程度上通过国会的委员会制度来实施，委员会与行政官僚机构的平行结构也推动了监督功能的发挥：众议院的国际关系委员会和参议院的对外委员会监督国务院的工作；众参两院的农业委员会监督农业部，等等。1970 年的《立法重组法案》清楚地规定了每个委员会监督其平行机构的职责：每个常设委员会将持续地审查并研究这些法律或其部分的适用、管理和执行，这些法律的内容属于该委员会的管辖范围。

三、美国国会与总统之间在预算上的博弈

美国总统和国会之间在预算上主要通过年度预算程序展开博弈。宪法授权国会享有征税和开支权，但总统作为最高行政长官在制定预算的过程中发挥重要的作用。在与国会协商预算时，总统的否决权也是一个强大的工具。事实上，预算程序涉及国会与总统之间的妥协，因为双方都想尽力对最终的预算产生影响。

美国的预算非常精细，从开始编制预算到预算获得国会通过要持续一年半时间，预算程序开始于行政部门，总统在与行政管理和预算局协商后确立一般的预算指导原则，行政管理和预算局的职责是使预算与总统的优先考虑保持一致，但总统事实上对大多数预算没有真正

的发言权，大约 2/3 的预算涉及必需的开支，这些开支由现行法律授权。每年 1 月，总统向国会提交新一个财政年度的预算，当国会审查预算时，总统的建议要遇到不同程度的更改。国会多数的优先考虑与总统决不可能完全相同，即使他们同属一个政党也是如此。如果是对立的政党，则其优先考虑可能差别更大。

预算一旦由参议院和众议院通过并经总统签署，就在 10 月 1 日生效。如果到 10 月 1 日预算还没有达成一致，为了维持政府的运作，可以要求临时拨款。在 1995 年下半年，当时的克林顿政府和共和党国会在预算问题上陷入僵局达到如此的程度，以至于他们甚至不能就临时拨款达成一致。他们之间的不分胜负两次迫使一些不重要的政府活动出现短暂的停滞。

第二节 预算编制中的政治

一、预算决策中的优先权政治

（一）美国联邦政府的预算编制

政府预算是指一国政府在每个财政年度内全部的收入与支出计划。通过特定的预算制度政府在决定财政资源于各政府部门、各行政机构的分配格局的同时，也对全社会经济资源在公共部门与私人部门之间的配置产生重要影响。按照最一般的理解，美国联邦政府预算就是国会与总统共同决定国家年度财政支出规模、各类支出项目安排以及财政收入计划的工具或手段。

今天，美国政府编制预算已经成为国家政治的主题，税收和支出、动员和分配资源在国会会议上所占用的时间比其他所有议题所用的时间加总还要多。随着预算总量的增长，编制预算的风险也越来越大，政府与国会在预算编制上矛盾也越来越多，这就需要从多角度来审视政府预算的编制，使预算的编制符合国家的发展目标。

美国政府制定财政预算的主要目标在于，为完成政府财政政策目标而确定财政活动重点及其优先顺序，并且据此监控财政活动的进程。一个完整的美国联邦政府预算周期可以划分为四个阶段：预算草案的编制，国会审议、批准预算草案，预算执行和对预算执行情况的审核、监督。在这一过程中，以总统为首的行政部门和国会所代表的立法部门在联邦政府预算中均发挥着十分重要的作用。其中，作为整个联邦政府预算活动的基础环节，预算草案编制工作在整个预算活动中占有十分重要的地位。一方面，预算草案的合理编制可以影响到后续各环节能否顺利进行；另一方面，联邦预算编制所面对和处理的国家收支规模十分巨大和收支结构也较为复杂。因此，科学有效的编制方法必将对整个联邦政府财政支出的效率产生直接而深远的影响。

以 2004 财政年度为例，美国的实际财政支出为 22920 亿美元，年人均财政支出约为 8200 美元，平均每日支出近 63 亿美元，甚至平均每分钟的支出也高达 436 万美元。鉴于预算编制的重要性，美国联邦政府一直致力于对预算编制方法的改革和探索。而始于克林顿政府时期（20 世纪 90 年代）的"新绩效预算改革"更是取得了良好的效果。所谓新绩效预算，即要求政府部门按照所完成的职能将预算建立在可衡量的绩效基础之上，把市场经济的一些基本理念融入公共管理之中，从而有效降低政府提供公共物品的成本，提高财政支出效率。实践证明，克林顿政府推出的新绩效预算改革不仅使联邦政府自1998财政年度实现预算收支平衡，并在此后连续3年出现财政盈余，有效地遏制了联邦政府支出扩张趋势。进入21世纪，乔治·W·布什入主白宫后也提出要建立一个"积极的，但应该受到限制的政府"，并着手改革他的预算活动和预算方式，其实质就是借助信息技术推行绩效预算。

（二）联邦预算编制的程序与方法

美国联邦政府预算按照财政年度进行，根据1977年通过的《预算改革法》（Budget Reform Act），预算年度为每年的10月1日至次年的9月30日。同时，美国实行收支两条线的预算编制制度，即预算支出和预算收入分别由不同的政府行政部门编制。其中预算收入的编制由财政部负责，而预算支出的编制则由预算局（Office of Management and Budget，OMB）负责。

下面以2005财政年度预算编制为例具体说明。2003年春，财政部即开始着手编制2005财政年度的收入计划。一般方法是在上一财年实际收入金额的基础上，根据政府有关部门掌握的各种经济统计资料和预测，结合新财年政府的施政方针，按税种估算该财年的收入水平。这项工作大约在2003年的11～12月之间完成，随后即将预算收入报告提交给总统。同时，由各政府部门的预算财务机构在部门范围内综合所属单位的经费需要编制本部门的预算开支计划，并报送OMB。OMB据此形成一个预算草案，提交总统。总统根据这个草案和财政部、总统经济顾问委员会、联邦储备委员会等部门提供的财政收入、经济发展前景预测以及货币、汇率等资料，并结合对以前的预算执行效果的分析，制定出2005财政年度政府预算的基本框架。该框架不仅大体反映了未来政府财政政策的基本取向、财政预算原则，而且阐释了总统对政府在社会经济中的作用的观点，以及按照重要性、紧迫性程度对各类预算项目作出优先顺序安排等。接下来，根据总统的预算原则和优先顺序安排，OMB的负责人要在各政府部门呈报的概算基础上，与各政府部门共同商议确定较为具体的支出要求，并对下一财政年度及以后若干年的各部门资金要求进行规划。目前，OMB由4个资源项目管理办公室组成，它们分别负责管理（按照支出性质划分的，覆盖全部政府活动内容的）预算开支中的自然资源项目、国家安全项目、人力资源项目和一般政府项目。就是说，这些资源项目办公室要在各自相关的领域内，负责预算的编制、管理预算活动、制定进度计划，并且负责解释相关的政策问题。通常，OMB会在2003年的7月份颁布名为《概算的编制与提交》（Preparation and Submission of Budget Estimates）的A-11号通知，对各部门财政支出概算的形式、工作日程、文件内容等做出相应的技术性规定，提供涉及《政府绩效与结果法案》（Government Performance and Results Act，GPRA）如何实施的指导性说明。A-11号通知的内容十分详尽，它包含大量的细节指导、计算方法以及相关法律的辅助说明等。为了加强对预算申报活动的管理，A-11号通知一般还会制定一个时间表，解释各部门应该何时向OMB提交预算申请，以及各部门要在哪一时段被OMB通知前去进行有关问题的陈述。根据GPRA的要求和OMB发布的预算指导，各政府部门在编制自己预算时要分三个阶段主要做好如下工作。

第一，根据战略计划编制年度绩效计划。根据GPRA的规定，OMB要求预算建议在分析、规划、评估和预算的基础上综合提出。因此，年度计划的制订必须与战略计划的目标相一致并能反映总统的优先顺序安排。所谓战略目标是对某一机构在特定时期内所需履行职责的表述。而战略计划就是指以数量化信息来描述的战略目标，它是编制绩效预算的基础。年度计划是指根据主要的职能制定的年度活动计划，它包括年度的项目活动及绩效目标。在绩效预算中，战略目标通过多个年度项目的执行得以实现。例如，商务部的重要职责之一是促进经济增长。为此，在编制200年预算时商务部提出的一项战略目标为通过保护知识产权，提高技术标准和推进度量科学来培养科学技术力量以促进经济发展。与这一目标相一致，其下属的专利与商标办公室（Patent and Trademark Office，PTO）在2002年开发了一项长远的战略计划以改善处理专利和商标问题的质量并缩短所需时间。在这一战略计划指导下，该项目2005年度的绩效目标被设定为：2005年把专利的错误率从2003年的414%降至317%，并把商标的错误率从2003年的513%降至415%；到2005年分别对10%和90%的专利申请实行电子化接收和管理，并对70%和100%的商标申请进行电子化接收和管理。

第二，根据绩效目标以金字塔形式逐层进行资源分派。OMB在《预算指导》中强调："绩效预算在组织上类似目标金字塔，最上层是战略目标，在这一框架内，各部门应按绩效目标的层次来分派资源，资源应按完全成本来计算。"这就要求各政府部门的年度预算必须在战略目标指导下，按各项目在各年度的产出目标计划进行财政资源配置。OMB要求各机构在进行资源配置时要涵盖：延续性项目（包括在本财政年度需再次授权的项目）、应在本年度执行的已授权项目、因期满而在本年度减少的项目以及其他法律规定的财务责任等。在对各项目进行年度财政资源分配时又要根据项目的总资源约束，按各年度的具体任务和目标，考虑以往同类任务所需的人工、设备及效率，并估计采用现行方案和运用新技术的效率改善等情况来决定。在此，财政资源配置的具体过程要求运用图形、表格和曲线分析等方法来支持或说明。

第三，按年度资源需求量和相关规定进行资金预算。这里，年度资金预算成为各部门所需财政资源的货币表现。OMB要求所有的资金预算必须在其提供的经济假设的基础上进行。目前联邦政府的部门预算中，人员费用主要根据各类人员的国家工资规定，并考虑雇用成本指数和本地工资率来决定。资本预算主要根据资本的单位成本，考虑价格指数的变化情况来决定。此外，OMB还要求各机构提供相关项目的单位成本信息，以反映产生特定成果的项目的平均成本。这类成本应按照固定要素和可变要素加以区分，从而能更清晰地显示出边际成本信息。单位成本和边际成本信息的提供有助于OMB在各相似项目之间进行效率比较，并为各机构预算资源的分配提供可信的基础。

在以上工作基础上，各政府部门根据项目、资源和基金账户分类，列出本部门的资金预算表（预算支出计划），而后提交给OMB。不过，通常情况下，这个预算支出计划还要根据日后OMB下达的支出上限，对原先的开支计划进行调整。到2003年秋季，各政府部门就将调整后的预算支出计划编写成各自部门的"支出概算"，再次上报给OMB。在此期间，总统、OMB、总统行政办公室的其他官员和政府各部门行政长官，不断就各自掌握的信息，对经济发展的预期，以及具体政策设想等进行交流，其目的是使未来的政府预算在更好地平衡各方利益条件下，最大限度保证预算资源的配置效率和使之更具可行性。从2003年秋季开始，OMB对各部门提交的支出概算进行审核。首先，安排专职的审核员对部门概算进行初审，必要时召集有关部门的财务预算负责人汇报情况，交流意见。有时，OMB还会举行部门代表的听证会，通过行政预算听证会，预算审查者与部门负责人可以进行面对面的直接交流，审查人员就项目申请的相关情况提问，各部门则必须提供充分的预算申请的证据。其次，由审核员对部门概算提出书面审核意见，在审核意见书中，审核员将提醒 OMB 官员注意值得研究的问题。最后，由各预算办公室负责人，根据总统的意见来核定各部门的年度财政预算。同时，为了增强这一审核过程的客观性和科学性，OMB 于 2002 年推出了项目评估等级工具（Program Assessment Rating Tool，PART），试图对各政府部门的支出项目进行系统、透明的评价，从而将项目的绩效信息与预算结果更为紧密地联系起来。PART 是以 GPRA 为基础并将其具体化于预算决策过程的工具 他按照政府部门活动所对应的支出类别提供问卷，各部门根据其战略计划、年度绩效计划目标及执行情况对问卷中的项目填写是与否（分别对应一定的分值），进而得出可以作为预算决策依据的结果。其评估范围主要包括项目的设计和目的，战略规划工作，管理情况以及它们是否为纳税人产生了积极的成果等。在 2005 财政年度的美国联邦预算中，OMB 选择了约 1/3 项目进行 PART 评估。PART 评估结果为各个政府部门和 OMB 的预算决策提供了有意义的绩效信息，并为识别项目的优势和劣势以增减项目开支提供了科学的依据。这样，经过严格的评估和审核过程，大约在 2003 年 11 月左右，OMB 将完成对各部门的开支计划审定工作，汇总各部门的概算，经平衡后汇编形成综合性的行政预算草案，于 2003 年 12 月提交总统。

在 OMB 和财政部分别向总统提出预算支出和预算收入报告之后，收入和支出两条线合而为一，总统则对收入和支出做最后的平衡工作和进行预算决策。总统通常在 OMB 主任帮助下，对各种渠道的信息和评估结果进行通盘考虑，一方面要综合考察各项目对资源的需求情况，并根据其施政目标和政治需要在各政府部门之间合理地分配资源；另一方面也要根据现实经济状况和对未来经济发展的预测，在有关法律约束下确定适当的总支出与总收入的规模。在此基础上，受总统委托，OMB 起草准备提交国会的 2005 财政年度的总统预算建议。在此期间，为了使总统偏好的项目能得到国会的理解和支持，OMB 还将密切关注国会对有关项目的讨论，并最迟在夏季结束之前，随时对预算进行调整。按照法律规定，该总统预算文件应在 2004 年 1 月的第一个星期一之后提交给国会，最迟也不能超过 2 月的第一个星期一。所提交的预算文件包括"美国政府预算"、"美国政府预算分析"、"美国政府预算附录"、"历史统计图表"等。其中，"美国政府预算"中包含"总统的预算通告"、"总统预算和管理的重点与优先处理事件"以及按政府机构编制的各自的"预算总揽"。"美国政府预算分析"，作为联邦政府重要的预算文件之一，不仅对特定预算项目进行深入剖析、披露其 PART 评估信息，而且对预算编制方法进行详细说明，以便使议员、公众能够更正确地理解预算内容。

（三）联邦预算编制的特点

美国联邦政府预算的编制一般要历时 10 个月以上的时间，在这一过程中，总统始终处于主导地位。而 OMB 在此期间则充当了总统预算工作中的强大助手角色，一方面，它要负责将总统的预算原则和有关开支项目重要性程度的信息具体化，以便向各政府部门提供可操作的预算编制方式；另一方面，在联邦政府预算上报给国会之前，它还须担负对各部门的支出计划进行审议、评估、调整并最终使之整合为综合性的行政预算草案的工作。当然，各政府部门主管在预算过程中，也表现出足够的理性，他们不仅要在预算过程中自我制定绩效基准、绩效目标，形成内在的激励与约束，而且积极配合 OMB 对各自项目的实施计划、评估指标与绩效基准的审核工作，服从绩效与预算资源分配挂钩的外部约束。

总的来看，美国联邦政府预算编制活动具有如下一些重要特点：

(1) 政府预算编制程序十分严谨，预算编制各环节的所有负责人员职责明确，对每个预算细节，例如绩效预算的编制步骤、会计准则、计算方法等均给予具体的技术指导，并为预算的审议、切磋和协调提供了充足的时间，这就在极大程度上保证了政府预算活动的协调性、灵活性与规范性。

(2) 将预算编制工作分解为收入预算与支出预算，分别责成相对独立的不同政府机构负责，把专业分工和某种制衡机制引入预算编制工作有助于提高其科学性和严肃性。美国预算收入的编制由财政部负责，而预算支出的编制则由专门领导国家预算工作的 OMB 负责。和由财政部统一负责预算编制活动的形式相比，这种分工明确的预算编制工作组织安排具有更多优势：首先，通过直接负责于总统的 OMB，总统的施政方针和指导社会经济活动的政策重点能够在政府预算编制中得到更加直接的体现与更准确的贯彻；其次，OMB 作为一个独立于其他行政部门的机构，在编制预算时可以更客观地对各部门进行监督审核，并对预算编制过程中可能出现的冲突进行仲裁；再其次，OMB 拥有众多专门技术人员，具有雄厚预算科学研究能力与实践经验，不仅使独立的预算编制、监督工作得到效率保障，而且能够对所有政府部门提供涉及部门预算活动的强大的技术指导；最后，国家预算支出与预算收入分开编制，有助于减少单一部门编制预算情况下可能带来的各种矛盾，保证支出和收入有更多的合理性和科学性。

(3) 美国的联邦政府预算，特别是政府的支出预算是一个统一的政府行动计划，在编制上注重内容完整统一，短期目标与长远目标的有机结合。实践证明，通过对预算开支的集中编制并覆盖政府所有的开支项目，不仅有助于按照轻重缓急原则安排各类支出，而且有助于抑制因预算外资金的大量存在而产生的政府腐败问题。事实上，这既有利于加强预算管理，也有助于提高预算资金的使用效率。另外，总统提交给国会的预算报告主要目的是阐释下一财年政府各项支出的要求，以此协助国会确定下一财年的财政拨款计划，但是该预算报告内容至少涵盖今后 4 年的国民经济发展预测、政府工作计划、收支预测信息和未来 4 年的预算安排大致情况。这种强调长期预算与短期预算相结合的预算编制制度的好处是：一方面，通过确定经济发展的长期战略任务、总体目标、核心项目，并据此制定中期、短期经济规划，可以尽量减少政府行为的盲目性，从而使政府预算更具一致性和可行性；另一方面，中期、短期经济规划、预算目标的确定还便于为随后开展的绩效评估工作设置可行的指标体系和检测指标等。

(4) 美国联邦政府预算编制工作具有较高透明度，也注意尊重纳税人的知情权，并且通常能够依法接受国民对政府活动的监督。美国较早地制定了《情报自由法》，20 世纪 70 年代又颁布订立了《联邦政府阳光法案》，要求政府必须将预算内容尽可能完整地予以公布。至于如何协调政务公开与保守国家机密的关系，则须按照《联邦政府隐私权法》规定的原则处理。目前，美国政府每年都将所有与联邦政府预算有关的正式文件，不论是提交总统的，还是提交国会的，均通过互联网、新闻媒体、出版物等渠道向社会公布。通过财政信息的广泛披露，纳税人可以详尽地了解政府税收政策、支出政策以及财政资金的安排、使用情况。而在部门预算的有关文件中，其预算内容则细化到了每一个具体支出项目上,这种预算内容的细化可在一定程度上保证预算的"刚性"。总之,预算编制的公开性有助于使预算的形成和执行置于各方面的监督之下,有助于把全部政府活动严格地控制在预算框架内,最大限度地避免了人为因素对预算的随意变更。

(5) 日益完善的预算制度和不断发展的预算技术,对提高联邦预算编制质量和工作效率起到重要保障作用。美国政府十分重视对预算编制方法的改革,自20世纪50年代以来,先后经历了绩效预算(PB)、规划计划预算(PPBS)、目标管理(MBO)、零基预算(ZBB)、新绩效预算等阶段。在历次改革过程中,美国政府始终坚持对各项政府支出实施项目化管理和绩效评估的做法,使得"政府也要讲效率"的观念逐步深入人心,也为改善政府管理水平和提高公共服务质量打下了良好的基础。而新绩效预算改革后推出的GPRA和PART使绩效与预算的联系更为清晰和紧密。2004年3月,美国国会又通过了《项目评估与结果法案(2004)》(ProgramAssessmentand Results Act,PARA),要求OMB每五年至少对所有的政府项目进行一次评估,这样,OMB就更进一步地拥有了增减部门预算额度的科学依据。此外,持续的预算技术开发在改善预算工作科学性的同时,也在许多重要方面提高了预算工作的准确性。例如,在预算的收入预测方面,美国除了利用专家小组、部门内工作委员会等对决定财政收入的各重要因素进行定性分析外,还借助计算机系统,利用大量计量经济模型对影响财政收入的许多自变量、因变量进行定量分析。再如,各政府部门在编制部门预算时除了注意对部门预算进行细化外,还要在本部门单位成本数据的会计信息基础上,依据可量化指标,进行支出预测。尽管政府预算本质上属于一种政治与经济相互影响的,各种利益集团讨价还价以便获得更多预算利益的公共过程,但美国的实践说明,科学管理方法的引入以及注重预算编制过程中的技术开发,就能更好地协调各种利益关系。因此,在一定程度上减少因利益冲突导致的财政资源之非效率配置和其他某些无谓的浪费。通过上述分析不难看出,美国的预算管理经过不断的改革与发展已形成了一套先进的绩效预算编制体制。而这一预算编制体制不仅取得了明显的效果,而且其先进的设计理念和管理手段也值得我国财政部门进行认真研究并加以借鉴。

二、预算控制

在行政机构开支国会拨付的资金后,国会必须对此加以控制,以确保资金的花费是合法和恰当的。总会计局和总审计长负责联邦财政支出的审计。每年总审计长给国会的报告会指出政府机构的支出是否偏离了国会的意图。国会议员个人或委员会的要求可能会产生对机构开支或政策的更早和更详细的评估。每年总会计局向国会和有兴趣的公众提供数百份财政支出的评估报告,以及关于联邦财政支出的总审计报告。

三、平衡预算的政治

政治过程通常被视为区别于政治制度分析的一种研究方法,是对政治或政府的行为、运转、程序及其与利益团体之间的关系进行的实证性研究。

这种方法发端于本特利和杜鲁门,流行于行为主义政治学兴盛时期。它把政治生活看做一个持续不断的过程,主张把政治过程当作政治分析的核心内容。政治过程分析实际上是一种动态的政治学,它为政治学家描述和解释政治现象提供了一种分析工具。1908年美国政治学家本特利出版了《政治的过程》一书,首次把政治过程当做政治分析的核心。杜鲁门在《政府过程》中进一步发展了这一思想。杜鲁门采用科学的、经验的分析方法代替了哲学的、定性的、规范的分析方法,用政治"实际是什么"的思路代替了政治"应该是什么"的思路,并通过大量的实证资料进行经验性讨论。在社会心理学和人类学的经验性研究基础上,他将美国政治描绘为不同利益集团相互作用和讨价还价的结果。阿尔蒙德等人合著的《比较政治学:体系、过程和政策》一书中,更多地给予政治过程研究以方法论地位。20世纪50年代后,"政治过程"成为政治分析中的重要概念,政治过程是由政治行为者在政治系统的输入与输出过程中的一系列互动行为构成。政治过程赖以运行的动力是权力,权力是实现团体和个人各种重大利益的最有效手段。从某种意义上,政治过程就是为权力而进行的斗争。权力斗争的各种形式,如立法、司法、行政、决策、暴力、命令、操纵、协商、鼓动、游说等政治活动,是政治过程的重要内容。

公共预算既有技术属性的一面,亦有政治属性的一面。公共预算的核心是利益之权威分配的政治过程。公共预算的特征主要有政治性、民主性、公共性、法治性。政治性主要表现为:公共预算由权力机关审批和制定,权力机关对预算行使控制职能。民主性主要表现在:公共预算活动以民主方式开展,国家权力机关能够通过民主表决控制公共预算。公共性主要体现为:公共预算是为了实现广大人民的社会福利,公共服务应成为公共预算的主要导向。法治性主要体现为:公共预算活动应纳入法治化轨道,实现依法理财。公共预算的灵魂在于依法监督与控制行政权,立法机构通过民主方式将社会成员对公共财政活动的集体意愿上升为法律,使社会成员的意志得以约束、规范、监督政府公共财政活动,确保政府公共财政活动符合社会成员的根本利益。

现代公共预算近两百年来在西方国家的探索实践中逐渐形成,主要有五种模式。

(1) 分项排列预算(line-itembudgeting)是美国最早出现的具有现代管理意义的预算管理模式。美国内战结束后,面对日益扩大的政府职能和公共事务,政府与议会无法再将预算当作反映资金流向的"一般性陈述",而是注重将预算视为一种资金管理手段,将资金管理与项目联系起来,以保证支出优先顺序,确定能得到足够的资金支持。这种管理模式以预算支出的若干特定目标为核心,采用分项排列的方法依次列出特定目标的预算资金,由拨款机构加以拨付。

(2) 20世纪60年代前后,有国家提出并采用规划—计划—预算模式(PPB)。它以计划为中心,利用成本—收益分析方法,把目标规划、计划制订与预算编制融为一体,成为一种旨在增进政府预算执行效果的"方案导向型"预算管理模式。规划—计划—预算模式强调预算与政府的五年或长期计划联系,客观上强化了行政首长的预算权。

(3) 20世纪70年代初,美国各级政府开始将原属于私人部门的目标管理方法引入公共部门,并发展成为一种新的预算管理模式。目标管理预算模式注重预算项目执行的效率,为行政权力更好地控制预算做了一种策略尝试。

(4) 1975年,美国行政管理与预算局要求所有机构必须提交机构目标及其财政年度预算。零基预算一反公共预算上的"渐进主义"传统,不按上年度的"渐进增量"来考虑预算,而是对每个部门的工作任务及工作量重新进行全面审核,然后再确定各部门的支出预算。

(5) 从20世纪80年代起,绩效预算模式形成,这是一种以绩效为导向的预算管理方式，绩效预算既考核公共资金使用的最终效果，又考核为取得预期效果所开展的工作活动，从而把预算支出和结果有机联系在一起。绩效预算有三个特点：一是绩效评估的精确化；二是考核目标管理者成为绩效责任人；三是把预算当做改善业绩的手段。绩效预算模式作为当代西方国家"再造政府"运动的重要配套措施，不断得以推广。

公共预算构成政治过程的首要环节，是政府职能实现的前提，这是因为任何政府公共职能的实现都离不开公共财政与公共预算的物质支持。公共财政和公共预算与政府职能紧密联系，政府职能决定公共财政与公共预算的实施范畴，而公共财政和公共预算构成政府履行"管理—服务"职能的物质基础，构成政府职能流程的首要环节。公共财政问题是经济问题，更是政治问题。作为国家财政核心的公共预算是政府为实现政治经济社会发展目标，而筹集、分配与监督预算资金的管理活动。公共预算贯穿于政府活动的方方面面，随着社会主义市场经济发展与社会公共需求不断上升，政府公共职能日益受到重视。公共财政与公共预算依托于服务型政府的职能定位，由此构成了政府管理的首要环节，"从公共政策角度看，公共预算和支出实际上是一种政府制定与实施公共政策的过程；从组织管理绩效的角度看，公共财政则是控制成本、衡量绩效的主要依据；从公共利益角度看，公共财政就是促使社会财富的分配趋于合理，实现社会公平的重要途径；从公共事务管理角度看，公共财政既是公共问题解决的前提，又是公共事务管理的结果"。

公共预算既然是政治过程的首要环节，那么如何实现公共预算效益最大化？我们以美国政府的预算程序为例，美国联邦政府预算程序经过四个阶段，即：（1）预算编制阶段；（2）预算审批阶段；（3）预算执行阶段；（4）预算审计阶段。由此可见，公共预算是国家行政机构、国家立法机构、国家检察机构相互作用、相互监督的政治过程。由于世界各国政治体制存在差异，公共预算政治过程的内涵必然存在差别，但在如何提高公共预算的效益方面，美国公共预算体制对我国预算体制改革有所启示。近年来，越来越多的国家开始推行新绩效预算管理，以提升政府治理水平。

公共预算与民主、法治密不可分。现代国家的公共财政、公共预算一定是民主和法治的过程。由经济学家主导的公共预算研究一般将公共预算看成一个纯粹的技术过程，而忽视了公共预算在本质上是一个政治过程，从而不能认识中国公共预算的本质。西方国家公共预算制度发展的历史表明：公共财政和公共预算与民主法治相互依托，"公共性"实现离不开"民主性"，民主性一是体现为资源配置过程的民主性，二是体现为资源配置领域的公共服务性。从比较视野来看，西方国家把公共财政与公共预算视为议会监督行政机关的重要手段。在西方议会民主国家，预算草案必须得到议会的通过才能执行。公共预算背后体现着委托代理关系，委托人和代理人共同认可契约来确定各自的权利和责任。预算是由政府部门编制并执行，但预算资金属于国家和人民所有，政府是在代理全社会公众理财。政府预算背后体现着国民与政府之间就政府的活动范畴与方式所形成的委托代理关系，政府承担着一种公共受托责任，向社会提供制度、秩序、物品和劳务等公共产品，因此，政府预算必须对社会公众负责，接受社会民主监督。可见，公共财政与公共预算体制既为政府职能履行提供了物质基础，也构成政府行为的民主约束和法治规范。政府行为是否超越了公共财政和公共预算的范围，成为监督和控制政府行为合法性的重要依据。

公共预算的核心是权力主导的利益分配，因而本质属性不是技术属性，而是政治属性。公共预算制度运行过程，本质上是社会结构变迁中不同政治利益主体围绕着权力，通过策略博弈进行公共选择的过程。各政治主体皆希望实现利益最大化的政策方案，但政府所能拥有的财政资源通常有限，不可能满足所有的政治要求。在财政资源稀缺的条件下，财政预算过程中的利益冲突进而转化为政治冲突，预算过程充满了公共政策方面的权力斗争。预算的制定过程是政治权力发挥作用的过程，而不是以预算代替政治权力的过程。

在世界各国政治制度变迁过程中，财政成为政治冲突与博弈的核心，这表明财政、权力、政治三者的不可分割性。预算过程中资源配置实际上反映了政治权力的分配，在政治和政策过程中，无论政治家的目标是什么，预算过程都是一种政治工具。如果政治家的目标是促进经济增长，那么，预算就成为经济增长的手段。如果政治家的目标是收入分配，那么，预算就成为收入分配的发动机。当然，如果预算制度的理性化程度很高，那么，预算过程就可以对政治行为构成一些制约。由于这种制约，在很多情况下，并不是所有的政治利益都可以在预算过程中如愿以偿。

公共财政与公共预算过程是政府流程的首要环节，背后则体现着利益的分配。任何改革都涉及利益之争，财政预算改革更是直接牵涉经济利益，其变动都会引起财政资源的重新分配与流动，不可避免地要重新调整既有的利益分配和权力分配格局。公共预算的形成与发展，取决于特定历史时期政治体制结构中，诸多政治利益主体的均衡利益需求，并反过来推进政府管理体制的发展与完善。

第三节 预算执行中的政治

一、预算执行

一旦国会向行政机构拨款，行政机构就必须确立开支这笔资金的机制。由财政部签署、总审计局连署的拨款授权被发放到每个联邦机构。这个机构在这一授权的基础上制定它的年度支出计划，然后将这一计划提交给联邦管理和预算局以获得拨款的批准。国会给机构的拨款通常以季度为基础，但是对有些机构来说，季度可获得的拨款数可能有很大的不同，分期拨款有助于控制任何潜在的肆意挥霍。

1974年国会的预算和扣押控制法案旨在限制总统在他不能通过标准的立法过程行事的时候，作为否定国会的间接手段。1974年的法案界定了两种类型的扣押。

第一，取消。取消执行机构的财政支出。这一做法旨在以较少的资金或者有理由不付钱来达到目标，总统必须致信国会请求取消。国会必须在45天内对这一请求作出反应，如何它不这么做，承担责任的行政机构就可以得到这笔资金。然而，国会也可以在参众两院通过一个撤销行政机构财政支出权力的决议来取消资金拨付。

第二，延期。另一方面，延期只是一些推迟政府机构使用专款授权的请求。在这种情况下，如果国会的任何一院不行使它的否决权，延期就被准许。审计长（美国总会计局局长）有权对总统的一些具体行为进行分类，有时延期和取消之间的区别不是很清楚。例如，试图推迟资助项目的资金被逐渐停止，实际上就是取消。这些对总统扣押权的改革极大地增加了国会在决定联邦政府每年到底要花多少钱这一问题上的作用。

二、预算监督

美国联邦预算经国会批准，总统签字生效后，由联邦政府财政部门负责执行，联邦预算支出实行集中支付制度，主要是控制预算项目拨款，管理预算资金账户和报告预算执行结果。这些任务主要由财政部的财政管理局负责，它管理着6500个预算拨款账户，在全国有6个地区性集中支付中心，70个支付办公室。

对预算执行过程的监督主要有四个机构组成：一是联邦机构中的项目官员和预算官员；二是管理和预算办公室；三是国会中的相关委员会；四是国会的会计总署。

结论：

预算编制程序主要取决于两大主体：政府和国会。它们控制预算的手段就是制定预算规则和程序。一般而言，政府扮演作为经济调控者、作为环境保护者和作为经济利益促进者的角色；而国会具有立法、代表和监督功能。

美国总统和国会之间在预算上主要通过年度预算程序展开博弈。宪法授权国会享有征税和开支权，但总统作为最高行政长官在制定预算的过程中发挥重要的作用。

政府预算是指一国政府在每个财政年度内全部的收入与支出计划。表面看，它是一个技术问题，而实际在很大程度上是一个政治问题，预算权力是一种非常重要的政治权力，预算制度也是政治制度的有机组成部分。

美国政府制定财政预算的主要目的在于，为完成政府财政政策目标而确定财政活动重点及其优先顺序，并且据此监控财政活动的进程。

联邦预算编制的特点是：（1）政府预算编制程序十分严谨。（2）预算编制分别责成相对独立的不同政府机构负责。（3）美国的联邦政府预算是一个统一的政府行动计划。（4）美国联邦政府预算编制工作具有较高透明度。（5）完善的预算制度和预算技术。

公共预算既有技术属性的一面，亦有政治属性的一面。公共预算的核心是利益分配的政治过程。公共预算的特征主要有政治性、民主性、公共性、法治性。

一旦国会向行政机构拨款，行政机构就必须确立开支这笔资金的机制。由财政部签署、总审计局连署的拨款授权被发放到每个联邦机构。这个机构在这一授权的基础上制订它的年度支出计划，然后将这一计划提交给联邦管理和预算局以获得拨款的批准。国会给机构的拨款通常以季度为基础。

思考题：

1. 为什么美国政府预算编制需要长达1年半的时间？
2. 美国政府预算编制的特点是什么？
3. 为什么说美国预算的编制也是一个政治问题？

第四部分

西方国家财政支出的实践

第十一章　教育财政制度
第十二章　医疗保障制度
第十三章　养老保障制度
第十四章　失业保障制度

第十一章　教育财政制度

本章主要介绍外国教育财政制度。教育一种积极引导人类的思想、认识和改造世界的积极有效的途径，它对经济增长和发展具有重要作用。从一定程度上讲，教育具有一定的公共物品属性，但是，这种公共物品属性在不同层次的教育上体现不同。在现代社会，政府对教育的公共支出应当占有很大的比例。目前，市场经济国家依据本国的国情建立了适合自己的教育财政制度。

第一节　教育财政制度概述

一、教育及其作用

教育是一种改变人类对客观世界认识的途径，一种积极引导人类的思想、认识和改造世界的积极有效的途径。从经济的意义上看，教育对经济增长和发展有重要作用。

1979年诺贝尔奖获得者西奥多·W·舒尔茨在其构建的人力资本理论中对教育的作用阐述得最全面、详尽和经典。

按照舒尔茨的观点，人力资本的积累是社会经济增长的源泉。其主要原因有三个：其一，人力资本投资收益率超过物力资本投资的收益率。人力资本与物力资本投资的收益率是有相互关系的，人力资本与物力资本相对投资量，主要是由收益率决定的。收益率高说明投资量不足，需要追加投资；收益率低，说明投资量过多，需要相对减少投资量。当人力资本与物力资本二者间投资收益率相等时，就是二者之间的最佳投资比例。在二者还没有处于最佳状态时，就必须追加投资量不足的方面。当前相对于物力投资来说，人力资本投资量不足，必须增加人力资本投资。其二，人力资本在各个生产要素之间发挥着相互替代和补充作用。现代经济发展已经不能单纯依靠自然资源和人的体力劳动，生产中必须提高体力劳动者的智力水平，增加脑力劳动者的成分，以此来代替原有的生产要素。因此，由教育形成的人力资本在经济增长中会更多地代替其他生产要素。例如，在农业生产中，对农民的教育和农业科学研究、推广、应用，可以代替部分土地的作用，促进经济的增长。舒尔茨运用"经济增长余数分析法"，估计测算了美国1929~1957年国民经济增长额中，约有33%是由教育形成的人力资本做出的贡献。

教育也是使个人收入的社会分配趋于平等的因素。人力资本可以使经济增长，增加个人收入，从而使个人收入社会分配的不平等现象趋于减少。因为通过教育可以提高人的知识和技能，提高生产的能力，从而增加个人收入，使个人工资和薪金结构发生变化。个人收入的增长和个人收入差别缩小的根本原因是人们受教育水平普遍提高，是人力资本投资的结果。工资的差别主要是由于所受教育的差别引起的，教育能够提高工人收入的能力，影响个人收入的社会分配，减少收入分配的不平衡状态。教育水平的提高会使因受教育不同而产生的相对收入差别趋于减缓。随着义务教育普及年限的延长，随着中等和高等教育升学率的提高，社会个人收入不平衡状况将趋于减少。人力资本投资的增加，还可以使物力资本投资和财产收入趋于下降，使人们的收入趋于平等化。在国民经济收入中，依靠财产收入的比重已相对下降，依靠劳动收入的比重在相对增加，其中人力资本对经济增长的贡献也随之增加。

二、教育的属性

教育可以由私人提供，也可以公共提供。根据教育阶段的不同，可以进一步区分其公共性。依照物品是否具有排他性和竞争性的标准，可将全社会产品分为三类：私人物品、公共物品和混合物品。从教育的整体来看，它属于混合物品。但是，各级各类教育在性质上有很大的差异，它们在竞争性和排他性方面表现各异。从低层次教育到高层次教育，从普通教育到成人教育和职业教育，人们受教育的目的性逐渐加强，受教育越来越与未来的职业和预期收入相关，受教育的机会则越来越小，竞争越来越激烈。所以，按照这样的顺序排列，教育的公共物品属性逐渐减小，私人物品属性逐渐增强。也就是说，教育的级次越低，其公共物品的属性越强。

大多数国家根据本国的经济发展程度，通过宪法对教育规定若干年的义务教育，既然义务教育是国家通过立法安排的，每个公民都可以无差别的享受这种教育，那么这种服务理所应当由政府来提供和保证，也就是说，维持和接受这些教育的全部费用应由政府的财政部门承担。除义务教育外，另一类别是高等院校、中等职业教育和成人教育等。这些教育，可以为国家培养建设人才，从而促进社会经济的发展，因而具有公共物品的某些性质，但与义务教育不同，这些教育服务不是完全没有排他性的，也就是说，一些人享受了这些教育服务之后，至少就减少了另一些人对这些教育服务的享用。例如，受高等院校的招生名额限制，不是每一个人都能进入本科或研究生层次进行深造。而且，个人从高等教育中得到的利益是内在化和私人化的，比如，受教育者可以从高层次教育中获得更多更高的知识和技能，为将来找到一份较好的职业，获得较高的收入，拥有较多的晋升机会奠定基础，因此，这类教育可以向受教育者收费，也可以由私人举办。

三、政府教育支出规模的一般分析

由于教育的准公共物品属性，世界各国都在财政支出中较大比例的将财政资金投向教育事业。下面的表11-1、图11-1、图11-2是部分国家公共教育支出情况，从中可以看出，OECD国家2005年前后教育支出占公共财政支出的比例平均为13.2%，而墨西哥最高将财政用于教育的支出控制在23.4%；OECD国家公共教育支出占GDP的比例平均为5.4%，丹麦公共教育支出占GDP的比例为8.3%。

表 11-1　2005 年 OECD 国家公共教育支出情况　　单位：%

国家	公共支出中用于教育的比重			公共教育支出占GDP的比重		
	小学、初中及其他非高等教育	高等教育	合计	小学、初中及其他非高等教育	高等教育	合计
澳大利亚				3.5	1.1	4.8
奥地利	7.1	3.0	10.9	3.6	1.5	5.4
比利时	8.0	2.6	12.1	4.0	1.3	6.0
加拿大[2,3]	8.2	4.2	12.3	3.3	1.7	4.9
捷克	6.5	2.0	9.7	2.8	0.9	4.3
丹麦[3]	9.3	4.5	15.5	4.9	2.4	8.3
芬兰	7.8	4.0	12.5	4.0	2.0	6.3
法国	7.1	2.2	10.6	3.8	1.2	5.7
德国	6.2	2.4	9.7	2.9	1.1	4.5
希腊[3]				2.5	1.4	4.0
匈牙利[4]	6.9	2.1	10.9	3.4	1.0	5.5
冰岛[3]	12.3	3.4	18.0	5.2	1.5	7.6
爱尔兰	10.7	3.3	14.0	3.7	1.1	4.8
意大利	6.7	1.6	9.3	3.2	0.8	4.4
日本[3]	7.0	1.6	9.5	2.6	0.6	3.5
韩国	11.8	2.1	15.3	3.4	0.6	4.4
卢森堡[3,4]	9.1			3.8		
墨西哥	16.2	4.1	23.4	3.8	1.0	5.5
荷兰	7.7	3.0	11.5	3.5	1.4	5.2
新西兰	13.5	4.8	19.4	4.3	1.5	6.2
挪威				4.1	2.3	7.0
波兰[4]	8.6	2.8	12.6	3.7	1.2	5.5
葡萄牙[4]	8.2	2.1	11.4	3.9	1.0	5.4
斯洛伐克[3]	12.9	4.1	19.5	2.6	0.8	3.9
西班牙	7.2	2.5	11.1	2.8	0.9	4.2
瑞典	8.2	3.5	12.6	4.5	1.9	7.0
瑞士[4]	8.7	3.3	12.7	3.9	1.5	5.7

续表

国家	公共支出中用于教育的比重			公共教育支出占 GDP 的比重		
	小学、初中及其他非高等教育	高等教育	合计	小学、初中及其他非高等教育	高等教育	合计
土耳其[4]						
英国	8.6	2.7	11.9	3.9	1.2	5.4
美国	9.4	3.5	13.7	3.5	1.3	5.1
OECD 国家平均水平	9.0	3.0	13.2	3.6	1.3	5.4

注：1. 公共支出中用于教育的支出不仅包括直接支付给各种教育机构的费用，还包括给予学生和家庭的各种教育补助。

2. 参考 2004 年数据。

3. 由于各国分类不同，数据汇总的时候可能会有所交叉。

4. 仅指用于公共教育机构的支出。

5. 参考 2006 年数据。

资料来源：Education at a Glance 2008：OECD Indicators。

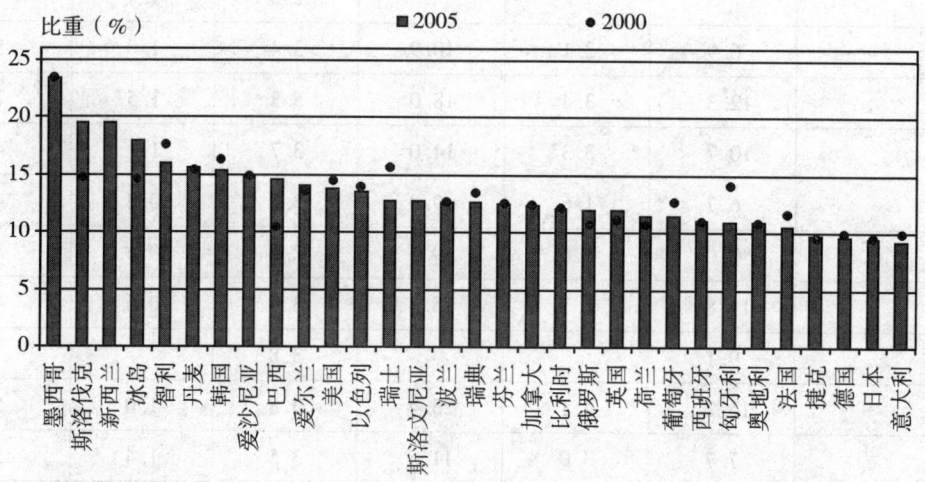

图 11-1　2005 年和 2000 年 OECD 国家公共支出中用于教育的比重

四、政府间教育经费的负担分析

较高比例的公共教育支出是现代社会的一个基本趋势。在多级政府的条件下，不同层级的政府在不同类型教育经费上的负担比例也是不同的。总的来看，奥地利、法国、希腊、爱尔兰、意大利和韩国等国家小学、初中及其他非高等教育经费的负担往往是越往上层政府负担比例越高。澳大利亚、比利时、捷克、英国、美国、日本和加拿大等国都将小学、初中及其他非高等教育经费的负担主要放到地方政府（见表 11-2）。

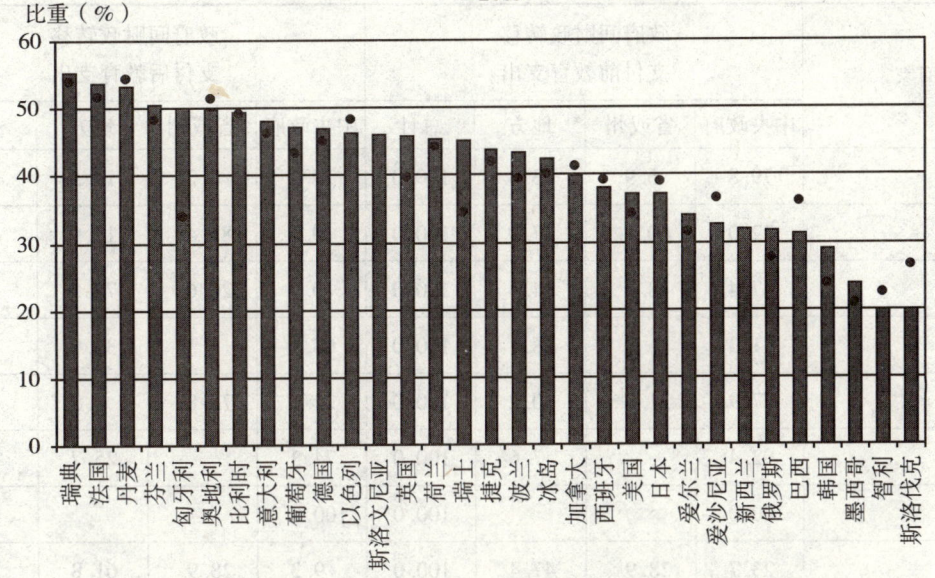

图 11-2　2005 年和 2000 年 OECD 国家公共教育支出占 GDP 的比重

表 11-2　　小学、初中及其他非高等教育经费在各级政府间的负担情况　　单位：%

国家	政府间财政转移支付前教育支出				政府间财政转移支付后教育支出			
	中央政府	省或州	地方	总计	中央政府	省或州	地方	总计
澳大利亚	30.0	70.0		100.0	21.8	78.2		100.0
奥地利	74.7	14.3	11.0	100.0	41.0	47.8	11.2	100.0
比利时	16.6	79.5	3.9	100.0	16.6	79.5	3.9	100.0
加拿大[1,2]	4.2	70.1	25.8	100.0	3.3	9.6	87.1	100.0
捷克	12.0	64.8	23.2	100.0	11.9	64.9	23.2	100.0
丹麦[2]	25.6	11.3	63.1	100.0	30.5	13.1	56.4	100.0
芬兰	41.7		58.3	100.0	9.2		90.8	100.0
法国	75.2	11.8	13.0	100.0	73.3	13.8	12.9	100.0
德国	9.8	73.4	16.7	100.0	7.9	71.2	20.9	100.0
希腊[2]	92.8	4.0	3.2	100.0	88.0	8.8	3.2	100.0
匈牙利	67.3		32.7	100.0	16.2		83.8	100.0
冰岛[2]	26.7		73.3	100.0	26.7		73.4	100.0
爱尔兰	97.8		2.2	100.0	81.9		18.1	100.0

续表

国家	政府间财政转移支付前教育支出				政府间财政转移支付后教育支出			
	中央政府	省或州	地方	总计	中央政府	省或州	地方	总计
意大利	79.8	6.9	13.4	100.0	79.2	6.2	14.5	100.0
日本[2]	22.0	60.1	17.9	100.0	0.7	81.4	17.9	100.0
韩国	67.4	18.2	14.4	100.0	0.9	26.6	72.5	100.0
卢森堡[2]	71.3		28.7	100.0	68.1		31.9	100.0
墨西哥	77.9	21.9	0.2	100.0	24.0	75.8	0.2	100.0
荷兰	92.4		7.6	100.0	74.3		25.7	100.0
新西兰	100.0			100.0	100.0			100.0
挪威	23.7	28.9	47.4	100.0	9.3	28.9	61.8	100.0
波兰[3]	4.7	2.1	93.3	100.0	3.2	1.7	95.1	100.0
葡萄牙								
斯洛伐克[2]	84.7		15.3	100.0	20.5		79.5	100.0
西班牙	11.2	83.4	5.4	100.0	11.2	83.4	5.4	100.0
瑞典								
瑞士[3]	2.5	54.9	42.6	100.0	0.1	57.9	42.0	100.0
土耳其								
英国	33.1		66.9	100.0	21.8		78.2	100.0
美国	9.7	39.1	51.2	100.0	0.6	0.9	98.5	100.0
OECD 国家平均水平	46.5	27.5	27.1	100.0	31.2	28.8	41.0	100.0

注：1. 参考 2004 年数据。
2. 由于各国分类不同，数据汇总的时候可能会有所交叉。
3. 仅指用于公共教育机构的支出。
4. 参考 2006 年数据。

资料来源：Education at a Glance2008：OECD Indicators。

对于高等教育来看，绝大多数国家将其出资的义务放到中央政府。在 OECD 国家中，只有比利时、加拿大、德国、西班牙、瑞士和美国等国家将为高等教育出资的义务放到地方政府（见表 11-3）。

表 11-3　　　　　　　　高等教育经费在各级政府间的负担情况　　　　　　　单位:%

国家	政府间财政转移支付前教育支出				政府间财政转移支付前教育支出后			
	中央政府	省或州	地方	总计	中央政府	省或州	地方	总计
澳大利亚	92.0	8.0		100.0	92.0	8.0		100.0
奥地利	96.9	2.6	0.4	100.0	96.9	2.6	0.5	100.0
比利时	23.2	76.2	0.6	100.0	23.2	76.2	0.6	100.0
加拿大[1,2]	44.4	55.5	0.1	100.0	25.8	74.1	0.1	100.0
捷克	96.0	2.0	1.9	100.0	96.0	2.0	1.9	100.0
丹麦[2]	88.0	2.8	9.2	100.0	88.0	2.8	9.2	100.0
芬兰	86.7		13.3	100.0	79.3		20.7	100.0
法国	92.6	5.9	1.5	100.0	92.3	6.1	1.6	100.0
德国	19.7	77.6	2.7	100.0	13.0	84.2	2.8	100.0
希腊[2]	91.5	8.5		100.0	91.5	8.5		100.0
匈牙利	99.3		0.7	100.0	98.5		1.5	100.0
冰岛[2]	100.1		-0.1	100.0	100.0			100.0
爱尔兰	100.0			100.0	87.8		12.2	100.0
意大利	86.4	12.8	0.7	100.0	85.1	14.2	0.7	100.0
日本[2]	90.7	8.8	0.5	100.0	90.6	8.9	0.5	100.0
韩国	93.9	5.0	1.1	100.0	93.9	5.0	1.1	100.0
卢森堡								
墨西哥	82.4	17.5	0.2	100.0	80.4	19.5	0.2	100.0
荷兰	100.0			100.0	100.0			100.0
新西兰	100.0			100.0	100.0			100.0
挪威	100.0			100.0	100.0			100.0
波兰[3]	97.9	1.5	0.6	100.0	97.8	1.2	1.0	100.0
葡萄牙	99.8	0.1	0.1	100.0	99.8	0.1	0.1	100.0
斯洛伐克[2]	100.0			100.0	100.0			100.0
西班牙	16.4	83.0	0.7	100.0	16.4	83.0	0.7	100.0
瑞典	97.8	2.2		100.0	97.8	2.2		100.0
瑞士[3]	43.6	56.3	0.2	100.0	30.0	69.7	0.3	100.0
土耳其								
英国	100.0			100.0	99.9		0.1	100.0
美国	44.5	44.9	10.6	100.0	44.5	44.9	10.6	100.0
OECD 国家平均水平	81.6	17.5	1.9	100.0	79.3	19.0	2.5	100.0

注：1. 参考 2004 年数据。

2. 由于各国分类不同，数据汇总的时候可能会有所交叉。

3. 仅指用于公共教育机构的支出。

4. 参考 2006 年数据。

资料来源：Education at a Glance2008：OECD Indicators。

第二节 市场经济国家的教育财政制度

一、加拿大的教育财政制度

(一) 基本情况

加拿大2004年公共支出中用于教育的比重为12.3%，公共教育支出占GDP的比重为4.9%。小学、初中及其他非高等教育经费主要由省来负担，2004年省级负担的比例为70.1%，高等教育经费在加拿大也主要是由省一级政府来负担，其比例为55.5%。总起来看，加拿大政府对教育的公共投入规模还是比较大的，居民为此享受的福利水平也是非常高的。加拿大的教育福利制度更是为公民接受各级教育提供了强有力的保证。加拿大没有联邦教育部或类似机构。高等院校除私人原创办的以外，都是省辖大学。各省教育部组成了一个协调组织，称为教育部长理事会，负责沟通和协调各省的教育工作。该理事会在联邦政府的授权之下，有时具体承办与其他国家进行教育方面的交流工作。

(二) 教育福利①

加拿大政府为了促进学前教育的发展，提高幼儿成长的质量和水平，制定了一整套的针对幼儿的福利政策，其中的家庭津贴制度、日托津贴制度和单身母亲津贴制度以及免费的医疗制度基本上满足了幼儿的生活和学习需要，对幼儿接受学前教育也起到了鼓励的作用。家庭津贴又称牛奶金，婴儿一出生就可以领取，一直可以领到18岁，各省或地区对家庭的津贴数额略有差异，但基本能够满足儿童饮食和营养的需要。日托津贴是政府为父母双方都工作的家庭提供的津贴。加拿大政府提供这种津贴的目的不仅在于鼓励生育，同时也是为了鼓励家长将孩子送到学前教育机构，或由受过训练的保姆帮助照看。这在一定程度上刺激了学前教育的发展。加拿大的有关法律规定，12岁以下的孩子不能独自一人留在家里，放学后或假期里，父母双方都工作的家庭必须请人照看儿童。由于政府提供日托津贴，家庭不会因此增加经济压力。单身母亲津贴是为单身妈妈提供的幼儿津贴，为的是保证单身家庭幼儿的健康成长，减少单身家庭的经济压力。加拿大的上述教育福利制度，在减轻家庭经济负担的同时，也鼓励母亲就业，职业妇女为了工作必须把孩子放在学前教育机构里，这在一定程度上促进了幼儿教育事业的发展，同时也鼓励了妇女接受高等教育的积极性。

加拿大法律规定了本国的任何一个公民或移民必须接受从小学1年级（或幼儿园）直到10年级（相当于高中一年级）（一般为16岁）的义务教育，11~12年级（相当于高中二、三年级）为普及教育，由政府免费提供。在这12年的教育中，学生无须缴纳任何费用。学费、教科书都由政府承担。不仅如此，政府还为学生提供交通服务，以及为完成教学大纲所需要的试验费、空调费等。由于义务教育和普及教育费用全部由政府承担，即使低收入家庭的学生家

---

① 姜峰：《加拿大社会福利制度对教育的保障作用》，载于《外国中小学教育》2007年第6期。

长也不必为学生学习的费用担忧。义务教育的入学率和巩固率都非常高。全国 16 岁学生的在校率是 90%，中学生毕业率为 78%。18 岁以上未完成高中学业的学生则需转入成人教育机构完成学业，费用依然由政府负担。教育投入一直是加拿大政府最大的一笔开支。加拿大政府将教育投入视为一种投资，认为高投入必将得到高回报。这种高瞻远瞩的投资眼光也的确带来了高回报。加拿大义务教育的普及率位居世界前列。科技水平也位居世界前列。加拿大在光学技术，计算机等领域处于世界领先地位。这与教育的领先水平有直接关系。

加拿大中学后的教育是自费的。为了鼓励青年学生接受高等教育，学得一技之长，也为了确保学生家长能够提供学生接受高等教育的费用，政府出台了一种鼓励家长为孩子做教育储备的教育基金制度。自 1998 年开始，政府对每个儿童每年最多提供 400 加元的储蓄补贴，家长要想得到这笔补贴，也必须为孩子做储蓄。由于政府只提供 20% 的教育储蓄补贴，家长要想得到最高补助，必须在孩子的教育账户上每年存入 2000 加元。这笔钱不能做别的用途，只能用来供孩子接受高等教育。家长无法将这笔钱提出来，只能由银行转入学生就读的高等教育机构。这就是所谓的"加拿大教育储蓄奖金计划"（Canada Education Savings Grant，CESG）。除此之外，自 2005 年开始的对中低收入家庭每个小孩每年最多 10 加元额外储蓄补贴的加拿大教育储蓄奖金加强计划（Enhanced Canada Education Savings Grant）以及自 2005 年开始的对低收入家庭里 2003 年 12 月 31 日后出生的小孩第一年一次性 500 加元储蓄补贴的加拿大学习奖励券计划（Canada Learning Bond）为保障这些孩子长大后接受高等教育起到了重要作用。学生接受完义务教育，家长无须为孩子高额的大学学费担忧。

在加拿大，联邦、省和地方政府以奖学金、学生贷款和助学金的形式资助学生完成高等教育的学业，其中助学贷款是学生尤其是低收入家庭的学生接受高等教育的重要保障。加拿大的学生贷款主要由联邦政府学生贷款和省政府学生贷款两级构成。联邦政府负责贷款额的 60%，省政府负责 40%。按照现行加拿大学生贷款模式，学生贷款的资金来源为政府财政拨款。联邦政府和省级政府通过财政预算或发行债券等办法筹集资金。对于父母年收入加起来超过 70000 加元的学生，政府不提供助学贷款。

加拿大政府通过政府财政拨款为广大公民接受高等教育提供助学贷款的制度为高等教育的发展做出了巨大的贡献，使得加拿大的高等教育飞速发展。在加拿大，几乎一半的在校大学生依靠这种政府贷款接受高等教育。超过一半的大学女生依靠这种贷款完成学业。加拿大大学的女生人数超过男生，也要归功于政府完善的助学贷款制度。加拿大现在是 OECD 国家中高等教育最普及的国家之一。在加拿大未达退休年龄的人口中，有 40% 的人具有高等教育的学历，高等教育入学率为 46%，居世界首位。

在加拿大的福利制度中还有一种不需偿还的资助项目——助学金制度。助学金是在贷款不足的条件下，向学生提供的一种资助，主要是针对有特殊需要学生提供的。某些有特殊需要的学生在其获得的贷款不足以维持其生活和学业的条件下可以申请这种助学金。要获得这种无须偿还的助学金，必须满足以下条件中的一项：（1）有终身残疾的学生；（2）有抚养负担的学生；（3）攻读某些专业（如工程、科学类学科）的女博士生；（4）高资助需求的兼职学生；（5）既经济困难又有终身残疾的学生。加拿大政府的这种助学金制度不仅满足了有特殊需要的学生的特殊要求，为各类学生尤其终身残疾者提供了接受高等教育的保障，也为妇女获取高学历，提升妇女的职业地位做出了贡献。充分体现了政府的人文关爱和民主平等的精神。

二、美国的教育财政制度

(一) 基本情况

美国 2005 年公共支出中用于教育的比重为 13.7%，公共教育支出占 GDP 的比重为 5.1%。小学、初中及其他非高等教育经费主要由州和地方政府来负担，2005 年州政府负担的比例为 39.1%，地方政府负担的比例为 51.2%；在联邦和州政府向地方政府转移支付后，地方政府的实际支出比例为 98.5%。高等教育经费主要由联邦和州来负责，2005 年联邦政府负担的高等教育经费比例为 44.5%，州政府为 44.9%。美国教育管理体制是典型的地方分权制，即联邦政府行使有限的协调和服务的行政职责，而州政府拥有对教育绝对的管理和决定的权利，教育教学事务又由学区委员会根据当地情况自己决定的教育管理模式。

(二) 教育管理体制[①]

美国教育部建立于 1867 年，当时由安德鲁·约翰逊总统签署法令成立美国历史上第一个国家主管教育的行政部门。当时，它的任务主要是统计全国学校的有关数据和信息。1979 年 10 月，美国国会通过议案，成立新的教育部，并于次年开始运行。这就是美国联邦教育部。美国联邦教育部的主要任务是加强和确保每个人都能获得平等的教育机会，支持并帮助州地方各级各类学校提高教育教学质量，提高和协调联邦教育项目，有效合理地使用和分配联邦教育经费，以及加强总统、议会和公众对教育项目的理解和支持联邦教育经费的分配主要有三种方式：常规项目的财务支持，譬如用于提高残疾学生公平教育机会；对优秀项目实施的州地方教育部门的奖励；对经济困难学生的助学贷款和资助。由此，我们可以看出联邦教育经费总量和分配对州教育活动的支持和影响是微不足道的。

各州在组织结构、经费来源、效能上会略有所不同，但州政府对本州的教育事业拥有绝对的领导权。州议会是州最高立法机构，有关教育的重大问题的法律和法规都由它制定。各州一般设有教育厅，负责本州的教育行政事务。厅长或由州长指定，或由选民选举，或由州教育委员会聘任，任期 4 年，并不能从属任何党派。州教育厅的具体职能包括：制定中小学教育教学大纲和高中毕业标准；管理公立高等学校；对各级各类公立教育机构实施鉴定认可；制订教育预算；制定教师、教育行政管理人员和其他教育工作者的资格标准并颁发证书；落实教育法律和法令，负责主持联邦政府特别教育项目在本州的实施；主持本州自行开展的特别教育项目等。有些州的教育厅还负责为全州中小学指定教科书或划定教科书选择范围。另外，各州通常还有州教育委员会，成员或由选举产生，或由州长任命，其主要任务是研究州教育需要，制定州教育政策。

美国的各州根据地理位置划分成许多学区。学区的划分基本以城市的社区地理位置为基础的，但也并不完全是这样，有的学区就是包括相邻的几个社区，甚至是跨越几个社区。学区的大小也差距较大，有的学区包括几十所学校，最小的却只有 2 所学校。美国的学区有较大的办学自主权，学区内所有的事都是由学区委员会决定的，不受上级部门影响和干涉。州教育厅也无权任免学区教育委员，只有学区选民有决定权。但州教育厅有权依法对教育经费

---

① 陈恒华：《美国的教育行政管理体制》，载于《基础教育参考》2005 年第 10 期。

的使用情况、教育法规的贯彻落实情况进行督察。学区委员会可以根据自己学区的实际情况制定学区的教育教学政策法规。譬如教师工资标准，人事聘用，教育经费的使用和分配，学校开学放假、上课放学时间安排，甚至是学生转学等都由学区委员会批准和决定。但主要的工作是做财政预算和审核下属教育行政部门的财政支出是否符合预算，并有义务向选民公开和解释教育经费的使用情况。委员会的决定必须由集体通过，任何个人都没有决定权。

2001年，小布什总统上任伊始，就着手制订联邦政府关于美国基础教育改革的新计划，在"不让一个儿童落伍"这个名称之下，于2002年1月8日以法律形式正式生效。这一法案使管理模式从教育地方化转向教育国家化。根据美国宪法精神，美国传统上是教育分权制，也就是说教育的实际大权掌握在各州手中，联邦只能通过拨款和立法进行影响，而且影响非常有限。但是，纵观40多年来的美国基础教育改革趋势，非常明显的变化之一就是教育地方化逐渐向教育国家化转向。所谓教育国家化，主要是指第二次世界大战后，在教育的实施和经费这两方面，美国联邦政府的力量和影响逐步加强了；而且所有教育上的改革和创新，都成为一种全国性的努力，不再是地方性和局部性的了；此外，教育意识、教育理念或改革的目的也都体现出国家化的特点。同时，在经费使用从只重投入转向兼顾投入与产出。再从教育改革所针对的学生群体侧重点来说，也发生了一些微妙的变化，联邦从最初关注高质量、优异和杰出学生转向弱势群体，从追求效率到追求公平，在重视提高教育质量的同时更强调机会均等。

思考题：

1. 简述教育与经济的关系。
2. 简述教育的属性。
3. 简述市场经济国家用于教育支出的规模和结构。
4. 试述加拿大的教育财政制度。
5. 试述美国的教育财政制度。

第十二章 医疗保障制度

通过医疗保障的制度设计可以使减轻被保险人的经济负担。随着经济社会的发展,各个国家用于医疗保障上的支出也不断增加。本章主要介绍加拿大、美国和英国的医疗保障制度。

第一节 医疗保障制度概述

随着经济社会的发展,人们用于健康方面的支出比例逐步增加,这代表现代社会支出结构的发展趋势。根据 OECD 统计资料显示:2006 年,OECD 国家平均用于健康方面的支出占到 GDP 的 8.9%,其中,美国用于健康方面的支出占 GDP 的 15.3%(见图 12-1)。

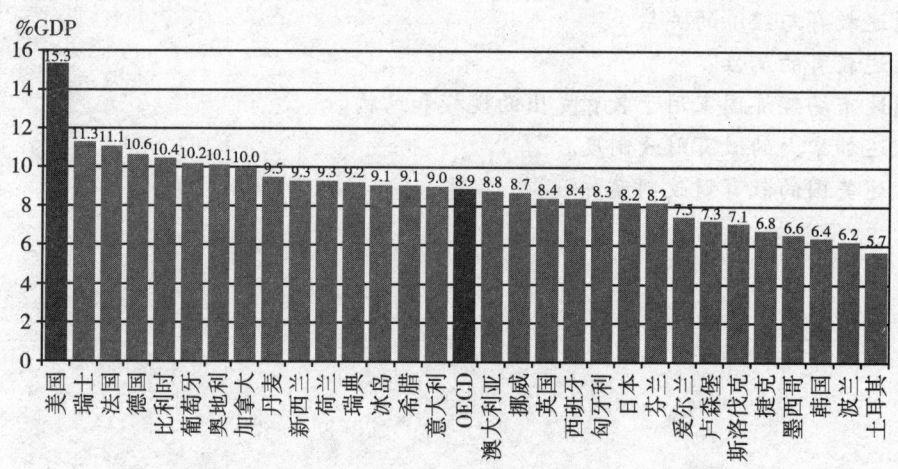

图 12-1 2006 年 OECD 国家健康支出占 GDP 的比例

而在用于健康方面的支出里面,政府的支出占绝大多数。就 OECD 国家平均水平来看,政府支出占 6.5%,私人支出占 2.4%。而政府支出里面的相当大部分是用于医疗保障体系的(见图 12-2)。

医疗保障的作用是,当被保险人发生医疗费用时,可得到经济上的帮助,医疗费用主要包含医生的门诊费用、药费、住院费用、护理费用、医院杂费、手术费用、各种检查费用等。

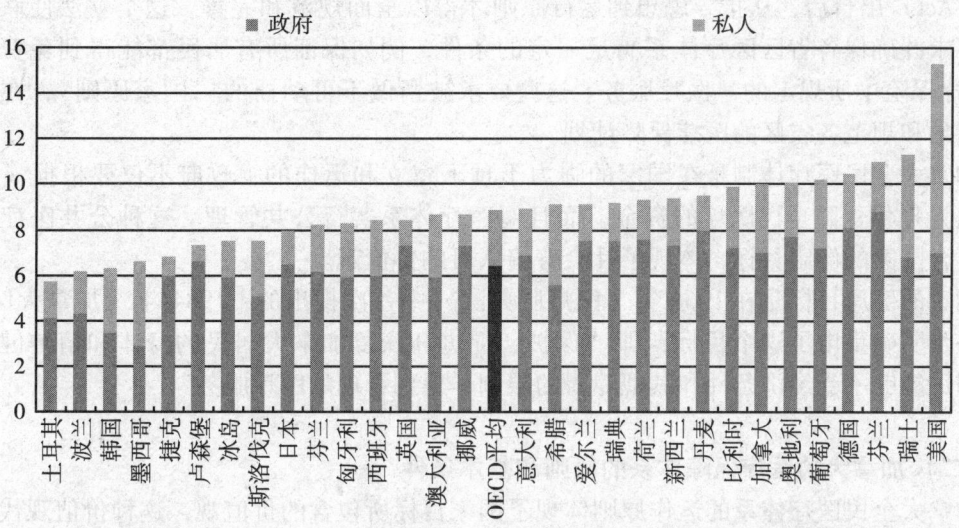

图 12-2　2006 年用于政府和私人用于健康的支出占 GDP 的比例

完善的医疗保障制度有利于提高劳动生产率，促进生产的发展。医疗保险是社会进步、生产发展的必然结果。反过来，医疗保险制度的建立和完善又会进一步促进社会的进步和生产的发展。完善的医疗保障制度解除了劳动者的后顾之忧，使其安心工作，从而可以提高劳动生产率，促进生产的发展；另一方面也保证了劳动者的身心健康，保证了劳动力正常再生产。完善的医疗保障制度可以调节收入分配，体现社会公平性。医疗保障通过征收医疗保险税费和偿付医疗保险服务费用来调节收入差别，是政府一种重要的收入分配的手段。同时，医疗保障制度还是维护社会安定的重要保障。医疗保险对患病的劳动者给予经济上的帮助，有助于消除因疾病带来的社会不安定因素，是调整社会关系和社会矛盾的重要社会机制。

第二节　市场经济国家的医疗保障制度

一、加拿大的医疗保障制度[①]

（一）基本概况

加拿大全民医疗体系是依据第二次世界大战后一系列立法逐步建立和不断完善的。第二次世界大战后，加拿大全民医疗体系开始萌芽。早在 1947 年，萨科喀彻温省政府率先推出了国内第一个全省医院保险计划。从此，加拿大医疗体系经历了从局部到全国、从部分免费到整体免费、从覆盖部分人群到覆盖全国人口的演变过程。全国性医疗体系虽然在 1966 年就初步建立起来，但直到 1984 年，加拿大全民医疗保障体系在《加拿大医疗法》（Canada

---

[①] 路爱国：《加拿大全民医疗体系的建立、运作和调整》，载于《经济研究参考》2007 年第 45 期。

Health Act)出台后,从指导思想到运行原则才得以全面规范和完善。这个立法使联邦政府有权要求并确保各省区医疗体系满足一定的条件,例如保证所有居民都能得到免费的受保(即医疗保险中所规定的)医疗服务。这些要求被当做不可动摇的"国家原则",在全国范围内指导和规范各省区的医疗保障计划。

加拿大全民医疗体制是在国家的强力干预下建立和运作的,政府不仅要根据《加拿大医疗法》提供保障全民医疗的资金,而且对医疗体系实行公共管理。这种公共医疗体制被认为符合国家的健康目标,体现了社会普遍认可的价值观。

国家的健康目标是在1966年《医疗服务法》中首次提出的,1984年《加拿大医疗法》又进一步明确重申了这个目标,即"保护、促进和恢复加拿大居民的身体和精神健康,使全体国民能够不受经济条件和其他障碍的限制,得到合理的医疗服务"。

(二) 加拿大的医疗保障体系的原则和基本条件

加拿大全民医疗体系的运作原则体现了国家目标所包含的价值观,这种价值观代表了社会主流意识,其核心就是平等,即在医疗面前人人平等。在加拿大社会中,这种观念已经相当深入人心。一般来说,政府、团体和个人大多认可如下看法:在生老病死面前人们是平等的;全国所有人口都应该享有同等的医疗服务;医疗服务不应该以个人财产和社会地位等为依据,因此,有钱人不能由于富有而拥有更多的生存机会,没钱和钱少的人也不能由于贫困而降低生命的价值。近年来,医疗服务更是被当做一项重要的基本人权,而医疗平等成为政府对国民的庄严承诺。《加拿大医疗法》中特别设置了两个条件即不允许额外收费和患者付费,就是因为这些行为会导致个人的支付能力决定或影响到他们得到的医疗服务质量,从而威胁到人人享有合理、同等医疗服务的原则。如果允许这些现象继续存在,公共医疗服务体系必然遭到腐蚀和破坏,加拿大人就会丧失他们所享有医疗服务的平等性。

在具体实践中,能否以及何时得到医疗服务不取决于财产、地位或其他条件,而主要依据先来后到的原则,即早来早治、晚来晚治。在某些医疗供给出现紧缺的情况下,例如某些疾病的手术治疗,患者有时需要排队等候,这也基本上依据先来后到的顺序安排,并不考虑病人的社会地位高低或经济状况好坏。没有非常特殊的理由,插队行为被认为是破坏秩序的严重问题,通常会遭到公众强烈反对,一般情况下不容易发生。

《加拿大医疗法》规定,联邦政府通过转移支付,承担各省区公共医疗费用的一部分。但要得到联邦政府承诺的全部转移支付,省区政府必须使自己的公共医疗服务体系符合《加拿大医疗法》要求。这些要求概括起来主要有九条,即五个标准、两个特殊条款和两个条件。

五个标准分别是:(1)公共管理(Public Administration),即对公共医疗服务必须实行公共管理,不允许私人管理。该法规定,省区医疗服务计划必须由一个公共权威机构在非营利基础上进行管理,这个管理机构对省区政府的财政转移资金负责。实行公共管理的理由主要是因为用于医疗服务的资金数量庞大,需要政府对这些支出及其增长进行直接控制,同时,有利于统一信息,以便实施监督。加拿大文献中经常提到公共医疗服务"单一付款者"(Single Payer),指的就是由一个公共权威部门对公共医疗资金进行统一管理和支付,防止多头管理可能产生的混乱。(2)全面性(Comprehensiveness),要求省区公共医疗服务必须保证提供所有"医学需要的"(Medically Necessary)服务。全面性标准实际上提出了最低限度医疗服务的一个篮子，因为《加拿大医疗法》并没有规定必须提供的医疗服务项目数量，也没有列出受保医疗服务的详细清单，只是提出了全面性原则。因此，全面性医疗服务的具体内容由省区政府决定。出于种种原因，各省区在受保医疗服务的范围上存在一些不同，不同地区在不同时期也有差别。（3）普遍性（Universality），要求省区所有居民在同一标准和条件下享有公共医疗保险，获得受保医疗服务。普遍性强调两个目标：首先，要求在全国任何地方都要对所有人口提供受保医疗服务；其次，受保人口要覆盖全民，以便降低医疗保险的风险。不言而喻，保险计划覆盖的人口越多，风险分担的效果越显著。（4）可携带性（Portability），即要求省区的受保人口在全国各地都能享有医疗服务。在其他省区提供医疗服务的情况下，付费问题由省区之间通过谈判解决。受保人在国外同样享有医疗保险服务。《加拿大医疗法》规定，对国外医疗服务的付费，至少应该相当于该省区为本地居民类似服务所支付的费用标准。（5）可及性（Accessibility），规定受保人不管经济条件或其他任何条件如何，都必须享有合理、同等的受保医疗服务，不允许以例如收入、年龄和健康状况为由歧视任何人。

《加拿大医疗法》中的两个特殊条款主要是限制病人自掏腰包为医疗服务付费的情况。在加拿大全民公共医保体制下，病人付费主要有两种形式：一种是在省区提供的医疗保险计划所涵盖的服务中有要求患者付费的情况；另一种是医生超过规定的收费标准额外收取费用。制定这些条款的目的是维护《加拿大医疗法》的核心原则，即让全部国民免费获得受保医疗服务。

两个条件则规定，省区政府必须向联邦政府报告每年患者付费及额外收费的估算和说明，自愿报告当地与《加拿大医疗法》规定的标准和条件有关的医疗保险计划运行状况说明，并要求省区政府公开宣布本省区医疗服务得到了联邦政府的转移支付。

（三）加拿大医疗保障制度的要素介绍

1. 加拿大医疗保障体系中政府的职能

加拿大医疗服务体系的运作当然首先离不开政府。但是，联邦政府和省政府在医疗服务中的责任非常不同。根据加拿大宪法和法院的解释，严格来说，联邦政府无权建立和维持全国性医疗服务保险计划，因为医疗服务主要是各省司法管辖领域。在医疗服务上，宪法明确赋予联邦政府对军队医院和检疫隔离病院的管辖权。此外，联邦政府还负责对自己直接管辖的社会群体提供医疗服务，例如原住民、军队、退役军人，以及在联邦监狱服刑的犯人。加拿大医疗服务体系主要由各省医疗体系组成，依靠各省医疗机构的运作向国民提供日常医疗服务。省政府的责任包括：决定本省建立多少病床；决定雇用什么样的职员；决定医疗体系如何提供服务；批准医院的预算；与医学协会通过谈判确定各治疗项目的收费标准；以及管理本省的公共医疗服务保险计划。联邦政府虽然不能直接插手医疗体系的日常运作，但它可以通过立法和宪法赋予的"资金支出权"（Spending Power）对医疗领域进行干预。联邦政府能在医疗立法上有所作为主要由于它具有支出能力，包括征收直接和间接税的能力。它不但对省进行转移支付，还能向省管辖下的某些项目提供资金，从而发挥影响力。通过立法和转移支付两种途径，联邦政府事实上在医疗领域发挥非常重要的作用，特别表现在它能建立全国性标准，并强制各省医疗保险和医院服务项目符合这些标准。有人认为，由于宪法和加拿大的现实，联邦政府向各省政府医疗服务的转移支付变得越来越重要。各省承担着提供全民医疗服务的重任,而医疗服务几乎是现代国家最昂贵的财政责任。各省所需资金的来源被限制在直接税收上,因此,尤其在税基低于全国平均水平的省,联邦政府的转移支付对维持各省医疗体系就更是至关重要的。在实践中,各省对联邦政府财政资金的依赖,迫使它们按照《加拿大医疗法》要求规范当地医疗服务的运作。公共医疗支出在政府预算中占有十分显著的位置。总体来说,各省政府用于医疗服务的支出通常超过其政府总预算的30%。虽然各年和各地的情况不尽相同,但医疗服务是省区政府预算的重头开支这一点是不容置疑的。各省都有公共医疗保险管理部门,在非营利基础上使用和管理它们的医疗保险基金。除了向全部人口提供基本医疗服务之外,政府还对某些医疗服务提供额外的保险资金,如老年人和某些残疾人,先天不足或后天脆弱的儿童,以及接受公共救济的人群,这些医疗服务不属于一般人群的全国医疗保险范围。此外,有的省区还设立特有的健康医疗服务项目,例如本地人口的公共健康和精神健康服务,为低收入家庭或需要昂贵/长期医疗产品(例如药品、氧气等)的患者提供补助,某些疾病或残疾的对症治疗(例如治疗瘾患项目)等。

不言而喻,作为主要的出资者,省区政府实际掌握着公共医疗服务领域的基金分配权。与纸面上的规章制度相比,公共医疗保险体系的实际运作有时并非毫不走样,也不是完美无缺的。有些情况下,例如经济发展不太顺利的时候,省区政府为了节省经费或减少债务,有时会采取某些措施,纵容某些渐进或"曲线"私有化行为,导致患者开支增加,例如,减少某些公共医疗服务项目例如眼睛保护,降低对特定人群提供的药品福利标准,降低患者在国外的医疗费用报销标准等。在几乎所有这些领域,只要政府退出来,商业保险公司很快就会见缝插针,吸引人们参加他们的保险。有些省甚至还出现了提供某些基本医疗服务的私人诊所,其中不少诊所一方面要求公共医疗保险向其支付诊治病人的医生费用;另一方面还变着花样对病人收取额外费用,例如收取所谓"设备费"。20世纪90年代以来,这种私人诊所在个别省发展较快。总体上说,在加拿大,参与和影响医疗体系运作的主要有联邦政府和省区政府、医疗机构和保险计划部门、医务人员、某些商业实体。媒体、政策设计者和分析人士在医疗体系的讨论和改革中也发挥一定影响力。尽管资金分配和管理权主要由政府控制,但医务人员和医疗机构直接向公众提供日常医疗服务,因此,对医疗服务体系的运作有一定程度的实际控制权。

2. 加拿大医疗保障制度中医疗结构的作用

日常公共医疗服务主要由诊所和医院提供。在加拿大,95%以上的医院都是非营利性实体,它们由地方政府卫生主管部门、社区信托局(Community Boards of Trustees),或自愿者组织等进行管理。医疗机构中可以盈利的部分主要是长期护理机构或特殊服务机构例如戒除瘾患中心等。医院和其他医疗机构控制本单位日常的资源分配,但它们必须把自己的资源分配限制在政府卫生管理部门设立的预算范围之内。医院首先要对本社区人口负责,同时,在资金来源、省区规定、合同要求等方面,医院还必须对省区政府机构负责。因此,医院并不能够完全独立行事。由于政府不能不关注整体医疗成本和医疗服务体系的协调,而医院系统又具有自我保护的传统历史,因此,为了在医院自主性、政府控制和公共监督之间寻求平衡,一些省区设立了专门机构,对医院工作进行独立评估,例如安大略省的医疗服务改组委员会。这类机构往往被赋予很大权力,它们不但评估医院的工作业绩,还有权提出建议,对医院在当地社区的服务布局和服务项目进行调整。

尽管加拿大医疗体系相对稳定,但不同时期的经济政策也使之发生一些变化。由于运营成本普遍较高，医院成为加拿大医疗改组的重点对象，经常受到要求缩小规模、重组、加强协作的压力。近年来，加拿大医疗体系出现了一些新的现象，如医院关闭，有的医院被改为医疗中心，专业化卫生所增加，医院之间出现合并和加强相互协调等。有人甚至预料，一二十年之后医院可能不复存在，代替它们的将是新式医疗机构例如医疗中心，它们通过新的信息技术提供基本医疗服务，或者专业中心例如省区心脏病中心，它们能提供专项服务，或者还有其他形式的一体化医疗体系。把医院的一些职能逐渐转移到社区医疗中心的想法也得到很多人赞同。当然，还有不少人认为医疗体系在可见的将来不会出现根本变化。

长期以来，医疗机构普遍关注的另一个重要问题是如何更好地控制医疗成本。各省区都不断尝试不同的预算方案，以便不断改进资金配置方式，建立更有效的成本控制机制。有统计表明，在 2003 年，加拿大人口中大约 8% 的人住过院，这个数字在 1994~1995 年之后比较稳定，其中 12 岁以上妇女住院的比例为 10%，男性为 6%，两性差别主要是妇女生育造成的。近年来，住院时间趋于缩短，在医院过夜的患者比重也有所下降。患者住院费用基本上全部由公共医疗保险承担，例如，2004 年，公费占医院治疗费用的 93%。

3. 加拿大医疗保障制度中医疗服务人员的作用

无论在诊所还是医院，医生的职责自然是为患者提供医疗服务。如上所述，虽然加拿大国民全都在公共医疗服务体系内得到基本医疗服务，但医生并非国家雇员，他们的收入方式也与政府雇员的固定月薪不同。一般来说，医生的收入取决于他们的工作量。如果医生提供的是基本医疗服务，他们的报酬由公共医疗保险给以支付。病人通常不必对医生提供的诊治服务直接付费，由医生把诊治账单提交省区医疗保险计划管理部门，从那里得到为每位受保人提供服务的报酬。各省区都根据本地医疗服务计划建有医生服务的收费标准，按照这个标准对医生服务支付报酬。医生的收费标准是政府与医疗协会（Medical Association）通过谈判确定的。近年来医生报酬的其他模式开始受到欢迎，例如工资或合同，或多种因素混合的报酬计划。不同省区的具体做法有所不同，例如，有的地方为了控制医生服务成本，对每个医生规定了最高报账限额。

尽管建立了治疗项目的收费标准，但由于疾病及其治疗的复杂性，设立的收费标准往往难以穷尽各种相关因素，而医生中不可避免地存在着多收费的自发倾向，因此，评估医生提供的服务及其费用成为一项经常性工作，其中一个重要任务就是遏制多收费。遏制多收费的一个办法是进行同行比较，假如有些医生能以更低的费用提供同等水平的医疗服务，公共医疗管理部门就有理由对另外的医生服务进行评估，判断他们提供的服务是否属于不必要的，或过度使用医疗资源，或属于无效服务，进而要求作出调整，甚至可能要求把医疗服务转移到收费较低的医生那里。当然，医生往往不喜欢这些措施。正因为如此，更有必要对医疗服务的收费标准和开支进行经常性审查。

在基本医疗领域，国家是单一的医疗费用支付者，而医生是医疗服务的垄断提供者，国家通过与专业人员和医疗行业代表机构进行谈判决定资源分配，也就是说，国家具体的医疗政策建立在国家和医疗行业的合作上。这种机制使加拿大的医疗服务体系得以制度化，能够长期稳定地运转。医疗服务体系的设计包含高度的医疗自主性，在提供医疗服务中强调以信任为基础的专业自律。

近年来，加拿大医疗体系面临经费削减和重组的压力，在强调效率和合作的情况下，政府试图加强对医生的控制，主要目标是如何更好地平衡医生的"企业家自主性"（即营利倾向）和治疗自主性两者之间的关系。在现存医疗体系下，医生专业协会和国家通过集体谈判决定公共基金水平，同时，《加拿大医疗法》禁止医生收取额外费用，如果医生让患者支付的费用超过谈判达成的省区费用标准，他/她就不能从公共医疗基金中得到任何付款。这对医生的自主性形成比较严格的限制，尤其是限制了医生个人的企业家自主性。作为交换，医生得以在相当程度上维护个人治疗专业的自主性，如选择自己工作的地点、工作量以及服务项目等。与此同时，为了使医务人员在全国各地得到更合理的配置，政府曾采取一定措施，试图影响各地的医生供应状况，例如对刚走出校门的医生提供某些优惠，鼓励他们到农村或边远地区服务，同时，那些选择到医务人员相对充足地区工作的医生则可能面临某些相对不利的条件。但这些措施被认为并不很成功。

在医疗费用缩减的时候，护士作为医务人员的一部分，往往成为降低医院医疗成本的主要目标之一。这使不少护士失去工作，而在职护士不得不承担更大的工作压力。因此，在加拿大，护士短缺近年来成为公众经常担心的问题。为了在削减医疗成本的同时保证不降低医疗服务质量，医疗领域通常的做法是把一些原来由护士承担的工作更多地交给培训较少、工资更低的其他辅助人员。

其他医疗服务人员包括药剂师、牙医、听力辅助人员等，他们提供的是商业性医疗服务，其地位不可避免地介于商人和专业人士之间。另外，在医疗领域工作的还有技术专家、技术人员和其他辅助人员等。在加拿大，医生可以自行选择到公共医疗体系之外工作，但体系内外医疗服务项目是不同的。加拿大医疗体系目前有 70 多万就业人口。2003 年，全国有 59000 名医生，每年有 80% 的人看过医生，该比例在 1994～1995 年之后基本稳定。2002～2003 年，全国专科医生的报酬平均每年大约 25 万加元，家庭医生则不到 20 万加元。1994 年之后，在医生提供的医疗服务总费用中，公费支出稳定在 98% 以上。加拿大医疗体系的目标是保护和提高所有公民和社区的生命和生活质量，尤其是保护那些没有自我保护能力的人口。不难看出，在加拿大市场经济条件下，医疗体系的运作过程也是相关各方不断博弈的过程，通过利益相关者之间不断的冲突、协商和斗争，对存在的问题寻求解决方案，以便一方面控制医疗费用的上涨，一方面提供必需的医疗服务，实现效率和公平双重目标。

4. 加拿大医疗保障制度中对药品的规定

与其他某些实行全民医疗的国家一样，加拿大的公共医疗保险并不包括药品，也就是说，药品不属于公共医疗保险支付的范围，而由患者个人承担。其中也有例外，那就是，当病人需要住院治疗的时候，公共医疗保险不仅负责一切治疗和膳宿费用，而且负责住院期间的药品费用。不需要住院的患者在经过医生诊断之后，通常会得到医生的药品处方，由个人自行到独立的药店购买处方药。在药店工作的是拥有专业资格的药剂师。在北美，经营处方药和非处方药的药店常常设在日用品商店里，因此"药店"有时成了杂货店的代名词。在加拿大，各地几乎都设有 24 小时营业的药店，以便人们能随时得到所需药品。

在加拿大，尽管药品不包括在公共医疗保险计划之内，但这并不意味着所有药品费用必然由个人全部承担，因为还存在着多种形式的药品保险项目。就业人口一般都能得到雇主或就业单位提供的团体保险，这是一种补充医疗保险，药品保险通常是其中一项重要内容。省区的医疗保险计划通常还为特定人群建立药品福利计划，例如低收入人群、老龄人口、老龄人口中的低收入者等，符合条件的人只需要支付象征性费用，就能得到所需的处方药（参见附录中安大略省医疗保险计划）。此外，私人保险也提供药品保险，个人可以自行选择投保。有研究表明，大约90%加拿大人参加了涉及药品费用的公共保险或私人保险。还有报告显示，2003年，12岁以上的加拿大人中有79%自称拥有某类公费或个人投保的药品保险，其中私人保险主要来自雇主为雇员及其家属的投保。但是，不同省区的药品保险存在较大差异，因为雇主的团体保险和公共计划都有所不同，主要表现在保险药品的种类和报销水平上。因此，从总体上说，尽管加拿大全民享有公费医疗，但免费药品却远不是全民性的。这与欧洲有些国家不同。在经合组织成员国药品公共支出水平排位上，加拿大的名次很低，只有美国时常比加拿大还不如。随着药品费用的上涨，随着近年来有些省区公共资金在全部药费中的比重下降，加拿大国内要求建立公共药品服务计划的呼声时有所闻，但这样做必然导致公共医疗资金较大幅度增加，因此，能否以及何时满足这种要求取决于未来对平等和成本两个因素的权衡。

涉及药品可及性的一个关键问题是药品价格。在加拿大，药品开支是医疗领域第二大支出项目，仅次于医院开支。如在其他国家一样，加拿大也面临药品支出不断增加的压力，这种压力主要来自人均药品消费量增加和新药面世从而药品价格上升。有研究表明，新专利药品每年的价格上涨大大超过非专利药品。遏制药品价格上涨一直是政府关心的问题，对药品实行的强制许可证制度成为政府医疗政策的一块基石。这种做法能有效降低药品价格，从而被认为是控制药品支出的有效机制。但是，在自由贸易越来越受到推崇、各国贸易措施越来越受到国际贸易组织条款限制的情况下，药品的强制许可证制度有可能被认为不符合贸易开放原则，因而，它的继续推行面临一定程度的不确定性。

政府控制药品价格的另一个机制是对普通药品（即专利保护到期之后的非专利药品）实行招投标采购。由于政府集体采购药品，批量大，范围广，有利于以比较低廉的价格获得药品供应，能够产生很大的节约效应。此外，加拿大对专利药品的保护期限相对较短，而一旦超过专利保护期，药品的价格必然出现下降，而下降的幅度常常相当可观。

有的省区政府还利用其调节能力，与药品生产厂家通过谈判控制药品价格。例如，如果药厂想获得把自己生产的药品列入公费资助的保险计划的资格，它们就必须符合政府为此设置的条件，包括价格水平。政府相关部门通常建立药品类别清单，在药力相当的药品中，选择价格最低或价格适中的药品作为处方药或者纳入药品保险计划报销范围。根据有些地区（如不列颠哥伦比亚省）药品价格控制效果研究，实行这种办法使老年公民的药品报销计划开支显著下降。另一个药品价格控制途径是政府与制药公司达成协议，省区政府同意把该厂商的某种新药列入公费资助的药品报销清单，条件是它们必须保证把第二种列入清单的新药价格降下来。这样，药品生产厂家在第一种新药上获得了有补贴的市场进入，而政府在随后的新药用上节省了资金。

在加拿大，药品厂商按市场原则运作，一般而言并不听命于政府，它们天然的逐利本性倾向于抬高药价。为了保证普通民众都能得到必要的药品，不至出现支付困难的问题，同时使政府的药品资助计划能够节约资金，政府在控制药品价格上采取了一系列措施，其目的都是要把药品价格维持在合理水平上。

二、美国的医疗保障制度[①]

(一) 基本概况

美国的医疗制度不同于世界上大多数工业化国家，没有建立统一医疗保险制度，以复杂多样的自由市场型为其主要特征，商业保险盛行。美国政府的医疗保障主要包括两大类：第一类是由政府承办的社会医疗保险，以资助老年、残疾或患有严重肾病的美国公民的医疗保险制度（Medicare）和资助贫困家庭的医疗援助制度（Medicaid）为主，但在美国的整个医疗保障体系中，这种社会医疗保险计划并不占重要地位，覆盖人群有限。

第二类就是私营医疗保险，包括非营利性医疗保险（以蓝盾、蓝十字等组织为代表）与营利性的商业医疗保险两种，是美国医疗保障制度的重要组成部分，其中开展医疗保险的商业保险公司就有1000多家，目前在美国80%以上的国家公务员和74%的私营企业雇员通过购疗保险为自己及家人转移疾病风险。此外，有14%左右人口的无保险者，由于无能力购买保险和支付高额医疗费，除得了重病外，获得量血压、止血等极平常检查与治疗的机会都很少，因延误诊治而留有后遗症、长期住院的不少，死亡率高。这不仅对个人不利，也成为整个医疗上的公平性问题。

(二) 美国的医疗保险制度

美国政府医疗保险（Medicare）包含三个部分，分别是住院医疗保险（Hospital Insurance），医药保险（Medical Insurance）和医疗保险处方类药物计划（Prescription Drug Coverage）。[②]

政府医疗保险中的住院医疗保险（Hospital Insurance）是帮助参加医疗保险者支付住院病人的住院费用的项目，它包括急症费用和使用护理设施的费用（不包括长期的护理）。其参加资格的认定有三个，即：（1）如果公民已经参加了社会保障项目或者是铁路退休委员会的计划，那么会在年纪到达65岁那一天的时候自动参加住院医疗保险。（2）如果公民是65岁以下而且是残疾的话，则会在获得社会保障或者是铁路退休委员会提供的残疾保险福利24个月之后自动获得参加住院医疗保险的权利。（3）如果公民的年纪已经接近65岁，但是还没有获得社会保障项目或者是铁路退休委员会的福利的话，则可以申请住院医疗保险的权利。即使公民参加社会保障项目或者获得铁路退休委员会的福利的时候是大于65岁的，也同样在65岁的时候有获得医疗保险的权利。

参加住院医疗保险的大多数人都不需要按月支付保险费的，因为大多数人或者是他们的配偶在工作的时候已经支付了医疗保险税；而在职人员的医疗保险税是用来支付政府医疗保险的。当然也有例外情况，公民（或者是其配偶）没有权利参加社会保障，原因是没有工作或者是工作期间没有支付医疗保险税，同时年纪也达到了65或者是65岁以上。如果公民收入来源有限的话，公民所在的政府州会帮助支付住院医疗保险的费用。公民符合住院医疗保险的条件是必须在医疗保险覆盖的工种范围之内（医疗覆盖的工种的30种）；这些人会

[①] 刘琴琴：《美国医疗保险与医疗救助研究》，武汉科技大学，2007年。
[②] Medicare Program—General Information [EB/OL]. http://www.cms.hhs.gov/MedicareGenInfo，2005-12-14.

在工作期间缴纳一定的医疗保险税,当这部分公民年龄达到65岁的时候,住院医疗保险会自动将这部分人吸纳到计划中来。那些不符合条件的公民只要按月缴纳住院医疗保险的保险费用,同样可以获得这一权利。

住院医疗保险要求参与者支付各种共同支付的费用,这些费用是由服务提供的设施和停留的时间长短决定的。住院医疗保险包括的服务范围和费用情况包括以下几种:住院、家庭健康护理和济贫院护理费用等。其中住院费用指病房费用,餐饮费用和其他住院期间服务和设施费用。这里面包括急诊费用和精神治疗费用,但是不包括私人护理、病房的电视和电话设施的费用;同样也不包括选择私人病房的费用,除非是精神治疗上必需的。每个参与者一生在精神病院的健康护理的住院治疗被限制在190天的范围内。家庭健康护理包括合理和必需的健康护理,临时的或者是连续且熟练的专业护理和家庭健康服务,以及由你的医生给你规定的物理治疗和针对职业病的治理及语言障碍的治疗。当然也包括社会医疗服务,耐用的医疗器材(如轮椅,医院床位,氧气罐和拐杖),医疗服务供应和其他服务。这些服务必须由医疗保险授权的家庭健康机构提供。济贫院护理针对那些患了晚期疾病的公民,服务范围包括控制症状和减轻疼痛的药物,医疗保险提供的针对收容所的医疗和辅助性服务和没有被医疗保险覆盖的其他服务。

虽然住院医疗保险(Hospital Insurance)可以为老年人减轻经济上的负担,但是它并不能覆盖全部所有的医疗服务。医药保险(Medical Insurance)是帮助公民支付医生的服务和门诊病人护理的费用,同时也覆盖一些住院医疗保险并不覆盖的其他医疗服务,如一些物理治疗和针对职业病的治疗,家庭护理费用和支付精神治疗所需的治疗和器械的费用。

如果公民已经参加了社会保障项目或者是铁路退休委员会的计划,就会在年纪到达65岁的时候自动参加医药保险。如果公民是65岁以下而且是残疾的话,会在获得社会保障或者是铁路退休委员会提供的残疾保险福利的两年之后自动获得参加医药保险的权利。这些公民的医疗保险卡片会在65岁生日之前的3个月内寄送,或者是在获得残疾福利的第25个月的时候寄给本人,当然,公民可选择不参加医药保险。

医药保险的融资渠道来自受保人的保费和联邦税收。受保人的保费(2005年是平均每月78.20美元)是占医药保险总支出的25%,其他的都由联邦税收来支付。医药保险的保障范围包括以下几项,即:(1)医疗保险和其他服务。包括非常规身体检查、诊断测试、门诊病人的精神健康治疗和职业治疗以及物理治疗。(2)临床实验室设备。包括血液测试,尿液分析,部分筛选测试等。(3)家庭健康护理。包括合理和必需的兼职或者是间断的熟练专业护理和家庭健康服务,以及由你的医生给你规定的物理治疗,针对职业的治理和言语方面的治疗。另外,医药保险还包括一些检查性的项目,如:(1)全身骨骼检查。帮助你提早知道你自己是否处于骨折的危险中,每24个月对有骨质疏松症潜在威胁的医疗保险参加者进行检查。(2)心脏血管检查。检查胆固醇,油脂和甘油三酸酯的水平,帮助预防心脏方面的疾病。(3)结肠癌检查。帮助发现癌症早期的发展情况,移除已经癌变的部分。(4)糖尿病检查。(5)流感疫苗注射。医疗保险会在每年流感高发的秋天或者是冬天对所有的参加者注射疫苗。(6)青光眼检查。对青光眼高危人群每年一次检查。(7)乙肝疫苗注射。对那些容易感染的参加者注射疫苗。(8)妇科检查。检查子宫癌等妇科疾病。(9)肺炎疫苗注射。(10)前列腺癌检查。每年进行一次直肠检查和专门的前列腺检查。

医疗保险处方类药物计划(Prescription Drug Coverage)是自愿参加的。参加这一计划的前提条件是参加者已经加入了住院医疗保险（Hospital Insurance）或医药保险（Medical Insurance）。当参加者加入这一计划的时候，首先必须按月支付一笔保险费用。如果参加者购买的药品不在计划药品覆盖范围之内或者不是在计划指定的药店购买药品的话，购买者会被要求自己支付全额费用。

（三）美国的医疗援助制度

医疗援助是为那些低收入个人和家庭提供医疗援助的计划。这一计划在1965年以立法的形式出现，而且是由联邦和地方政府共同出资来资助政府为那些符合医疗援助的人们提供医疗保险长期护理援助的。医疗援助是对那些低收入的人们关于医疗和健康有关服务的援助的最大来源。同时联邦法令确认了多于25种的符合条件的人，这些人可以被分为五大类：小孩，怀孕的妇女，家庭里有小孩要抚养的成年人，残疾人和65岁及65岁以上的老年人。这些人必须由联邦和州政府确认的符合条件的低收入个人和家庭来提供援助。但是医疗援助并不是直接支付现金给受益人，相反它是直接把费用支付给受益人的健康服务的提供者。由于州与州之间规定的不同，受益人可能被要求支付一些服务项目的共同支付中的小部分费用。同时它是一个联邦政府和地方政府合作的计划，是用来帮助那些低收入和有限资产那些人的医疗花费的。

医疗援助的服务内容包括住院病人的医疗服务、门诊病人的医疗服务、婴儿出生前的护理、对于65岁或者是年纪更大的人的看护服务、家庭计划服务和供给、乡村的健康门诊服务、对那些需要家庭健康护理的人群、实验室和x射线的服务、小儿科和家庭护士服务、联邦政府认可的健康中心的服务，和健康中心在其他设置中可以获得的流动的服务、针对21岁以下周期性的检查，诊断和治疗服务等。

许多人都错误地认为医疗援助的受益人几乎不需要支付任何费用。但是医疗援助的受益人也需要支付一定的费用，费用多少视当时的经济情况而定。由于医疗援助是帮助低收入人群的健康护理的，所以它限制了共同支付的费用，而且对儿童和怀孕的妇女是不设任何费用的。在可允许的范围内医疗援助的共同费用的增加以及健康护理服务的范围的减少在这几年十分明显。而医疗调查表明这些倾向对那些低收入人群的影响要更大一些。这样高额的共同支付费用导致了一些低收入人群放弃了一些健康护理服务，包括必要的医疗服务可能会导致高额的医疗费。

（四）美国医疗保障制度的主要问题

美国医疗制度存在的主要问题是费用上涨和公平性问题。世界卫生组织（WHO）的1997年部分国家医疗保障制度指标排名显示美国在被统计的191个国家里面人均医疗支出排名第一位，而国民总体健康水平排名却只有第72位，医疗筹资分配公平性排名在第55位左右。无疑，美国的医疗保健费是世界上最昂贵的，但其医疗保险的效果却不理想，其国民预期寿命低于大多数欧洲国家。美国医疗费用失控和医疗效果不佳的主要原因是医疗服务市场缺乏管制，为患者提供的医疗服务之中的绝大部分是由私人医生提供的，医生拥有相当多的决策权，其行医行为较少受到限制，导致不必要的手术、住院治疗、体检和处方过多。美国医疗制度的公平性也存在严重问题，由于缺乏国民健康保险，那些经济上处于不利地位的人们在获取高质量的医疗服务上也处于不利地位。那些没有任何医疗保险的人口就是医疗制度缺乏公平性的最好例证。

三、英国的医疗保障制度

英国医疗保险制度的主要特征是国家保健服务制度（National Health System, NHS）。英国政府强调广泛平等地享受医疗服务，政府主要通过税收资助全国性医疗服务。英国的国家保健服务制的医疗保险模式分为两大系统：社区卫生保健系统和医院服务系统。社区卫生保健系统提供90%以上的初级医疗服务，只将不到10%的服务转到医院服务系统。社区保健系统包括全科医疗服务和社区护理两个主要方面，所提供的医疗服务包括常见病的治疗、健康教育、社会预防和家庭护理等等，而各种损伤、急性病等可直接去医院就诊。英国卫生部门虽然采取措施限制病人使用医院服务，但医院仍然是NHS经费的最大消费机构，每年70%的NHS经费用于医院服务。NHS经费主要是由国家投入。这种免费的国家保健制医疗制度有利于扩大医疗保健服务面，使人人都享有卫生保健，从这方面看，免费医疗制度对广大民众是非常有利的。

英国在1948年通过并颁布了《国家卫生服务法》，医疗保险范围扩大到全体公民，实施全民医疗保险制，其医疗经费主要来源于中央财政收入，约占全部国民保健费用的80%以上。其余的由人们缴纳的国民保险费、看病处方费、受益人为享受及时的较高档次的医疗服务而支付的费用来弥补。筹资方式是现收现付式。

享受国民保健服务的条件是，凡有职业工作的国民，每人每月交纳工资的0.75%，雇主交纳工资总额的0.6%，独立劳动者和农民交纳收入的1.35%作为医疗保健费，即可包括其家庭在内享受国家统一规定的免费医疗待遇。由于医疗费用上涨过猛，为遏制浪费，规定每张处方个人需交2.2英镑的手续费，还有一些其他收费项目。

英国的国民保健制度，保证凡居住在英国的人，无须取得保险资格即可在免费或低费用的情况下享受相当完善的医疗保健服务。

根据国民保健法规定，所有的英国人都可以享受免费医疗。但是牙科手术、视力检查和配眼镜要收费，对医生所开的每种药都要付处方费。下列人可以免交处方费：产妇、哺乳期妇女、儿童、退休者、因医疗事故造成的病人、战争或因公伤残津贴领取者以及低收入家庭。牙科门诊检查免费。牙科治疗病人须负担第一个英镑的费用，但21岁以下在校学生、孕妇和哺乳期妇女可以免费。16～21岁的离校青年安装假牙须付假牙费。儿童配眼镜可以免费。

国民保健系统规定由医师、护士、理疗师、体疗师、职业病医生、语言障碍治疗师和心理学医师对老人、伤残病人和精神病患者进行治疗，并免费向他们提供假肢、假眼、助听器、轮椅等医疗手段。重伤残废病人可以免费使用响铃、无线电、电视、电话和取暖器等设备。

国民保健系统的服务内容还包括对学校卫生、家庭卫生、食品安全、药物安全、环境卫生、卫生教育、防疫、毒品戒瘾治疗、堕胎、酒精中毒、私人医疗以及医务人员的培养训练等有关问题进行检查、监督和管理。

英国国民保健项目由社会保障主管机构将医疗费直接付给提供服务的医院和药品供应者。患病的被保险人与医院之间不发生直接的财务关系。这种免费医疗服务方式通常是由政府机关、企业或医疗保险主管机构，医生与医院或药品供应者分别签订契约，按照服务项目、类别、承治人数等，规定相应的报酬或发给固定薪金，对于医药费用则按规定实报实销。英国的医疗服务对象是全体英国公民，不参加社会保险的只享有医疗权，但无权领取现金补偿。

国民保健法的实施由政府卫生部负责管理。英国全国各地分设100多个地区卫生管理局和委员会，负责管理国民保健的具体实施。每个区设有一个总医院，并设有普通医院、诊疗所、卫生中心、精神病院、传染病院、妇产医院、结核病医院等专科医院。

四、法国的医疗保障制度[①]

法国建立医疗保障制度的目标十分明确。它主要是为了体现其福利国家的优越性；方便国民就医，使患者得到及时的治疗；协助他们承担大部分的医疗费用，使国民的个人医疗费用的负担降至各自支付的最低范围之内，又不至于过多地增加政府的财政负担，从而体现出民族互助共济精神。法国的现行法律规定，在法国领土上居住的居民，必须加入基本医疗保险。

法国医疗保险的组织机构十分复杂，是一个多元化的医疗保险系统。主要分成两大领域：一是基本医疗保险；二是补充医疗保险。

基本医疗保险隶属于法国就业与共济部管理。医疗制度按行业或阶层划分为5种不同的类型。在法国的大区和地区一级均有同类机构。第一类是工商企业职工基本医疗保险，它覆盖工商界企业职工及其家属，参加这项制度的人数最多。第二类是农民基本医疗保险。它覆盖了农业工薪者、农业经营者以及他们的家属。第三类是行政事业单位基本医疗保险。它覆盖国家公务员、地方公务员、社会保险认定的开业医生、大学生、国家电力公司、煤气公司等单位的工薪者。第四类是特殊行业基本医疗保险。它覆盖矿工、国家铁路公司和巴黎公交公司职工、国家银行职员、军人、渔民、神职人员等。第五类是私营企业主和自由职业者基本医疗保险。它覆盖工厂主、商人、手工业者、自由职业者。

根据1996年4月24日发布的法令，法国工商企业职工基本医疗保险有严密的组织机构加以管理。最高层次是国民议会，负责社会保险的立法，审查批准社会保险基本预算。政府主管部门是就业与互济部，这是法国社会保险行政主管部门，负责制定政策，制订社会保险基金收支计划和监督检查，在大区和省设有卫生与社会事务局，是各大区、省的社会保险和社会事务行政主管部门，受就业与互济部和各地政府双重领导，以部领导为主。第三个层次是社会保险的经办机构，法国社会保险经办机构十分复杂，有养老保险、家庭补贴、基本医疗保险等经办机构。后四类的基本医疗保险制度，其团体性、群体性和阶层性很强，分布分散，管理和经办方式各具特色，基本上采取团体和行业自行管理的模式。

依照历史沿革的传统，法国基本医疗保险基金主要来源是缴费，以工商企业职工基本医疗保险为例，由雇主和职工双方缴费，其数额按工资比例确定。20世纪40年代末，法国规定了缴费的最高限额，对于高收入者几乎算不上什么负担。

1967年以后，由于医疗开支日益加大，缴费取消最高限额，实行双轨制。工资在某一

---

① 岳颂东：《法国医疗保险制度及其启示》，载于《管理世界》2000年第10期。

规定限额以下者为一比率，以上者为另一比率，根据收入总额计算缴费额。1984年取消双轨制，缴费额又逐年上升，1992年1月1日以后，雇主的缴费比率达到其工资开支总额的12.8%，工薪者本人缴费占其收入6.8%。到目前为止，不仅在职者缴费，领取退休金和失业金的人也要缴费。到1995年，退休人员缴费达其收入的1.4%，补充保险金缴费相当于其收入的2.4%。

除此之外的其他几类保险制度，缴费比例一般都高于此项制度，根据行业和阶层的差异，各自享受的待遇也不尽相同。例如国家正式职员，他们在住院时，不但可按比例享受医药医疗费用补助，而且还可以领取每天病假生活补贴，以便使其工资被扣除的损失得到部分或全部补偿。

法国医疗保险金的支付主要体现在对患者的医疗药费的报销比例上。总的来说，法国的基本医疗保险只能报销其总支出的2/3。另外1/3需要患者自理，或采取补充医疗保险等办法解决。这在宏观上有效地控制了医疗费用的开支。当然，对一些特殊情况也可以实行一定程度的减免。

在通常情况下，投保者有权自由选择普通科医生。1996年改革条例出台后，患者必须在普通科医生推荐下方可找专科医生诊治。其中所需费用到自己投保的医疗保险部门报销，报销比例在2/3～3/4之间。享受医疗服务，必须由社会保险部门认可的医生开出处方，所享受的医疗服务项目和药品都制定了严格的范围和目录。药品只限品种，不限数量。某些特殊医疗项目，必须事先征得医疗保险部门认定的监督顾问的同意。患者医疗费用的报销比例根据医疗方式（如住院或门诊）、疾病谱、药品功能的差异而有所差别。在一般情况下，住院治疗的自理费用比例低于门诊的比例。从1993年8月1日起，在医生门诊费中，自理部分为30%；辅助治疗及化验检查支出中，自理部分为40%，绝大多数普通药品支出自理35%，有些药品，如价格特别昂贵或不可替代的药品，自理部分也可能为零。某些滋补强身的药品，自理部分可高达65%，甚至不能报销。总之，住院的全部费用，自理部分大约占20%。为体现国家鼓励生育，照顾危重患者，防止疫情扩散，抚恤军人等社会政策，患者医疗费用自理部分在下列情况下可以适当减免：接受不育症治疗或检查者；6个月以上直至分娩前住院的孕妇；住院期超过一个月的患者；癌症、糖尿病、艾滋病患者；接受复杂手术费用高达一定数额的患者；出生不足一个月的住院婴儿；领取养老金和抚恤金的退役军人基本医疗保险大约可承担患者医疗总费用的2/3，其余的1/3自理部分，对于中低收入的家庭来说，是一个不小的负担。因此，越来越多的法国人自愿借助补充医疗保险来减轻自理医疗费的负担。1960年大约有29%的国民参加了这类保险，1970年上升为43.5%，1998年达到87%。

法国有三种不同类型的补充医疗保险机构，主要按投保者的行业和工种划分，投保价格也不一样，保障范围也有些差异。第一种是互助保险公司或互助集团公司。在法国有这样的公司6500家左右，它在补充医疗保险方面举足轻重。有60%的投保者参加这类保险，由于价格较低，适合中低收入家庭。另外，还有一些国营部门和私营企业职工加入，它所支付的医疗费用占全国医疗费用总支出的6.6%。第二种是依照法国保险条例进行管理的私人保险公司。这类保险公司在法国大约有80家，向它们投保的大多是非工薪人员，而且有70%的侨民在此投保，它所支付的医疗费占全国医疗费总支出的3.4%。第三种是民间互济会组织，全法国大约有20家。它由工会和企业雇主双方派同等数目的人员进行管理，同时又受社会保险法规的制约。参加这类保险的主要是私人企业职工，工人占绝大多数。全国有13%的人参加这种保险，它所支付的医疗费用占全国医疗费总支出的1.4%左右；有疫情扩散危险的传染病人医疗费用全免。

思考题：

1. 简述医疗保障的作用。
2. 简述加拿大的医疗保障制度。
3. 简述美国的医疗保障制度。
4. 简述英国的医疗保障制度。

第十三章 养老保障制度

本章主要介绍外国养老保障制度。养老保障是国家和社会根据一定的法律和法规,为解决劳动者在达到国家规定的解除劳动义务的劳动年龄界限,或因年老丧失劳动能力退出劳动岗位后的基本生活而建立的一种社会保障制度。在不同情况下,养老保障制度的经济效应不同。本章分别介绍加拿大和欧洲九国的养老保障制度。

第一节 养老保障制度概述

一、养老保障制度及其分类

养老保障是国家和社会根据一定的法律和法规,为解决劳动者在达到国家规定的解除劳动义务的劳动年龄界限,或因年老丧失劳动能力退出劳动岗位后的基本生活而建立的一种社会保障制度。养老保障制度由国家立法,强制实行,企业、单位和个人都必须参加,符合养老条件的人,可向社会保险部门领取养老金。养老保险费用来源,一般由国家、单位和个人三方或单位和个人双方共同负担,并实现广泛的社会互济。养老保险具有社会性,影响很大,享受人多且时间较长,费用支出庞大,因此,必须设置专门机构,实行现代化、专业化、社会化的统一规划和管理。

世界各国实行养老保险制度有三种模式,可概括为传统型、国家统筹型和强制储蓄型。传统型的养老保险制度最早为德国俾斯麦政府于1889年颁布养老保险法所创设,后被美国、日本等国家所采纳。

国家统筹型养老保险制度又分为两种类型:一种是福利型养老保险,最早为英国创设,目前适用该类型的国家还包括瑞典、挪威、澳大利亚、加拿大等。该制度的特点是实行完全的"现收现付"制度,并按"支付确定"的方式来确定养老金水平。养老保险费全部来源于政府税收,个人不需缴费。享受养老金的对象不仅仅为劳动者,还包括社会全体成员。养老金保障水平相对较低,通常只能保障最低生活水平而不是基本生活水平,如澳大利亚养老金待遇水平只相当于平均工资的25%。为了解决基本养老金水平较低的问题,一般大力提倡企业实行职业年金制度,以弥补基本养老金的不足。该制度的优点在于运作简单易行,通过收入再分配的方式,对老年人提供基本生活保障,以抵消市场经济带来的负面影响。但该制度也有明显的缺陷,其直接的后果就是政府的负担过重。由于政府财政收入的相当大部分都用于社会保障支出，而且维持如此庞大的社会保障支出，政府必须采取高税收政策，这样加重了企业和纳税人的负担。同时，社会成员普遍享受养老保险待遇，缺乏对个人的激励机制，只强调公平而忽视效率。另一种类型是苏联所创设的，其理论基础为列宁的国家保险理论，后为东欧各国、蒙古、朝鲜以及我国改革以前所在地采用。该类型与福利国家的养老保险制度一样，都是由国家来包揽养老保险活动和筹集资金，实行统一的保险待遇水平，劳动者个人无须缴费，退休后可享受退休金。但与前一种所不同的是，适用的对象并非全体社会成员，而是在职劳动者，养老金也只有一个层次，未建立多层次的养老保险，一般也不定期调整养老金水平。随着苏联和东欧国家的解体以及我国进行经济体制改革，采用这种模式的国家也越来越少。

强制储蓄型有新加坡模式和智利模式两种。新加坡模式是一种公积金模式。该模式的主要特点是强调自我保障，建立个人公积金账户，由劳动者于在职期间与其雇主共同缴纳养老保险费，劳动者在退休后完全从个人账户领取养老金，国家不再以任何形式支付养老金。个人账户的基金在劳动者退休后可以一次性连本带息领取，也可以分期分批领取。国家对个人账户的基金通过中央公积金局统一进行管理和运营投资，是一种完全基金制的筹资模式。除新加坡外，东南亚、非洲等一些发展中国家也采取了该模式。智利模式作为另一种强制储蓄类型，也强调自我保障，也采取了个人账户的模式，但与新加坡模式不同的是，个人账户的管理完全实行私有化，即将个人账户交由自负盈亏的私营养老保险公司，规定了最大化回报率，同时实行养老金最低保险制度。该模式于20世纪80年代在智利推出后，也被拉美一些国家所效仿。强制储蓄型的养老保险模式最大的特点是强调效率，但忽视公平，难以体现社会保险的保障功能。

二、养老保障制度的经济效应

生命周期理论认为，人们储蓄的目的在于退休期的养老，这为研究养老保险制度和国民储蓄间的关系提供了理论基础。在养老保险制度下，职工在工作时期缴费，并在退休期获得养老金收入，由此，职工会在工作期以一对一的比例减少工作期的储蓄。在现收现付制下，当期养老保险缴费用于支付当期退休老人，这就意味着，养老保险制度挤出了一国的私人储蓄。现收现付制挤出私人储蓄的程度，取决于养老金收入对私人储蓄的替代效应，替代效应越大，减少一国储蓄的程度就越大。就基金积累制来说，养老保险缴费形成积累基金，在职工退休后发放，由政府或私人部门管理，这就形成一定数额的强制性储蓄。基金积累制的储蓄效应，取决于强制性养老储蓄对私人养老储蓄的替代程度。如果人们自愿为养老储蓄相同数额，则强制性养老储蓄仅仅是对私人养老储蓄的替代，基金积累制在总量上并不改变一国储蓄。若强制性养老储蓄大于私人养老储蓄，则基金积累制就会增加一国储蓄。

养老保险制度的私人储蓄效应会受到其他因素的影响。在养老保险制度下，人们的退休年龄并不是固定的，未来的养老金收入会对人们选择退休时间产生影响。它会通过两种效应影响私人储蓄：一是资产替代效应，如果人们将未来的养老金收入作为财产积累的替代，就会减少工作期为退休进行的储蓄；二是退休效应，未来较高的养老金收入会导致人们提前退休，也会促使人们增加工作期的储蓄。如果资产替代效应大于退休效应，则养老金财产会减少居民储蓄；反之，如果资产替代效应小于退休效应，则养老金财产会增加居民储蓄。这就意味着，在理论上，养老保险体制对私人储蓄的经济效应是不确定的。

第二节　市场经济国家的养老保障制度

一、加拿大的养老保障制度

（一）基本概况

在加拿大，养老保障制度不仅包括政府主导的基本养老保险计划和具有强制性的加拿大养老金计划，还包括以企业或行业为基础实施的雇主养老金计划和以个人自愿为基本原则的个人退休储蓄计划。第一次世界大战末，加拿大发生了巨大的改变，战争的需求导致了更多的工业生产，城市劳动力增多，以至于到20世纪20年代大多数加拿大人生活在城市。城市人口急剧增长，社会不安定，经济动荡，这些问题使得原有的社会救助显得苍弱无力。在这种情况下，加拿大政府开始建立养老金计划。1927年，加拿大通过了第一个《养老金法案》（Old Age Pensions Act）。1929~1933年，资本主义世界性的经济危机席卷了整个资本主义国家，加拿大也不例外。加拿大在1929~1939年的经济大萧条中，极高的失业率和极低的收入刺激人们推出一种新的国家社会保障制度，于是，加拿大于1952年建立了第一个全民的养老金计划——老年保障制度。

但是，退休对于很多人而言仍然意味着生活水平的大幅降低。一项全民的、以雇佣为基础的养老金计划得到越来越多公众和地方政府的支持。于是，1966年联邦政府建立了加拿大养老金计划，同时魁北克省也建立了自己的养老金制度——魁北克养老金计划。尽管20世纪30年代的经济衰退对人们的收入产生了很大的影响，但是对于受雇用的人来说，通常还是有一些积蓄的。他们所需要的是能够有效、安全地将他们在工作时所积攒的部分储蓄转化成老年时收入的一种服务。自由经济社会的显著特征，就是企业能够察觉到这些可以赚钱的服务需求，并寻求途径来提供这种服务。于是，金融机构将终身储蓄转化成退休后收入的个人财产管理计划——个人退休储蓄计划的雏形随之产生了。此外，雇主提供的养老金计划可以作为企业当前的开支，因此，这一计划被越来越多的雇主所采纳，雇主们将这项计划作为福利计划的一部分提供给雇员。

这些计划共同构成了加拿大的养老保障体系。由此可见，加拿大养老保障制度从其结构上可以划分为三个层次：一是老年保障制度；二是加拿大养老金计划/魁北克养老金计划；三是雇主养老金计划和个人退休储蓄计划。其中，前两个层次构成了加拿大的公共养老金体系。

（二）老年保障制度（Old Age Security，OAS）[①]

加拿大的老年保障制度是一项全民的养老保险计划，主要是提供基本的退休生活保障，

---

① 张珂：《加拿大养老保障制度研究》，武汉科技大学，2008年。

由政府财政负担全部资金，企业与个人无须缴费，它包括三个部分：老年金、低保补助、补助金和遗属补助。老年金（Old Age Security Pension）从1952年开始实行，它是老年保障制度的主体，覆盖全体国民。享受这项福利的条件有两个：一是年龄达到65岁；二是18岁以后在加拿大居住满10年。其中，在加拿大居住满40年者，可领取全额老年金。当收入超过既定的数额时要缴税，所缴税额从老年金中扣除。2006年，个人年净收入达到62144加元的领取者须缴税。低保补助（Guaranteed Income Supplement）是对居住在加拿大的低收入老年金领取者每月提供的一项免税福利。有权享受老年金的人需要每年根据自己的收入状况申请低保补助，如果超过既定标准就会被取消领取低保补助的资格（2007年的收入标准为14904加元）。这个收入标准是指以家庭收入为基准，即以个人年收入或者个人与其配偶或同居者的年收入之和为基础的，因此，低保补助是一项需要调查收入的计划。个人从老年金以外的地方获得的收入越多，可以领取的低保补助就越少。低保补助实行生活费按季指数化，每3个月调整一次，但是生活费降低时，低保补助不会随之减少。补助金（Allowance and Allowance for the Survivor）为60~64岁之间的老年人提供补助，且配偶或同居者（同性或异性）有权获得老年金和低保补助。目前大约有10万人享受这项补助，其中90%为妇女。如果领取者的配偶或者同居者去世了，则可以申请遗属补助。2008年1~3月，补助金平均每月为366.10加元，遗属补助平均每月为577.89加元。

老年保障制度是一个不需要个人缴费的计划，完全由加拿大政府负责。资金来源于政府的税收，然后用于发放老年保障金。税收的来源比较稳定，这样就保证了老年人的基本生活，也减轻了企业和个人的缴费负担。但与此同时，生活水平的提高以及老年保障金的按季指数化，也给联邦政府带来了沉重的财政负担。

个人必须在达到65岁之前半年，向加拿大老年保障计划申请领取老年金。获得老年金的数额由个人的年龄及其在加拿大居住的时间共同决定，满足下面两种情况中的一种即可申请获得老年金：（1）18岁以后在加拿大居住至少10年的65岁及以上的加拿大公民或合法居民；（2）加拿大公民离开加拿大或者在离开前是加拿大合法居民，如果他/她18岁以后在加拿大居住满20年也可申请获得老年金。按照在加拿大居住时间的长短，可以将老年金分为全额老年金和部分老年金两种。以下两种情况可以申请获得全额老年金：一是18岁以后在加拿大居住至少40年。二是1952年7月1日前出生，18岁以后、1977年7月1日前在加拿大居住过，并且在老年金申请批准之前在加拿大住满10年的人可领取全额老年金。如果在这10年间，他/她没有一直居住在加拿大，但在申请批准前的那年居住在加拿大，并且18岁以后在加拿大居住的时间是这10年间未居住在加拿大时间的3倍，也可申请领取全额老年金。不能领取全额老年金者，可申请部分老年金。申请者18岁以后在加拿大每居住满一年，即可获得全部老年金的1/4。例如，某人18岁以后在加拿大居住了10年，那么他/她可领取全额老年金的1/4，即25%。部分老年金一旦被批准就不会增加比例。

低保补助的资格条件则是个人年收入或者个人与其配偶或同居者的收入之和低于既定的标准，个人即可申请低保补助，人们通过在每年4月30日之前填写的纳税申报单自动申请低保补助。

由于补助金和遗属补助是在老年金提供福利之前对老年人的一种帮助，所以其年龄条件为60~64岁；同时，个人也要符合18岁以后在加拿大居住至少10年的规定，才能申请获得这两项福利。

此外，由于加拿大同许多国家签订了国际社会保障协议，根据协议规定，从一个国家移居到另一个国家的居民，可以在两个国家同时申请相应的福利，福利的多少由年龄和居住时间决定。

（三）加拿大养老金计划/魁北克养老金计划

加拿大养老金计划建立于1966年1月1日，这项计划是政府强制执行的一项养老保险计划，而非由企业内部决策执行。即加拿大所有类型的企业都必须为职工购买加拿大养老金计划，因此，这也是一项"缴费型"计划。加拿大养老金计划覆盖了除魁北克省以外的全国范围，这项计划包括四部分：退休金（Retirement Pension）、遗属抚恤金（Survivor Benefits）、儿童福利和残疾福利（Disability Benefit）。魁北克省自行管理其养老金，有自己单独的计划，称为"魁北克养老金计划"，与加拿大养老金计划相似，其规定的条件和福利水平也基本一致。两种养老金计划的共同运行确保了加拿大所有缴费者都处于养老金计划的覆盖范围之中。

加拿大养老金计划的退休金依靠雇主和雇员的缴费来筹资。计划规定所有年满18周岁的公民，只要收入超过基本的免除额都必须向加拿大养老金计划/魁北克养老金计划缴费。退休金的多少取决于缴费者缴纳数额的多少和缴费时间的长短。

遗属抚恤金是加拿大养老金计划的项目之一，是给予已故的加拿大养老金计划缴费者的配偶或同居者及其供养的子女的一项福利，它包括三个方面：死亡抚恤金（Death Benefit），遗属养老金（Survivor's Pension）和子女补助（Children's Benefit）。死亡抚恤金是为已故缴费者的遗产继承人发放的一次性补助。如果无遗产继承人，则由负责葬礼费用的人、配偶或同居者、近亲以此类推代领抚恤金。福利的多少取决于死者向加拿大养老金计划缴费的数额和缴费时间的长短，其金额相当于死者在65岁时可领取的每月退休金的6倍，最高可达2500加元。遗属养老金是给予死者的合法配偶或同居者的补助。如果遗属是分居的合法配偶且没有同居者，遗属也有资格申请获得此项福利。2002～2003年，遗属养老金平均每月为280.49加元。2004年，65岁及以上者的最高养老金为每月488.50加元，低于65岁者为每月454.42加元。子女补助给予死者所供养的子女，包括死者亲生、领养和监护的子女。子女必须未满18岁或18～25岁之间且全部时间在加拿大认可的学校就读。每月的子女补助是一个统一的标准，这个标准也是每年调整的。2004年，子女补助为每月192.65加元。18岁以下的子女，其补助发放给予他们一起生活的人。18岁及其以上并且有资格获得此福利的子女需自行申请，这项补助将直接发放给他们本人。

儿童福利与上述的子女补助极为相似，所不同的是：它不仅包括子女补助的覆盖范围，而且为残疾缴费者所抚养的子女提供福利。2007年，儿童福利平均每月为204.68加元。

残疾福利是一种按月发放的福利，适用于那些工作时向加拿大养老金计划缴费，后来由于残疾的原因不能工作的人们，其最主要目的是代替一部分雇佣收入。领取此项福利的条件是：65岁以下；由于身体状况而不能工作；在工作的最后6年中，向加拿大养老金计划至少缴费4年。2007年，此项福利平均每月为785.77加元。在个人获得残疾福利的同时，其子女也许可以获得儿童福利。另外，一项称为"自动复职"的新规定为康复重新就业的员工筑起了一道财政安全网。如果个人在两年内再次发生残疾并且不能继续工作，其残疾福利会重新开始。

加拿大养老金计划的缴费性决定了所有的资金都是来源于雇员、雇主及个体经营者的缴费，而不是通过一般的税收来筹资的。除了极少数的特例以外，加拿大所有年满18岁的雇员，只要收入超过基本的免除额（每年3500加元），都要在所有的工作年限内向加拿大养老金计划（或魁北克养老金计划）缴费。无论他变更了多少次工作，也不管是长还是短的工作中断，他都有缴费的义务和享有领取养老金的权力。个人和雇主分别缴纳全部费用的50%；如果是个体经营者，自己缴纳全部费用。2003年的缴费率为雇主和雇员共同缴纳缴费工资的9.9%；自我雇用者独自承担收入的9.9%。

缴费工资是以个人工作收入为基础的。个体经营者则以净营业收入（扣除各种相关费用）为基础，其他任何形式的收入都不作为缴费依据。例如，投资收益。如果在某年，个人缴费过多，那么超出的部分将会被算做个人所得税。个人缴费的数额取决于介于最高和最低收入标准之间的个人年收入（被称做"养老金支付收入"）。最低收入标准为3500加元，这个数额固定不变；最高收入标准根据工资的增长每年1月份调整。2005年的最高收入标准为41100加元。

加拿大养老金计划通过个人的缴费情况决定个人或其家庭是否有资格获得各项福利及福利的多少。个人缴费时间的长短和缴费数额的多少都是影响福利水平的因素。通常，收入所得越多，向加拿大养老金计划缴纳的越多，从而拥有更多的退休金存款额，个人获得的养老金积分和各项福利的收益也会越高。

自1966年这项计划实施以来，加拿大养老金计划对每一位该计划的缴费者（或魁北克养老金计划的缴费者）都有记录。加拿大国税局可以提供该项信息，个人每年都会收到加拿大养老金计划的缴费说明。在缴费说明中会显示出个人向加拿大养老金计划缴纳的总额、个人的收入状况以及如果目前就有资格享受该福利的话，此人可以获得的收益。

要获得加拿大养老金计划中的退休金至少对加拿大养老金计划完成一年的有效缴费，并且年满65岁或者年龄在60~64岁之间满足下列条件之一者，可领取退休金：（1）停止工作。这就意味着在开始领取退休金之前的那个月底停止工作。例如，如果申请者想在4月份开始领取退休金，就必须在3月底停止工作，并且在4月份也不能工作。（2）收入必须低于既定数额。这就意味着在领取此项退休金之前的那个月和开始领取退休金的那个月，个人收入必须低于当前退休金支付的最高标准（2008年为884.58加元）。例如，如果申请者想在4月份开始领取养老金，那么这个人在3月份和4月份的收入必须都低于884.58加元。一旦开始领取退休金，领取者可以从事任何工作而不会影响养老金的数额。虽然没有严格的规定，一般要提前6个月向加拿大养老金计划提出领取退休金的申请。如果加拿大养老金计划的缴费者在申请领取退休金之前去世了，除非他/她达到70岁，否则不能得到加拿大养老金计划的退休金。但是，他/她的遗属或同居者可申请领取加拿大养老金计划的遗属抚恤金。要想获得遗属抚恤金中的各项福利，个人最低缴费期限为3年。儿童福利的资格条件中，对年龄也作了规定：18~25岁。

加拿大养老金计划的基金运营与管理是指对除了魁北克以外的其他9省的养老基金的运营与管理。加拿大养老金计划为参与这一计划的各省提供了很大数额的低利率贷款。依照法律，该计划所获得的投资收益将按照各省居民的缴费数额在总基金中所占的比例贷款给各省。贷款所获得的利息收入可以增加养老金缴费的收入，用于支付养老金。这项规定既有利于激励各省缴费的积极性，又增加了养老金收益。加拿大海关和国民收入部负责加拿大养老金计划的缴费。联邦人力资源发展部的收入保障机构负责对加拿大养老金计划进行管理。财政部则在精算报告的基础上,每3年对加拿大养老金计划的状况进行总结和评估,并对加拿大养老金计划的改进提出意见和建议,以供相关部门参考。1998年,加拿大成立了养老金计划投资委员会,协助联邦和省政府负责将账户余额在资本市场上,由委员会认定资格的专家对加拿大养老金计划的缴费进行投资。投资委员会本着对公众负责的原则,定期将投资结果公布于众。

加拿大投资委员会主要选择固定收入投资和可变收入投资的投资组合。固定收入投资通常是指联邦政府公债、省政府公债和企业债券;可变收入投资包括加拿大国内以及国外的股票、固定资产投资、基础设施投资等。投资收益是加拿大养老金计划的一个重要的资金来源。据统计,截止到2003年12月31日,该计划的资产价值为676.14亿加元。

在魁北克省,由专门的政府代理机构负责收取保费,并利用养老基金的盈余发放贷款、进行投资等。但是,政府对于贷款和投资的对象都有一定的限制,法律明确规定,其必须把资金优先贷给魁北克省的政府性企业、魁北克市政以及学校等,然后才可以考虑贷给发展较为稳定的私人企业。

(四) 雇主养老金计划和个人退休储蓄计划

雇主养老金计划和个人退休储蓄计划是加拿大养老保障体系的第三层次。雇主养老金计划,顾名思义是由雇主自发建立的一项老年收入计划,又称为注册养老保险计划(RPPs);个人退休储蓄计划包括两种形式:注册型退休储蓄计划(RRSPs)和集体注册型退休储蓄计划(Group RRSPs);以及延期利润分享计划(DPSP)。为了鼓励雇主和雇员缴费的积极性,雇主养老金计划和个人退休储蓄计划都享有税收优惠。

二、欧洲九国的养老保障制度

(一) 概述

学术界和部分政府专业人士一般认为,在欧洲国家中,只有北欧五国(丹麦、芬兰、冰岛、挪威和瑞典)才是福利国家,因此通常把北欧五国作为世界上福利国家的典范予以介绍。但是从下列资料来看,有些非北欧国家,如比利时、意大利、法国和德国等公共养老金的规模(以公共养老金支出占当年国内生产总值的%为计算依据)实际上要比一些北欧国家(例如瑞典和丹麦)的公共养老金规模大得多。因此,下面选取欧洲九个国家的养老金体系作为研究的对象(见表13-1)。

表13-1　　　　　　　　　　公共养老金占GDP的比重

国家	2000年	2010年	2020年	2040年
比利时	10.0	9.9	11.4	13.7
丹麦	10.5	12.5	13.8	14.0
法国	12.1	13.1	15.0	15.8
德国	11.8	11.2	12.6	16.6

续表

国家	2000 年	2010 年	2020 年	2040 年
意大利	13.8	13.9	14.8	15.7
葡萄牙	9.8	11.8	13.1	13.8
西班牙	9.4	8.9	9.9	16.0
瑞典	9.0	9.6	10.7	11.4
英国	5.5	5.1	4.9	5.0

资料来源：欧盟经济政策委员会老龄工作研究小组：《老龄化带来的财政挑战》，2001 年 10 月。

（二）瑞典的养老保障制度及其改革

瑞典从 1992 年开始进行养老金体系改革，到 1999 年基本上完成了改革后的有关立法工作。改革前瑞典的养老金体系基本上属于"现收现付"的养老金给付制度，政府主要通过税收筹集养老金，并对低收入的退休人员实行浮动的养老金收益制度。瑞典改革养老金体系的主要目的是确保养老金收支平衡。由此可见，瑞典的养老金制度在改革之前也同样遇到了收支不平衡的问题。

改革后的瑞典养老金体系主要由"现收现付"制度、"名义账户"和"个人账户"相结合的体系构成。养老保险在社会保险中涉及面最广，包括普遍养老金和补充养老金。普遍养老金覆盖全体国民，甚至覆盖侨居一定年限的外国人，而且不管是不是工资劳动者，也不管退休前个人收入多少。普通养老金只保障最低生活，加上补充养老金及附加养老金才能实现社会保险的初衷——保障基本生活。补充养老金是一种反映退休者在职时技能、收入等方面差别的义务保险。

20 世纪 90 年代以来，瑞典一直酝酿着养老金制度的改革，养老金制度改革的基本指导思想是：养老金是公民"工资的延续"，而不是任何人到一定年龄就可以领取的"公民工资"。改革的重点是在附加养老金上。一个人未来附加养老金的多少，将以一生收入的多少计算，而不再是以过去在职时的年收入最高的 15 个年份的平均数计算。这一变化，使每一位退休者必须工作满 30 年，才能拿到全额的附加养老金；必须至少工作 10 年，才能拿到与过去同样数额的养老金。这样既可以鼓励人们多工作，又可以减少养老金开支。实行灵活的退休年龄制度也是改革的重要内容之一。灵活的退休年龄，使劳动者可以自由选择在 61～67 岁之间究竟何时退休，越晚退休，领取的养老金就越多。

（三）德国的养老保障制度及其改革①

德国法定养老保险制度的历史可回溯到俾斯麦和威廉一世时代。19 世纪后半期，俾斯麦提出了一个由国家提供资助的综合性社会保障计划。1883 年和 1889 年，德国帝国议会通过了医疗保险法、事故保险法、残疾和养老保险法，成为世界上第一个广泛建立了社会保险制度的国家。目前法定养老保险制度是德国个人养老保险体系最重要的支柱。65 岁以上的

---

① 陈飞飞：《人口老龄化与德国法定养老保险制度改革》，载于《德国研究》2006 年第 4 期。

老人80%的收入来自于法定养老金。企业养老保险金仅占其收入的5%。

日益增长的社会人口老龄化问题不仅困扰着德国现收现付的法定养老保险体系，而且也影响着经济的发展。人口老龄化和经济低速增长使德国社会保障的财政压力日益加重。

为了使德国法定养老保险制度适应人口变化，必须对其进行改革以保证该制度在财务上的可持续性。由于高额的转制成本，德国政府不准备以资金积累制取代现收现付制，只能通过削减目前的养老金待遇以保持一个可承受的缴费率，并通过预先积累的私人养老保险和企业年金来弥补法定养老金的下降。目前德国主要有以下三个改革方向。

第一，引入和推广资金。

积累制的私人补充养老保险和企业养老保险随着法定养老金替代率的下降，补充私人养老保险和企业养老保险成为人们保持老年生活水准的重要方式。2001年的里斯特法案①标志着德国个人养老保险构成由比较单一的法定养老保险向三支柱的保险体系发展，即法定养老保险、企业养老保险和政府补贴的私人补充养老保险（里斯特养老金）。根据规定，自2002年1月1日起，企业雇员、政府雇员和公共事业员工可将其净工资的一部分用于私人养老保险，分别为2002年1%，2003～2005年2%，2006～2007年3%，2008年起4%。到2006年已有600万人加入了里斯特养老保险计划③。

第二，提高法定退休年龄。

尽管人均预期寿命越来越长，提前退休的人数还是在增加。因此吕库普委员会②建议限制提前退休行为并在2035年之前将法定退休年龄从65岁推迟至67岁。鉴于目前的重重压力，这一措施的实行应从2011年开始实行，在之后的24年内逐渐提高到67岁。

第三，修改养老金计算公式，增加可持续因子。

吕库普委员会还提出自2005年1月起在养老金计算公式中增加可持续因子⑥。该因子不仅关注人均寿命，还关注人口出生、人口流动和就业的发展趋势。它可使养老金数额根据具体情况调整从而能更有效地制止养老金的增长：当就业率上升时，养老金提高；当领取养老金人数增长超过缴费人数增长时，养老金降低；当将来领取养老金人数和支付保费人数的比例发生改变时，养老金会通过可持续因子自动调整。这样人均寿命的增长可通过养老金水平的降低得到平衡。养老保险体系的高额成本不仅由现在的养老金缴费者同时也由养老金领取者分担。

（四）意大利的养老保障制度及其改革③

意大利在1957～1968年间确立了现收现付制的养老金制度。这十几年里由于意大利经济增长幅度较快，养老金制度由此也越来越显得十分"慷慨"。然而，日益严重的人口老龄化危机和宏观经济的影响等都对改革提出了强烈要求。从20世纪70年代末开始，意大利的养老金改革便引起了社会各界的广泛关注。

---

① 2001年5月实施的养老保险改革，以当时的劳动部部长里斯特名字命名，改革的目的是稳定法定养老保险的缴费率和长期养老金水准，鼓励私人进行养老保险储蓄。

② 该会成立于2002年11月，负责对德国医疗、养老和护理保险制度提供改革方案。2003年该会提出了全方位的社会保险制度改革建议，其中大部分于2004年被写入法律。

③ 郑秉文、宋坤：《意大利九十年代以来养老金三个支柱改革进程——兼论引入"名义账户"的前途》，载于《欧洲研究》2005年第6期。

由于意大利政府比较软弱,在养老金改革中显得十分小心,不敢有大的作为。并且20世纪80年代政府更迭频繁,每届政府平均执政时间只有300天,养老金改革面临很大障碍。据统计,在1978~1992年间,意大利15届政府、8任总理、9任劳动部长都曾提出过改革建议,且一部分建议已提交给有关部门,但都因政府换届而被取消。因此,意大利从未进行过真正意义上的养老金改革,改革事实上被无限期拖延下去。

直到20世纪90年代早期,内外因素的共同影响下,旧制度的弊端进一步显露,社会各阶层意识到"不改革就意味着不能继续维持现有的分配格局,而必将遭受不可预测和不可避免的损失"。进入90年代以后,意大利养老金改革明显加快了脚步;在整个90年代,意大利进行了较大的改革,其结果是调整了传统的现收现付制,扩大了养老金的覆盖范围。

1992年,时任总理阿玛托认为,必须尽快改革,平衡养老金的支出,建立多支柱的养老金体系。改革后的养老保险制度提高了退休年龄,女性由55岁提到60岁,男的由60岁提到65岁,并将个人获取养老保险保障的最低缴费年限从15年提高到20年。改革还提高了用于计算可领取养老金额度的参考年限,并把保险待遇换为与物价挂钩。同时,引入了职业年金和个人养老金计划,以此作为国家公共计划的补充。

(五) 英国的养老保障制度及其改革

英国的养老金体系在欧洲国家乃至整个西方市场经济发达国家中属于历史比较长、制度比较完备的国家之一。根据国际货币基金组织的预测,在西方七国中,英国是唯一一个从1990年到2050年间公共养老金支出占GDP的比重出现下降的国家。而同期德国、法国和意大利公共养老金占GDP的比重都增加了10个百分点以上。从这个意义上讲,英国在解决了人口老龄化带来的养老保险压力方面走在欧洲国家的前列。

英国养老保险制度由三个支柱组成。第一个支柱是实行现收现付的国家基本养老保险,由两部分组成:一部分是每个符合领取养老金条件的退休人员都可以得到相等数额的基础年金。它是一种强制性缴费制度,由国家财政、雇主和职工共同负担的。1997年全额基本养老金的水平为每周61.15英镑,相当于全职男性平均工资水平的15%。另一部分是于1978年正式实施的政府收入关联养老金计划(SERPS),它根据个人的实际缴费年限和基数区别确定。基本养老保险的受益水平按照消费价格指数(CPI)进行指数化调整。第二个支柱由职业年金计划和强制性的个人年金账户(APPs)构成,它是英国养老保险体系中最重要的组成部分。第三个支柱为个人自愿性的补充商业养老保险。

在英国,国家基本养老金仅保证职工退休后的最低生活需要,其替代水平较低,退休待遇主要依靠职业年金来满足。

截至2001年年底,英国共有20万个职业退休金计划,这些计划的总资产达6000亿英镑。很多企业为职工设立了多种类型的年金计划。一些内部人员流动性较强的行业,则由行业内雇主发起设立行业年金计划。同时还有为公务员和公用事业的职工专门设立的公共事业年金。

(六) 比利时的养老保障制度及其改革

比利时养老金体系的基本制度为现收现付制,主要由三种公共养老金计划组成:公共部门雇员养老金计划、自谋职业者(个体户)养老金计划、私人部门雇员养老金计划。

在1991年1月至1997年6月期间,男性和女性雇员都可以从60岁起退休,男性的工龄应为45年,女性的工龄应为40年。1997年,比利时政府对工薪阶层和自谋职业者的养老金体系进行了改革,改革的主要目的是为了实现养老金给付制度的性别上的平等,控制养老金支出规模,同时为低收入者提高社会收入安全保障。

目前,男性雇员退休的年龄是65岁,女性为64岁。但是从2009年开始,女性的退休年龄增加到65岁,工龄年限均为45年。符合这些条件者,才能拿到全额退休金。社会保险制度还规定了一些条件,如果当事人满足这些条件,也可以提前退休。退休金的计算有相应的规定。如果工作年限不少于35年,年满60岁的人也可提前退休,退休金会相应减少。

独立经营者的退休年龄与工薪阶层的情况大致相同,但公务员根据职业不同,退休的年限有所不同,如法官的退休年限比较长,而一些军官的退休年限比较短。

不论适用于哪种形式,要想领取退休金至少要工作15年。

比利时还存在另一套社会辅助体系,以帮助那些低收入者。

未亡人的养老金是支付给那些需要赡养的寡妇和鳏夫的,并根据去世的配偶的工作历史、是否退休及需要抚养的孩子的数量来决定。要想领取这笔养老金,未亡人的年龄必须满45岁,但如丧失工作能力达到66%,则可以不必达到这一年龄。另外,未亡人必须与去世的配偶已结婚一年以上或共同生育一个孩子。

另外,领取退休金者不是必须居留在比利时,要根据领取者的国籍来定。如果领取者来自欧盟成员国和欧洲经济区,如丹麦、德国、芬兰、法国、希腊、冰岛、爱尔兰、意大利、列支敦士登、卢森堡、荷兰、挪威、葡萄牙、奥地利、西班牙、英国和瑞典,那么无论领取者和其伴侣在哪里,适用于哪种退休的形式,均可以领取其在比利时的退休金。难民和无国籍的人则需居住在欧洲经济区内才可领取他们的退休金,同时至少要在比利时工作一年,才有资格领取退休金。

对于非欧洲居民来说,根据比利时与其他一些国家签订的双边社会保障条约,下列国家的公民在离开比利时后仍可领取他们的退休金:阿尔及利亚、加拿大、智利、以色列、波斯尼亚、克罗地亚、斯洛文尼亚、马其顿、南斯拉夫、刚果民主共和国、摩洛哥、波兰、圣马力诺、突尼斯、土耳其、美国和瑞士。同样,如一方去世,另一方也可领取未亡人养老金。但各国双边协议的具体条件有所不同。

除了上述国家,来自其他国家的公民如果在比利时境外退休,则无法领取他们的退休金,除非他们获得了比利时公民的身份。2002年年底,澳大利亚与比利时签订了社会保障条约,该条约在2005年7月1日生效。比利时公司的雇员即使知道如果他们离开比利时将领取不到退休金,但也必须支付社会保障金。

(七) 丹麦的养老保障制度及其改革

丹麦的养老金体系主要由三个部分组成:政府退休金计划(State Retirement Pension)、劳动市场退休金计划(Labor Market Pension)、个人退休金计划(Individual Retirement Schemes)。

除了上述国家主办的养老保险体系,丹麦还有两个辅助的养老保险体系,一个是20世纪60年代建立起来的完全基金制的补充养老保险(Supplementary Earnings-Related Benefit),另一个是1999年建立起来的特别养老金(Special Pension)。对于补充养老保险,对于一般员工来说，缴费相当于一般雇员收入的1%，其中，雇员负担1/3，雇主负担2/3；对于特别养老金，缴费相当于雇员收入的1%，完全由雇员进行负担。

在20世纪80年代末和90年代初，丹麦进一步改革了国家养老保险体系，向完全基金制的模式进一步进展。丹麦的养老保险基金规模预计在2030年的时候会达到GDP的150%。从长期趋势看，丹麦政府希望缩小养老保险的支出。

（八）法国的养老保障制度及其改革①

法国的养老保险体系区分工薪劳动者、公共部门从业人员和农场工人。法国的社会保险是从工薪劳动者的互助形式逐步发展起来的。19世纪30年代，法国海员和矿山、铁路工人自发地组织了各种互助会，在年老、疾病等原因丧失工作后互相救助，以渡过生活的危机。1910年，法国颁布了第一个强制性的养老保险法律，以工人和农民为保障对象，尝试建立统一的养老制度，但这一计划因不久爆发的第一次世界大战而未能予以实施。1930年，法国实施了第一部社会保险法，保障项目包括工伤、养老和丧失工作能力等内容，实行基金积累制的运作体制。但在30年代发生的经济危机中，严重的通货膨胀冲击了基金积累制，改革这种体制的要求被不久爆发的第二次世界大战粉碎了。因此，法国真正现代意义上的社会保险制度是在"二战"以后建立的。1945年10月，法国国民议会通过了社会安全法，由戴高乐政府颁布实施。这项法律是法国在战后构建社会保障制度的基础，也是其养老保险制度的基础。从1945年迄今，其养老保险制度在这个法律基础上进行了多次调整。基本养老保险是国家的社会保险制度，具有立法的强制性，所有有雇佣劳动关系的劳动者都必须参加；领薪者根据本人的职业按收入比例缴纳社会保险费，只有缴纳了社会保险费的才能领取养老金。领取基本养老保险的条件和标准也随着社会经济的发展情况进行调整。目前执行的是1993年8月修改的法律，规定从2003年1月1日起，领取全额基本养老金的参保年限必须达到40年（160个季度），达不到这个年限要按一定比例扣减养老金。全额养老金相当于基础工资50%。基础工资的计算标准是2007年12月31日后，以雇员本人工作期间最高的25年工资作为基数，不够25年的则按全部工作年限计算。

法国公务员辅助养老保险制度类似于我国的机关事业单位补充养老保险。这项制度从1949年起开始探索，1973年法国国民议会通过法律，成为一种强制性的制度。这项制度的覆盖对象主要是国家机关的公务员、教育、公立医院、广播电视系统的工作人员、电力公司和煤气公司的工作人员、地方民选议员和其他公共机构的工作人员。公务员补充养老保险属于国家立法实施的强制性保险，参保人员必须按时缴纳费用。公务员领取全额补充养老金的条件分四种情况：第一种是年龄达到65岁；第二种是年龄达到60岁，要缴纳够160个季度的费用或丧失劳动能力；第三种是56～60岁退休但工龄要相当长；第四种是没有到55岁，但已经残疾。符合这四种情况的都可以领取全额养老金，不符合的则不能领到全额，要按一定比例扣除。

法国农民的社会保险制度是随着经济社会的发展逐步建立起来的。在"二战"以前，农民主要依靠家庭养老。"二战"以后，农村开始有了农民自发组织的互助会，采取互助的

---

① 中国劳动学会：《法国养老保险制度发展情况》，http://www.calss.net.cn/n1196/n23344/n25028/1071546.html，2008-12-16。

形式养老。1952年建立了农民的养老保险制度,1961年将疾病、生育、残疾纳入保险范畴。2001年,在保险体系中增加了强制性的人身意外险,2003年又建立了补充养老保险制度。法国农民的社会保险有三个特点:一是它是一项综合性的社会保险制度,不仅包括养老保险,还包括医疗、工伤、生育保险,不仅有基本保险项目,还有补充保险项目;二是农民社会保险项目是在互助基础上发展起来的,在历史上与工会组织存在着紧密联系;三是实行委员会管理体制,各级机构负责人都经过选举产生。农场主和农业工人都按一定比例缴纳保险费。1990年之前,以农场主所拥有的地产价值或房产价值为缴费的基数,由于这个基数难以准确估价,1990年之后改为以农场主的年收入为缴费的基数,一种是固定费率,另一种是比例费率。对农业工人来说,本人要按工资收入的一定比例缴纳,雇主按雇员的工资总额为雇员缴纳一部分费用。各地缴费比例有所不同。

(九) 葡萄牙的养老保障制度及其改革

葡萄牙的退休金体系由两个相互密切联系的退休金计划构成:供款养老金体系和社会养老金计划。

葡萄牙雇员正常的退休年龄是65岁。在供款养老金体系中,养老金的替代率大概在30%~80%之间。雇员可以在65岁前后提取自己的养老金。当然,雇员也可以缴费参加一些私人的养老金计划。

葡萄牙政府最近对养老保险制度进行了改革,这些改革包括加大对社会养老金计划的重视,同时,鼓励建立私人性质的养老金。葡萄牙政府也设立了一个储备基金,其规模大概相当于GDP的3%,这个储备资金的来源包括供款养老金体系的养老基金和政府的财政盈余。葡萄牙政府也修订了雇员领取养老金的公式,领取养老金的依据是为雇员整个职业生涯的收入水平,而非近期的收入水平。在养老金支付体系开始引入"可持续性因子",主要用于把退休者的待遇和平均预期寿命联系起来。国民平均预期寿命的上升将导致现在的退休者待遇降低。但是劳动者可以通过延长工作年限来提高他们的待遇。同时,新的改革加强了对低收入雇员的支持力度。

预测显示,老年人口抚养比率将从2000年的23%提高至2050年的46%。虽然已经比较高了,但是这一水平还是欧盟其他国家的平均水平要低。然而,尽管如此,由于葡萄牙的养老保险体系比较年轻,养老保险体系仍然对绝大多数人的保障程度有限。葡萄牙领取养老金绝大多数人的职业生涯为20年。

(十) 西班牙的养老保障制度及其改革

从1900年第一部社会保险法律——《工伤保险法》出台后,经过100多年的努力,西班牙已建立起比较系统、完善的社会保障体系。目前全国统一执行的社会保障制度为《托雷多协定》。该协定涵盖了各项社会保险的内容。

西班牙实行全国统一的社会保险管理体制,国家劳动保障部统管全国的社会保险工作,下设两个独立的社会保险经办机构:(1) TGSS,负责社会保险基金的征缴和运营。(2) INSS,负责社会保险基金的分配、发放以及相关的管理服务。西班牙的养老保险通过TGSS和INSS从中央到地方进行垂直管理,在全国范围内实行统筹互助互济。西班牙退休人员养老待遇的计发也在全国范围内实行统一的办法,不论是公司老板、企业雇员,还是政府公务员退休时均执行统一的退休条件和统一的养老金计发办法。

西班牙养老金体系主要有三部分构成：养老保障方面。主要包括缴费型、非缴费型和补充型的养老保障。缴费型的养老保障属国家基本养老保险，其资金来源由用人单位（工资基数23.6%）和个人（工资基数4.7%）共同缴费。正常退休年龄男女均为65岁。缴费满15年且达到退休年龄的，养老金为工资基数50%；缴费超过15年的，每多缴一年，养老金增加一定比例；缴费35年，可领取100%的养老金。

非缴费型的养老保障享受范围是年龄超过65岁但没有缴纳养老费的老年人。资金来源是财政税收。享受标准是西班牙的最低生活保障，约为2300欧元/年。

补充型的养老保障又称为职业年金计划，缴费由劳资双方通过合约的形式确定，可由商业保险公司经办，也可由养老保险基金公司运作。

思考题：

1. 简述养老保险制度的三种模式。
2. 简述养老保障制度的经济效应。
3. 简述加拿大的养老保障制度。
4. 简述欧洲九国的养老保障制度。

第十四章 失业保障制度

本章主要介绍外国失业保障制度。失业保障国家通过立法强制实行的由社会集中建立基金,对因失业暂时中断生活来源的劳动者,提供物质帮助的一种社会保险制度。失业保障制度在不同国家有不同的具体表现形式。本章分别介绍加拿大、美国和德国的失业保障制度。

第一节 失业保障制度概述

一、基本状况

(一)失业保障制度的产生与发展

失业保障是指国家通过立法强制实行的由社会集中建立基金,对因失业暂时中断生活来源的劳动者,提供物质帮助的一种社会保险制度,从广义上讲,失业保障还包括通过转业培训、生产自救、职业介绍等手段为失业者重新创造就业条件的一系列制度。只是针对失业境遇,符合一定条件后能够取得失业保障补偿金的一种保险形式。

失业保障制度最早于1901年起源于比利时,而法国是最早以国家立法的形式建立非强制性失业保障制度的国家,随即,挪威、丹麦两国也分别在1906年和1907年建立了类似于法国的失业保障制度。当时这几个国家实行的是非完全强制性失业保障制度,即法律确定范围内的人员是否参加失业保障取决于个人意愿,参加保险,就必须根据失业保障法律规定接受管理,包括承担一定的义务和享受相应的权利。但以上失业保障制度只是针对某些容易失业的雇佣劳动者而举办的非强制性失业保障制度。

英国于1911年12月颁布《国民保险法》,开创了世界强制性失业保障制度的先河,由此失业保障进入制度化的时期。后被一些国家效法,构成了世界失业保障制度的主流。国民保险法由健康保险和失业保障两部分组成。失业保障法规定,失业对于每个有正常工作能力的被保险人来说,只能是暂时问题,而不能是长期问题。失业保障津贴是用来帮助工人度过短期失业的,而不是供给他全部的生活费用,更不是供给他以往的全部工资收入。失业保障只适用于那些不可避免的季节性失业及周期性失业的工业部门工人,失业保障费由雇主、雇员及国家三方承担。

古典失业理论虽然认为通过劳动力价格的自由涨落可以解决失业问题,但也承认劳动力市场中存在一定的弱势群体,应当通过失业保障给这部分人以一定的生活保障。因此,20

世纪 30 年代大危机之前，失业保障制度的覆盖面较小，还不完善。凯恩斯有效需求不足失业理论具体地论述了失业保障制度的理论基础，凯恩斯失业治理政策的实质就是扩大社会有效需求，实施失业保障制度可以满足失业者的需求，从而也就扩大了整个社会的有效需求。一般来说，失业者的边际消费倾向高于就业者，因此失业保障和失业救济可以通过失业者消费支出刺激总需求，从而带动就业的增加。经过 19 世纪 30 年代世界经济大危机对就业队伍的巨大冲击，人们普遍感到失业保障的重要性，由此一套较为完整、运行较为健全的失业保障制度在欧盟各国建立起来。

(二) 失业保障的模式和特点

失业保障具有保险性质，失业保障基金的交纳和支付按照社会保险的办法进行。因此，失业者享受失业保障金的期限及其领取的津贴数额与其原先就业时所缴纳的失业保障金数量的多寡、期限的长短相联系。失业救济是在保证市场经济配置资源的效率的同时，兼顾公平，使失业者能够容忍这种不公平的社会现象。因此不管失业者过去缴纳的失业保障金数量的多寡、期限的长短，只要存在失业的事实，就都有权利领取失业救济金。

根据各国失业保障法的有关规定和具体实施类型，失业保障制度可以归纳为四种模式：

第一种是强制失业保障制度。一般是由政府制定实施，根据失业保障制度规定覆盖的范围，凡是符合失业保障条件的人都必须参加失业保障。强制性失业保障主要体现在对雇主、雇员或双方对失业保障基金供款的强制性规定。实施强制失业保障制度的国家包括英国、美国、日本、加拿大等多个国家。我国目前所实施的社会保险制度亦属此类。

第二种是非完全强制性失业保障制度。又叫非强制失业保障，即法律确定范围内的人员是否参加失业保障取决于个人意愿，参加保险，就必须根据失业保障法律规定接受管理，包括承担一定的义务和享受相应的权利。

第三种是失业补助制度。其特点是需要对失业人员的经济情况或收入情况进行调查，并非所有失业人员都能享受失业补助，失业救济金只限于发放给那些符合经济情况或是收入调查规定条件的失业者。

第四种是双重失业保障制度。这种制度模式分为两类：一类是既有国家强制性的失业保障，又有由国家提供资金以经济状况调查为发放失业救济金依据的失业补贴制度，如英国、德国、法国；另一类是自愿失业保障与失业救济制度并存，如芬兰和瑞典。

与其他社会保险项目相比，失业保障制度有其独特之处。

首先，前提不同。失业保障以失去劳动机会为前提，是对有劳动能力但没有劳动机会的人提供的经济保障。而其他社会保险项目以丧失或部分丧失劳动能力为前提。

其次，对象不同。失业保障以一定年龄内的社会劳动者为主要对象，不包括儿童和超过劳动年龄的老人。其他的社会保险多包括超过劳动年龄退出社会劳动领域的人。

再其次，社会危险的成因不同。失业保障中的失业现象，是由于社会原因所致的社会危险，如人口、劳动力资源与经济增长、产业结构调整变化等。其他社会保险中的社会风险事件的形成往往是自然原因，如身体健康受损、年老等。

最后，功能不同。失业保障除了为劳动者提供生活保障外，还负有积极促进其就业的作用，如转业训练、生产自救等。正是基于这种功能，理论上把失业保障称为主动式保险，其他社会保险称为被动式保险。

(三) 失业保障的几个要素

失业保障的适用范围由各国历史传统、经济发展和立法原则所决定。失业保障覆盖的范围是失业保障立法必不可少的元素之一。失业保障基金是国家为保障职工在暂时失去工作期间的基本生活而设置的一项专项基金,是实施失业保障制度的物质基础和保证,是失业人员领取失业保障金等待遇以及参加职业介绍、职业培训等就业服务的资金来源。

就失业保障基金的来源而言,目前国际上存在六种模式:(1) 完全由政府承担;(2) 完全由雇主承担;(3) 政府与雇主两方负担;(4) 雇主与雇员两方负担;(5) 雇员与政府负担;(6) 雇主、雇员、政府三方负担。失业保障基金的缴费标准,则因各国经济发达程度不同而有所差异。就失业保障基金的管理来说,一般由政府有关部门或有关社会机构管理。失业保障基金的管理也是失业保障制度的重要构成因素。

根据国际劳工组织的规定,享受失业保障待遇,必须符合下列条件:失业者必须处于劳动年龄阶段;失业者必须是非自愿失业;失业后必须立即到政府指定的劳动就业介绍机构登记,申请再就业。失业者必须同时具备上述资格条件,才有权享受失业保障待遇。

从宏观上看,失业保障管理体制大约有三类:一是由政府直接管理,英国属于这种管理体制。二是在政府的监督下,授权自治机构管理。在这种模式中,劳、企和政府三方共同组成有关机构,进行合作式管理。德国和法国均属此种管理体制。三是在政府监督下由工会专职进行管理,主要在那些工会运作有良好基础的北欧国家实行。

第二节 市场经济国家的失业保障制度

一、加拿大的失业保障制度[①]

(一) 基本概况

1919 年,加拿大政府成立了特别委员会调查全国劳动状况,建议制定全国性的强制性失业保险法,1935 年推出全国性的失业保险方案,1940 年通过《失业保险法》(The Unemployment Insurance Act),1942 年正式实施全国统一的失业保险制度。

与世界其他国家一样,加拿大早期的失业保险法的立法目的就是给失业者提供经济上的补助,属于事后救济性质。但是,随着经济的恢复与发展,优厚失业保险待遇再加上后来的为失业者制定的一系列慷慨的救济金等福利措施,反而助长了失业者的依赖性,使他们争取新工作机会的努力减弱。许多人在得到了较高的失业补贴后,不再积极寻找工作,也不愿意接受低工资的工作。尤其是在 20 世纪 80 年代,加拿大出现了失业高峰,1983~1987 年,加拿大与英国、意大利以及欧洲其他国家一样,平均失业率都在 10% 以上。由此,人们普遍地发现一个明显的循环圈:失业补贴越优惠,失业率越高,平均失业时间越长。美国等国

---

① 王玉花:《加拿大的就业保险制度》,载于《山东经济》2006 年第 2 期。

的有关研究说明失业保障制度在保护失业者利益的同时,也在某种程度上创造着失业。当人们不再因为失业而感到焦虑反而感到向往时,这就被称为"福利的道德危机"。这是包括加拿大在内的各西方福利国家共同面临的问题,这种情况迫使这些国家及其政府不得不重新审视失业保险立法的宗旨与目的。

20世纪90年代以来,加拿大失业率继续居高不下,失业时间有所延长,失业保险基金的负担加重。在这种背景下,加拿大政府经过广泛听取意见和国会的讨论,认为一个完善的失业保障制度除了应该具有为失业人员提供基本生活保障的功能以外,还应该有一项重要的功能,就是有针对性地帮助失业人员再就业和预防失业。解决失业问题的根本出路在于使失业人员尽快重新就业。为了解决消极失业救济政策所无法解决的大量失业潮、津贴依赖失业期间增长等问题,1996年,加拿大修订了《失业保险法》,更名为《就业保险法》(The Employment Act)。新法在旧法的基础上修改扩充而成,虽然新法与旧法名称上仅一字之差,但是这次修改和扩充是加拿大就业政策上的一大转折,它标志着加拿大的就业政策重心开始由消极性的失业保险向积极性的抑制失业和促进再就业的方向的转换,体现了政府对失业者由单一的收入支持转向收入支持和鼓励就业双管齐下的立法意图。

(二) 加拿大失业保障制度的特点

加拿大的失业保障制度有以下几个特点。

第一,就业保险的强制性。加拿大《就业保险法》立法之初,其立法宗旨就是非常明确:实施强制保险。它规定在失业保险制度覆盖范围内的单位及其员工必须参加就业保险并履行缴费义务,不履行缴费义务的单位和个人应当承担相应的法律责任。这一规定明显是侧重于保护失业者的利益。

第二,保险覆盖面广。基于把社会就业保险作为提供收入保障、消除贫困的一项基本社会政策,就业保险的最初目的就是为了保障有工资收入的劳动者失业后的基本生活,所以,其覆盖范围极其广泛。《就业保险法》规定:可以申请失业保险的人包括65岁以下的有工作能力的、正在寻找工作没有工资收入的曾经受雇者。这些人包括联邦公务员、省政府公务员(只要获得省府之同意,可自由参加)、临时工、季节工、家庭工人、家庭佣人,甚至北部地区的农民、渔民因季节性歇业,都可以申请就业保险金。为了扩大适用范围,法律规定失业金的领取以失业者失业前工作时数累计计算,放弃原来的按失业前工作周数的计算方法。这样,无论失业者曾经从事的工作是全职还是半职,是季节性还是临时性的,只要参加过就业保险,失业后就可申请领取就业保险金。现在,加拿大已有95%的劳动者参加了失业保险,远远超过了国际劳工组织规定的失业保险覆盖面85%的标准。

第三,《就业保险法》规定有特别就业保险金制度。特别就业保险金是与普通失业保险金相对应的制度。普通失业保险金(Regular Benefits)是在劳动者因失业而没有收入时申请领取;特别失业保险金(Special Benefits)制度规定,当劳动者生病、受伤、隔离检疫、分娩或需要全时间照料新生或领养的孩子而不得不暂停工作时,可领取失业保险金。它包括疾病失业金和分娩及照料子女特别失业金。这一制度特别之处在于它的适用范围、条件、领取资格、享受的期限等都与普通就业保险金不同。如上所述,它只适用于特定人群,领取时需要具备特定资格,特别失业保险金的领取者也不需要参加就业培训等,领取期限也要短于普通失业保险金。

第四,将就业保险金的发放与重新就业、职业训练密切相连。就业保险法规定,就业保险金的领取以失业者积极地寻找工作或者参加了职业培训为前提条件,这是《就业保险法》有别于失业保险法的关键之处。《就业保险法》实际上取代的是《失业保险法》与《国民训练法》(The National Training Act)两部法。它将就业服务、职业训练加入,协助失业者适应经济变动主动就业,弥补原来消极的失业津贴的不足。如失业保险基金的一部分用于支付失业者的失业保险金,另一部分用于组织培训。为了支持失业人员再就业,法律规定有创业援助、技能训练贷款和助学金等一系列促进就业措施。"创业援助"是协助失业金领取者创业,符合资格的失业金领取者将被介绍到有关机构,以学习必需的创业技能,在创业的开始阶段,他们仍可领取失业金。"技能训练贷款和助学金"即失业金领取人在省立或其他认可的院校学习必需的职业技能,可申请贷款或助学金。即使接受学习培训的时间超过了领取失业金规定的期限,也可以继续取得贷款或助学金。同时为了减少失业者对就业保险金的依赖,政府发放就业保险金的具体数额还要看申请人以前领取就业保险金的频率,领取就业保险金周数越长,申请人下次所得到的保险金越低。目前的规定是,每领20周就业保险金,下次的就业保险金就向下浮动1%,直至最低工资的50%。领取就业保险金期间失业者可以打零工,其收入如果超出就业保险金的25%就要将超出的部分从就业保险金中如数扣除,同时政府也会因此减少领就业保险金的历史记录。若是因为拒绝接受适合的工作,或是无法配合就业训练之要求,则其资格条件会被撤销7~12个星期。从上述特点可以看出立法者在保障失业者利益的同时又力图促进就业的良苦用心。

(三) 加拿大的失业保障制度的规定

社会保障立法和保险资金的筹集是社会保障制度的两大依托。保险资金的筹集也是就业保险制度的核心问题。保险基金来源于个人和雇主缴纳的失业保险金及联邦政府补助金。《就业保险法》规定:所有企业职工必须参加保险,自营就业者自愿参加;职工按本人工资的2.7%缴费,雇主缴纳雇员费率的1.4倍,自愿参保者按本人收入的5.4%缴费。同时,政府每年通过财政预算对就业保险基金予以补贴,拨款最高时达50%。1997~1998年度和1998~1999年度,政府用于就业保险的支出分别为118亿加元和121亿加元,分别占整个支出计划的10.84%和10.79%。

就业保险制度的目标是要保障失业人员的基本生活和给予失业者重新就业以必要的资助。科学地确定失业给付标准要考虑众多因素,如社会发展的状况、劳动者就业时的平均收入和就业最低工资水平、个人的生活状况——失业者的年龄、家庭、就业年限、家庭负担等。保险待遇支付标准的最终确定只能以失业者基本生活为标准,不能低于受益者的最低生活标准,又不能高于或者接近其失业前的收入水平,否则会使劳动者丧失劳动积极性。在具体的计算标准上,加拿大采用收入关联待遇方式,即按照收入的一定比例发放失业金,这种制度体现了较强的权利义务统一关系,可以避免高收入者失业后生活水平大幅度下降。失业保险待遇给付水平各国都定在本人就业时工资的40%~60%之间,形成了一种标准化趋势。加拿大就业保险待遇给付所强调的是,失业保险金要使所有失业者的基本生活保持在一个均衡水平上,不能高于就业最低工资水平,但是通常也不低于失业救济的水平。确定方法是按照失业者失业前的工资水平,同时根据本地失业率而定。各地区失业率之不同,其给付标准不同,基本上是原工资的55%。同时,规定了失业保险金的上限——每周不超过413加元,最多只可以领取45周。

法律还规定了享受就业保险待遇必须具备的条件：第一，就业转失业的人员，排除了从来没就业过的人员，失业前必须全年累计工作过910个小时。第二，失业者失业之前所在单位与失业者本人都参加了失业保险并缴纳了一定时期的保险费。第三，已经连续7天以上无工作无收入。第四，有正当的失业理由，如因为公司裁员、随眷移居、工作环境危害健康、雇主不给加班费、受到歧视等。如果是失业者的过失而被辞退亦不得享受失业保险；无正当理由而擅自离职，自己不愿工作等皆不得享受失业保险待遇。第五，不是自雇人员。第六，进行了专门的失业登记。同时，保险申请人必须可以随时工作，并愿意接受工作。若拒绝接受一份适合的工作或没有找过工作，则丧失领取就业保险金资格。

关于特别失业金的领取，即当申请人生病、受伤、检疫隔离、分娩或需要全时间照料新生或领养的孩子，而须暂停工作时，也可以领取特别失业保险金。申请人则仍需全年累计工作过20个星期。合乎规定的申请人，一般可以在两周后领到就业保险金（失业者及时参加职业培训的可以取消领取失业津贴的两个星期的等待期）。如果失业者在领取失业保险金45周期满后尚未找到工作的，即停止就业保险金的发放。之后，失业者可以领取社会福利津贴。失业救济按月发放，每月约800加元失业救济仅供支付食物、住房、燃料、衣物和药费等开支，领取失业救济的失业者会使其信誉记录降低这种做法可以避免失业者对就业保险金和救济金的过分依赖。

从就业保险基金总量上看，用于上述保险给付的仅占就业保险总基金总量的30%左右，其他较大的部分用于支持职业培训机构的教学与培训。

二、美国的失业保障制度[①]

（一）基本概况

1935年8月，美国总统罗斯福签署了《社会保障法》，提出建立社会保障制度，从此奠定了美国现代福利保障制度的基础。该法案规定，政府从就业人员的薪水中抽取一定的金额，放到社会保障基金中，用以资助退休人员，保障他们最基本的生活水平。之后全国各州也陆续通过了《失业救济法》。

失业保险制度的目的是为缺乏就业机会的个人与家庭提供经济援助，为失业者提供时间找到合适的工作，同时在社会层面稳定经济，提高劳动力的有效使用。失业保险制度的具体服务人群包括私营企业、州和地方政府机构及非营利性组织的雇员，联邦政府的公务员则是由另外的保险制度涵盖。目前全美国有近90%的从业人员享受失业保险制度。

美国失业保险制度的管理体系分为三个层级联邦政府、州政府、地方政府。联邦政府层面设立劳工部，相关部门还包括就业与训练局、失业保险处、财政部，它们的任务是认证和检查各州的工作是否与联邦政府的法令、政策相符合提供技术性服务提供数据收税并管理失业保险基金这项工作主要由财政部来进行。州政府设有劳工厅，具体管理失业保险，包括管理相关资料收取失业保险税厘定标准接受失业保险申请支付失业保险金等。此外，地方各县、市也设有就业中心和办事处等机构。

[①] 李元春：《美国失业保险税对我国的启示》，载于《税务与经济》2008年第5期。

（二）失业保险金的领取条件

在美国，领取失业保险金的主要条件有三个：（1）失业者能够且愿意重新就业。主要表现为在公共就业机构登记，且积极寻找或接受合适的工作。（2）对失业者的就业和工资收入状况有要求。一般是申请津贴前一年多时间内至少就业半年，且工资收入总额不低于每周失业津贴额的30倍或最大季工资收入的1.5倍。这一条件对新进入劳动队伍者、临时工、低收入者都有限制作用。（3）40多个州规定，失业者在领取津贴前必须有一个等待期，一般为一个星期。这样可以减少短期申请，降低津贴支出和行政费用，提供时间处理申请。

对于领取失业保险金的期限。10个州规定，每个合格失业者可享受26周津贴。其余各州也都有最大领取期限规定，一般是根据受益者失业前的工资和就业状况确定。各州规定，在高失业率情况下，超过基本领取期限的失业者还可享受延长期津贴。延长领取期限一般是基本领取期限的一半，且两者之和（总领取期限）不得超过39周。只有当某州受保失业率（受保范围的失业率）在一季度以上时间里大于5%，且比过去两年同期值高20%以上时，该州延长期津贴制度才开始运行。延长期津贴标准与基本领取期津贴水平一样。

（三）失业保险基金的筹集

失业保险税的征收与管理。美国联邦失业保险税由联邦国税局负责征收，州失业保险税由州政府税务局负责征收。根据《联邦失业税法》的规定，各州征收的失业保险税用于支付失业保险金，但要统一上缴联邦财政部。财政部设立各州的失业保险税专户，当各州需要支付失业保险金时，由劳工部通知财政部统一拨付使用。在失业保险税的管理上，按照三权分立的原则实施，即有关失业保险税的立法由议会作出，财政部、联邦政府层面的劳工部和州政府层面的劳工厅负责有关计划的执行。

基于基金的适当积累原则，即积累适当的意外储备金以应付不可预期的或者偶然的变化，美国分别建立了联邦失业保险基金和州失业保险基金，其基金来源分别为联邦失业保险税和州政府失业保险税。联邦失业保险税。美国联邦法案规定，雇主要根据每年支付的工薪缴纳联邦失业保险税，联邦失业保险税的税收收入形成联邦失业保险基金。主要用于三个方面支付各州和联邦的失业保险管理费；在经济不景气时期，支付紧急状态下延长期失业保险金的一半。当州失业保险基金不足以支付失业保险金时，联邦失业保险税的税收收入也被作为借贷的资源，但这些州要支付很高的利息，目的是让各州把失业保险税收足。各州对雇主征收失业保险税形成州失业保险基金，主要用于支付失业保险金及紧急状态下延长期的另一半失业保险金。

为了激励各州颁布失业保险法，《社会保障法案》规定，如果各州颁布失业保险法，并且其法律内容符合联邦法的一些最基本的要求，联邦政府允许该州已支付了州失业保险税的雇主可以准予抵扣掉一部分联邦失业保险税率。联邦失业税法规定，联邦失业保险税率为6.2%，税基为每个受保雇员年收入中最初的7000美元，然而联邦法律又规定，如果州失业保险税的计划符合联邦法的一些基本要求（州失业保险的税基达到与联邦税基一样的水平，也就是7000美元，没有到期未付的联邦贷款；实行失业保险税率的经验评估方法等），对于该州已缴纳了州失业保险税的雇主，可以准予抵扣掉5.4%的联邦税率，这样联邦政府的净税率为0.8%。为了减少雇主的税收负担，促进经济投资和工作创造，2006年开始适当地下调联邦失业保险税,联邦失业税率从0.8%降低到0.6%。

各州可以自主决定州失业保险税的税率和税基水平,但要获得联邦失业保险税率抵免,现今的税基至少要保持在7000美元的水平上,税率至少要保持在5.4%的水平上,其目的是为了保证各州的失业保险基金其有偿付能力。2007年,大多数州的失业保险税基都高于联邦失业保险税的税基,阿拉斯加州甚至高达30100美元。有个州还建立了税基自动调整机制,也就是税基每年要随工资的增长而增长。大多数州的最高税率都超过5.4%,其中有个州最高税率达10%,有1个州最低税率为零。联邦法虽然对各州的最大税基和最高税率水平没有作出规定,但实际上,大多数州的税基和税率水平多年来并没有大幅增长,原因是许多商会团体进行政治游说,使税基或税率增长的立法很难通过。结果当失业保险基金的偿付能力下降时,各州立法不得不在给失业工人提供保护和雇主的负担力之间进行权衡,也就是在增加税基和税率的同时,适当减少失业保险金的给付水平。

各州在联邦政策的指导下,实行失业保险税率的经验评估方法,即雇主对失业保险体系应承担的纳税责任的大小是由它所解雇的工人所收到的失业保险金的量来决定的,其目的之一是诱导雇主稳定生产以及雇佣工人的人数,从而阻止失业的发生,减少他们的税率。二是使失业保险的成本公平分配。各州都在失业保险税率经验评估的基础上实行浮动税率,但由于每个州规定的最大税率和最小税率不同,每个州税率浮动的范围存在较大的差异。大多数州通过保有比率或收益比率的方法,来计算对每个雇主适用的具体的经验税率。一旦一个州使用两种方法中的一个确定了一个雇主一个日历年度的经验税率,这些经验税率就被用来决定一个雇主失业保险的税率。一般来说,基本的税率按照一个编制好的税率目录来决定。

各州根据失业保险基金的平衡情况,调整最大税率和最小税率。为保证失业保险基金的偿付能力,大多数州都通过以下两种方法中的一个来避免失业保险基金降至最低点:一种是建立失业保险经验税率自动调整机制,当失业保险基金降至规定的水平时,税率自动增加;另外一种方法是通过立法增加失业保险税率或税基,以及减少失业保险金。以犹他州为例,1985年该州建立了一个税率自动调整公式,这一公式被建立在这样的基础上,即事先确保一个健康的失业保险基金,使其在经济衰退期间至少要能支付17~19个月的失业保险收益。自2001年经济陷入衰退以来,该州失业保险基金持续下降,至2003年6月共减少0.188亿美元,当失业保险基金盈余下降时,税率公式向上调整税率,以补充失业保险基金,避免借贷。由于在经济衰退之前保证了一个较大的失业保险基金的盈余,所以这次向上调整的幅度也小,最小税率只从0.001%增加到0.004%。

三、德国的失业保障制度[①]

(一)基本概况

德国是社会保障制度的发源地,社会保障制度一直走在世界各国的前列,但失业保障制度的出现比其他社会保障制度晚了将近半个世纪。德国在1927年颁布《失业介绍法和失业保险法》,开始建立失业保障制度;1969年颁布《劳动法》和《职业促进法》,工作的重心由单纯的保险救济转变为促进就业和预防失业为主,表明该制度进一步发展;1974年的

---

① 中国劳动咨询网,www.51Labour.com。

《失业救济条件》则使失业保障更加完善；1994年8月实施的《就业促进法》允许建立私营的职业介绍所，这更有利于减少失业。德国目前使用的失业保障制度是2002年修改后的，它是德国社会相对稳定、经济发展较快的基础条件，在降低失业率和促进再就业方面起了积极的作用。

德国的《就业促进法》中，对失业的定义是，雇员被解除就业关系，或者从事短暂就业（雇员在法律的意义上是指与雇主建立劳动关系，并享受工资待遇的人，短暂就业是指周工作时间少于18小时）。德国的失业保险制度包括：失业保险和失业救济、破产补偿、缩短工时补贴等。

（二）失业保险

德国的失业保险基金的筹集原则上是作为一种法律的义务，由每个雇主和雇员缴纳。但也有例外，即有些人员是可以免缴失业保险费的。《就业促进法》根据宪法和其他有关社会法律及失业保险工作的具体情况，对什么人应该缴纳失业保险费和什么人无须缴纳保险费都作明确的规定。根据《就业促进法》，以下人员必须缴纳失业保险费：除法律有特殊规定之外的所有雇员、义务兵、学徒、在残疾人学校参加培训的年青人、家庭手工业者、海员、领取医疗保险金的人；按照法律规定，以下人员不缴纳失业保险费：政府官员、法官、职业军人、神职人员、短暂就业者、假期打工的大中学生、65岁以上的人、失去工作能力的人、长期不能被职业介绍的人、临时工作的人、进修的外国人。

德国的《就业促进法》规定，雇主和雇员有义务向劳动局缴纳失业保险费，标准是全部工作总额的6.5%，由雇主和雇员各承担一半。失业保险基金的缴费标准不是固定不变的，根据劳动力市场需求和失业状况作相应调整，变化的趋势是逐年增加。

德国的失业保险基金是通过雇主代交来筹集的。雇主每月将自己应缴纳的失业保险费和雇员应缴纳的失业保险费一并划拨给医疗保险机构，再由医疗保险机构划给劳动局。

享受失业保险待遇的条件。按照德国《就业促进法》的规定，享受失业保险待遇的最基本条件有四项：（1）必须是失业人员。（2）必须到劳动局进行失业登记。（3）必须提出申请，要求享受失业保险待遇。（4）必须接受职业介绍。法律规定，如果一个失业者想得到失业保险金或失业救济金，那么他必须接受职业介绍员介绍的"合适的职业"。对什么是"合适的职业"，《就业促进法》授权劳动与社会保障部颁布了专项法规进行规定。概括地说，"合适的职业"就是失业者可以从事的、法律允许、劳动力市场又需要的职业。也包括"合适的职业培训"。享受失业保险金和失业救济金的失业者必须定期到负责他的职业介绍员那里去报到，去外地旅行前必须到职业介绍员那里去请假。

《就业促进法》规定，如果失业者具备了享受失业保险待遇的条件，就可能领取失业保险金。享受失业保险待遇的最少期限为78天，即13周（德国的失业保险金按周发放，每周发放时间为6天），最长时间为832天。德国对享受失业保险待遇规定了两个参数：一是履行缴纳失业保险费义务的工作年限，二是年龄。就业时间长，年龄较大的人，缴纳的失业保险费相对要多，因此享受待遇的期限理应长些。按照规定，当一个失业者在自己应享受的失业保险待遇期限之内重新就业，那么在今后7年之内一旦他再次失业，还可以将原来应享受而未享受的期限加上。但两次享受期限相加，不能超过按照规定所应享受的最多的天数。同时，在享受期限上，德国还作了相应的扣除期限的规定，即当失业者由于自身过失而被扣除失业保险金时，也要相应缩短其享受失业保险待遇的期限。

德国失业保险金标准的确定主要考虑两个因素：一是纯工资，二是有无孩子。纯工资的多少依据税收等级来计算。德国的就业者必须纳税，但纳税等级不同（依据其工资收入和赡养人口，共分6级）。有无孩子对享受失业保险金的多少影响极大。如果有至少一个18岁以下的孩子享受的失业保险待遇是纯工资的67%，没有孩子的待遇是60%。

德国的《就业促进法》对失业保险待遇享受标准作了很多、很详细的规定，如怎样认定纳税等级、如何计算纯工资等等。德联邦劳动总局设计了一个详细的表格，失业前的收入与失业后应该得到多少失业保险金一目了然。

德国《就业促进法》规定，失业者在失业期间从事非全日制工作，仍可领取失业保险金，但工作时间不能超过每周18小时。同时规定，当失业者从事非全日制工作时，要从其应享受的失业保险待遇中扣除一部分额外收入。所谓额外收入就是指失业期间从事非全日制工作而获得的收入。其扣除方法不是简单地从应享受的失业保险待遇中减去所有的额外收入，而是规定了一套非常严格的标准和操作程序。总原则是失业保险金加上额外收入不能超过原纯工资的80%。德国对申报额外收入进行了严格的规定，除了要求失业者必须自觉申报外，还要求企业必须对在本企业中非全日制就业情况进行申报，同时填写收入证明。

（三）失业救济

失业救济对失业保险起着补充作用，它也是一种工资的替代物。失业救济的目的在于使那些无权享受或不能继续享受失业保险待遇的失业者得到失业保护。按照法律规定，失业救济是联邦政府的职责。因此，它的资金来源是联邦政府从税收收入中拨付。联邦政府将这项任务交给联邦劳动局，由联邦劳动局具体实施这项工作。德国的失业救济不同于社会救济。两者之间的主要区别是：失业救济是工资的替代物，而社会救济不是；失业救济由联邦政府出资，社会救济由城市政府出资；只有失业者才能享受失业救济，而所有的人都可以申请社会救济。

在失业保险之外设立失业救济目的在于：一是出于政治考虑，通过失业救济来保护所有的失业者以保持社会稳定；二是从保护本国经济发展出发，通过失业救济使那些不能享受失业保险的失业者保持一定的购买力；三是通过保护失业者使人力资源得到保护。

一个人如果想获得失业救济，他必须同时具备以下四个条件：是失业者；在劳动局进行了失业登记；提出了失业救济申请；接受职业介绍。与享受失业保险的条件相比，这里少了一个前提，即失业前3年内累计从事一年以上缴纳失业保险费的就业。除了上述四个条件外，符合以下条件亦可享受失业救济：失业者无权享受失业保险；失业者没有维持生活的经济来源；在过去的一年里至少有一年的身份是雇员；在过去的一年内至少享受过一天的失业保险或类似的保险金；在过去的一年内至少从事过150天就业活动；过去是公务员、法官、军人、义务兵或警察；在过去的一年内因受伤或因病而致残。

领取失业救济的期限分两种情况。一种是以前享受过失业保险，现在享受期已满，但又没有重新就业。在这种情况下，失业者便可以享受连续性失业救济，这种失业救济没有时间限制。另一种情况是，以前没有缴纳过失业保险费，无权享受失业保险，现在由于各种原因（主要是因为受到法律制裁）而失业了，如公务员、法官等。这种情况下可以享受期限为312天的失业救济。

失业救济金的标准低于失业保险金的标准。与失业保险一样失业救济的标准亦因有无孩子而有较大区别。有孩子标准为纯工资的57%，没有孩子为53%。

思考题：

1. 简述失业保障制度的起源。
2. 简述失业保障的模式和特点。
3. 简述加拿大的失业保障制度。
4. 简述美国的失业保障制度。
5. 简述德国的失业保障制度。

第五部分

政府财政收入体系[①]

第十五章　公司税
第十六章　个人所得税
第十七章　消费税
第十八章　财产课税
第十九章　政府收费和其他财政收入

---

① 本部分参考［美］约翰·L·米克塞尔：《公共财政管理：分析与应用》（第六版），中国人民大学出版社2005年版；Mikesell, John L., Fiscal Administration—Analysis and Applications for the Public Sector, Seventh Edition, Thomsom Wadsworth, 2006。

第十五章　公司税

第一节　概述：公司所得税、企业所得税、法人所得税

公司净所得税对公司制企业的净收益课税。其依据是，公司法人所创建的经济实体的税负，要与该企业的所有者（即股东）区分开来的原则。企业所得（business income）和公司所得（corporate income）并不是一回事。包括很多高盈利企业在内的大量企业，在法律组织形式上并不是公司。这些企业中包括单人业主制企业和合伙制企业，都是通过个人所得税税制纳税的。

法人是与自然人相对应的法律用语。法人是指按照国家有关法律成立，有必要的财产和组织结构，享有独立民事权利和承担民事义务的社会组织。从范围上讲，法人包括企业法人、机关事业单位法人和社会团体法人。相应设立法人所得税法和个人所得税法，不仅符合法理依据，而且能够涵盖所有纳税人。笼统地讲，凡是具备法人资格的就征收法人所得税；不具备法人资格、属于自然人性质的，就征收个人所得税。相比企业所得税，法人所得税将法人作为该税的纳税人易于认定；相比公司所得税，法人所得税涵盖了一些从事营利活动的事业单位和社会团体。

从世界范围来看，由于企业、单位组织形式多种多样，在所得税的课税范围上会有不同的选择，从而形成不同类型的所得税，如企业所得税、公司所得税和法人所得税。从世界各国对企业所得课税的情况来看，多数国家为"公司所得税"，例如美国、英国、加拿大、澳大利亚、法国等；也有的国家设计为"法人税"，如日本、德国；还有的国家称为"企业所得税"，如意大利等。

一、公司所得税

公司所得税是以公司所得为课税对象征收的所得税，对个人独资企业和合伙企业征收个人所得税。

二、企业所得税

企业是以营利为目的、从事生产经营活动的经济组织。按照企业不同的组织形式，大致

可以将企业划分为个人独资企业、合伙企业和公司企业三种形式。其中，个人独资企业和合伙企业属于自然人性质的企业，对企业债务承担无限清偿责任。公司是由两人或两人以上共同投资，按照公司法组建的独立法人实体，股东只对公司债务承担有限的清偿责任。

企业所得税不分企业性质和组织形式，将各种类型的企业都纳入课税范围，有利于企业间的公平竞争。但企业所得税将个人独资企业和合伙企业也包括在内，而个人独资企业与合伙企业的个人财产和企业财产难以分离，会产生对企业利润征税和对个人所得征税难以划分的弊端。

三、法人所得税

法人所得税是以法人所得为课税对象征收的所得税。法人是指按照国家有关法律成立，有必要的财产和组织机构，独立享有民事权利和承担民事义务的法人组织。从范围上讲，法人包括企业法人、机关事业单位法人和社会团体法人。法人所得税和个人所得税之间的组合，不仅符合法理依据，而且还可以基本涵盖社会上所有的纳税人。考虑到，"法人"所对应的英文单词为corporation。因此，在英文表述中的"法人"其实包含了"公司"的含义。也正是由于这一原因，美国等国家的"公司所得税"（Corporate Income Tax）其实就是"法人所得税"。

法人所得税的纳税主体可分为居民纳税人和非居民纳税人。居民纳税人负有无限纳税义务，就其来源于世界范围的所得缴纳所得税；非居民纳税人承担有限纳税义务，仅就来源于国境之内的所得缴纳所得税。

法人所得税中所谓"居民企业"的概念，是从"住所"、"居所"的基本概念中延伸出来的。就法人单位而言，各国通行的认定居民的标准大体有三种：

一是登记注册标准，即依据法人注册地点而确定的纳税人的身份。也就是说，在某国登记注册就是该国的居民纳税人；反之，均系非居民纳税人。

二是总机构标准，是依据法人总机构设立地点而确定纳税人身份。也就是说，若总机构设在某国，就是该国的居民纳税人；反之，均系非居民纳税人。

三是管理中心标准，即依据实际控制或实际管理中心的所在地确定纳税人的身份。也就是说，若法人的实际控制或实际管理中心在某国，就是某国的居民纳税人；反之，均系非居民纳税人。

第二节 美国的公司所得税与州际协调

公司所得税是对公司创造与实现的纯收入进行征税。公司所得税课征的对象，是根据会计系统和税法所定义的公司总利润，既包括公司的留存收益，也包括由公司支付给股东的红利。同财产税、社会保险税一样，公司所得税也是一种间接税，税负难以转嫁，多由纳税人自己负担，同时，公司所得税制没有个人所得税制中的个人豁免和扣除项目，但允许公司将慈善性捐款（以鼓励企业进行社会捐赠）和必需的一般运营成本扣除。由于在个人所得税制中，对纳税人的股息收入会和其他收入形式一样课税，因此会对股息课征个人所得税和公司所得税两道税收。这就意味着，美国税制将公司和公司投资者是作为两种不同的主体来看待的。与公司的留存利润（retained profits）不同，现行税制会对公司的已分配利润要进行再次课税。

对于超过1830万美元的公司所得，适用的美国联邦公司所得税的税率为35%。大多数应税公司都是按照最高税率课税的，尽管小企业也会有一定的税收优惠。在确定企业应税利润的过程中，特别是对于基础设施投资比较多的企业来说，需要使用一些公式来将这些企业所有使用寿命比较长的资本性设备和基础设施的购买价格转化成每个年度的成本。在固定资产折旧的过程中，相当于固定资产买价的部分可以从公司利润中扣除掉。固定资产理想的折旧时间表应当能够"真正反映固定资产在不同时期中的实际经济折旧情况"。① 税收体制中通常规定统一的折旧方法和固定资产的使用寿命以计算固定资产买价的弥补速度。通常采用的折旧方法是直线法（straight line）。根据这种方法，在固定资产使用寿命中的每年中，折旧成本的数额都保持相同。因此，如果一项固定资产的使用寿命为10年，每年就可扣除其成本的10%。此外，还有固定资产的加速折旧（accelerated depreciation）方法。也就是说，在固定资产的使用寿命中，前期年度折旧扣除的数额会比较大，后期年度折旧扣除的数额会比较小。折旧速度最快的方法是将购买机器的成本计为费用支出，即所有的购买成本在购买的当年就可以全部扣除。加速折旧通常被用作增加资本投资、从而促进经济增长的一种政策措施。但是，不管选择哪种折旧方法，对于应税利润的确定都是至关重要的。

对于跨国企业（international businesses）的利润课税来说，企业的外国所有者对该企业设在美国的分公司的原材料、服务和存货的定价问题同等重要。如果这种定价过高，设在美国子公司的利润就会被低估，从而导致在美国缴纳的公司所得税过低。跨国公司经常被指控利用内部定价来将公司的高额利润转移到公司所得税税率比较低的国家去。因此，转让定价规则（transfer-pricing rules，这些规则规定了什么样的企业内部价格是允许的）对于企业纳税义务的确定至关重要。

美国的公司所得税税负水平相对较低，2005~2008年公司所得税占税收总收入的比重分别为：11.61%、12.21%、10.93%、7.06%，呈下降趋势。② 在美国的州政府中，目前只有密歇根州、内华达州、南达科他州、得克萨斯州、华盛顿州和怀俄明州未曾在总体上模仿联邦公司所得税，但这些州的税收中确实产生了一些特殊的问题。其中，最重要的问题就是税制的复杂化问题，因为许多企业的业务范围通常都不限于一个州或者一个国家。企业的有些所得可以清楚地被界定出来自于哪一项财产或者哪一项其他形式的资产；但是，企业的多数所得是不能这样来确定的。例如，一家企业可能在45个州设有零售店，在9个州设有仓库，在两个州设有加工厂。那么，这家企业的利润应当如何在各州进行课税呢？为了解决这一问题，每个实行公司所得税的州都制定了自己对跨州企业所得进行分配（apportion-

---

① Dale Chua, "Depreciation Schedules," in *Tax Policy Handbook*, ed. Parthasarathi Shome（Washington, D. C.：International Monetary Fund, 1995），136.

② 资料来源：OECD 网络, http：www.oecd.org/document/39/0.3746.en_2649_201185_46462759_1_1_1_1.00.html.

ment）的公式，以确定在跨州企业的利润总额中，应当有多大份额需要在本州课税。最常用的方法是三因素法，即根据每个州在企业财产、工资和销售总额等三个与企业相关的因素中的份额，对该企业在本州的业务活动进行大致的估测。在有些州中，各因素的权重都是相同的。因此，如果一家企业有50%的财产、25%的工资和60%的销售都发生在一个州中，那么该州就可以对这家企业总利润的45%［(50%＋25%＋60%)÷3］在本州课征公司所得税。在其他州中，虽然适用的还是相同的三个因素，但可能却给予了销售量因素两倍的权重。此外，还有一些州可能在公式中仅使用销售量因素。其中，放之四海皆准的计算公式是不存在的。由于许多州都缺乏足够的审计人员来对所有公司的计算方法进行审计，因此，这些州只得接受许多公司各自的计算方法。由于这些利润分配中的问题，使地方税收极难贯彻和实行。

第三节　公司所得税与个人所得税之间的协调

一、公司（法人）所得税与个人所得税协调的一般模式

在实践中，对于同一税源的课税对象（如股息所得）既要征收企业所得税，又要征收个人所得税，会形成经济性重复征税[①]。世界各国针对企业所得税和个人所得税的这种经济性重复征税采取了不同的处置方法，根据其制度安排的不同，企业所得税可以分为古典制、双率制、股息扣除制和归集制四种类型[②]。

（一）古典制

古典制（classical system）就是对企业取得的所有利润都要征收企业所得税，企业支付给股东的股息不得从中扣除；股东所取得股息必须作为投资所得再缴纳个人所得税。也就是说，把企业所得税和个人所得税作为两个相互独立的税种平行征收，对重复征税问题不予考虑。古典制的理论依据是"法人实在说"（real entity theory），认为公司是独立于股东之外的客观存在的法人实体，是与个人不同的纳税人，因此应当各自承担其税负。

古典制的企业所得税有利于获得更多的税收收入，但是其中显然存在对同一税源的重复征税问题容易导致三种扭曲效应。一是公司部门与非公司部门之间存在扭曲。古典制的企业所得税对公司所得课税过重，可能使资源配置由公司部门转向非公司部门；二是分配股利与保留利润之间存在扭曲。古典制的企业所得税实质上起到了股利公司保留利润的效果，从而抑制了股东投资的积极性，不利于公司融资；三是扭曲举债和募股等不同融资方式的选择。

[①] 经济性重复征税，是和法律性重复征税相对而言的。二者之间的区别主要在于纳税人是否具有同一性。当两个或两个以上拥有税收管辖权的征税主体对同一纳税人的同一课税对象同时行使征税权时，所产生的重复征税属于法律性重复征税；当两个或两个以上的征收主体对不同纳税人的同一课税对象同时行使征税权时，所产生的重复征税属于经济性重复征税。朱青：《国际税收》，中国人民大学出版社2001年版，第48页。

[②] 付伯颖、苑新丽：《外国税制》，东北财经大学出版社2007年版，第84页。

在古典制的企业所得税中,由于分配的股利不能税前扣除,而以举债方式筹资时利息支出可以税前扣除,这必然会在客观上鼓励企业通过举债方式进行融资,造成资本弱化(Capital Weakening),最终容易增加企业的经营风险和破产的可能性。目前,实行古典制的国家主要有卢森堡、比利时、瑞士、荷兰等国。

(二) 双率制

双率制(dual-rate system)也称分率制(split-rate system),是指将企业分配利润和保留利润按不同税率课征的制度。一般对已分配利润适用较低的税率,而对保留利润课以较高的税率。

双率制的企业所得税最早始于德国。后来,奥地利、日本、葡萄牙等国也相继实行了这种制度。这种制度在实施中的一个难点在于两种税率的设计:这两种税率如果相差的过小,结果会接近古典制;如果二者相差过大,企业所得税就变成了对未分配利润的征税。此外,双率制只是减轻了对股息重复征税的程度,并未从根本上消除对股息的双重征税。

(三) 股息扣除制

股息扣除制(dividend reduction system),是指在计征企业所得税时,对所分配的股息允许从企业应纳税所得额中全部或部分扣除。事实上,如果允许把公司分配的股息红利全部作为公司费用扣除,企业所得税就变成了只对公司保留利润征税,而对分配利润免税。如果在计算应纳税所得额时,允许将股息全部扣除,则可以彻底消除重复课税问题。同时,这种方法给予了股息支出和利息支出同等的税收待遇,因此,也可以消除企业筹资中举债和募股之间的扭曲现象。目前,实行这种制度的国家主要有芬兰、挪威、瑞典等国。

但是这一制度不利于企业保留利润,不利于企业长期的可持续发展。此外,如果对于外国股东获取的股息也不征收企业所得税、而外国股东也不在本国缴纳个人所得税,则会造成本国税收收入的流失。对此,世界各国一般采取两种处理方法:一是对转移到国外的股息征收预提所得税;二是对支付给外国股东的股息,在征收企业所得税时不允许扣除股息。

(四) 归属制

归属制(imputation system)是指在计算股东个人所得税时,首先将股东获得的股息还原成税前股息;然后,将还原的股息与其他所得项目合并计征个人所得税。在确定个人所得税应纳税额时,准予股东从应纳税额中抵免掉已纳的企业所得税。归属制一般可分为部分归属制(partial imputation system)和完全归属制(full imputation system)两种形式。目前,在世界各国中,英国、法国、西班牙、日本和爱尔兰等国实行部分归属制;澳大利亚和意大利实行完全归属制。

完全归属制的优点在于:基本消除了对股息的重复征税,在股息上实现了完全的两税合一,有利于消除古典制下所产生的资源配置的扭曲。但归属制在计算的过程中比较复杂,要求具有较高的税收征管水平。

二、美国公司所得税与个人所得税之间的协调问题

在公司所得税制的运行过程中,一个主要问题就是,公司所得税是否会减少公司股东的实际收入、提高公司产品的价格、降低公司所使用的劳动力和其他资源的实际收入水平。在这方面,既缺乏理论上的证明,也缺乏实践中的证据。这种不确定性如芒在背,令人十分讨厌。由于公司所得税是联邦税收收入中的第三大税种,因此由此筹集来的税收收入是很难用其他税种来替代的。然而,对于公司所得税中的问题必须慎重对待,因为其中会有公平问题。如果要对公司的股东课税,那么为什么股息所得的税负要重于纳税人的其他收入来源呢?此外,在一个具体的收入群体中,并不是每个人所得到的股息收入都是相同的,因此对公司所得课征的特别税收被转移给了公司股东,这显然违背了税收负担分配中的同等待遇原则。然而,公司所得税确实也填补了这样的一个空白:如果没有公司所得税,公司所得中的未分配部分也就不能享受不课征个人所得税的待遇了。此外,公司所得税还会提高税制的累进程度,因为股息所得更多地集中在高收入阶层手中。在州一级中,对于所有者多分布在本州之外的企业来说,公司所得税使州政府可以从向公司提供的福利中获得补偿。

然而,当前公司所得税中的主要问题,是它对储蓄和实际投资所产生的影响。公司所得税可能会构成对股息的双重课税,从而会降低储蓄率,并对资本形成产生不良影响。此外,公司所得税当然也会影响公司经理阶层在债务融资(支付给债券持有人的利息是可以在税前扣除的)和股权融资(支付给股东的股息是不能在税前扣除的)之间的选择。这些对资本形成的影响会进一步加重对国民经济的影响。因此,对公司所得税进行适当的改革是必要的。

如果能将个人所得税和公司所得税部分合并或者全部合并,减少由于双重税制对公司已分配利润的过多课税,就可以进一步减轻由此造成的许多有害经济的影响和公平问题。如果将这两种税制全部合并,那么对公司所得的课税方法将会和合伙制企业完全相同。这种合并之后的所得税不会对公司所得课征任何税收。但对于公司所有者而言,则要根据他们在股息和公司留存利润中的份额进行课税。这种课税方法可以避免公司所得税中的原有问题,但也会产生一些新的棘手问题。① 这些问题包括以下几个方面:

(1)这种税收会对人们尚未实现的收入课征税收。这样一来,人们不仅要就自己的股息所得纳税,还要就公司的留存收益纳税。关于这种税收是否会鼓励公司将更多的收益分配给股东、从而降低实际投资率,仍然存在着一些悬而未决的问题。

(2)公司股票的许多持有人都是可以免税的纳税人(如退休基金)。根据合并之后的税制,这些主体不会就其股息和公司的留存收益缴纳个人所得税,也不用在公司层次上纳税。如何来弥补由此所造成的税收收入损失呢?

(3)大量美国公司的股票是由外国投资者持有的。如何处理他们的所得呢?哪个国家有权对美国的股息和留存收益课税呢?如果由美国之外的国家来对这些收入课税,如何来弥补由此所形成的美国联邦税收收入损失呢?

---

① R. Glenn Hubbard, "Corporate Tax Integration: A View from the Treasury Department," *Journal of Economic Perspectives* 7 (Winter 1993), pp. 115–132.

（4）公司通常并不是只有一种股票。在公司中，一般会有普通股（common stock）、优先股（preferred stock）和其他多种股权的代表形式。那么，公司所得如何在这些不同种类的股票中进行平均分配呢？

还有一种方法，就是可以将两种税制部分合并。部分合并之后的税制，只会对公司所得中已经分配形成股息的部分给予税收减免。对于已经缴纳了公司所得税的股息，可以对其股东给予一些特殊的税收抵免，以补偿对其已经课征了的公司所得税；也可以只对公司的未分配利润课征公司所得税。但是，这种税收优惠不仅会使税收收入大幅减少，同时也有人担心，这会为企业漏税创造契机。尽管这使人们重新看到了美国相对较低的经济增长率和造成这种状况的较低资本形成率之间的联系，但由于这两个因素的存在，人们对这种改革的兴趣并不高。

经合组织国家采取了不同的形式来消除两个所得税之间的重复课税问题。希腊和挪威股息红利不征收公司所得税；澳大利亚、芬兰、德国、意大利、新西兰等国在征收个人所得税时，允许将已经缴纳过的公司所得税抵免掉；爱尔兰、西班牙、瑞典、法国、冰岛、英国、奥地利、丹麦、日本、葡萄牙或者对用于向股东分配的红利课以低税，或者允许在缴纳个人所得税时给予部分抵免；比利时、卢森堡、荷兰和美国对于两个所得税的重复课税问题没有采取任何调整措施。

第四节 公司所得税的国际协调

随着世界经济日益变得全球化，一个问题变得日益突出，那就是，在类似像欧盟这样的一个贸易区内，各国的公司所得税是否需要协调一致，还是保持差异、以保证各自的竞争优势呢？这一问题对于欧盟来说是十分迫切的，因为其各成员国公司所得税的税率是千差万别的，德国、意大利的所得税税率超过了35%，而爱尔兰和2004年加入欧盟的波兰、斯洛文尼亚、拉脱维亚和匈牙利的公司所得税的税率甚至低于20%。这就使人担心，国际资本会追逐较低的税后利润而在各成员国之间游荡。低税率成为各国吸引投资、促进经济发展的重要利器。

这就产生了一个两难问题：各国公司所得税可以在多大程度上不同呢？以便使得既可以保持各国的竞争优势，又不会使这种税收竞争向着恶化的方向发展，从而避免因税收政策的因素而扭曲国际资本的流动。这种财税竞争公平吗、健康吗？现在看来这些问题还将继续争论下去，近期很难得出明确的结论。

思考题：

1. 解释公司所得税、企业所得税和法人所得税之间的区别和联系。
2. 美国的公司所得税是如何实现州际协调的？
3. 公司所得税和个人所得税之间的协调模式通常有哪几种？

第十六章 个人所得税

第一节 个人所得税概况

一、所得税的结构变迁

由表16-1可以看出，1965~2005年的40年间，OECD等发达国家的所得税结构中，个人所得税的比重呈现出稳中有降的变化趋势；而社会保障税的比重却出现了明显上升，在其全部税收收入中的比重，甚至超过了个人所得税，成为其最主要的收入来源项目。在美国，2005年，社会保障税也成为其仅次于个人所得税的第二大收入来源（见表16-2）。

表16-1　　　　　　　　　　OECD国家的所得税结构　　　　　　　　　　单位：%

年度	1965	1975	1985	1995	2005
个人所得税	26	30	30	27	25
企业所得税	9	8	8	8	10
社会保障税	18	22	25	25	26

资料来源：OECD, *Revenue Statistics* 1965-2006, 2007。

表16-2　　　　　　　　　2005年美国和法国的税制结构比较　　　　　　　　单位：%

项目	个人所得税	公司所得税	社会保障税	财产税	消费税	其他税收	合计
美国	35.1	11.4	24.7	11.4	14.6	2.8	100
法国	17.3	6.2	37	7.8	24.7	7	100

资料来源：OECD, *Revenue Statistics* 1965-2006, 2007。

二、个人所得税与企业所得税的结构问题

就个人所得税和企业所得税之间的关系来看，国际学术界存在"法人实在说"和"法人虚拟说"两种观点。法人实在说（real entity theory）也称"独立公司税派"，认为法人所得税和个人所得税应各自承担独立的纳税义务。这是因为公司作为独立的法人实体，有独立的纳税能力，在法律上应当与自然人一样履行纳税义务。而且，法人还享有社会赋予的非法人无法享有的特殊权利，理应按照受益原则向政府纳税。例如，与自然人不同，法人不会因投资业主本人的死亡、心神丧失而消亡，因此，从理论上讲，只要法人组织的资产大于负

债，法人组织便可以永久地存在下去。

法人虚拟说（fictional theory）也称"单一个人税派"，认为法人公司①实际上就是股东的集合体，因此，对公司课税就是对股东课税，这会造成公司所得税与个人所得税并行重叠课征，在经济效率上产生扭曲效应，有悖于税收的公平原则，干扰资本市场的正常运转。基于这种考虑，该学说认为，解决对公司支付的股利在公司和个人两个层次上被重复征税的基本方法，就是将个人所得税和法人所得税一体化，即废除法人所得税，将全部的公司利润都放到个人层次上课征。但是，这种观点在政治上很难行得通，而且可能导致新的避税，因此就使这种方法的可行性大打折扣。然而，这种理论上的构想却在现实中得到了一定程度上的反映，那就是逐步降低公司所得税税率②，在所得税结构上向个人所得税倾斜，无疑就是上述理论主张在现实中的一种反映。

1965~2005年，经合组织（OECD）国家个人所得税和公司所得税在其总税收收入中的比重相对稳定，分别维持在25%~30%和8%~10%之间。但是，从个人所得税和公司所得税的对比情况来看，个人所得税的比重显然要高于公司所得税，基本是公司所得税的3倍左右。从表16-2可以看出，不仅以所得税为主的美国如此，就连增值税等流转税占有较大比重的法国也是如此。而且，由于我国税制结构和法国类似，也呈现出所得税和流转税并重的特点，法国的税制结构应该对我国更有借鉴意义。

但是，反观我国的所得税结构，情况却恰恰相反。我国个人所得税虽然自1994年以来大幅增长，但是，个人所得税的收入规模却仍然只有企业所得税的约1/3，表明我国今后个人所得税比重的上升空间还有很大。

【专栏16-1】　　　　　　　　　美国所得税的调整

美国纽约州州长戴维·帕特森2009年3月间与州议会领导人达成共识，拟向高收入人群每年加征总额40亿美元个人所得税，以平衡预算赤字。这是纽约州近年来规模最大的增税计划，许多富人听闻消息准备搬家避税。

新计划将在现行个人所得税征收方案基础上，增加两个纳税组别：年收入超过50万美元者，税率升至8.97%，与新泽西州最高税率持平；年收入超过30万美元者，税率增至7.85%。

按现行方案，纽约州最高个税税率是6.85%，征收对象为年收入超过4万美元的家庭。新计划实行期限为3年，如果得以通过，将使政府税收收入每年增加40亿美元，是纽约州近年规模最大的增税计划。

《纽约时报》说，州长帕特森先前一直强调，在万不得已时才会通过增收个税平衡政府预算赤字，但最终却点头同意，一定程度上反映出纽约州财政状况急转直下。增税计划虽赢得赞美，也招致反对。属于新增纳税组别的一些富人打算举家迁移至其他州，避免多缴个税。

---

① "法人"所对应的英文单词为corporation。因此，在英文表述中的"法人"其实包含了"公司"的含义。也正是由于这一原因，美国等国家的"公司所得税"（Corporate Income Tax）其实就是"法人所得税"。
② 毋庸置疑，公司所得税税率的降低，在很大程度上也是各国税收竞争以吸引国际资本的结果。

第二节 应税收入

美国是世界上个人所得税制度最完整也最复杂的国家之一，个人所得税在联邦税收收入中的份额最多。同时，在美国，大多数州都将自己的州所得税和联邦所得税联系起来，但是，只有少数地方政府将自己的地方所得税与联邦所得税联系了起来，通常只是将地方所得税和州所得税间接联系起来；许多地方政府都选择独立的税基。这个税基通常比较狭窄，一般是工资和薪金。这些地方所得税的税制结构通常都比较简单。表16-3对联邦税制结构的大体脉络进行了分析（在本章的以后部分中还会对这些内容作进一步的说明）。这张示意图反映了美国联邦税制结构中的核心内容。

表16-3 美国联邦个人所得税的计算步骤

总所得额
减去
调整额
等于
经过调整之后的毛所得额。
减去
标准扣除或者项目扣除
和
个人豁免额
得到
应税所得额。
用
税率表或者税收表来计算
所得税。
减去
税收抵免额
得到
税收总额。
减去
代扣代缴或者其他已经缴纳的税款。
得到
应纳税款或者税收返还额。

一、对所得的界定

美国个人所得税的课税对象是指除法律不予计征的其他任何来源地全部所得。然而税法不会对所得进行界定，只会列出能够产生应税所得的各种市场交易。其中所列出的收入项目包括工资、薪金、利息、股息、租金和特许权使用费等。对于实践中的问题，也没有一个统一的答案。许多分析家都同意黑格—西蒙斯的所得界定（the Haig-Simons Income definition）标准。这种由亨利·西蒙斯所提出的方法将应税个人所得界定为以下两项的"代数和：（1）在消费中运用权利的市场价值；（2）财产权价值在期初和期末之间的变化"。[①] 换句话说，所得额等于消费的价值加上这一年中净财富的增长额。

西蒙斯对"所得"的定义与现行税法的规定有所不同，我们使用以下三个例子来进行说明。第一，假设史密斯先生所拥有的一家公司的股票价值在这一年中增长了 10000 美元，但他本年度没有将这些股票卖出。按照黑格—西蒙斯对所得的定义，会将股票的这部分增值额认定为"所得"，因为它增加了史密斯的净财富，扩大了他使用经济资源的潜在能力。而现行税制则不会对这项收益课税。现行税制只对业已实现了的收益课税——也就是说，在将升值股票卖出之后课税，而不是当股票的票面价值形成时课税。第二，假设琼斯小姐住在自己所有的房子中。这样，她就消费了这个房子所提供的服务。这些消费构成了琼斯整个消费中的一部分，按照黑格—西蒙斯的方法也应当被界定为所得。现行税制不对这种所得课税，因而极大地鼓励了人们对能为所有者带来非现金收益的资产的购买。第三，假设怀特先生的姨妈赠送给他 50000 美元。这显然会增加他的净财富（或者允许他提高自己的消费），因此按照黑格—西蒙斯的方法，也应当被界定为应税所得。但是，由于不需要怀特先生的工作，这笔交易就发生了，因此，现行税制也不将它归为应税所得。但根据现行税制，对这部分资金要课征赠与税（the gift tax），根据的也不是怀特的经济状况，而是他的姨妈的经济状况。

政府内外的分析家们通常都使用比较宽广的财富指标，来对税收负担进行分析，以及对税基的修改问题进行研究。专栏 16-2 中对扩大所得和家庭经济所得进行了说明，这是由国会和财政部根据黑格—西蒙斯的概念分别使用的指标，用于对税收负担的分配进行分析，并研究对以调整后的毛收入作为税基的所得税制改革。

【专栏 16-2】　　　　　　　两个更加综合的所得指标：家庭经济所得（财政部）和扩展所得（税收联合委员会）

在实际运作中，"所得"有很多种可能的定义。税收法典对经过调整的毛所得（adjusted gross income，AGI）的定义，不能满足长期一致性的要求，因此国会对税制所应当涵盖的所得内容作了进一步的说明，力图将一年中家庭财富收入的所有内容全

[①] Henry C. Simons, *Personal Income Taxation: The Definition of Income as a Problem of Fiscal Policy* (Chicago: University of Chcago Press, 1938), p.50.

部纳入进来。在自己的分配研究中,美国财政部和税收联合委员会制定了更宽泛的收入标准。在1986年税制改革之前,财政部的税收研究办公室在研究中使用了家庭经济所得(family economic income)的指标。这个指标大致相当于一年中的消费再加上实际净财富价值的变化额。由于这个标准是和现行税法相独立的,因而,这个标准为监测主体税种变化的效果提供了一个强有力的基础。联合委员会所使用的是一个更加保守的概念,即扩展所得(expanded income)。这个标准比财政部所使用的标准更接近纳税申报表中的数据,但也要大于经过调整的毛所得(AGI)的标准。

(一) 家庭经济所得

将处于同一经济单位中的相关家庭成员的收入和所缴纳的税收加总到一起。这些指标的计算,以纳税申报表上申报的经过调整之后的毛所得(AGI)为基础,然后再加上:

1. 对未申报收入的估测。

2. 享受税收优惠的退休账户(tax-sheltered retirement accounts),如科格(Keogh),401(k),IRA项目;由雇主所缴纳的应税退休金缴款及其投资利息和红利。包括雇主向这些账户的缴款。

3. 尚未课税的社会保障收入;AFDC和其他福利投资,其中包括食品券的现值。

4. 由雇主所提供的保健津贴和其他福利内容。福利成本一般相当于雇员工资水平的35%左右。

5. 房屋所有者将房屋出租所获得的净租金,要减去其中的抵押贷款利息、财产税、房屋维护费用和房屋折旧。

6. 由股票、企业经营活动、土地和房屋所得的年资本收益。例如,你的房屋价值在一年中的增值额。

7. 要减去贷款出借人的通货膨胀损失,加上贷款借入人的通货膨胀收益。

8. 寿险保单的价值增值额。

9. 免税债券的利息。

(二) 扩展所得

将被夸大的收入缩小,更加严格地遵守现行税法。这一概念以经过调整之后的毛所得(AGI)为基础,然后再加上:

1. 免税利息。

2. 工人补助。

3. 不需纳税的社会保障收入。

4. 扣除生活在海外的美国公民的收入。

5. 医疗保健体制所发放的补助超过所支付年金的数额。

6. 最低税收优惠。

7. 雇主对保健计划和人寿保险的缴款。

8. 在薪给税中雇主所缴纳的部分。

9. 公司所缴纳的税收归集到公司每个所有者身上的数额。

二、经过调整的毛所得

调整后的毛所得,是指纳税人取得的全部所得经过调整后确定的所得,大致相当于纳税人所能承担税款的总能力。由于所得税是对净所得而非毛收入课征的税收,因此经过调整之后的毛所得中包括:个人所收到的工资、薪金、租金、股息和利息等,以及从企业经营活动收入中扣除了企业运营成本之后的收益。但是,在利用税收结构中的内容来计算税收义务之前,首先需要对总收入作一些调整。第一,对支付的赡养费进行调整。由于赡养费有助于提高受益人的福利水平,因此应当作为其收入一部分来课税,而不应当对支付人课税。第二,扣除一些和调换工作相关的费用。应当扣除为取得收入而调换工作所发生的成本(为了就业而进行的调换构成了这项收入的一种成本),而不应将由于个人偏好而调换工作而发生的成本扣除(因为这种调换费用,是生活方式或者消费选择的结果)。很难画一条简单、明确而合理的界线,因此就可能犯鼓励劳动力流动的错误。第三,为了鼓励人们开展某些活动而进行的调整:为了鼓励私人退休储蓄,对个人退休账户和其他个人退休计划缴款的扣除;为了减轻教育借款所支付的成本,允许扣除学生贷款的利息;为了降低由私人提供的健康保险成本的扣除。

有些市场交易中所出现的净收益并没有包括在经过调整的毛所得中,但却是通常意义和黑格—西蒙斯意义上的所得。这些税收扣除项目包括:有些州和地方政府债券的利息,有些转移支付(如福利收入,多数社会保障收入和食品券),雇员从雇主那里所得到的数目众多的津贴和补助(特别是退休金和保健计划),寿险存款收入,赠与和遗产等。除了税法中明确规定不用纳税的收益项目之外,雇员从雇主那里所得到的所有津贴和补助项目都应当缴纳所得税,其中包括许多重要的福利项目(如,雇员向雇主所提供的无须额外成本的服务,一些给予雇员的折扣和工作条件补助等)。不需纳税的津贴范围实际上也是很广的。未实现的资本利得和归入所得(imputed incomes)不用课征所得税。不管是联邦税收还是州和地方税收,为了保持一个前后一致的经济能力指标,在许多关于政府成本分配的分析中都使用了更广的能力指标,而不只是使用经过调整的毛所得。

税收扣除项目看起来都是合理的,特别是那些适用于低收入群体的税收扣除项目更是如此:不能一方面给予穷人财政补助,而另一方面又将这部分财政补助通过税收的形式拿走。然而,有些财政补助的发放对象并不仅限于穷人。也就是说,有些财政补助的发放并不是以需要为原则的,符合这些财政补助要求的受益人可能会从其他方面获得大量收入。因此,如果要根据净福利水平课税的话,就应当将退休金、社会保障收入、失业补助和其他并不严格限于当期收入和财富的收入形式也纳入进来。现行税制对失业补助是要全额课税的,其他相关的收入形式也要根据具体情况纳税。

将州和地方政府债务的收益从税前扣除掉的做法,在历史上源于相互豁免(reciprocal immunity)的原则,即:联邦政府不能损害州和地方政府;反之则相反。由于"课税权中包含了损害的权利",因此联邦政府在历史上从来没有向州和地方政府的政策工具课征过税收。这些税收扣除项目其实就是对州和地方政府重要的财政补助,因为这样可以使州和地方政府以低于同期市场利率的水平借款。为了说明这种税收扣除的影响,我们假定,一个人会将自己新增收入中的36%来作为联邦所得税。收益率为5%的免税市政债券的收益水平,和收益率为8%的应税债券的税后收益情况是一样的。因此，通过联邦税制，州和地方政府的借款可以自动获得利息补助，这就允许这些政府以低于市场利率的水平借款了。这些免税的市政债券是高收入者避税的一个良好选择。给予州和地方政府的利息补助金额，需要在这种税收扣除对税制累进性所造成的不利影响之间取得平衡。

总之，调整后的毛所得等于应纳税收入总额减去调整项目。应纳税收入主要包括工资和薪金收入、附加福利收入、实物收入、失业补偿金、银行存款及债券利息、股息、已实现的资本所得、租金收入和特许权使用费、非公司的经营利润、公司养老金及退休津贴、退休储蓄计划的补助拨款、残疾补贴、赡养费、非免税的资金和奖学金。

调整项目主要包括经营费、雇主退还给雇员的经营费。支付给原配偶的赡养费、搬家费、学生贷款利息扣除、学费。雇主还应减掉部分健康保险支出，特别是退休储蓄计划的缴款等。

三、个人扣除（Personal Deductions）

个人扣除会根据每个纳税人的具体情况对其纳税能力进行调整。将这些扣除项目从经过调整之后的毛所得中扣除掉之后，可以使税基减小，从而促进个人所得税的纵向公平和横向公平。个人扣除项目也可能会促使纳税人做自己本来不愿意做的事情，因为纳税人只有这样做，才可以降低他们应当缴纳的税收。美国税法规定，对于高收入者，个人扣除额会随着收入的提高逐渐减少。在实践中，通常根据纳税人调整后的总所得来确定个人扣除额。

个人扣除包括标准扣除和分项扣除。纳税人可以选择按标准扣除额扣除，也可以选择按项目扣除，则其数额高者扣除。标准扣除额根据纳税人是单身、户主还是已婚来确定。此外，纳税人如果是盲人或者年龄在65岁以上的老人，还可享受一定的附加标准扣除。分项扣除和标准扣除的不同之处在于，标准扣除取决于纳税人的纳税身份，而分项扣除则取决于纳税人如何支付其所得。

从逻辑上看，有三项个人扣除项目的内容，可以将纳税人的负税能力降低到收入水平与其类似的其他人之下：第一，有些支出项目大体上脱离了家庭的控制，从而会降低家庭承担政府成本的能力。目前，这一类包括在税前扣除的内容（这一类内容和涵盖范围会随着对税收法典的修改而变化）中：医疗费用和牙齿护理费用中超过经过调整之后毛所得的7.5%部分；因盗窃和伤亡所引起的损失超过经过调整之后毛所得的10%而少于100美元的部分；州和地方所得税和财产税。在以上每种情况中，各方面情况完全相同的人必须承担比他们更幸运的人所没有导致的特殊费用，但他们自己并没有做错什么。因此，应当对负税能力进行调整。

第二，有些支出项目之所以可以在税前扣除，是因为联邦政府认为，可以通过降低私人活动的税后成本，来鼓励这些领域中的私人支出。因此，慈善性捐款可以直接从税前扣除。这些支出对于纳税人来说是可选择的（和州税收、医疗费用不同），因此联邦政府试图对这些慈善性捐款进行鼓励。类似的，为了鼓励人们购买住房，第一住所和第二住所（first and second homes）抵押贷款的利息可以从税前扣除。这些举措对于借款买房的人来说是至关重要的。

第三，为了维护所得税只对净所得课税而不对毛收入课税的原则，还规定了一个税前扣除项目。其中包括更换工作的费用和与工作相关的费用〔如为了保持和提高现有工作技术水平所需要的教育费用、工会费、工作制服费、大学教授的科研费、职业税（occupational taxes）等]。与工作相关的费用扣除，再加上一些杂项扣除[如税收准备费（tax-preparation fees）、与投资相关的费用等]，二者之和的可扣除部分不能超过经过调整之后毛所得的2%。博彩损失可以全额在税前扣除，但是只限于博彩盈利的数额之内。

在税制设计中，任何一项政策选择都试图提高税制的公平和效率。由于每一项税前扣除政策都赋予了高收入群体更多的税负减免（对于一个适用税率为36%的纳税人来说，100美元慈善捐款的税后成本仅为64美元；对于适用税率为15%的纳税人来说，税后成本则变为85美元），因此，这些政策会促使人们按照政策导向来安排自己的经济事务，以使自己的费用可以归入税前扣除的种类中。因此，一些专业会议会选择在度假时间召开，消费者贷款也会被转化为家庭股票贷款，等等。结果，这些税收规定可能会降低税制的总体累进性，扭曲人们的经济行为。

然而，也并不是所有纳税人都需要使用个人扣除项目。自从20世纪40年代初期以来，一种可选择的税前标准扣除（an optional standard deduction）使纳税人可以从经过调整的毛所得中减去一定的数额，这个标准扣除的数额与项目扣除的总额是没有关系的。在1998纳税年度，约有70%的纳税申报者选择的是标准扣除，而非项目扣除。这种标准扣除的实行，使纳税人不用再保存有关扣除项目的会计凭证了。在第二次世界大战期间，低收入阶层的实际税率出现了大幅上升，有很多人是第一次变成纳税人。标准扣除政策的初衷，就是为了使个人所得税的缴纳在当时对这些人变得相对简单一些。此外，可选择性的标准扣除对于没有特别高的项目扣除的人来说，会产生心理上的优势。标准扣除也是随着时间的推移而不断提高的。现在，标准扣除还和通货膨胀的增长之间建立起了指数化的关系。例如，1987～2001年，一个单身纳税人的标准扣除额从2540美元增加到了4550美元。然而，如果所有的人都选择标准扣除，由于一些人并没有达到标准扣除的实际要求，为了筹集到既定数量的财政收入，就需要提高税率，以冲淡达不到标准扣除的人对税负降低所造成的影响。

四、应税所得

从经过调整之后的毛所得中，再扣除掉个人扣除和个人豁免之后，可以得到应税所得。其中的个人扣除可以是项目扣除，也可以是标准扣除。应税所得就是个人所得税的税率结构表所要适用的税基。税收的基本计算方法，就是税收收入等于税基乘以税率。因此，即使税收收入相同，税基和税率之间的组合也可能不同。这种组合可能是窄税基（例如，根据黑格—西蒙斯和其他一般的所得概念，规定了很多项目的税收扣除和豁免等）和高税率，也可能是宽税基（税收扣除和豁免等项目比较少）和低税率。

联邦税制的一个重要发展趋势是向着宽税基、低税率的方向发展，这种趋势在1986年的《税制改革法案》（the 1986 Tax Reform Act）中特别明显，但在1993年的《财政收入调整法案》（the Revenue Reconciliation Act）中有所减弱。联邦税制之所以要这样发展，是因为人们认为，边际决策时的高税率比低税率更容易抑制投资和人们工作的努力；而宽税基则可以减少税收死角，使不至于仅仅因为税收条款的有关规定，就使一些有利可图的经济活动潜藏起来。而且，实行宽税基还减小了破坏横向公平的可能性。

第三节　应税非货币收入

一、充分认识附加福利在企业报酬体系中的重要作用

企业支付给员工的报酬包括工资和福利两部分。福利包括公共福利和附加福利两部分。公共福利是指国家和社会提供的以改善、提高公民物质和精神生活为主要目的各种实物和服务，属于基本社会保障的范畴，通常都是免税的。我国计划经济年代实行的是高就业、低工资、高福利的政策，工资水平仅限于满足食物、衣着、日用品等基本生活支出，国家要求企业采用举办各种福利的方法来解决职工工资的不足问题。显然，这时的"福利"多属于公共福利的范畴。

这里所分析的"附加福利"（fringe benefit）则是指由于雇员提供的服务而获得的货币化工资薪金之外的所有收益。① 附加福利这种报酬形式的产生要晚于工资，是近些年来随着工业化、劳工组织的发展和政府立法的完善而逐步发展起来的。如在1943年的美国，所有企业的总体福利水平与工资相比，尚不及后者的5%。后来许多企业从人力资源管理的角度出发，通过提供独特的福利计划，培养当前和未来员工对企业的归属感和认同感，从而吸引和保留高素质员工，以为企业提供竞争优势。例如，企业潜在劳动生产率的提高有赖于员工能力和组织的效率，而员工的能力需要通过良好的教育福利来提高，组织的协调性需要员工俱乐部等福利设施来增强等。同时很多员工福利计划可以获得在税收方面的优惠，所以到了20世纪末期，美国的附加福利已经达到了其工资总额的41%左右。② 不仅如此，近些年来，附加福利在企业报酬体系和人力资源管理中正扮演着越来越重要的角色。附加福利已经从传统项目发展到培训、各种保障、体现社会地位和工作价值的各种俱乐部会员资格等。

应当说，近年来形式多样的附加福利的出现是有着深刻的社会背景和理论基础的。美国著名心理学家马斯洛（Abraham Maslow）提出的需求层次理论将人的需要分为生理需要、安全需要、社会需要、尊重需要和自我实现需要五个层次。而要对员工进行充分的激励，必须了解激励对象所处的需求层次。当较低层次的需要得到满足之后，下一个层次的需要就会成为主要的需要。随着人们生活水平的日益提高，特别是高层次的企业员工，更加看重货币化工资报酬之外的附加福利报酬。例如丰田公司为了消除员工"精神上的孤独感"，成立了"丰田俱乐部"，将各种培训融入员工的日常生活，寓教于乐，使现代化的企业变得更富有人情味和温暖感，让人感受到企业最贴心的关怀和帮助，因而心情舒畅，工作效率非常高。因此，可以说，附加福利形式的大量出现是社会进步和企业之间竞争加剧的必然结果，而税收制度必须针对这种变化作出相应的调整。

---

① ［英］锡德里克·桑福德：《成功税制改革的经验与问题》，中国人民大学出版社2001年版。
② 刘昕：《福利是否需要全部货币化》，载于《中国人力资源开发》2001年第1期。

二、应对附加福利的税收制度创新

大量以非货币形式出现的附加福利对传统的税收制度提出了新的挑战。附加福利一方面作为企业的成本降低了企业所得税的税基；另一方面由于通常以实物的形式发放给雇员，从而对个人所得税的税基也带来了冲击。在澳大利亚开征附加福利税之前的1985年，澳大利亚政府估测，政府因附加福利而损失的税收收入大约为7亿澳元，其中2.8亿来自汽车福利，福利住房和低息贷款造成的税收收入损失也分别达到了0.8亿澳元和0.9亿澳元。① 因附加福利而损失的税收收入由此可见一斑。因此，将附加福利税纳入税收网络（tax net），可以有效地减少通过在现金收入和福利收入之间转化进行避税而造成的对原有个人所得税的侵蚀，从而保持所得税制的完整性和调节的有效性。为此，澳大利亚、新西兰等国开征了独立的附加福利税（Fringe Benefit Tax，FBT），美国、英国等其他国家则将附加福利纳入了个人所得税的课税体系。

2003～2004年度，澳大利亚的附加福利税收入达到32.77亿澳元（约合190亿元人民币），占其联邦政府税收总收入的1.6%。② 尽管附加福利税在其联邦政府收入中的比重并不是很高，但是通过个人所得税与附加福利税的相互配合，确实起到了公平税负、减少避税、套税的作用，遏制了税收流失，同时也有利于促进税负的纵向公平，使低收入群体获得心理上的平衡。这一点和遗产税和赠与税之间的关系一样，可以说有异曲同工之妙。

国外的附加福利税制度通常有以下两个非常鲜明的特点，值得我国在征收附加福利税时予以重视和借鉴。

第一，以雇主而不是雇员作为附加福利税的纳税人，可以大大降低税务机关收集信息等方面的课税成本，简化附加福利税的税收管理。这无疑会遭到雇主们的强烈反对，如澳大利亚早在1986年就开征了附加福利税，是世界上较早单独开征附加福利税的国家之一。在1999年的一份税收评估报告中（*Review of Business Taxation，A Tax System Redesigned*，July 1997；The Ralph Report），就呼吁将附加福利税的纳税人从雇主转向雇员。但是，澳大利亚政府和税务当局对此并没有理睬。这样做的政策意图非常明显，就是努力促使雇主减少发放附加福利，转向货币报酬，从而促进分配体系的透明化，降低税务机关的综合课税成本。

第二，附加福利税税率通常选择个人所得税的最高边际税率，如澳大利亚2006年7月1日开始的纳税年度，就将附加福利税的税率设定为46.5%；而在个人所得税中，只有15万澳元以上的所得部分才适用这一最高税率③。税收制度这样设计一方面是因为，获得高额附加福利的通常是一些高收入阶层，负税能力较强，可以更好地实现税负的纵向公平；另一方面也是在努力降低附加福利这种报酬形式对雇主和雇员的吸引力，促使雇员选择货币报酬，以降低税务机关在征收附加福利税中的信息收集成本和估值成本。

---

① Michael Kobetsky, etc. *Income Tax*, The Federation Press, 6th edition, 2006, pp. 257-258.
② Woellner Barkoczy Murphy Evans, *Australian Taxation Law* 2005, CCH Australia Limited, 15 edition.
③ Michael Kobetsky, etc. *Income Tax*, The Federation Press, 6th edition, 2006, p. 260.

三、征收附加福利税应注意的问题

附加福利形式繁杂，价值评估成本高昂，如果不及时在税制中做出相应调整，可能使我国未来的附加福利税疲于应付、流于形式，而且要付出极高的征管成本。如在澳大利亚，作为附加福利的一种主要形式，要计算个人用车福利（car fringe benefit）的价值①，就需要通过如下法定公式来进行：

$$\frac{ABC}{D} - E$$

式中，A 为汽车的基本价值；B 为根据汽车行驶公里数确定的个人使用份额；C 为雇员在一纳税年度中的用车天数；D 为该纳税年度中的总天数，通常为365；E 为雇员自己负担的该车的汽油、泊车等维护成本。显然，其中的很多数据是需要由雇员和雇主来自己记录并提供的，这样就将实施附加福利税的主要成本转移到了雇主和雇员身上，税务机关只需通过稽查来进行核实就可以了，大大降低了税务机关的课税成本。

可见，附加福利税虽然理论上比较容易理解，但是在实际操作中还是有很多细节问题需要研究的，这需要我们近期对现行的个人所得税做出全面的调整，未来长期考虑开征单独的附加福利税，以适应附加福利日益增多从而侵蚀企业所得税、个人所得税税基所带来的挑战。

第四节 应税收入抵免与税收抵免

一、个人免征额豁免（Personal Exemptions）

个人免征额是指纳税人从调整后的所得中扣除的固定数额，这种扣除可以是对纳税人本人或是配偶进行的扣除，也可以是对符合条件的被抚养人进行的扣除。符合条件的被抚养人主要是指年龄在19岁以下（如果仍接受教育可到24岁）的儿童或其他符合条件的亲属。如果纳税人或者纳税人的配偶是盲人或者已经超过了65岁，那么还有额外豁免。每个人的豁免额都是相同的，2001年为2900美元，2005年增长为3200美元。税收豁免是为了根据纳税单位的规模来调整税负规模、增加实际税率结构中的累进性，使很多低收入家庭从这种税收体制中解脱出去。

---

① 在澳大利亚，其他主要的附加福利形式还包括：低息或无息贷款（free or low-interest loans）；费用报销福利（expense payment）；福利住房（free or subsidized housing）；出差补贴（living-away-from-home allowance）；打折机票（discounted fares on airline transport）；等等。

二、税收抵免（credits）

税收抵免是对应纳税款的一种直接豁免，是促进私人经济活动的一种强有力的机制。纳税人的税收抵免可以直接从其应纳税额中扣除。税收抵免所减少的直接是应纳税款，而不是税基。税收豁免和税前扣除减少的都是税基，它们所造成的减税影响还需要经过税率结构的过滤。因此，一定数额的税收抵免，对于适用于任何税率档次的纳税人来说，减税数额都是一样的；另一方面，税前扣除和税收豁免对于适用较高税率档次的纳税人来说，所造成的减税影响会更大。但是，由于税收抵免会直接造成税收收入的减少，因此，与同等的税收扣除和税收豁免相比，所造成的财政收入减少的幅度也更大，从而使税收抵免成为许多政府关注的一个重要问题。

多年以来，税收抵免政策被广泛用于筹集政治捐款、促进节能设备的安装、资本投资和购买住房等。目前，税收抵免的对象是：有小孩的家庭；一定的大学学费；小孩和被抚养者的照顾费用；老年人和残疾人；一些收养费用。此外，正如专栏16-3中所描述的那样，联邦税制为收入水平比较低的工人也提供了税收抵免（给予工薪收入的税收抵免）。这项税收抵免被定义为低收入工人收入的一定比例，可以极大地减轻纳税人的税收负担。类似的，州个人所得税也使用了税收抵免来资助自己所支持的活动，试图在税收抵免所产生的支持作用和税收抵免所造成的收入损失之间寻求平衡。

此外，美国税法还规定了一些税收优惠，主要采取了税收抵免的方式进行，包括：（1）儿童税收抵免，该抵免主要是针对17岁以下的儿童提高的；（2）儿童与赡养照顾抵免，该项抵免主要是为赡养人口，特别孩子的抚养费支出提供的税收优惠；（3）勤劳所得税收抵免，该项抵免主要是对低收入家庭和个人所取得的工资提供的税收照顾；（4）教育抵免，该项抵免主要是提供给选择接受继续教育者的援助。

【专栏16-3】　　　　　　　给予工薪收入的税收抵免

联邦政府给予工薪收入的税收抵免（the federal earned income tax credit, EITC），在为贫困家庭提供财政补助的同时，也可以促使社会中低收入群体努力工作。这项税收抵免不需要经过一些具体的福利机制就可以向人们提供帮助。与其他收入补助项目相比，它之所以会为更多符合条件的人提供帮助，可能是因为它避免了别的项目要具体鉴别受益人的麻烦。在其他福利项目中，受益人收入的增加会减少他从福利项目的收益。而这项税收抵免则避免了这种情况，不会对工作产生抑制作用。其中的原因很简单，税收抵免这种财政补助形式，是通过个人所得税制提供的，将税收抵免全额发放给符合条件的人。在1994年的《总统经济报告》中，经济顾问委员会这样描绘了给予工薪收入税收抵免的运作机理：

给予工薪收入的税收抵免通常被认为是一种负所得税制度（negative income tax），但事实上它要复杂得多。给予工薪收入的税收抵免有三种阶段："税收抵免期"（a "credit range"），其运作形式就像一份工资补助；"平台期"（a "plateau"），此时不会产生任何边际效应;"结束期"(a "phaseout"),随着其收入的增加,前期发放给这些人的税收抵免又会被纳税人以税收的形式交还回来……

税收抵免的规定是在1993年通过的,1996年完全生效。下面我们来举例说明。对于一个有两个孩子或者更多孩子的家庭来说(对于有一个孩子或者较少孩子的家庭来说,税率表就没有那么慷慨了),税收抵免的运作原理是这样的:在这个家庭的收入从0美元一直增长到8425美元的过程中(这里所有的资金数额所采取的都是1994年的物价水平),税收抵免会为工人的工资提供40%的财政补助。因此这个家庭的收入每增加100美元,其净所得将为140美元。当这个家庭的收入达到8425美元时,税收抵免就达到了最大额,为3370美元。在这个家庭的收入从8425美元增加到11000美元的过程中,税收抵免额会保持不变。然而,当这个家庭的收入超过了11000美元之后,其收入每再增加1美元,给予税收抵免额就会下降21美分。当这个家庭的收入达到了27000美元之后,给予的税收抵免额将变为0。

显然,给予工薪收入的税收抵免在抵免期会对工人的工作具有边际激励作用(这一点与负所得税制度不同);在结束期,对工作具有边际抑制作用;在平台期,对工作的作用是中性的。然而,由于劳动力供给考虑的主要是是否要工作、而不是要工作多长时间,因此,这种税收抵免对所有受益人的工作都具有正面的激励作用。

现在,联邦工薪收入的税收抵免数额,相当于困难家庭的临时补助(the Temporary Assistance for Needy Families, TANF)、美国公共福利计划和食品券计划合计在一起的收入。一半以上的这些支出是支付给贫困线以下的家庭的。该计划是给予处于收入底层家庭的一些特别优惠。

资料来源:经济咨询委员会:《1994年2月提交给国会的总统经济报告》(华盛顿特区:政府出版署,1994年),第51页。

第五节 税率结构

一、税率

联邦个人所得税的税率是随着所得的增加而逐步提高的。在每一阶段上,适用于边际收入的税率都要略高于较低一个收入档次上的适用税率。与不久前相比较,在目前的税率结构中,税率档次减少了(在1986年税制改革之前有14个税率档次),最高税率也有所降低。需要按照最高边际税率纳税的纳税人所需填写的纳税申报表通常也减少了。但是,从最高税率变化的历史中可以反映其他几方面的历史沿革:政治态度、边际激励和为州与地方个人所得税税基所留的空间。1996~2008年间,联邦政府所得税税率从1960年的91%下降到2008年的35%,而所得税收入却从1960年的7.9%上升到了2008

年的 8.5%（见图 16-1）。①

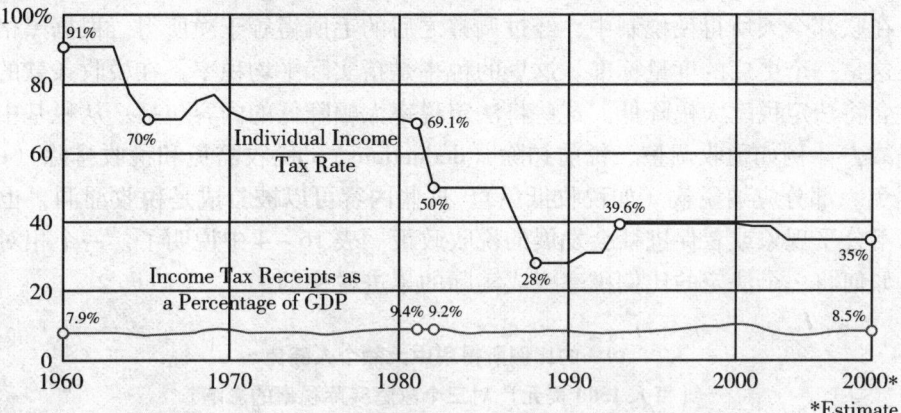

图 16-1 1960~2008 年间美国个人所得税税率和税收收入变化

个人所得税的最高边际税率在有些年度中曾经一度超过了 70%。如此之高的税率不仅会对国民经济造成损害，对于税收收入的增加也没有什么益处。例如，一个收入颇丰、适用 70% 税率档次的纳税人可能会面对这种抉择："我可以再多干点工作，多挣 1000 美元的收入。但其中的 700 美元要作为税收缴纳给联邦政府（其中有些可能还要缴纳给州和地方所得税），而只会为我自己剩下 300 美元；与其这样，我不如用更多的时间来休闲和娱乐。或者，我可以雇用一个税务咨询专家，帮我把这新增的 1000 美元重新设计一下，这样我就不用缴纳这么多的税收了。"但是，这两种选择都无助于国民经济的增长。然而，考虑到留给自己的微薄收入，会有很多人选择这么做。如果一种税制既可以筹集到必要的财政收入、实现理想的累进程度，又不需要过高的边际税率，那么这种税制将具有重大意义。在税制结构的设计过程中，有必要回顾一下税收楔子（tax wedge）是如何产生的。税收楔子，是由于税收所造成的购买者的付款总额和销售商所收到的货款总额之间的差额。如果边际决策的税收楔子过高，会产生经济行为的扭曲，使纳税人会以合法甚至非法的手段来逃避税收。

平均税率（即税负除以应税所得），一定会低于边际税率（纳税人的收入每增加 1 美元，所导致税收收入的增加额）。在这种税制结构中，不会出现一方面纳税人的收入减少，而另一方面税后所得却增加的情况。联邦税收在纳税人所得中的份额，是随着纳税人收入的增加而不断上升的，但纳税人的税后绝对所得额是不会下降的。

---

① 资料来源：税率引自联合委员会税率专栏，税收引自美国政府财政预算草案 2009 财年历史数据表（图 16-1）。

二、实际税率

税率表中的法定税率或者名义税率当然不会和实际税率（effective tax rates）水平完全相同。对个人所得税税制进行分析，要考察的通常是应纳税款和经过调整之后的毛所得之间的关系。在联邦个人所得税税制中，经过调整之后的毛所得等于净所得。根据黑格—西蒙斯的结论，这是一个更广的度量标准。这里的税率是指实际平均税率。在税收条款的实际运作过程中，会将法定税率大幅降低。这些将法定税率大幅降低的内容包括：从税基中将一部分个人所得减去［例如税收调整、税前扣除（deductions）、税收豁免和税收排除（exclutions）等］和豁免一部分应纳税款（如税收抵免）。这些内容可以被看成是税收漏洞，也可以被看做是纠正不公平现象或者促进社会发展的税收政策。表16-4中说明了，一个相对大额的税收豁免是如何将一个法定的比例税率变成实际的累进税率的。

表16-4　　　　10%的比例所得税中大额个人豁免

（每人1500美元）对三个家庭实际税率的影响

家庭	税前收入 （单位：美元）	税收豁免 （单位：美元）	应税所得 （单位：美元）	应纳税额 （单位：美元）	实际税率 （%）
A	20000	4500	15500	1550	7.75
B	10000	4500	5500	550	5.5
C	5000	4500	500	50	1.0

第六节　薪给税

除了税基较宽的个人所得税和公司所得税之外，还有一种只对工资和薪金课征的税收，即薪给税（payroll tax）。其纳税人可以是雇主，也可以是雇员。由于薪给税可以向雇主课征，因而与那些由纳税人来申报的更宽泛的税种相比，薪给税更易于实施。具体说来，薪给税中包括：联邦政府为社会保障体制和医疗保健体制融资而对雇主和雇员课征的税收；联邦政府和州政府为失业补助体制融资而对雇主课征的税收；一些地方政府对雇员的工资和薪金课征的收入取得税（earned-income taxes）。许多人都认为，不管这些薪给税在法律上如何规定，薪给税的实际税收负担很多还是由雇员承担的，只是在健全的劳动力市场上，雇主可能会调整其给予工人的补助计划。

薪给税具有以下几个特征。

第一，薪给税的课税范围比较狭窄，主要是工资和薪金而不包括利息、股息和资本利得等收入形式，而高收入阶层更可能拥有这些收入形式。除去这些收入，薪给税对低收入阶层的课税可能比高收入阶层更加严格。并且，收入总额几乎相同的纳税人可能会因为收入形式的不同，所缴纳薪给税的数额也不尽相同。因此，在薪给税中，纵向公平和横向公平问题都会存在。

第二，为社会保障体制筹资的联邦薪给税和州薪给税的法定税率模式与众不同。薪给税的纳税义务开始于工资薪金的第一个美元。除了医疗保障税之外，各种薪给税都规定了一个应税工薪收入的最高额度。当纳税人在一年中的工资薪金收入超过了这个水平之后，工薪所得的适用税率将降为0。这就意味着，薪给税的税率结构是逐级下降的。由于从工人收入的第一个美元就要开始课征薪给税，因此，对于许多低收入工人来说，薪给税的税负要高于个人所得税。2005年，为美国社会保障体制筹资的联邦薪给税对雇员和雇主的税率都为6.20%，应税工薪收入的最高限额为84900美元。为医疗保障体制筹资的薪给税，对雇主和雇员课征的税率都为1.45%，但对其税基没有规定上限。因此，工薪收入为10000美元的纳税人应当缴纳的薪给税为1530美元（相当于其工薪总收入的15.3%）；而工薪收入为100000美元的纳税人，应当缴纳的薪给税为14060美元（其中，社会保障税为11160美元，即薪给税税基上限90000美元的12.4%；医疗保健税为2900美元，即全部100000美元薪给税收入的2.9%）。其中，薪给税对高收入者的平均税率为14.06%；而对低收入者的平均税率为15.3%。可见，随着收入的增加，薪给税的税率是不断降低的。

为失业补助体制融资的薪给税由联邦和州两部分组成。对7000美元以内工薪收入的联邦薪给税税率为6.2%，由雇主缴纳。但是，如果州也建立了失业补助体制（美国所有50个州都建立了自己的失业补助体制），其中5.4%的部分都可以完全抵免联邦纳税义务，这样留给联邦政府的税率空间就只有0.8%了。州薪给税应税税基可能要高于联邦薪给税的税基限额（美国有41个州的情况是这样的）。根据企业的失业记录，州政府对具体企业所课征的薪给税税率也可能会不同于5.4%的标准税率：解雇工人较少的企业适用的税率要低于解雇工人较多的企业。之所以要这样做，是在为失业补助体制融资的同时，鼓励雇主稳定自己所吸收的劳动力。

第三，联邦薪给税和州薪给税都是有指定用途的。也就是说，这些税收收入都是专门为一种特定的社会保障体制融资的。由于这些社会保障收入对于低收入群体更有价值，因此公众通常会容忍薪给税这些与众不同的特征。此外，薪给税通过扩大雇主所支付的工薪和雇员所保留的工薪收入之间的差额，确实也会促进劳动力市场的发展。社会保障基金在总体上通常都是会有盈余的；用社会保障基金余额进行投资促进了美国政府债券市场的发展。

第七节 税收与通货膨胀

当税制结构中有许多向上爬升的税率档次时，如1986年税收法案之前的美国联邦税制，在通货膨胀期间就会发生所谓"档次爬升"（bracket creep）现象。假设一个家庭经过调整之后的毛所得为28000美元，其应当缴纳的税款为3300美元，适用的边际税率档次为15%。如果在两年之后，这个家庭的收入增长到了33600美元（增长了20%），但是与此同时，生活费用也增长了20%，因此这个家庭的实际生活水平并没有发生变化。但是，尽管这个家庭的生活水平并没有出现真正的变化,但它必须缴更多的所得纳税,这部分所得所适用的税率档次也会更高。因此,这个家庭现在应当缴纳的税款为4300美元。也就是说,由于税率档次是逐渐上升的,其纳税义务的增长幅度也要超过20%。当然,在通货膨胀之后,个人豁免和标准扣除的实际价值也出现了下降。

在历史上,这种分级的税率结构有利于经济的稳定,即在通货膨胀时期,这种税制会加速税收的课征,抑制宏观经济的扩张;在经济萧条时期,会放慢税收的课征,这样,不需要经过立法行动就可以刺激宏观经济的发展。在20世纪80年代,美国经济处于长期扩张时期,政府没有提高宏观税率就筹集到了大量的财政收入,就是通过实际因素和通货膨胀所造成的经济增长将纳税人归入了更高的税率档次之中所造成的。

指数化消除了档次爬升效应。通过对个人豁免、标准扣除和税率档次的起征点每年进行一次调整,可以将通货膨胀的因素考虑进来。因为通货膨胀只能将纳税人的所得提高,却不能增加他们的购买力。许多州都制定了指数化制度;1985年之后,对于联邦所得税的税收豁免、标准扣除和税率档次的起征点都进行了指数化。

思考题:

1. 简述法人实体说和法人虚拟说。
2. 附加福利税是如何进行税制创新的?
3. 什么是个人所得税中的"档次爬升"?

第十七章　消费税

第一节　消费税概述

2004年，美国政府对商品和服务的课税收入超过了4540亿美元。[①] 联邦消费税（excises）和关税收入（customs duties）为900亿美元，远远低于个人所得税、社会保障薪给税和公司所得税。州和地方销售税和消费税收入合计为3644亿美元，是这些政府最重要的财政收入来源。尽管在美国也有商品和服务课税，但是，从总体上看，消费税收入要少于多数工业化国家。

在美国，作为消费税开征的主要是销售税（sales tax）。消费税通常是对所购商品或服务征收的一定比例的税收。除阿拉斯加州、特拉华州、蒙大拿州、新罕布什尔州和俄勒冈州之外，美国其他州均征收消费税。此外，夏威夷州向企业而不是消费者征收一种类似于消费税的税收。美国的一些县和市也征收消费税。尽管美国没有全国统一的销售税，但是旨在以销售税来取代多数联邦税的《公平税收议案》（the Fair Tax Act）在美国国会赢得了很多支持，其支持程度甚至超过了对单一税（flat tax）的支持程度。

【专栏17-1】　　　　　　　　　　单一税

单一税（the flat tax），就是按单一税率课征的税，具有三大特征：一是对所有收入都按统一的低税率课税；二是仅以消费为税基，投资可在当年全额抵扣；三是所有收入只征一次税，并尽可能在其源头扣除。单一税是美国斯坦福大学胡佛研究院高级研究员阿尔文·拉布什卡（Alvin Rabushka）和其同事罗伯特·E·霍尔共同提出的。

一、对美国传统所得税制的质疑

单一税是为了取代复杂烦琐的美国联邦所得税制度、对向个人和企业征税提供一种高效、公平而简便易行的方法而提出的。美国是以所得税为主体税种的国家，所得税通常在美国联邦税收收入中的比重要超过60%。但与此同时，人们对美国所得税制度的合理性、公平性也提出了很多质疑。

首先，美国的所得税制度极其繁杂，给纳税人带来了高昂的遵从成本。纳税人不仅

---

① Bureau of Economic Analysis, U. S. Department of Commerce, *National Income and Product Accounts*.

需要花费很多时间填写各类申报表格，还要承受审计费、通行费、起诉费等各项成本，以及强制征收带来的心理压力等。

其次，美国所得税制的间接成本也很高。过高的税率、过重的税负减少了资本形成和劳动供给，有的企业主因税负过重而放弃了经营意愿，新成立公司的数量逐年减少；有的企业主不是积极创造财富，而是希望通过减少纳税来获得更多的收益，导致以逃避税收为目的的地下经济日益盛行。不合理的所得税制度对经济的抑制作用所造成的间接损失，甚至要超过每年6000亿美元的所得税收入本身。

最后，所得税的设置本来是以促进社会公平为目的的，但是很少有美国人感到他们的所得税制是公平的。政策制定者们总是希望通过增加缩小累进级距、提高边际税率，以增强所得税的公平效应。但是，对美国税收历史的实证研究表明，情况恰恰相反。低税率反而可以增强累进税制"劫富济贫"的作用。换句话说，从富人手中得到更多税收的有效办法不是提高边际税率，而是降低边际税率；不是缩小累进级距，而是扩大累进级距。

其中的原因在于，第一，税率降低之后，适用高税率的纳税人会将其资金从以消费或避税为目的的投资中，转移到生产效率更高的应税投资中，使避税现象日益减少；第二，当逃税获得的回报较低时，纳税人会选择诚实纳税，逃税现象也会相应减少；第三，低税率鼓励纳税人创造更多财富、获得更高的税后收益，同时也缴纳了更多的税收。一句话，高税率迫使纳税人千方百计寻求减轻税负的方法而削减了税基；低税率则通过给予取得更多应税所得的纳税人以回报而增加了税基。因此，结论是，宽税基、低税率的税制是通向公平税负的最佳途径。

二、单一税方案的具体内容

单一税分为两部分：一部分是对企业征收的所得税；另一部分是对工薪收入征收的个人所得税。拉布什卡认为，美国的企业所得税应对纳税人的所有收入都按统一的19%的低税率征税，在降低税率的同时，取消现行税制中对特定收入的税收减免。取消这些减免之后，税基加宽了，税制也变得简单清晰了。采用低税率的单一税之后，纳税人纳税将不像从前那样痛苦，主动遵从税法的人数将会增加。

拉布什卡还为个人纳税人设计了家庭免征额，只有超过免征额的那部分收入才按单一税率课税，由此保证了低收入者不必纳税，而高收入者超过免征额的收入越多，纳税也就越多。实际上，单一税并不意味着不分贫富的平均课税，单一税也具有累进性。单一税使税基向消费转换，但又不是直接针对消费课税，而是针对所得减去投资之后的余额课税，从而进一步鼓励了社会投资，促进了经济增长。

三、单一税理论对各国税制改革的影响

拉布什卡的单一税改革建议虽然因为种种原因而没有被美国政府所采纳，但是却使降低税率、扩大税基、简化征管的税收中性思想被人们广泛接受。受单一税思想的启发和影响，俄罗斯、牙买加、爱沙尼亚、拉脱维亚和克罗地亚等国先后实施了具有单一税性质的税制改革。其中，俄罗斯从2001年1月1日起，取消了原有的个人所得税12%、20%和30%的三档累进税率，对居民纳税人获得的绝大部分收入都实行13%的单一税率，成为整个欧洲当时最低的个人所得税税率，受到了国际社会的普遍关注。

美国的销售税通常由商家代表州政府征收,并在销售时向消费者说明。通常只有最终的消费者才需缴纳销售税,而中间商则无须缴纳。在有些地方,为了免税,一些中间商需申请一种证书。在这方面,销售税不同于增值税。增值税道道征税,因此,中间商也需纳税。对于学校等一些需要免税的特定类型的组织,需要取得免税证明。为了确保商家依法纳税,税务机关会定期开展税务稽查。

美国宪法将各州的权力限制在其各州内部,因此,对州际贸易课税的权力是归属联邦政府的。但是,若课征销售税州的居民购买了不含销售税或低销售税的商品,他需缴纳与该州销售税等额的"使用税"(use tax)。

从美国各州征收销售税的历史来看,西弗吉尼亚州在1921年成为美国第一个立法征收销售税的州。佐治亚州开征销售税的时间是1929年。11个州是在1933年开征销售税的。到1940年,至少30个州开征了销售税。现在,美国50个州中,有45个州征收销售税和使用税。

第二节 消费税的征收意义

一、消费税的征收意义

消费税是以消费品和消费行为的流转额为课税对象而征收的一种税。之所以对商品和服务课税,是因为它们具有成为税收体制的理想特征。第一,商品和服务税收课税广泛,可以筹集到大量财政收入,从而可以和其他种类的税基区分开来,并可以保持税基的多样化。税基多样化具有重要意义,因为过度使用任何一个税种,都可能使它产生最严重的效率和公平问题。第二,消费税作为一种税收机制,可以向经济能力比较高、即期收入又比较低的人课税,并且可以向那些成功地逃避了所得税的人课税。只要那些逃避了所得税的人想保持一种优雅的生活状态、并从诚实的零售商那里进行诚实的购买活动,税务部门就可以从中课征到一些税收收入。第三,从功能上看,对一些商品和服务的课税是征收社会成本的一种准价格,可以充当一些政府服务收费的替代品。第四,有些人认为,消费最重要的作用是促进生产。因为消费税的课税依据是人们在经济中取得了多少(即消费),而不是人们为经济中增加的价值(即收入),因而课征消费税可以鼓励储蓄,从而促进生产。实际上,消费税对政府成本的分配,依据的是对人们自己所购买私人商品和服务的评价,这种分配与市场经济的理念完全一致。

二、消费税的种类

根据不同的标准,消费税可以有不同的分类。按照课征范围,消费税可以分为一般消费税和特种消费税,前者是指对全部消费品和消费行为课税,后者是指对部分特定的消费品和消费行为课税。目前,世界各国课征的消费税基本上都是特种消费税。

此外,按照计税方法,消费税可以分为定额税和从价税;课税范围可以是市场交易中的某一阶段,也可以是多个阶段;其税收收入可以用于一般财政,也可以按照规定用途使用。所有这些特征在美国政府现在所课征的商品和服务税中都有体现。在此我们首先对税种的结构进行系统介绍,以详细分析这些税种以及其中可能包含的具体问题。

(1)除了一些规定的税收豁免之外(如一种对除了食物之外的其他所有零售商品课税的消费税),一般销售税只对发生在一定经济活动水平之上的所有交易课税。选择性销售税(通常叫做消费税)只对特定的市场交易课税(如对30天或者30天以内的房屋租赁课征的临时住宿税)。

(2)定额税(或者叫单位税)只对买卖的实物单位的数量课税(如对每加仑汽油所课征的50美分的燃油税)。从价税(An ad Valorem Tax)是对市场交易的商品价值(实物单位的数量乘以单位价格)课征的税收(如临时住宿税可能是房费的10%)。

(3)这种税收可以对每次市场交易都进行课税(即多阶段税);也可以只对生产和分配过程中的某一个阶段课税(即单阶段税)。

与其他税种一样,商品和服务课税的税收收入既可以用于政府部门的任何活动,也可以指定只用于某些活动。消费税经常被用于有特别目的的专项基金的支出。例如,美国多数州都将课征燃油税所形成的专项基金,用于与高速公路相关的支出。但是,这些为基金指定用途的制度可能会使预算程序缺乏灵活性,形成这些基金的税收收入也不能反映出公众对政府服务的需求。只有当形成这些基金的税收收入确实可以反映出公众对由这些基金所支持的政府服务的需求时,为税收收入指定用途的制度才能产生有利的作用;也只有当对应税物品的购买行为和政府服务的使用之间具有对应关系时,也就是说,当应税物品的购买和政府服务的消费之间有密切关系时,这种财政制度才能真的奏效。

表17-1所呈现的是,联邦政府一般性和选择性的商品和服务课税概况。选择性消费税被分成了四大类:(1)为了"限制人们对不道德或者不健康商品消费"而课征的禁止性消费税[①];它是一种限制性消费税,征税的目的主要是通过强迫认为为购买该种产品付出较大代价的方式,抑制该产品的消费。(2)为交通设施征收代理服务费的交通税,包括汽油税、其他燃料税、对轮胎和运输车辆征税,以及对航空运输、电话等征收的税。它属于受益性的消费税,其税收收入主要用于特定的支出,如公路的建设和维护等。(3)为了使人们认识到应税商品所造成的环境破坏、"提高资源使用效率"而课征的环境消费税,包括对捕鱼设施、煤和化学物品征收的税。这种消费税旨在加强环境保护,控制污染,实际上属于矫正性税收,即对市场失灵运用税收手段进行的矫正。(4)其他杂项消费税,主要是对奢侈品征税,包括珠宝、皮毛和高档小汽车征收的税。其课征的原因可能是向纳税能力比较突出的人课税和对非居民课征的税收(如临时住宿税,lodging taxes)。包括一般性税收和选择性税收在内的州商品和服务课税的数额是最大的,它是联邦消费税的两倍多,是地方一般性消费税和选择性消费税收入的5倍。多数这种财政收入来自对烟草产品、酒精饮料和燃油等课征的"传统"消费税。

---

① Sijbren Cnossen, *Excise Systems*, *A Global Study of the Selective Taxation of Goods and Services* (Baltimore: John Hopkins University Press, 1977), P8.

表 17-1　　2003 财政年度联邦消费税　　单位：千美元

税　种	税额	在联邦政府收入中的比例（其中不包括社会保障税）
运输		
卡车、挂车和半挂车底盘	1608208	0.15%
轮胎	403892	0.04%
航空用油	797873	0.07%
汽油	32813893	3.07%
内河商业航运用油	111058	0.01%
航空客运	6185415	0.58%
国际空运设施使用	1452015	0.14%
对使用重型汽车的课税	911445	0.09%
火车用油	162654	0.02%
航空货运	455209	0.04%
环保		
会造成臭氧分解的化学物质	15293	0.00%
耗油量大的汽车	126685	0.01%
酒精饮料	8470199	0.79%
烟草制品	15433159	1.44%
奢侈性活动		
酒精饮料	7712200	0.63%
烟草产品	5300499	0.44%
博彩	32579	0.00%
其他		
豪华型客车	65162	0.01%
煤	517531	0.05%
一些疫苗	179009	0.02%
电话和电传打字机（teletypewriter）服务	5809503	0.54%
私人组织投资收入	267721	0.03%
枪支弹药	193420	0.02%
体育器械、渔具	97986	0.01%
对外国保险公司发放的保单课税	292897	0.03%
消费税总收入	69490000	6.50%
关税总收入	19862000	1.86%
消费税和关税总收入	89352000	8.36%

资料来源：《SOI 简报 19》（2005 年春季刊）和美国政府预算。

三、增值税与零售税

增值税是对在商品生产和流通过程中或提供劳务服务时实现的增值额征收的一种税。增值税是社会大生产的产物，它更好地适应了社会化、专业化和国际化的现代经济。为什么增值税（VAT）会比零售税（the Retail Sales Tax，RST）更可行呢？第一，增值税可以更好地解决偷逃税和零售商缺乏合作等问题。增值税会要求消费者在购买商品时，向零售商索要表明零售商已经纳税的发票，这样消费者在购买商品时可以用这些发票来抵扣零售商所负担的那部分税款。增值税确实不会自我进行管理，但是，它确实有利于形成审计程序所需要的一个良好的发票流程。此外，增值税要对生产分配过程中的每次交易都进行课税的要求表明，即使有些企业存在偷逃税款行为，有些税收收入依然会被课征上来。与之不同的是，零售税则将税收课征的鸡蛋都放在了一个篮子中。因此，如果零售商偷逃税款，可能会使所有的税收收入都损失掉。然而，欧洲实行增值税的经验表明，企业仍然会偷逃税款，如为企业根本就没有缴纳的增值税申请税收抵扣；企业也仍然会拖欠税款，因此税务机关仍然会有工作需要做。

第二，为了进行国际竞争，各国可以将增值税从国际贸易中剔除掉。增值税的抵扣制度使这种剔除变得很简单：出口商在出口时会要求税收返还；进口商在进口商品时需缴纳增值税。剔除在世界市场上销售的产品价格中所包含的增值税，可以为外国商品和国内商品在一国之内的竞争创造平等的条件。而在其他的一般税种中，是不可能进行这种调整的。

第三，增值税要比零售税更接近于一般销售税。如消费型增值税，其计税的基数是每一流转环节、每一厂商以其商品与劳务的销售收入额减去其用于生产的购入中间性产品和劳务支出以及同期购入的资本品价格的数额。从整个国民经济的整体来看，这种计税基数只包括全部消费品的价值而不包括资本品的价值。与零售税相比，增值税可以将更多企业所负担的税收豁免掉。因为与零售税的豁免证书相比较，增值税的税收抵免制度在政治上并不像为企业设置的偷税漏洞。而且，增值税可以将更多的服务项目纳入课税范围。零售税一方面豁免了很大一部分家庭的消费支出而另一方面却对很多的企业投入支出课税。立法机关不会简单地接受这样的观点——对企业的购买支出免税是对税基的一种更好的设计，因为这相当于给予了企业一种不公平的税收优惠。立法机关更容易接受增值税的思路，使企业就其购买行为纳税，但同时对其销售给予税收抵扣，这样就可以使增值税的运作更接近一般销售税。

【专栏 17-2】 　　　　　　　　　　　**美国烟草税的调整**

美国定于 2009 年 4 月 1 日起大幅提高联邦烟草税，同时全面上调其他烟草制品联邦消费税。这是美国政府迄今最大幅度提高联邦烟草税。美公共卫生组织说，选择在国内经济衰退时期调高烟草税将成为帮助烟民戒烟的"巨大动力"。

美联社报道说，美国总统奥巴马上任不久即签署上调联邦烟草税法法案。依据法案，政府将把联邦烟草税从每包 39 美分提高至 1.01 美元。涉及雪茄、水烟等其他烟草制品的联邦消费税也将全面上涨。例如，咀嚼类烟草税将从每磅 19.5 美分上调至 50 美分。

> 美联社说，新规定将使联邦烟草税收入增加近330亿美元。这笔钱将用于资助联邦政府一项为期4年半的儿童医疗保险扩大计划。
>
> 烟草业巨头菲利普·莫里斯公司已于早些时候将每包"万宝路"牌香烟价格提高71美分，并将旗下其他卷烟品牌每包价格上调81美分。美国其他一些主要烟草制造商也纷纷提价，以确保利润。

第三节 欧洲国家的增值税

在欧洲国家，作为消费税征收的主要税种就是增值税（Value Added Tax）。欧盟国家增值税的核心问题是要确定，商品或劳务的来源地和消费地，以便确定由哪一成员国来课税，以及税率如何。

一、税率

欧盟各国的增值税税率各不相同，最低标准税率为15%，最高标准税率为25%（见表17-2）。此外，英国对燃料和电力征收最低5%的优惠税率。

表17-2　　　　　　　　2005年世界上部分国家增值税的标准税率　　　　　　　　单位：%

国别	税率	部分其他国家	税率
经合组织成员国		阿根廷	21
澳大利亚	10	阿尔及利亚	21
奥地利	20	巴西	有多个税率
比利时	21	智利	19
加拿大	7	中国	17
捷克共和国	19	哥伦比亚	16
丹麦	25	印度	12.5
芬兰	22	印度尼西亚	10
法国	19.6	哈萨克斯坦	15
德国	16	肯尼亚	15
希腊	19	马来西亚	10
匈牙利	25	摩洛哥	20
冰岛	24.5	秘鲁	19

续表

国别	税率	部分其他国家	税率
爱尔兰	21	菲律宾	10
意大利	20	俄罗斯	18
日本	5	斯洛文尼亚	20
韩国	10	南非	14
卢森堡	15	泰国	7
墨西哥	15	乌克兰	20
荷兰	19	委内瑞拉	15
新西兰	12.5	越南	10
挪威	25		
波兰	22		
葡萄牙	19		
斯洛伐克共和国	19		
西班牙	16		
瑞典	25		
瑞士	7.6		
土耳其	18		
英国	17.5		
美国	未开征此税		

资料来源：Deloitte Touche Tohmatsu，*Global Indirect Tax Rates*。

二、纳税人

增值税的纳税人在销售货物时向其购买者征收销项税额，其在购入货物时缴纳的进项税额可在销项税额中递减。若增值税纳税人的销项税额与进项税额之差为负值，他可以向政府申请退税。

三、税目

《欧盟增值税第六号指令》规定，邮政、医疗、借贷、保险和博彩等项目免税；对于土地和一些金融活动允许各成员国单独课税。由于生产免税货物购入物品所含的进项税额无法从其销项税额中抵扣，因此，生产免税货物的商家可以通过提高售价的方式，以将其所支付的进项税额转嫁出去。

四、欧盟增值税的适用范围和立法机构

《欧洲联盟条约》（European Community Treaty）授权欧盟各国部长理事会（Council of the European Union）和欧洲理事会（European Commission）制定法规（Regulations）和指令（Directives）。其中，"法规"要适用于欧盟所有的成员国；而"指令"允许各成员国根据各自的具体情况实施。

《欧洲联盟条约》授权欧洲理事会确保各成员国对相关法令的贯彻和执行。如果有成员国违反了相关法令，理事会会首先向其发出一封秘密信函，要求其在两个月内进行纠正；两个月之后，若相关的成员国未能作出积极响应，理事会会公开要求其在两个月之内进行纠正；否则，理事会将会诉诸欧洲法院（European Court of Justice）。欧洲法院不得干预各成员国主权。欧洲法院无权废止各成员国的立法，只能对违反欧洲法规的成员国进行惩罚。

欧盟增值税是由一系列的欧盟指令来规定的，其中最重要的是《第六号增值税指令》。从2007年1月1日开始，这一指令已被另一新指令替代。从2010年1月1日起，一份新指令将会对"服务供应地"作出重新阐释。

【专栏 17-3】　　　　　　　法国对餐饮业增值税的调整

2009年，金融风暴蔓延全球，法国餐饮业要求减税的呼声也日益高涨。2009年4月法媒体透露，总统萨科齐已基本同意将餐饮业增值税降至5.5%。

萨科齐的特别顾问亨利·盖诺在法国《回声报》专访中表示，快餐享受5.5%的增值税率而传统餐饮要缴税19.6%，这没有道理，只要后者在价格和就业方面作出承诺，其税率也会降至5.5%。

法新社也报道说，总统萨科齐表示基本同意餐饮业增值税率降至5.5%，但要看餐饮业能为此做出何种努力和承诺。最终降税与否要等到4月底餐饮行业研讨会后才能确定。

法国餐饮业的"降税斗争"从2002年就已开始。按照现行税制，快餐和外卖产品征收5.5%的增值税，而店内用餐则征税19.6%。法国政府对降税一直持扶持态度，希望通过降税促进就业。最近法政府表示，希望将餐饮业增值税降至10%或12%。而按照欧盟的现行规定，欧盟成员国的餐饮业增值税率底线是15%。

本月10日，法国政府和餐饮业迎来好消息。当日欧盟各国宣布基本达成共识，允许建筑、餐饮等行业享受低增值税率。这一变化与经济危机造成的就业困境有很大关系。餐饮业是主要的劳动力密集型产业。

根据法国旅馆业联盟的统计，该国能够从降税中受益的包括11.2万家饭店、2.4万家旅馆餐厅和4.1万个咖啡馆，受影响的从业人员总计在88万人左右。

不过，也有观察人士指出，如果降税，法政府将面临更大财政压力。根据近日法政府的预算案，2009年法国的财政赤字和公共债务将占国内生产总值的5%和近80%，都已大大超过欧盟确定的3%和60%的上限标准。

五、欧盟增值税的历史

增值税最初是 1954 年与法国发明的。当年 4 月 10 日开始适用于法官的大企业，此后拓展到了所有企业组织。现在，增值税已经成为了法国最主要的财政收入来源，占到了其全部财政收入的 45% 左右。

1977 年，欧洲理事会对各国的增值税体制进行了协调，发布了《第六号指令》，取代了 1967 年发布的《第二号指令》。2006 年，欧洲理事会又对《第六号指令》做了修改。

《第六号指令》将欧盟各成员国的增值税统一为对商品和服务课征的消费税。《第六号指令》将欧盟增值税的课税范围规定为提供的商品和服务，以及进口的商品。修改后的《第六号指令》保留了原来很多的基本原则，但比原来更为简化，同时更加有利于保持各成员国之间的公平竞争。此外，修改后的《第六号指令》将 2000 年提出的旨在削减各成员国征收的增值税的建议确定为了法律。

《第八号指令》规定，如果在欧盟一成员国建立的企业，其原材料来自另一成员国，那么，该企业可将上一环节的增值税抵扣掉。为了做到这一点，该企业需要获得一个增值税识别号码。类似的，《第 13 号指令》还允许设在欧盟之外的企业在一定情况下抵扣增值税。

六、欧盟增值税的课税对象

（一）提供的商品

作为一种消费税，增值税最终是要对购买商品的消费者课征的。商品的互换也是要课税的。如果购买者不是最终的消费者，那么，他可以将进项税额从销项税额中予以抵扣，这样，纳税人只需就"增值额"部分纳税。但是，最终的消费者不能抵扣任何进项税额，因此，需要负担所有的增值税额。

欧盟成员国各国内部的货物买卖交易，也需缴纳增值税，但在对外销售购入货物时可以抵扣进项税额。成员国之间的货物买卖也是应税的。出口国适用增值税的零税率。也就是说，出口国不仅不在出口环节课税，还要将其以前环节负担的税款退还给出口商。进口商要向进口国的政府缴纳增值税，但是进口商再将商品销售时可以将上述税款从销项税额中予以抵扣。

如果一国的销售商将货值低于 10 万欧元的货物销售给另一成员国的最终消费者，这就构成了所谓"远距离交易"（distance sales）。远距离交易允许按照成员国国内贸易原则来确定商品的销售地，即由出口国来课征这部分增值税。如果远距离交易的货值超过了 10 万欧元，那么，出口商就要按照进口国的增值税税率来纳税。如果进口国能够证明，若不采用特殊货值标准的话，该国的公平竞争情况就会受影响，那么，可以采用 3.5 万欧元作为远距离交易的货值标准。

（二）提供的服务

取得服务提供地的原则是，提供该项服务的供应商的固定场所所在地。增值税由该机构所在地的成员国来征收。上述只是一般性的原则，在一些例外的情况下，需要将课税地由该项服务的供应地转向获得地。这些例外情况包括：运输服务，文化服务，艺术服务，体育服务，科技服务，教育服务，法律服务，金融服务，电信服务，广播服务，会计服务，工程服务，广告服务和知识产权服务等。房地产服务以房地产所在地为准。电子商务的供应地，有一些特殊的确定规则。

当提供的服务跨越了不同成员国时，其提供地的确定规则与跨成员国提供的货物的规则是相同的。也就是说，服务的供应商适用零税率。但要对服务的获得者课税。如果服务的获得者是最终消费者，而不是中间商，那么，服务的供应商通常需要按照其所在国的税率来课税。

如果服务的供应地不在欧盟境内，那么则不需缴纳增值税。

（三）进口货物

从非欧盟成员国进口的货物要按照进口国的增值税税率课征增值税。进口增值税通常在海关和关税一并征收。进口环节缴纳的增值税可以在国内交易环节进行抵扣。2003年7月1日之后，非欧盟国家的企业向欧盟国家提供电子商务和娱乐产品时，也要向相应的欧盟成员国申请注册登记，并按照相应的税率缴纳增值税。一家非欧盟的企业只需在一个欧盟的成员国进行增值税注册。这样就会产生下面的问题：企业注册地的税率和消费者所在地的税率往往是不同的。鉴于这种问题，一种新的方式正在谈判当中，即要按照购买地的税率来课征增值税。

一些商品和服务适用的是零税率。当然，这些商品中也可能会包含一些此前环节的增值税。在英国，多数食物、书籍、药物和一些运输服务都是免税的。欧盟《第六号指令》中并没有"零税率"的规定，只是将最低税率规定为5%。但是，在欧盟的一些成员国中，还有零税率的规定，这只是此前法律的遗产；随着时间的推移，这些零税率政策应当逐渐废除掉。而且，不能再增加新的商品和服务来享受零税率的规定。英国对一些产品适用的就是零税率或者优惠的低税率。如，英国的奶制品就是免税的；但是，饭店销售的奶制品除外。此外，妇女卫生用品、婴儿用品和油料都适用的是5%的低税率。

七、增值税的偷逃税问题

通过在欧盟成员国之间的多家公司、多次跨境交易实现的增值税偷逃税现象，因其交易环节、交易主体的繁杂化而被称为"旋转木马式骗税"（carousel fraud）。欧盟2006年9月发布的数据表明，2005~2006年度，英国损失的增值税收入最多，达到了大约126亿欧元；其次是西班牙和意大利，各损失了约20亿欧元。针对上述情况，从2007年6月1日起，英国开始对手机和计算机芯片的课税政策作出了改进。英国本来想从2006年12月起扩大增值税的课税范围，但是由于未能和其他欧盟成员国达成协议而作罢。

由于欧盟各成员国课征的增值税的税率各不相同，因此，欧盟各成员国出口的增值税都是免税的。不仅如此，出口商还可以就出口的商品向所在成员国申请出口退税。而很多增值税的偷逃税问题就是和出口退税紧密联系在一起的，特别是经常和一些小件的、高附加值的芯片和手机等物品相关。"旋转木马骗税"利用的正是欧盟成员国之间的进口不需纳税这一增值税链条中的漏洞。

最简单的一种偷逃税方式，就是进口一些不含税的商品，然后将其销售，而售价当中是包含增值税的。销售商不是将增值税上缴给政府，而是据为己有。

较为复杂的偷逃税方式就是"旋转木马式骗税"，即商品在出口之前，在很多家公司之间进行买卖，就像旋转木马一样让人眼花缭乱。例如，一家位于英国的贸易公司A，从法国制造商B那里购入了价值100万欧元的手机。这笔手机被运抵英国口岸，此时是免税的。A将这批手机以111万欧元的价格卖给共谋商C。按照17.5%的增值税税率计算，C需共支付给A价税合计129.25万欧元。C再将这批手机转手以120万欧元的不含税价卖给共谋商D，而D需支付给C价税合计141万欧元。现实情况中共谋商可能还会更多，但三个足以说明问题了。D再将这批手机卖给位于德国的公司E，而E很可能是一家无关联企业。这时出口不需再缴纳增值税，但德国公司E所需支付的不含税价已变成了150万欧元。这样，其中的合法利润为50万欧元。

按照合法的交易，A需向税务机关缴纳19.25万欧元的增值税。C的销项税额为21万欧元，进项税额为19.25万欧元，则其只需向税务机关缴纳差额部分的1.75万欧元。D销项税额为0，但其进项税额为21万欧元，因此，其可以向税务机关申请全额出口退税。

而在"旋转木马式"的骗局中，A在纳税之前就消失了。而当C收取了21万欧元的增值税之后也会消失。这样当D要求税务局出口退税时，就会遭到拒绝，因为它无法说明上述的增值税链条。最初的进口商和最终的出口商之间的诸多企业都只是一种"托"（buffer），而最初的进口商一旦收益到手就会即行消失。在上述"木马""旋转"的过程中，这批手机在出口之前根本就不需要离开英国的口岸，而这样同一笔货物可以被使用很多次。

合伙走私贸易（contra-trading）是"旋转木马骗局"的升级模式。其中会有两笔旋转木马交易，一笔是合法的，而另一笔是违法的。利用合法的那一笔来掩护非法的这一笔，通过销项税额和进项税额进行冲抵。

在上述的例子中，有些参与买卖的主体本身可能是无辜的。直到2006年，英国税务当局都以缺乏经济实质为由，拒绝将税款退化给无辜企业。一家名为Bond House的公司，需要英国税务局退还给其132万欧元的税款，并将英国政府告到了欧洲法院。2006年1月1日，欧洲法院做出了有利于该公司的判决，要求英国政府退还给所欠税款。据估测，如果将所有类似情况的公司都偿还，那么大概需要英国政府付出数千万欧元的代价。

第四节　碳税

一、概述

人类活动，尤其是化石燃料的大量使用，不断增加温室气体的排放，导致了全球性的气候变化。这已成为国际社会普遍关注的热点环境问题。世界上大多数国家和地区都对此非常关注，主张尽早采取谨慎的措施减缓和防止灾难性的气候变化，并提出了多种政策工具和合作机制以推进全球的共同努力。1992年，在巴西首都里约热内卢召开的联合国环境与发展大会上，大约155个成员国正式签署了《联合国气候变化框架公约》（United Nations Framework Convention on Climate Change，UNFCCC），一致同意采取削减温室气体排放的行动。

由于二氧化碳（CO_2）是引起全球气候变化的最重要的温室气体[①]（Greenhouse Gases，GHG）之一，约占60%以上；而且，与二氧化硫、悬浮颗粒物等不同，排放出来的二氧化碳通常是不能利用清洁设备来消除的。因此，当前控制温室气体排放的重点主要放在二氧化碳排放的削减上。

碳税是针对化石燃料使用的税，旨在减少化石燃料消耗及二氧化碳排放，避免由此引起不良的气候变化。碳税最先在北欧国家实施，瑞典、挪威、芬兰、丹麦和荷兰是碳税的先行者，并于1992年由欧盟推广，目前已有阿尔巴尼亚、捷克、丹麦、爱沙尼亚、芬兰、德国、意大利、荷兰、挪威、瑞典、瑞士和英国等多个国家开征了碳税或气候变化相关的税种。

二、碳税与其他环境政策手段的比较

碳排放的限制和削减，不仅是一个技术问题，而且是一个经济问题，需要综合运用多种管理工具和政策工具。从技术角度来看，可以采取化石能源的替代技术，主要包括清洁能源替代技术、可再生能源技术、新能源技术等；提高能效，进而减少二氧化碳的排放。下面主要来分析的供政府采用的政策手段的效果。

当今世界各国政府采取了很多措施，其中主要有两类，一类是直接管制手段，如制定标准、许可证、配额限制等；另一类是经济手段，如征收污染费、绿色税收制度、财政信贷刺激制度、签订自愿协议（voluntary program）和环境责任保险制度等。与其他环境政策手段相比，碳税更具有优越性。OECD在1989年、1994年和1995年的调查中，根据影响和应用频度，把税收作为主要经济手段来推荐。

所谓环境管制手段，就是政府根据相关的法律、规章条例和标准等，直接规定经济主体产生负外部性的方式和数量。在环境管理政策中，环境管制手段无论是在发达国家，还是发展中国家，都曾是传统的、占主导地位的环境管理手段。环境直接管制是建立在环境质量标准基础之上的，是政府以非市场途径对环境资源利用的直接干预。

从管理者角度来看，管制是直接对经济主体的行为进行控制，在环境效果方面存在着较大的确定性，可以确保环境质量标准的贯彻执行。尤其是在某些特定情况下，如异常气候所导致的旱涝、沙尘、飓风天气时，毒性特别大的物质，直接管制可能比市场途径更具安全性、时效性和有效性。

但是，一般认为，环境管制是缺乏效率的，这是因为：

第一，环境标准往往是由行政当局单方面制定的，是否科学、合理、可行，存在着很大的不确定性。特别是面临各类污染源的排放，信息量巨大，会在很大程度上使管制失去有效性。

第二，政府对生产和消费过程中所涉及的污染活动的直接干预，很难充分考虑企业间的技术差异、成本效益的区别，对所有的企业一刀切，会压制企业内在创新的活力。为了对新的环境变化作出反应，政府需要根据逐个生产工艺或产品制定详细的规定，这需要大量具体

---

① 所谓温室气体，通常还包括甲烷、氧化亚氮等。

的数据和花费大量的时间。因此，环境管制通常很难对新技术作出及时反应。

与环境管制手段相比，碳税政策的优势在于以下几方面：

第一，与环境管制手段相比，课征碳税可以促使污染者自由选择适合自己、成本低廉的减排技术，可以提供更为长效的机制。同时，碳税政策还会促使污染者从利润最大化的动机出发，长期研究和开发减排新技术。而直接的环境管制手段显然缺乏碳税政策的这种弹性，一旦污染者达到了规定的排放标准，就不会再在减排技术方面继续研发，因为那样做只会加大企业生产经营的成本。

第二，碳税政策除了可以收到更好的减排效果之外，还可以降低管理、监督、和强制执行的成本，筹集更多的公共收入，更加经济。

对于环境管制和碳税政策的效果，美国诺贝尔经济学奖得主斯蒂格利茨认为，"行政管理和税收二者的重要区别在于，管理倾向于非黑色即白色，而税收和补贴则对其间的灰色区域处理得更好些。"他还认为，管理对超过某个特定水平的污染所施加的惩罚非常高，但是，对于维持在排放水平之下的行为却没有任何奖励。税收不仅可以将排放水平控制在合法的标准之下，还可以通过税式支出的方式对积极采用减排新技术、新设备、新工艺的企业给予税收优惠①。

三、碳税：界定与性质

（一）碳税的概念与性质

碳税（Carbon Tax）是"二氧化碳排放税"的简称。由于碳既是燃料的主要发热元素，又是生成一氧化碳、二氧化碳、甲烷等污染物质的主要成分，因为"碳税"的称谓倒也名副其实。

碳排放引起气候变化实质上是福利经济学中的一个外部性问题，这也构成了碳税的理论基础。外部性问题是指，一个经济主体从事某项经济活动给他人带来收益或损失的情形。当出现正的外部性时，成本大于收益，利益外溢，得不到应有的效益补偿；反之，当出现负的外部性时，成本小于收益，受损者得不到损失补偿。对于温室气体排放问题来讲，私人排放者的成本小于社会成本，产生了负的外部性问题。

英国经济学家庇古（A. C. Pigou）认为，应当由国家采用征税和补贴等政策干预的手段使外部性内部化。按照PPP原则（Polluter Pays Principle），可以根据污染造成的危害对排污者课税，将环境污染的成本加到产品的价格当中去，来消除这种私人成本与社会成本相背离的情况，弥补二者之间的差距。这就是所谓庇古税（Pigovian Tax）。碳税就是一种庇古税，实际上就是根据化石燃料中的碳含量或碳排放量征收的一种产品消费税。如果设计得当，那么碳税将是一种直接使温室气体排放的外部费用内部化的有效手段，比较适合于解决全球气候变暖等环境问题。

此外，碳税还具有间接税和特点目的调节税的特点。首先，与直接税征收最末端的收入相对应，间接税是在生产或消费过程中征收的。碳税作为一种间接税，具有固定的税率，不改变分配结构，对经济发展的负面影响相对较小。其次，碳税还是一种典型的特定目的调节

---

① 转引自于娟：《碳税循环政策在农村能源结构调整中的作用》，复旦大学博士论文，2007年。

税。随着更多国家完成工业化及可供给廉价燃料的减少,碳或含碳燃料的价格将持续增长。碳税作为一种调节税,能够发挥激励作用,促进节能,促使风能、太阳能、地热能等可再生能源更加具有竞争力,同时逐步淘汰落后的高耗能产业和技术,避免社会经济滑向不可持续模式的深渊。

(二)碳税的形式

碳税可以采取产品税的形式,也可以采取碳排放税的形式。显然,由于后者的征管成本较高,前一种形式更具有实践可操作性。碳税通过选择对燃煤和石油下游的汽油、航空燃料、天然气等化石燃料产品,按其碳含量的比例征税来实现减少化石燃料消耗和二氧化碳排放的目的。与总量控制和排放交易等以市场竞争为基础的温室气体排放机制不同,征收产品税形式的碳税具有简便易行的优势。

由于与全球气候变化联系在一起,碳税在理论设计上,需要一个全球性的国际管理体制,以实现最优产出,但这只是理论上的最优设想。从实践阶段性可操作的层面来看,一个国家或地区在确定排放限额及减排目标的情况下,在国家或区域的层面实施碳税具有相当的优越性。当前世界各国付诸实际征收也往往是后面这种国家税,而非国际税。

(三)碳关税:碳税作为国际税的表现形式

碳关税就是一种碳税作为国际税的表现形式。碳关税,是指对高耗能的产品进口征收特别的二氧化碳排放关税。这个概念据称最早由法国前总统希拉克提出,用意是希望欧盟国家应针对未遵守《京都协定书》的国家课征商品进口税,否则在欧盟碳排放交易机制运行后,欧盟国家所生产的商品将遭受不公平之竞争,特别是境内的钢铁业及高耗能产业。美国众议院2009年通过了一项征收进口产品"边界调节税"法案,实质就是"碳关税",即对进口的排放密集型产品,如铝、钢铁、水泥和一些化工产品征收特别的二氧化碳排放关税,该法案从2020年起开始实施。

对进口产品征收"碳关税"的做法,遭到了广大发展中国家的强烈范围。他们认为,这种做法违背了WTO的基本规则,同时也违背了《京都议定书》确定的发达国家和发展中国家在气候变化领域"共同而有区别的责任"原则。以环境保护为名,行贸易保护之实。最惠国待遇原则是关贸总协定的基本原则之一。一旦开始征收碳关税,各国的关税结构就会变得复杂。比如对日本和中国的产品,美国征收平等的关税,但是一旦涉及碳排放问题,两国的环境政策和环保措施都不同,导致关税征收额度不同,就直接违反了最惠国待遇原则。

四、国外征收碳税的基本情况

二氧化碳是造成全球气候变暖最主要的温室气体,约占温室效应气体的60%。其中化石燃料(主要包括煤炭、石油、天然气等)燃烧产生的二氧化碳又占75%左右[①]。为了抑制二氧化碳的排放量,在1990年前后,北欧国家率先开征了二氧化碳税(简称为碳税),其目的是将2000年的二氧化碳排放量保持在20世纪90年代初期的水平。1990年,芬兰开

---

① 除了化石燃料的燃烧之外,产生温室气体的方式还包括土地使用的变化、农业生产等。

征了二氧化碳税，征税范围为所有矿物燃料，并根据不同燃料的含碳量确定计税标准。瑞典在1991年税制改革中也引入了二氧化碳税，征税范围为所有种类的燃料油，但对电力部门使用的部分予以豁免。计税依据为不同燃料的平均含碳量和发热量，纳税人为进口者、生产者和贮存者，为避免对瑞典工业的国际竞争力产生影响，工业部门的税率低于私人家庭，对于一些能源密集型产业进一步给予减免。1997年瑞典国家环保局提交的关于气候变化的国家报告中指出，与假定仍然维持1990年以前的排放量相比，1995年瑞典的二氧化碳排放量减少了15%。其中近90%排放量的减少是由税收体制改革带来的。

挪威从1991年开始对汽油、矿物油和天然气征收二氧化碳税，1992年二氧化碳税扩展到煤和焦炭，并且汽油税根据含碳量不同有所差别，但对航空和海上运输部门、电力部门（因采用水力发电）是免税的，对于造纸等产业实行低税率（实际税率仅为规定税率的50%）。

英国也较早开征了此税，其计税依据为二氧化碳的排放量及浓度；丹麦在1992年引入了二氧化碳税，对汽油、天然气和生物燃料以外的所有二氧化碳排放都征收二氧化碳税，以每种燃料燃烧时排放的二氧化碳量为基础，税率为100丹麦克朗/吨二氧化碳。目前，二氧化碳税已成为欧盟国家中普遍实行的税种，且都采取国家碳税模式，在税率设计上多采取复合税率。一部分根据燃料的含碳量征收，每吨碳的碳税率为10欧元左右；另一部分根据燃料的发热量征收，每标准能源单位税率是0.2欧元左右。征税时，首先根据含碳量和所含能源单位确定总体税率。再计算征收二氧化碳税。加拿大、澳大利亚、日本等国家也在酝酿针对控制和减少二氧化碳排放的税收制度。

总体来看，碳税的征税范围比较广泛，但多数国家出于对本国经济国际竞争力影响的考虑，对一些行业给予了豁免或特殊优惠，各国在税率水平上差异较大。在税收的用途上，多数国家将碳税作为一般财政收入。在政策效果上，碳税的征收，有效减少了含碳量矿物燃料的使用、减少了二氧化碳的排放。

思考题：

1. 简述单一税理论。
2. 为什么要征收消费税？
3. 增值税比零售税更可行吗？
4. 什么是"旋转木马式骗税"？
5. 试将碳税和其他政策手段进行比较。

第十八章 财产课税

第一节 财富课税：广义财产税

一、财富课税：概述

财产税是指对纳税人拥有或支配的财产课征的一类税的总称，是现代税制的三大课税体系之一。财产税是世界上最古老的税种。作为最早的税收形式的土地税就属于财产课税。在古代社会，对财产课税曾作为国家取得税收收入的主要手段。随着社会经济的发展，财产税的课税制度和所起的作用也在不断变化。在现代各国实行分税制的财政体制中，财产税作为地方税的主要税种，成为地方政府取得税收收入的重要工具。

美国财政学家马斯格雷夫将财产税分为两大类：一类是对财产的所有者或占有者的课税，包括一般财产税和个别财产税；另一类是对财产的转移课税，主要是遗产税和赠与税。一般财产税也称综合财产税，是对个人所有的一切财产实行综合课征。个别财产税也称特别财产税，是对土地、房屋、资本或其他财产分别征收的税种。特别财产税的形式主要有：对土地课征的土地税，对房屋课征的房产税，对土地和房屋合并征收的房地产税，对土地、房屋和其他不动产合并征收的不动产税等。

遗产税和赠与税是两个不同的税种，二者关系密切、配合征收。遗产税是对财产所有者死亡后遗留的财产课征的税收；赠与税是对财产所有者生前赠与他人的财产课征的税。在遗产税体系当中，遗产税是主税，赠与税是辅助税种。

由于遗产税难以转嫁，其税收负担的归宿比较明确，因而对于调节收入公平分配具有特殊意义。但是，财产税调节收入分配差距的功能同时也会带来负面影响，如影响个人投资的积极性，导致资产向境外转移等，这种负面影响在遗产税和赠与税方面表现得尤为突出。遗产税是世界公认的较为复杂的税种之一。在日本，从事遗产税和赠予税等财产税的职员约占全部政府职员的7%。1998年，美国遗产税收入为230亿美元，但征收成本却高达460亿美元。

尽管世界上有100多个国家和地区开征了遗产税和赠与税，但一些发达国家也正在反思遗产税和赠与税的缺陷。如美国考虑暂停征收遗产税，新加坡也准备停征，中国香港在2005年宣布取消遗产税，澳大利亚则从未开征过遗产税。

二、从税负转嫁角度来看财产税的性质

从税负转嫁和效率的角度来看,传统观点将财产税视为一种消费税(Excise Tax),即将财产看做是一种消费品;而新观点则将财产税看做是一种资本税(Capital Tax)。显然;传统观点认为财产税更容易转嫁,因为当时的房屋等财产多是用于出租的,这样征收的财产税是很容易由房东转向房客的。在传统观点那里,还有人将财产税视为对使用者的收费(User Fee),这也是可以理解的。而在现代经济条件下,房屋等财产多是用于自住的,是所有者的一种最重要的财富形式,因而资本税的性质要更为突出一些,这时的财产税是相对难以转嫁的。

第二节　财产课税

一、美国的财产税:概述

美国的财产税是由州和地方政府课征的,每年的税收收入超过2960亿美元,但远远少于所得税或消费税收入。不动产税收入几乎占了财产税收入的90%,构成了美国地方财政赖以独立生存的基础。正如格伦·费希尔所指出的那样:"目前,除了财产税之外,没有哪一种税收能够通过地方政府来课征和管理,并为美国地方政府体制融资。"[①] 虽然财产税在广大选民中并不受欢迎,也不为虽然开明但缺乏勇气的政客所喜爱,更没有得到许多学术观察家的青睐,但是,由于财产税可以为最接近基层民众的地方政府筹集到可靠、稳定、独立的财政收入,而且目前也没有能够为地方政府提供财政独立的其他更好选择,因此,财产税还是在地方财政收入体制中占据了独一无二的地位。尽管美国政府所筹集到的财产税收入要多于世界上的其他地方,但各种形式的财产税在世界上还是随处可见的。

财产税在过去曾经一度是州和地方政府财政的共同税种。实际上,早在1932年,财产税收入在美国所有的州和地方税收收入中的比重接近3/4,在地方政府税收收入中的比重更是达到了92.5%。[②] 但是,在20世纪30年代的大萧条时期,许多财产税都变得难以课征,于是美国各州开始对商品和服务课税,特别是开征了零售税和燃油税。这些新的税种不仅提供了大量财政收入,还具有很强的稳定性,同时,税收征管也没有财产税那么严酷(例如,如果对房子或者农场征收不到财产税,就要没收这些财产并加以拍卖)。因此,在第二次世界大战之后,州政府更多依赖的是财产税之外的其他税收。尽管在美国一些州的大城市也存

---

① Glenn W. Fisher, *The Worst Tax? A History of the Property Tax in America* (Lawrence, Kans.: University Press of Kansas, 1996), p. 210.

② U. S. Bureau of Census, *Financial Statistics of State and Local Governments*: 1932 (Wealth, Public Debt, and Taxation) (Washington, D. C.: GPO, 1935). 美国联邦政府曾经分别于1798年和1813年先后两次课征过财产税。而且,根据美国《宪法》对直接税的要求,当时还在各州之间进行了分配。参见 Dall W. Forsythe, *Taxation and Political Change in the Young Nation*, 1781 – 1833 (New York: Columbia University Press, 1977).

在其他可替代的选择，但从总体上看，地方政府仍然严重依赖财产税。

表18-1对财产税在美国政府财政中的地位做了简要描述。尽管财产税收入在美国州税收收入中的比重只有2%，但在地方财政收入中的比重却达到了75%。与其他种类的政府机构相比，独立学区（independent school districts）更加依赖财产税。在2002~2003财政年度，财产税占了独立学区税收收入的96%。只有在艾奥瓦州、南达科他州、密苏里州、内布拉斯加州、宾夕法尼亚州、佐治亚州、肯塔基州、佛蒙特州和路易斯安那州，学区的非财产税收入在其总税收收入中的比重能够达到3%。但是，近年来，学区的一般销售税、个人所得税和薪给税收入的比重一直都在上升。① 由于学校（schools）更多的收入来自于州政府的政府间财政收入，因此财产税收入在学校收入来源中的比重要稍低一些（大约占65%），但是用于学校的财产税在财产税总收入中的比重仍然超过了40%。美国各市、县的财产税收入都要超过财产税总收入的20%。但是，与县财政相比，各市依赖更多的还是非财产税收入。尽管财产税一直都不为人们所喜欢，但在1992~1993年度到2002~2003年度之间，财产税每年的复利增长速度仍然达到了4.5%。

表18-1　　　　　2002~2003年间美国政府财政中的财产税

财产税 地区	财政总收入 （百万美元）	占一般 财政收入 比重（%）	占税收 收入的 比重（%）	在财产 税收入中 的比重（%）	自1992~1993年度 以来的增长 速度（%）
州和地方	296683.2	16.8	31.6	100.0	4.6
州	10470.5	0.9	1.9	3.5	3.0
地方	286212.7	27.5	73.4	96.5	4.6
县	65777.9	24.5	69.5	22.2	—
市和镇	83316.2	25.1	55.9	28.1	—
学区	126136.3	34.3	96.2	42.5	—
特区	10982.2	11.2	71.9	3.7	—

资料来源：美国统计局政府分局。

财产税是美国目前最接近于对年均财富课征的税种。然而，美国的财产税也并不是真正的净财富税，因为财产税对一些财富形式通常都是免税的（如对个人的私有财产等）；财产税的课税对象是毛财富，而不是净财富（如由于购买住房或者汽车所欠的债务很少可以从应税价值中全部扣除掉）；财产税可能会对一些财富形式课征两次税（有些州的财产税既对公司股票价值课税，同时也对公司所有的财产课税）。从财产税对财富的课税程度来看，财产税使税制结构增强了从富人向穷人的收入再分配。② 由于财产税的课税对象是累积财富，

---

① U. S. Bureau of the Census, *Statistical Tables*, *Public Elementary = Secondary Education Finances*: 1997-1998 (Government Division), P. 4.

② 财富比收入更加集中，是美国社会中的一个重要事实。美国人口中最富有的1%拥有美国经济30%的财富，而收入最高的1%在总收入中的比重却只有20%。参见Javier Diaz-Gimenez, "Dimensions of Inequality: Facts on the U. S. Distribution of Earnings, Income, and Wealth," *Federal Bank of Minneapolis Monthly Review* 21 (Spring 1997), pp. 3-21.

而不是收入,因此财产税对工作和投资的影响要小于所得税。但是,由于财产税税基并不是即期交易的价值(即期交易的价值通常是所得税和销售税的税基),因此财产税需要对财产的价值进行评估(估税)。而且,财产估税成为了财产课税的一个基本缺陷。

美国的财产税不能进行简单的归类。正如理查德·阿尔米所说:"美国的财产税制是由51个不同的州财产税制构成的。每一个州财产税制都要受当地法律因素和非法律因素的制约,都要随着宪法的修改、法律法规的制定、行政管理程序的变化、法庭判决和税务管理能力的变化而不断地变化。"①

二、财产税的构成

一般而言,美国的财产税主要包括以下几个方面:

1. 纳税人

财产税是美国地方政府财政收入的重要来源。其纳税人是指拥有财产的自然人和法人,住宅拥有者、住宅出租者,但不包括住宅承租者。

2. 课税对象

财产税的课税对象可以是实物资产,也可以是个人的私有资产。实物资产是指不动产、土地及其附着物。其中包括永久附着于土地的自然附着物(如树木、庄稼、草、水和矿物质等),也包括附着于土地的地上建筑物、围栏等人工设施。不动产也包括空气权、地上空间,但仅限于地上空间被真正使用时。个人财产是能够被个人所拥有的非不动产等其他任何财产。其中包括机器设备、珠宝、汽车、存货、家具、股票和债券等。实物资产和个人财产之间并没有明确的界限,因此每个政府都会制定自己的定义和区分方法,但通常都会通过制定财产种类目录来做一般意义的区分。② 这种区分是至关重要的,因为有些州对个人财产的课税程度要重于不动产,而另一些州则可能是对有些个人财产免税的。在美国地方财产税的税基中,个人财产的份额是很小的,在全国总额中的比重也只有大约10%,但在有些州中的比重则是比较高的;许多州对个人财产都是完全免征财产税的。③

对个人财产的另一种区分,是对有形资产和无形资产的区分。个人的有形资产是出于个人目的而持有的资产,其中包括汽车、机器、原材料和产成品存货、家具等。无形个人资产也叫有价资产,因为它们代表了人们对有价物品的所有权;无形资产包括股票、债券和其他金融资产等。对这些财产课征的财产税可能会大相径庭。许多个人有形资产都难以定位,而且即使定位,也难以进行估价(一台用了10年的电视,或者一个猫在其中睡觉的旧沙发的价值各是多少呢?);无形资产通常容易定价,但却难以定位。无形资产有时根据法律或地

---

① Richard Almy, "Rationalizing the Assessment Process," in *Property Tax Reform*, ed. George Peterson (Washington, D. C.: Urban Institute, 1973), p. 175.

② 一个有趣问题是关于活动房屋的。活动房屋是不动产还是个人财产呢?美国各州所使用的规则包括永久基地、有无轮子或车轴、有无高速公路执照等,但没有一般意义的区分方法。

③ John L. Mikesell, "Patterns of Exclusion of Personal Property from American Property Tax Systems," *Public Finance Quarterly* 20 (Oct. 1992), pp. 528 – 42.

方惯例可以免税。总之，很少会对无形资产全部课税。①

3. 税率

财产税的税率由各个地方政府自行规定，不同的地方税率一般也会有所差别。但是税率的高低程度会受到一定的限制，一般在3%~10%之间。

4. 财产估价

在财产税的征收过程中，对财产项目的估价是确定财产税税基的关键。一般来讲，美国财产估价的基本方法有三种：第一种方法是市场价格法，即以应税财产的市场交易价格为标准进行估价。第二种方法是成本法，即在财产的历史成本的基础上根据折旧进行调整。第三种是收益法，即根据财产未来产生的净收入现值来估算财产价值。由于美国地方政府要求通过低估财产价值的方式吸引投资，所以，在实际估价的过程中，估价和市价往往相差较大。

5. 税收优惠

财产税的优惠规定主要是依据财产所有者的类别、财产的类别和财产的用途。一般而言，政府、宗教、教育、慈善等非营利组织可享受一定的减免税；一些低收入家庭，当纳税人缴纳的财产税和个人所得税的比率达到一定标准时，可享受一定的税收抵免；一些收入较低的老年人和残疾人以及不发达的农场主则可享受财产税递延项目。

三、财产税的特点：消极纳税人与积极纳税人

在纳税人的税收遵从方式上，有"消极纳税人"与"积极纳税人"两种模式。"消极纳税人式"的课税方法要求征管员在筹集税收收入的过程中，承担大多数的工作（并承担大多数的成本）。例如，不动产税通常需要政府保持对财产的记录、计算税基和计算每项财产所负担的财产税，并将财产税的税票按照时间表及时地分发出去；当税票到达纳税人手中时征收税款，处理财产估税中的各种申诉和抗议等。而财产所有人所要做的，只是对税收征管员的工作进行监管，决定自己是否要进行抗辩，然后缴纳税收。这种方法中的课税成本几乎都是由政府在管理税款的过程中承担的。

"积极纳税人式"的课税方法则相反，会将许多课税成本私有化。也就是说，这种方法会将多数课税成本置于私人纳税人身上。例如，在美国所得税中，每位纳税人"在填写纳税申报表时，要提供所有的相关纳税信息，计算税基和税款，一次或者分次缴纳税收"。②而税收征管员的工作只是向纳税人分发表格，核对纳税人的纳税申报表，对税收的收入流进行管理。在"积极纳税人式"的税收管理方法中，税收征管员工作的目的，只是要促使纳税人自愿纳税，而不是直接的课征税收。如果这种课税方法能够运转良好，多数税收收入的筹集将都不需要税务部门的直接管理，多数课税成本都是纳税人在税收遵从过程中所花费的费用，而不是政府的管理成本。

表18-2中所列出的，是关于部分税种管理成本的数据。由于多数税务机关管理的并不只限于一种税收，而且实际上税务机关还要承担一些非税收收入的功能，因此根据这种混合

---

① John H. Bowman, George E. Hoffer, and Michael D. Pratt, "Currents Patterns and Trends in State and Local Intangibles Taxation," *National Tax Journal* 43 (December 1990), pp. 439–50.

② Carl S. Shoup, *Public Finance* (Chicago: Aldine, 1969), 430.

成本是很难计算出完全准确的税收管理成本的。因此，这里的成本数据只能被看作是合理推算的结果。表中的数据表明，没有任何一种税基比较宽泛的税种的管理成本，会高于其税收收入的1%。但是，管理较好的财产税的管理成本在其税收收入中的比重却大约在1.5%左右，比税基比较宽泛的其他税种的成本要高出许多。

表18-2　　　　　　　　　　对主要税种管理成本的估测

税基（数据来源）	管理成本在其税收收入中的比重（%）
所得税	
科罗拉多州（个人所得税和公司所得税）[a]	0.4
密歇根州（个人所得税）[b]	0.64
密歇根州（单一企业所得税）[b]	0.42
英国个人所得、资本利得和自然保险税[i]	1.5
英国公司所得税[i]	0.52
一般销售和使用税	
科罗拉多州[c]	0.84
科罗拉多州销售税[a]	0.3
科罗拉多州使用税[a]	0.7
爱达荷州[d]	0.8
密西西比州[d]	1.0
北卡罗来纳州[d]	0.68
北达科他州[d]	0.5
南达科他州[d]	0.41
华盛顿州[d]	0.7
其他税种	
联邦奢侈性消费税[e]	0.3
12个经合组织国家的增值税[f]	0.32~1.09
国家审计总署对5%的美国广义增值税的估测[g]	1.2~1.8
国内收入署管理的税种[h]	0.43
加利福尼亚州酒精饮料税[c]	0.73
加利福尼亚州卷烟税[c]	0.32
加利福尼亚州汽车燃油税[c]	5.8
科罗拉多州酒精饮料税[a]	0.7
科罗拉多州烟草税[a]	1.8
科罗拉多州燃油税[a]	0.2
科罗拉多州遗赠税[a]	0.7
英国主要消费税[i]	0.25
英国增值税[i]	1.03

资料来源：[a] 科罗拉多州税务局，《2000年度报告》（丹佛：税务局，2001年）；[b] 密歇根州财政局局长，《1977~1978年度报告》（兰辛：州财政局局长，1980年）；[c] 加利福尼亚州公平促进委员会，《1991~1992年度报告》（萨克拉门托：平等促进委员会，1993年）；[d] 约翰·F·迪尤和约翰·L·米克塞尔，《销售课

税》（华盛顿特区：城市学会，1994 年）；ᵉ 美国国家审计总署，《税收相关研究报告》（GAO/GGD-93-68）（华盛顿特区：美国审计总署，1993 年 3 月）；ᶠ 经济合作与发展组织，《消费课税》（巴黎：经合组织，1988 年）；ᵍ 美国国家审计总署，《增值税：管理成本因企业复杂程度和数量的不同而不同》（GAO/GGD-93-78）（华盛顿特区：国家审计总署，1993 年 5 月）；ʰ 美国国内收入署，《1999 年国内收入署数据报告》（华盛顿特区：政府出版署）；ⁱ 锡德里克·桑福德及其他人，《税收管理成本和服从成本》（英国博斯：财政出版社，1989 年）。

但是，在财产税和其他重要税种之间还存在着重要的区别。对于主要的非财产税税种来说，多数税收收入都来自于纳税人自愿性的纳税行为；由税收的强制执行、税务稽查以及税务机关的其他相关活动所产生的税收收入寥寥无几。密歇根州税收收入的 2%、加利福尼亚州销售和使用税税收收入的 1.69%（1975 年）、美国国内收入署税收收入的 1.67% 来自于税务机关强制征收活动，其中包括税务稽查、罚金和利息、对拖欠税款的课征等。其中，多数税收收入还是来自于纳税人自愿性的税收遵从；承担大部分课税成本（其中包括会计资料的保存、纳税申报表的填写、会计费用和法律费用等）的是纳税人，而不是政府机构。这些税收遵从成本在不同的纳税人之间差别很大，并且具有很大的偶然性。对于大多数纳税单位来说，希望税收遵从成本是管理成本的几倍都是不合理的。例如，乔尔·斯莱姆罗德和尼克·索罗姆的估测认为，联邦所得税和州所得税的税收遵从成本在总税收收入中的比重在 5%~7% 之间。①

第三节　美国财产税的抗税运动及对财产税的限制措施

一、美国财产税税负倾向过重的原因

（一）导致财产税税负可能过高的客观原因

对于一般的所得税或者流转税来说，根据"税收收入＝税基×税率"的基本公式，其中通常只有税率是由政府部门通过立法程序确定的，而税基的大小通常取决于纳税人的经济活动。例如，对于个人所得税而言，纳税人在某一个纳税期间如果不从事应税的经济活动、没有应税收入，就无须缴纳此税。也就是说，政府机关单方面不能决定税收收入的多少，在缴税数额上纳税人可以发挥很大的影响力。

财产税，其不同于其他税种的最大特点在于：其税率和税基通常都是由政府部门确定的②。首先，财产税的税率（r）通常是由下面的公式计算出来的：

$$r = (E - NPR)/NAV$$

---

① Joel Slemrod and Nikki Sorum, "The Compliance Cost of the U. S. Individual Income Tax System," *National Tax Journal* 39 (December 1984), p. 461.

② 确定税率的通常是议会立法机关，它也可以归入广义上的政府部门。[美] 费雪：《州和地方财政学》，中国人民大学出版社 2000 年版，第 290 页。

式中，E（Expenditure）为某一地方政府在一个财政年度中的计划支出总额，NPR（Non-property Tax Revenue）为其预计的非财产税财政收入，$(E-NPR)$ 即为地方政府在此年度所需的财产税收入，NAV（Net Assessed Value）为该地方政府辖区内财产税应税财产的评估净价值。可见，财产税的税率实际上取决于地方政府的支出缺口和当地应税财产的比率。

其次，就财产税的税基来看，由于财产税的课税对象是纳税人保有的房产，财产税在纳税人保有房产的终身期间都要缴纳，但并不是每年都一个可供参照的房产的市场价格。由于通货膨胀以及房产周边配套设施的完善，房产的价值是不断变化的，一般是不断升值的。其具体价值需要通过政府部门组织的评估（assessment）来确定。

这样一来，财产税的税基和税率将都是由政府部门确定的，纳税人在缴纳财产税时在很大程度上处于被动地位。即使在财产税税率一定的情况下，随着房产价值的不断攀升，纳税人缴纳的财产税税额也会相应上升。如果通货膨胀严重，或者存在不正常的投机炒作因素，就会造成房产价值的非理性上涨，这样的结果将使纳税人的实际税负大幅上升。同时，考虑到很多纳税人都是通过向银行贷款买房的，纳税人一方面要向银行归还巨额贷款，很多购房者已经发出了"房奴"的慨叹；另一方面还要向政府部门缴纳财产税、向物业管理单位缴纳物业费，这将使纳税人的处境更加雪上加霜，极易引发其对财产税的抵触情绪。

（二）导致财产税税负可能过高的主观原因

以上分析的是纳税人财产税税负可能过高的客观原因。从政府机关的主观因素来看，财产税很有可能成为未来政府部门，特别是地方政府部门筹集财政收入的一个主要来源。这一点从美国的情况可见一斑。早在1932年，财产税收入在美国州和地方税收收入中的比重，就达到了3/4[①]。2004年，美国的财产税收入总规模达到了3590亿美元，其中90%都是州和地方政府收入[②]。近年来，尽管财产税收入在美国州一级税收收入中的比重只有4%，但在地方财政收入中的比重依然在3/4左右（见表18-3）。

表18-3　　　　　2002~2003财政年度美国政府财政中的财产税

地区＼财产税	财政总收入（单位：百万美元）	财产税占一般财政收入比重（%）	财产税占税收收入的比重（%）	财产税收入（%）	自1992~1993年度以来的增长速度（%）
州和地方	296683.2	16.8	31.6	100.0	4.6
州	10470.5	0.9	1.9	3.5	3.0
地方	286212.7	27.5	73.4	96.5	4.6

资料来源：Government Division, U. S. Bureau of Census.

而我们知道，政府部门作为由官僚组成的利益集团，具有喜欢多课税、多支出特点，以此来彰显自己的政绩、攫取更多的权力。美国公共选择学派的代表人物布坎南（James

---

[①] U. S. Bureau of Census, *Financial Statistics of State and Local Governments*: 1932 (Wealth, Public Debt, and Taxation) (Washington, D. C.: GPO, 1935).

[②] IMF, *Government Finance Statistics*, Yearbook, 2005.

Buchanan）将政府的这种特征归纳为"怪兽模型"（Leviathan Model）。利维坦是西方圣经传说中一种非常贪吃的怪兽，布坎南以此来形容政府对税收和支出的贪婪①。而且，从美国地方政府财产税收入的确定过程来看，其某一财政年度课征财产税收入的多少通常是由其当年的财政支出总额与来自联邦和州政府的转移支付、执照费、罚款等其他财政收入之间的缺口大小确定的。具体来讲，如前文所述，如果某一地方政府在一个财政年度中的计划支出总额为 E、非财产税财政收入预计为 NPR，那么该地方政府在此年度所需的财产税收入即为（E-NPR）。因此，如果我国将来的财产税也采取类似的决策机制的话，财产税很有可能成为地方财政巨大支出压力的最终承担者，这将是财产税所难以承受的。

二、美国针对财产税的抗税运动及其对财产税做出的限制

美国是一个崇尚民主和自由的国家，在其历史上曾多次爆发抗税运动，其中较为著名的就有三次。第一次是发生在 1773 年针对英国课征茶税的"波士顿倾茶党事件"；第二次是发生在 1794 年美国西部农民针对联邦政府课征酒税的威士忌事件；最近一次抗税运动发生在 1978～1980 年间，就是针对美国过高的财产税的。这三次抗税运动抗争的对象各不相同。第一次针对的显然是当时作为宗主国的英国，其对殖民地课征的高额茶税被认为是对殖民地人民的一种剥削；第二次则是针对成立不久的美国联邦政府的，挑战和质疑的是其作为中央政府对地方课征酒税的权威。我们知道，美国是先有联邦宪法、再有联邦政府的。美国的联邦宪法诞生于 1787 年的制宪会议，美国联邦政府则是在 1789 年才正式成立的。这是因为，1787 年美国联邦制宪会议（The Federal Constitutional Convention）通过的宪法直到 1789 年才获得当时美国 13 个州中 9 个州的批准从而最终生效。而 5 年后爆发的威士忌抗税事件无疑是对美国联邦政府课税行为的一种敲打和警醒；第三次抗税的矛头指向的则是美国最为基层的地方政府。这三次事件表明，尽管税收具有强制性的特征，但这种强制性是相对的。如果其不尽合理，必将招致广大纳税人的反对，不管是何时何地，只不过其表现出来的形式不尽相同。

其实，早在 20 世纪 30 年代大萧条之后，美国的财产税就受到了限制，但这些限制措施针对的只是财产税的法定税率。20 世纪 70 年代，受石油危机等因素的推动，通货膨胀肆虐美国，结果造成财产税税负飙升，纳税人不堪重负，于是就爆发了规模空前的抗税②运动，并进一步引发了美国民众对政府整个财政体制的不满。其中最为著名的 1978 年 6 月 6 日获得通过的加利福尼亚州的第 13 号提案（Proposition 13 in California）③。这是一项对加州地方财产税税率限制法的修正案，其影响力超过了美国历史上所有的财产税限制法，在美国其他州引起了类似多米诺骨牌式的连锁反应，其影响力甚至一直持续到了今天。其主要内容包括：任何地方课征的财产税税率，不得超过 1%；没有该地区居民 2/3 多数票的同意，州和地方政府不得新开征任何财产税，等等。这些条款极大地限制了当地政府的财产税筹集收入

---

① ［澳］布伦南、［美］布坎南：《宪政经济学》，中国社会科学出版社 2004 年版。
② 应当指出的是，美国的这种抗税并非一定是我国《刑法》所界定的暴力抗税行为，而是一场影响广泛的税收抵制运动。
③ 余英：《对美国印第安纳州财产税制度变迁的思考》，载于《涉外税务》2006 年第 2 期。

的能力，使其地方政府的总收入减少了23%，甚至在一定程度上破坏了加州的经济发展。

这次税制改革对美国财产税制乃至美国的财政体制都产生了深远影响，此后美国对财产税设置了更为严格的限制措施（见表18-4）。这些限制措施对美国地方政府的财政体制产生了重要影响，一方面地方政府将一些原由政府部门提供的公共服务外包给了私人机构，以此来减轻地方政府财政支出的压力；另一方面，地方政府更多地寻求通过收费和其他税收收入形式，以减少对财产税的依赖。

表18-4　　　　　　　　　美国财产税——限制结构及其影响

限制种类	例子	限制措施所产生的影响		
对法定财产税税率的限制	各市规定，财产税的税率（每100美元财产估税价值所负担的财产税）应当限定在5美元以下	对财产税税率与州财产税税率的上限相同	对财产税收入可以通过提高财产的估税价值或者在税率上限的范围内提高财产税的税率	对政府支出与对财产税收入的影响相同，此外还要取决于其他财政收入来源的情况
将财产税的税率冻结	各市对2005年适用税率的限制	各州的最高上限各不相同	只能提高财产的估税价值	影响同上
对财产税的税收收入进行限制	各市在2007年的财产税收入不能超过2006年的105%	取决于财产估税价值的变化情况	限制在限额之内	取决于对其他财政收入的使用情况
对地方政府的支出规定限额	2007年市财政的拨款总额不能超过2006年的108%	取决于估税价值的变化和其他财政收入来源的变化	取决于其他财政收入来源的变化程度	明显得到了控制（新增财政收入来源可以减轻财产税税负）
对评估价值增长的限制	城市财产的评估价值的增长幅度在2007年不得超过5%	根据一般税率进行计算	取决于地方预算过程和税率的确定	取决于地方预算
"真实课税"/信息充分披露	各市应当对课税信息进行充分披露，包括：如果税率保持不变，新评估价值对税负的影响；在评估价值进行调整之后，税率降低多少才能保持税负不变等	根据一般税率进行计算	取决于地方预算过程和税率的确定	取决于地方预算

资料来源：Daniel Mullins and Bruce Wallin, "Tax and Expenditure Limitation: Introduction and Overview," *Public Budgeting & Finance*, 24 (Winter 2004), pp. 2-15.

思考题：

1. 什么是消极纳税人和积极纳税人？
2. 试述导致财产税税负过重的原因。
3. 简述美国是如何对财产税进行限制的。

第十九章 政府收费和其他财政收入①

第一节 概述

政府通常会行使课税权以筹集财政收入,纳税人缴纳的税款与其获取的公共物品或者公共服务的价值之间,并没有什么直接的关系。② 但是,政府还会销售一些产品和服务,消费者是否会购买这些产品和服务,要取决于每个消费者的不同品位、偏好和经济状况。这些商品和服务的购买行为对别人所造成的影响很小,以至于对它们的规定根本就不能构成一个公共问题。在此情况下,要为这些服务活动筹集收入,可以不必通过暴力和强制课税,只要通过自愿交换就可以了。政府也会对从事这些活动的特权发放许可证,从而只使那些提供了这些活动的主体获得相应的交款。当这些服务活动继续由政府来提供时,就发生了财政的私有化。政府要为这些活动融资,可以有很大的选择空间。通过要求得到这些服务的特定"顾客"为这些服务缴款,可以减轻一般政府财政体制的压力。

政府的销售收入令人费解。因为这样一来,政府的运行就像私人企业一样了。政府领导人通过这样做,使"税收—支出政治学"(Tax-and-Spending Politics)的批评家们变得哑口无言了。尽管销售收入在公共财政总框架中的比重可能还非常小,但这些收入确实在公众对高税收的抵制之外另辟了蹊径。但最重要的是,公共价格不仅可以提高资源配置的效率,还有助于提高公共服务成本分配中的公平性。

在本章中,我们将讨论三种不同的对于政府来说是"私人性"的收入形式:

(1)使用费(user fees)。这是政府销售许可证所形成的收入。这些许可证使人们可以去从事原本被限制或禁止的活动。

(2)收费(user charges)。这是对自愿购买公共服务的人征收的价格所形成的收入。尽管这些服务活动只能使一些特定的个人或者企业受益,但这些服务活动却是和政府的基本职能密切相关的。

(3)财政垄断和公共设施收入(fiscal monopoly and utility revenues),是政府对私人商品

---

① [美]约翰·L·米克塞尔:《公共财政管理:分析与应用》(第六版),中国人民大学出版社2005年版。Mikesell, John L., Fiscal Administration—Analysis and Applications for the Public Sector, Seventh Edition, Thomsom Wadsworth, 2006.

② 民事没收是现在由执行法律的官员们广泛使用的一个很有争议的政策工具。由于民事没收的收入也来自于法律体制的实行,因此民事没收的运作方式和税收非常类似。警察机构并没有特权来从事这类活动,只有国内收入署最有权力来课征这些收入,因为国内收入署可以课征个人所得税(或者其他税收)。

和服务或收费商品和服务的排他性销售中所形成的收入。这些收入包括由政府运营的公共设施、州酒类商店和州彩票等所形成的收入。①

表19-1中提供的是关于近来美国政府销售情况的数据。与税收收入相比,这些收入并不可观,这也不足为奇。市场失灵是政府之所以会存在的主要经济原因,这就意味着市场中的价格有时是无法正常运转的。财政收入的规律也表明,简单定价不仅不可行,也不可取。然而,为了提高政府效率,也出于在政治上务实的考虑,由政府交易所得来的收入在政府财政中具有重要作用,而且其作用还在不断加强。

表19-1　　2002~2003年度州和地方政府的销售收入:收费和垄断收入　　　　单位:千美元

	州和地方政府合计	比重(%)
本级一般财政收入及公用设施、酒类商店的收入		100.0
税收	1482336468	63.34
收费和杂项一般财政收入	434976436	29.34
经常性收费	269560428	18.18
教育	78522007	5.30
高等教育机构	66831462	4.51
学校午餐销售毛收入	6074010	0.41
医院	68926691	4.65
高速公路	8502629	0.57
空运(机场)	12758630	0.86
停车设施	1448631	0.10
海洋和内河港口设施	2930095	0.20
自然资源	3017634	0.20
公园和娱乐	7342012	0.50
住宅和社区开发	4589371	0.31
排污设施	28236940	1.90
固体垃圾处理	11559395	0.78
其他收费	41726393	2.81
其他一般收入	151634184	10.23
彩票净收入	13781837	0.93
利息收入	58316949	3.93
特别评估	5808240	0.39
财产销售	1773033	0.12
其他	99517789	6.71
公用设施收入	103050084	6.95

---

① 有些国家对烟草产品、火柴、盐、糖、鱼子酱和扑克牌游戏实行的都是财政垄断经营。参见 Sijbren Cnossen, *Excise Systems, A Global Study of the Selective Taxation of Goods and Services* (Baltimore, Md.: Johns Hoplins Unversity Press, 1977), pp. 84-98。尽管在这种选择中还存在别的问题,但它们确实为消费课税提供了另一种选择。

续表

	州和地方政府合计	比重（%）
自来水供应	34736304	2.34
电力	53938073	3.64
天然气供应	5390996	0.36
运输	8984711	0.61
酒类商店收入	5338191	0.36

资料来源：美国统计局政府分局。

在州政府所筹集的一般财政收入中，收费收入的比重约有13.85%。加上来自于州彩票、酒类商店和公用设施的收入，这一比重约有26%左右。① 在这些收入中，最大的单项收入来源是州高等教育机构的收费。与其他级次的政府相比，地方政府拥有更多的收费机会，因为他们提供了更多可以使个人受益的服务；在2003年度，收费收入占地方政府收入的22.84%。在加上公用设施收入之后，这一比重可以提高到32.64%。对于地方政府的财政收入总额来说，医院、排污设施、水、电等公用设施的收费收入格外重要。由于地方政府的税收收入通常会受到州政府的严格控制，因此地方政府更倾向于使用收费收入。但是，即使是地方政府，也很少能够穷尽收费的可能。

联邦预算中对收费收入的处理有点错综复杂。在联邦预算中，多数收费收入被称为抵补性课征收入或者抵补性收入（offsetting receipts）。这些收入是通过向公众出售商品和服务所形成的收入，其中的收费对象包括：邮政服务、国家公园的门票、公有土地的销售、外大陆架石油开采权和纪念币的销售等等。表19-2中所列出的是一些更重要的收入项目。产生收入最多的是邮政服务和可选择性医疗系统的保险费。在2005财政年度，与超过2万亿美元的联邦财政收入相比，1850亿美元的收费收入的数额并不算可观。

表19-2　　　　　　　　　　2005财政年度联邦销售收入　　　　　　　　单位：百万美元

陆军工兵部队：港口维护费	1048
商务部：专利和商标费，天气预报和其他收费	1596
国防部：军营超级市场和其他收费	8934
卫生和人力资源部：食品药物管理收费	1377
国土安全部：边界运输安全收费	2044
国家事务部：护照和其他收费	1605
财政部：纪念币的销售等	1550
退伍军人事务部：寿险保费和医疗费等	1938
安全局：管理费	1665
农业部：作物保险和其他收费	1880

① 国家统计局政府财政分局中所报告的使用费和公共设施收入只是毛收入，其中并没有扣除相应的生产成本或获取成本。该报告中的彩票收入是其他财政收入中的一部分，是净收入。

续表

能源部：能源销售收入等	4709
内务部：休闲费	5584
劳动部：保费收入	2519
人员管理办公室：联邦雇员健康和寿险费	10298
邮政服务局：邮政服务费	68504
田纳西峡谷管理局：能源销售收入	7806
其他收费	6146
合计	129203

注：该表中只单独列出了收入为10亿美元或者大于10亿美元的收入。

资料来源：总统管理办公室、管理和预算办公室（Office of Management and Budget，管理和预算办公室），《2007财政年度美国政府预算分析报告》（华盛顿特区：政府出版署，2006年）：第86页。

对多数联邦收费收入的处理方法，与对税收收入的处理方法不同。因为收费收入可以从一定部门的总支出中扣除，而不用归为政府收入的一部分。对于抵补性课征收入来说，收费可以直接记入支出账户，通常不用再进行立法就可以形成支出。例如，邮政服务可以将收费收入用于其运营活动，而不需要经过年度拨款。对于抵补性收入来说，收费可以抵补总支出，但不能直接记入支出账户。① 由于这种抵补程序，对于政府总支出和向公众筹集来的收入，常规预算有所低估。但是，与政府运营的总规模相比，收费收入的数额还很小。

第二节 使用费和执照费（User Fees and Licenses）

各级政府都课征了很多使用费，尽管这些使用费具有公共价格（public prices）的特征，但也反映了根据法律规则而非通过私人市场的自由交换来筹集财政收入的潜力（如专栏19-1所示，联邦预算所使用的使用费概念很大，将税基较狭窄的税收也包括了进来）。尽管使用费具有价格的公平性和财政优势，但它们并不是规费或者公共价格。2004年，使用费为州和地方政府所筹集的财政收入超过了390亿美元，比汽车驾驶员执照费收入的一半还要多。其中约有100亿美元来自于州公司执照费。②

---

① Executive Office of the President, Office of Management and Budget, *Analytical Perspectives*: *Budget of the United States Government*, *Fiscal Year* 2002 (Washington, D.C.: U.S., GPO, 2001), pp. 8-10.

② U.S. department of Commerce, U.S. Bureau of Census, *Compendium of Government Finance*, 1997 Census of Governments, Vol. 4, *Government Finances*, CG97 (4) -5 (Washington, D.C.: U.S., GPO, 2000).

【专栏 19-1】　　　　　　　　　　联邦收费体制

　　联邦政府的多数财政收入都来自于税收，但税收和纳税人所获得的收益及政府所提供的具体服务之间没有什么直接关系。对于税基较宽的所得税和薪给税来说，确实如此，而且这些收入构成了联邦财政收入的主体。但是，当政府可以拒绝没有付款的人对政府服务的使用或者当政府可以禁止没有付款的人来从事某些活动时，使用费就变得不仅合适而且可行了。此外，一些税基狭窄的消费税可以将税收成本分配给那些使用了某些政府服务的人，或者可以使私人主体充分认识到自己行为所造成的社会影响。

　　国会预算办公室（the Congressional Budget Office，CBO）将这些收费和税基比较狭窄的税收都称做是收费，并将它们分成了以下四类：

　　1. 使用费（user fees）是由人们自愿购买或租赁的政府商品或服务所形成的收入，这些商品和服务一般是不能与他人分享的。其中包括：自然资源开采权使用费、过路费、保险费、租赁费、资源销售收入、联邦土地使用费、联邦公园准入费、邮政费，以及与规则无关的执照费和特许费。

　　2. 规费（regulatory fees）是根据政府的权力对一些源于政府权力的企业或者活动的管理而收取的费用。其中包括管理费和司法费；移民费、护照费和领事服务费；海关服务费；检测费、检查费、评估费；专利费、商标费和版权服务费；管理项目执照费。

　　3. 受益税（beneficiary-based taxes）是对与特定政府服务的使用相联系的税基课征的税收（即应税商品或服务与公共服务具有密切的匹配关系）。其中包括与交通运输相关的消费税（包括公路、航空、内河航运和港口等）和对与航运安全项目相关的燃料和设备课征的消费税。

　　4. 责任税（liability-based taxes）的课征目的是为了降低风险、抑制伤害性的活动，对遭到伤害的人员给予补助。其中包括对某些化学物质课征的税收，这形成了危险物质信托基金；对某些燃料课征的税收，这形成了地下储藏库泄漏信托基金；对原油课征的税收，这形成了石油泄漏责任信托基金；对在国内采煤课征的税收，这形成了煤肺病残疾信托基金；对儿童疾病疫苗课征的税收，这形成了疫苗伤害赔偿信托基金。

　　在1990年《预算实施法案》控制结构中，前两组形成的财政收入特别具有吸引力，因为这些收入可能是抵补性课征收入——即这些收入可以直接抵补一些特定的预算支出。这样，国会委员会就可以通过增加收费而不是削减政府支出项目来达到政府对财政支出上限的规定了。

　　资料来源：美国国会预算办公室，《联邦使用费的增长》（华盛顿特区：政府出版署，1993年）。

　　执照税是其中的一个例子。执照税的课征，是为了广大公众的利益而对一些特定活动实行的一种管理措施（如按摩院执照、打猎许可证，与汽车拥有或汽车运营相关的执照费等）。执照税也是一种收费形式，它的税率单一，根据活动的类型划分成了不同的级别，并与企业收入相关。作为对企业和非企业的一种特权许可，执照税是由政府来课征的。如果没有这种执照，政府将不允许这些企业或者非企业单位从事这些活动。可见，执照是开展运营活动的一种必备条件，但却不能用来"购买"具体的政府服务。而且，执照税和使用费并不相同。如果个人和公司不购买由政府所提供的那些商品和服务，他们就可以不用缴纳使用费；而如果他们缴纳了使用费，就有权享用政府所提供的相应商品和服务了。也就是说，使用费是和对某些商品和服务的享受特权间接地联系在一起的。

执照税也不同于特许权使用费（franchise fees）。特许权使用费：（1）需要签订合同，对特许权和特许权的发放当局之间的权利和义务进行详细的规定；（2）要求为服务区域中的所有人进行服务；（3）规定费率和服务管理的质量。而执照只是允许执照持有人可以从事一种原本被禁止的活动，其中并不包括合同权或财产权。[①] 一般来讲，特许权的数量非常有限，而执照却可以发放给几乎所有符合条件的人。

通常不会从定义上来对收入型执照和管理型执照进行区分。这两种执照依据的都是州治安权中的固有权力。州可以通过宪法、法规和宪章等形式，将这种权力再授予给市政当局。收入和管理的动机经常是纠缠在一起的。然而，可以尝试进行如下的区分：如果一种执照不需要对企业或所销售的商品进行检查，也不需要对企业的行为进行管理，特别是对这种执照的申请不会遭到拒绝，这种执照就是纯收入型执照；如果一种执照需要进行上述的管理，或者如果这种执照的获取非常有难度（并不仅仅因为其价格昂贵），那么这种执照就是管理型执照。但是，二者之间的区分并不总是十分清楚的。有些州要求将执照费需要和执照的发行成本、对执照所允许的物品与活动的管理和控制成本合理地联系起来。如果要使用这种方法，经常对成本进行估测，并根据成本来对收费进行调整就变得非常重要了。

尽管使用费和收费都试图通过向政府服务的受益人收取更多的费用，来减少对一般财政体制的压力，但是使用费更像是私人企业定价。[②] 收费可以用来弥补政府向一些机构提供特定服务所需要的新增成本，或者由于个人的文档管理工作所导致的新增成本。因此，政府经常会对交通指挥、堵塞疏导、法律文档等工作收取费用。但是，收费很少会涉及对商品和服务的直接销售，但会包含对政府特别授权的付款。对由这种特别授权所导致的成本，政府需要部分或者全部通过收费来弥补。

第三节 收费（User Charges）

一、收费的目的

收费一方面可以反映出公众对政府服务的偏好和需求；另一方面也可以带来生产和消费

---

① Charles S. Rhyne 进一步发展了这种思想：*Municipal Law*（Washington, D. C.：National Institute of Municipla Law Officers, 1957），p. 655。

② 近年来，许多地区都课征了很多苛捐杂税（exactions）。其中有实物形式，也有金融形式；有作为允许不动产开发商开工的一种条件的，也有作为对公用设施使用条件的，等等。从收费所造成的影响来看，它也是一种形式的苛捐杂税。参见 Alan A. Altshuler and Jose A. Gomez-Ibanez with Arnold M. Howitt, *Regulation for Revenue*（Washington, D. C./Cambirdge, Mass.：Brookings Institution/Lincoln Institute for Land Policy, 1993）。

效率的提高。只有当一种活动具备了以下两个必备条件时，用收费来为其融资才能发挥作用：受益的可分性和收费的可能性。收费中失去了纯公共物品的特征；一种商品或者服务越是远离公共性、越是接近私人产品，对这种物品或者服务收取费用也就越可行。

第一，当从服务中受益的是明确的个人或者公司而不是整个社区时，对这种服务收取费用就是可行的了。如果使用一般财政收入来为社区中的一小部分人提供的服务来融资的话，就为这部分人从别人支出中渔利创造了条件。使用了这种服务的人从中受益了，但是这些人为此所付出的成本并没有那些本来就没有从中受益，而且境况非常类似的公民多。收费，可以避免这种"系统性的财政补助"。如果这种服务的具体受益人并不十分明确，或者受益人就是整个社区，那么收取费用不仅不可行，而且也是不可取的。因此，不应该对基础教育收费；但可以对成年人的自动机械学培训课程收费。在前一种情况中，试图依靠自愿供给来提供基础教育将是十分愚蠢的：如果米尔顿邻居家的孩子接受了小学教育，米尔顿也可以从中受益。因为米尔顿邻居家的孩子在接受了小学教育之后，有助于帮助米尔顿选择政府；这些孩子可以阅读交通标志，并可以较少地占用社会福利，等等。在后一种情况中，机械工确实可以使社区受益，但这种收益是以收取费用为代价的：如果米尔顿的汽车需要修理，他就需要为此支付费用——不存在这种免费的社区服务。

第二，费用的收取要求有一种经济可行的方法，可以使那些没有为服务付费的人不能享受这种服务的收益。如果不能将这些人从对服务的享受中排除出去，费用就将难以征收上来。此外，如果服务的使用可以得到实际的度量，如通过水表、收费站等来测量，那么将可以得到最大化的资源配置收益。这样一来，对服务使用较多的人所付出的费用，就要比对服务使用较少的人多；使用服务的人所付出的费用，就要多于那些根本就没有使用这种服务的人。然而，这里需要进行一些选择，因为并不是所有可以度量的东西都是值得度量的：对城市街道的使用可以通过设立收费站或者收费桥来测量；但是，排队等候的时间等成本将使这种选择变得不可行。收费的管理成本包括顾客对服务使用情况的度量（通过使用测量器进行计量）、根据服务成本对收费的多少进行的计算、对应收费用的征收等费用。但是，收费不能导致过多的管理成本和服从成本。许多服务都可以通过仪表、围栏、旋转栅门、贴花机等来进行测量和控制。对有些情况还可以间接地进行测量。例如，很多城市都通过对自来水使用的测量来对居民使用排污系统的情况进行测量，因为自来水的使用量，是对污水排放量进行测量的一个合理的间接指标（工业厂家对排水管道的使用情况要更难测量一些。因为在这种情况下，不仅要考虑污水排放的数量，还要考虑污水排放的质量）。但是，如果没有收取费用的渠道，费用的课征将很难得到落实。

如果不对具体而明确的服务进行定价就会发生大量的浪费，收费就变得特别可行了。例如，如果提供自来水的资金来源于财产税收入的话，无疑就会导致这种结果。在这种体制下，节约用水并不会为具体的消费者带来直接收益。因为决定水费多少的并不是用水数量，而是纳税人拥有财产的数量。这样，人们用水的数量就会迅速膨胀。对供水设施的投资将会大得离谱，需要处理的污水数量也会变得歧多。因此，对收费的合理使用，可以极大地降低对水资源的浪费，降低供水的总成本。①

---

① 当高速公路和机场等资本性设施过于拥挤时，可以提高收费的价格。这不仅可以使这些公用设施的使用分流，也可以减少对这些公用设施进行新建的需求。

二、收费的优点

收费除了具有可以为政府职能增加财政收入这样显而易见的实用优点之外，还具有其他四个优点。这些优点包括，既可以通过设计合理的收费机构来提高效率，也可以通过直接定价来促进公平。第一，收费可以对公众的服务需求进行注册和记录。假如一座城市正在考虑是否要资助举办夏季成年人垒球联赛。如果联赛所需要的费用都是通过收费方式来筹集的（不管是球队的主办方，还是单个球员所需要的费用），该市就可以得到关于服务类型的选择、服务的数量和质量等方面的重要数据。如果不收取费用，人们可能会就项目的可取性和项目的结构等无休止地争论下去。正如哲学家金·哈伯德所指出的那样："没有什么东西像一点儿门票费那样可以驱散人们的热情。"① 收费是对服务需求的一种终结性测试。此外，如果政府的一个项目可以通过征收费用来弥补其供应成本，那么由于这个项目不会增加其他政府活动的负担，这些项目就没有那么容易被删除掉了。因此，不需要这种服务的公民就不会收到这种服务，他们也就不必为此付费。可见，收费这种体制不仅为公民表明自己对某种服务的偏好提供了一种具体的方法，也为这些服务的供应筹集了一定的资金。

但是，当收费不能全部弥补服务所导致的所有新增成本时，这些新增资金就会成为一个新的问题。在财政紧张时期，决策者们会倾向于扩大财政收入的筹集活动，并经常会认为，任何财政收入的增加都会有助于财政困难状况的解决。但不幸的是，这种将财政收入筹集活动扩大的结果，会导致政府提供服务所需要的财政补助总额的上升，从而可能会使整个财政预算状况恶化。例如，一个城市可能会将其夏季网球培训项目扩大，因为每个受培训者都可以带来 25 美元的收入。但是，如果参加这个项目的每个人使娱乐部门的成本增加的数额是 30 美元，由此所扩大的财政收入实际上会导致该市财政赤字的扩大。②

第二，收费可以极大地提高为一些服务融资中的公平性。如果一种服务是符合收费条件的，通过一般税收收入来提供这种服务，无疑相当于对这些服务的受益人群体提供了财政补助，而这种财政补助是以广大纳税人的损失为代价的。但收取费用无疑可以避免这个问题。收费可以减少的两个问题是：本地区中非居民的服务受益人所导致的问题和免税机构所导致的问题。这两个问题并不明显，但却是同等重要的。许多城市服务，特别是文化娱乐方面的服务，可以被一个地区中的任何人便捷的使用。使用这个地区中的一般财政收入来为这些服务活动融资，会为该地区中的非居民消费者提供"财政补助"；而收取费用就可以避免产生这种"财政补助"。这是邻近地区中的公民减轻自己的政府负担的一种简单而直接的方法。收费还可用提供一种机制，可以从免税机构中获得财政支持。例如，许多城市都是通过财产税来为垃圾回收活动提供资金支持的。慈善机构、宗教组织和教育机构可以从财产税中享受免税待遇，从而不会对垃圾回收活动提供任何资金支持；但它们仍然会得到政府所提供的回收垃圾的服务，其成本只能由广大纳税人来承担。但是，如果通过收取费用来为垃圾回收筹

---

① 引自：*Forbes*, 21 October 1985, 216.
② 但是，即使这些服务的收费不足以弥补提供这些服务的成本，这个项目可能仍然是值得扩大的。这将取决于该项目所带来的社会收益。社会收益将使该项目所能带来的整体收益超过直接收费的数额。本文正文的观点认为，从财政收入的角度来考虑，这个项目是不应当扩大的。

集资金，就不会发生这种成本转嫁现象了。正如这些机构必须为从私人公司中所购买的汽油付款一样，这些机构也应当为垃圾回收付费：税收豁免并没有免除这些机构从公开市场上购买商品或服务时应当付费的义务。不管对于非居民还是免税机构来说，收费都允许政府向税收网络之外的有关主体筹集财政收入；只要这些机构使用了政府服务，就必须为此付费。

第三，收取费用可以提高政府机构的运营效率，因为政府机构的工作人员必须针对顾客需求来做出反应。在一般情况下，这些政府机构运营活动所需要的资金是通过立法机关的批准而得到的。而要获得这种批准，就需要政府机构的工作人员对公众的服务需求进行详细的描述，并根据政府机构工作人员所建立的绩效标准和立法机关据理力争。但是，收费融资则不然，它需要政府机构将工作重点转移到顾客的直接需求上去。机构必须提供顾客所需要的服务，否则就会在财政检验中落败，从而无法生存下去。政府机构无法在预算中界定顾客想要什么；它只能提供顾客所真正需要的服务。

第四，收费可以纠正私人市场中的"成本—价格"信号。假设一个加工厂对本地区中的交通管制具有非常大的需求。这种特殊需求就需要该地区在这个工厂的换班期间，在十字路口加派交警。这家工厂的这种运作方式会极大地增加社区的运行成本。但是，如果这家工厂必须承担由于自己的这种运营方式所增加的交通管理成本，那么在财务上就会促使这家工厂的管理层去思考，自己现在的这种运作模式（需要缴纳交通管制的费用）在成本上是否划算。针对这种状况，这家工厂的管理层可能会决定，为了避免缴纳交通管制费用，要减少在交通高峰期时换班的人数，建立工厂自己的班车组，对使用大众交通工具的员工给予补贴等。可见，收取费用可以使决策单位意识到自己行为的真正社会成本，并对此作出反映。在上述的例子中，如果不收取费用，这家工厂就不会承担新增的交通管理成本；没有人会对看起来是免费的资源进行节省。同样的道理也适用于对排放环境污染物质所收取的污染费。

总之，收费可以使公众意识到，服务的提供并不是无成本的。公众可以选择自己是否需要这种服务，以及购买多少这种服务。人们可以通过节省对这种服务的使用来省钱，但是享受这种服务也不应当增加别人的成本。在使用收费来融资的领域中，政府可以很好地度量出公众需要什么样的服务，以及公众愿意为此支付多少成本。

三、收费的缺点

一般来讲，是不能用收费替代税收来为政府服务融资的，因为许多公共服务——事实上，多数政府所提供的多数服务——根本就不符合收费融资的基本条件。第一，如果一些活动的大量收益并不局限于基本的受益人，那么这些活动是不能通过收费融资的。例如，城市地区中的基本消防活动就不能通过收费来融资，因为火灾是可以蔓延的；将一个建筑物中的火灾扑灭，也对其周围的建筑物提供了保护。因此，由一个人所资助的消防活动也就自动地保护了其他人的利益；由于没有为此付款的人是不能从其受益范围中排除出去的，因此这项服务活动是不能通过收费来融资的。其中必然会产生一个外部收益的问题：服务活动的收费能力会歪曲政府机构的决策活动。因此，一个门票收入巨大的高中篮球队的运营可能游刃有余，而收入不佳的女子排球队的运营就步履维艰了。因此，资源分配要有助于社区目标（即社会福利目标）的实现；简单的现金流不应当成为在这种情况下的决定因素。

第二，有些服务的提供就是为了对低收入者或者其他弱势群体提供财政补助；如果对这些服务活动收费，就违背了提供这些服务活动的初衷。① 受益人是不应当为具有社会福利性质的服务付费的。然而，有些人却认为，收费一般都是不公平的。因为收费经常会使这种服务的负担产生累退性，也就是说，这种服务活动所造成的负担在低收入消费者中的比重要超过高收入消费者。② 由于以下几个原因，这种对收费的批评是难以令人信服的。首先，在收费体制中，没有使用这种服务的低收入家庭的经济状况显得好多少。其次，尽管这种服务可能是被弱势群体所广泛使用的，但用税收融资所导致的负担分配中的累退性可能要比收费还大。地方政府的财政收入体制通常都具有较强的累退性，因此转而收取费用未必就会减少这种累退性。最后，收取费用还可以对人们的"支付能力"进行测试，因为收到这些服务的人都是具体而明确的。③ 假如一个城市对游泳池收取门票：享受游泳池收益的主要是个人（游泳者及其家庭），门票的收取可以通过围栏和旋转栅门来进行（不管采取的是哪种融资方式，出于安全的考虑，都应当对游泳池中的人数进行限制）；如果游泳池被人们看做"免费"寄放孩子的地方，那么游泳池就会人满为患了。反对对游泳池收费的人则认为，免费的游泳池是低收入家庭的一个重要休闲选择；对游泳池收费，会极大地损害其再分配功能。但是，如果对弱势群体发放免费的季节性游泳证，或者对位于低收入地区中的游泳池免费、而对其他地区中的游泳池实行收费制度，那么收费制度也就可以公平而有效地运行了。一般来讲，对弱势群体的保护不应当成为对富裕阶层提供财政补助的借口。

第三，有些收费活动尽管在技术上是可行的，但是征收成本却十分昂贵。所收取的财政收入中的相当大部分都在筹集收入的过程中损耗掉了，这并不是对政府机构所拥有资源的一种有效使用。收取费用的高成本表明，这项活动的公共性程度使收费本身的恰当性成了一个问题。

第四，如果将由税收融资的服务转向由收费融资，就会产生严重的政治问题。收费将面对公众的极力反对，因为他们认为，一个人如果缴纳了税收，就具有了享受公共服务的能力，而不应当再缴纳别的费用了。尽管这种说法就像是在说，因为你已经在这家商店购买了面包，那么这家商店就应当免费地提供给你制作三明治所需要的肉一样没有道理，但是，这确实是伴随着向收费融资体制转变过程所产生的一个问题。除了公众的反对之外，收费融资还经常会遭到官僚们的反对。根据作为这种服务供应者的官僚们的理解，从税收融资转向收费融资就意味着，对于顾客来说，服务的价格从0（尽管在税收融资体制中，公共服务的提供也需要成本，但是这些成本是由财政体制中的其他部分所承担的，人们的纳税状况不会因为其对公共服务使用状况的不同而不同）增加到了一个正值（即公共服务的价格）。这种变化将会减少一些公众对公共服务的使用，但是这种变化是公共官员们所不愿意看到的。可见，作为公共服务供应者的官僚和使用公共服务的顾客会联合在一起对费用的收取进行反对，只是反对的重点有所不同罢了。但是在事实上，当收取费用或收费提高时对公共服务的使用会随之减少，并不是收费本身所固有的缺陷，只是人们在市场经济中向下倾斜的需求曲线所自然导致的结果——也就是说，在一定的时点上，在价格比较低的时候，人们所愿意购

---

① 当然，除了提供政府服务之外，还有其他更有效的对社会收入进行再分配的方法。但是一旦选择了提供政府服务这种方法，就不应当受到收费的阻碍。
② Willard Price, "The Case Against the Imposition of a Sewer Use Tax," *Government Finance* 4 (May 1975), pp. 38–41.
③ "User Fees and Charges," *Governmental Finance* 6 (November 1977), p. 46.

买的商品数量要比价格比较高的时候多。

四、收费的指导原则

政府对收费的使用程度之所以会出现不同，部分上是因为政府所提供的服务并不相同（例如，国防、社会福利和对高速公路的巡逻就是很难定价的），部分上也要取决于对公共物品定价的政治态度。除了这些限制条件之外，还有其他一些关于收费的准备与管理中的指导原则。任何具有上述特征（即个人受益、很容易将没有付款的人从服务的受益范围中排除出去、缺乏再分配作用等）的服务都可以成为转向收费融资的合理选择。表19-3中简要地列出了一些选择。萨尔玛·马石金和理查德·伯德认为，收费应当包括：（1）家庭生活的配套服务（如自来水、垃圾收取、排污系统等）；（2）产业发展所需要的配套设施（如机场、停车场、特定的警察和消防服务等）；（3）"生活福利设施"（如特定的娱乐设施、文化设施等）；（4）提供给免税机构的服务等。[①] 该表及其分类状况为收费提供了足够的指导。

表19-3　　　　　　　　　　部分适于公共定价的政府服务

特别治安服务	体育场和礼堂维护秩序的服务，报警服务
停车场服务	车库，停车计时器
固体垃圾处理	固体垃圾的收集和处理
娱乐服务	高尔夫球场、网球场、游泳池和公园的门票费，土地特许权，营救保险
保健与医院	救护车收费，疫苗接种，医疗费用，健康保险费
运输服务	运输费，过桥费和过路费，机场起降费（包括飞机离港费和机库租赁费），交通堵塞费
教育	特定的书籍、设备和制服的租赁费；学院或者技术院校的学费
资源的管理和开发	勘测费，资源扩展服务的调查费，树苗培育费，牲畜放牧费
排污系统	污水处理
公用设施	自来水，电，天然气和运输
其他	使用机构名称的许可

作为对财产税的限制、控制和冻结所作出的一种反应，有些政府根据受到保护的财产价值征收了一般治安费和消防费。但这些并不是真正的收费，因为它们是非自愿性的；它们只是针对税收限制措施的一种规避机制。根据财产的实物特征以及由这些实物特征所导致的公共服务需求，来对公共服务的成本进行分配，在理论上似乎很具有吸引力，但实际上并不是一种真正的收费，因为它不可能是自愿性的。由于城市地区中的火灾如果得不到控制就会向四外蔓延，因此希望人们自愿地来购买消防设施是不可行的。在火灾中，对一座建筑物的保护实际上也保护了其邻居。因为如果不对这座建筑进行保护，火灾也可能殃及到它的邻居。因此，这种融资机制必须通过税收（非自愿的）来进行，但这种税收所依据的理论基础并

[①] Selma J. Mushkin and Richard M. Bird, "Public Prices: An Overview," in *Public Prices for Public Products*, ed. S. J. Muskin (Washington, D.C.: Urban Institute, 1972), pp. 8-9.

不是经济单位承担税负的能力。市政服务的融资成本可以根据各个单位的经济特征，在各个经济单位之间进行分配，因为这些经济单位的实物特征决定了其所需要服务的成本。因此，消防费可以产生理想的效果：消防费使建筑所有人为老建筑安装消防设施（例如，预防火灾所使用的烟雾报警器、喷水器和防火墙等）可以得到额外的财务回报，并促使所有人将已经严重老化的建筑物摧毁。当然，消防费和企业的盈利能力没有什么直接关系：由于有些困难企业的厂房破烂不堪、极易发生火灾，因此这些企业将会面对高昂的消防费用。然而，尽管消防费并不是一种收费，但一种缺乏弹性的消防费却可以极大地促进建筑物的现代化过程；从长期来看，还有利于降低消防的总成本。

当一家政府决定用收费来为一种服务融资之后，还需要确定这种收费的恰当水平。这种确定过程并不简单。弗雷德里克·斯托克在他的报告中指出："有证据表明，市政府通常所使用的定价政策通常过于简单化了，这可能是因为考虑到了确定价格弹性、边际成本、收益分配等应当进入最优定价经济模型中的其他因素的难度。"①

然而，市政府也可以根据一些关于服务成本相对比较简单的理论来制定一些指导原则。② 具体来讲，政府应当将其服务成本分成两类：（1）由于服务的提供所导致的成本变化（新增成本）；（2）不随着服务的提供进行变化的成本。不管服务的决策如何，后者所包含的成本内容都会继续存在，因此在收费的分析中可以将这部分成本予以忽略。公共服务的定价要以市场条件为基础，也就是说，要以政府所销售服务的市场需求为基础；此外，公共定价还要参考公共服务的竞争性厂家的定价情况。由于公共服务的未来消费者并不会根据市政当局生产这种服务的成本来购买，因此市政当局也就不能根据自己的生产成本来对公共服务定价。然而，了解公共服务中的成本因素，可以使市政当局了解，在扣除了服务收费所带来的收入之外，这种服务还可以为政府的其他部门做出多少贡献，或者反过来，还需要政府财政的其他部分提供多少财政支持。如果政府服务的价格可以将这项服务的新增成本弥补掉，这就意味着，这种用收费提供的公共服务并没有为政府的其他功能增加任何负担。公共服务的价格水平有可能会高于公共服务的成本水平，这要取决于市场对公共服务的需求状况和政府使用这种服务收费的余额来支持政府的其他活动的意愿。

政府如何才能为自己所要销售的公共服务制定一个合理的价格呢？政府对于定价活动并不熟悉，这使政府也感到不舒服；市场信息的缺乏和政治因素的复杂性都会使定价工作变得更加复杂。政府有时可能会发现，私人企业有时也会销售和自己类似的服务；政府可以使用这些市场信息来作为自己定价的一种指导。但是有时市场上并没有类似的服务在销售，这时政府可以根据这项服务的新增成本，再加上一个加价幅度来确定这种服务的价格水平。不管在哪一种情况下，政府最初所制定的价格都要根据以下的情况来进行调整：顾客对政府服务

---

① Frederick D. Stoker, "Diversification of the Local Revenue System: Income and Sales Taxes, User Charges, Federal Gramts," *National Tax Journal* 29 (September 1976): p. 320.

② Paul Downing 认为，一个设计合理的收费应当具有三个构成部分：一部分反映的是短期生产成本，并且这部分生产成本会随着消费量而进行变化；一部分反映的是工厂成本和设备成本（这部分成本可以根据每一部分设计能力来进行分配）；还有一部分反映的是将公共服务提供到特定消费地点的成本。第一部分服务成本会随着一天中的不同时间进行变化，这要取决于当时该系统是否处于使用的高峰期。如果是这样的话，收费的水平就会上升。这些原则对于公用设施的运营来说尤为重要。参见 Downing, "User Charges and Special Dsitricts," in *Management Policies in Local Government Finance*, eds. J. Richard Aroson and Eli Schwartz (Washington, D. C.: International City Management Association, 1981), pp. 191–192.

的反应状况,因为这可以提供关于顾客真正偏好的更多信息;随着政府所提供服务数量的变化,政府机构对服务成本的变化状况也会有更好的了解。此外,当政府将一种服务从税收融资转向收费融资时,政府无疑要关注各方面的政治反应。然而,这种定价决策也不会是一成不变的:政府没有理由不去对服务的不同价格水平进行试验,以确定这些价格对顾客购买服务数量和对政府净收入的影响。保持公共服务稳定的价格水平,尽管在政治上可能会变得更加便利,但在经济上没有什么特别的好处。

关于收费的最后一个问题,就是收费的运用方法。在一篇分析公用设施定价的文章中,艾尔弗雷德·卡恩这样写道:"价格唯一的经济功能就是对行为产生影响……但是,只有当费用总额确实取决于购买量时,价格才会真的对购买者产生影响。正是由于这个原因,经济学家们都热衷于进行计量。"① 相类似的原则也适用于收费的情况。只要行为的变化不会对应付费用产生影响,购买者的行为也就不会发生变化。如果不管每月用于收取垃圾的垃圾桶到底是2个还是15个,顾客为收取垃圾这项服务所缴纳的费用都是每年25美元的话,那么顾客就不会希望改变用于收取垃圾的垃圾桶的数量。然而,对使用状况十分敏感的收费则会导致一些顾客行为的变化。因此,为了获得利用收费融资的全部收益,应当对服务进行测量,并使服务对其使用状况保持敏感。如果只是将预计成本的总额根据被服务机构的数量进行简单的分配,并向每一个机构分别收取费用,将不会产生公共价格的理想效果。

第四节 公共垄断收入:公共事业、酒类商店和博彩业

政府有权拥有并经营私人企业、出售私人商品,而且形式多样,尽管这是与全球私有化(privatization)的大潮流背道而驰的。在美国,政府所有只是个别现象,并不是普遍的规则。在美国,每当人们发现市场竞争的压力不能处理好公共利益时,通常的做法只是对私人公司进行管制(regulate),而不是由政府来拥有并经营这些企业。

一、政府性公共事业

有些服务通常是由市政机构提供的,特别是自来水供应、电力、市内运输和天然气供应等。② 人口数量在5000人以上的大多数城市的自来水都是由市政机构来供应的。然而,市政电力系统通常只是将由其他机构所生产的电力分送出去,它们多数只是在较小的社区中运

---

① Alfred E. Kahn, "Can an Economist Find Happiness Setting Public Utility Rates?" *Public Utilities Fortnightly* (January 5, 1978), p. 15.
② 作为使用公用设施来融资的一个候选对象,当固体垃圾处理没有通过私人公司来进行时,这项服务通常是在一般性政府活动中或者由特区来管理的。

营的。天然气的供应主要还是通过私人公司来进行的。对于市内交通来说，由于私人交通系统的失败，公共系统曾经一度死而复生；但是同私人系统一样，公用系统也难以做到盈利。在传统的统计报告中，公用设施的收入只是毛收入，其中并没有减去公用设施生产并销售这种服务的支出。事实上，公用设施机构的支出经常会超过这些公用设施所能筹集来的收入。在这种情况下，政府必须得向公用设施的运营提供财政补助，或者对其运营中的赤字进行弥补。

为什么市政当局会选择由自己来经营公用设施，而不是让私人公司来运营呢？政府这样做肯定可以更好地分配自己的时间，使自己的时间并不局限于处理公用设施中的一般问题，将更多的时间用于处理公众更关心的问题。当然，其中的动机通常都是多重的，但这不足为奇。在有些情况中，政府机构认为，可以使用公用设施机构运营得来的利润，为政府的一般性活动提供资助。实际上，在几十年之前，有些城市之所以可以吹嘘自己是无税城市，依据的就是当时从电力系统中得来的利润。但是，这样的年代已经过去了。现在，人们最希望的只是公用设施机构能够为城市提供一些帮助，而不再是提供一个财政的宝库。[1]

在其他的情况中，政府官员更感兴趣的可能是，尽量将服务的价格水平降低，甚至以低于其成本的价格来提供公共服务。这项政策的实行需要主办方政府向公用设施的运营提供一些财政补助。这种做法在政治上很具有吸引力，因为低成本的服务可以作为一种重要的连任竞选战略；而且，这种做法也会得到促进经济发展愿望的支持。但是，政府的决策者们必须要保证，提供给其他重要政府服务的资金，不会因为给这些公共设施提供了财政补助而遭到克扣。否则，这种做法就会助长城市的财政腐败。

二、酒类商店

在美国，有17个州还保持着另外一种与众不同的垄断形式：对酒类商店的垄断经营。在这些州中，部分或者全部酒精饮料的销售都是在州属商店中进行的。州政府将酒精饮料的价格确定为，在其成本的基础上再加上一个幅度。这样所取得的收入不仅可以弥补酒类商店的运营成本，还可以向州政府的其他运营活动提供一些利润收入。有时，州政府还会将消费税加入价格之中。但是，与公用设施的使用相比较，酒类商店还是可以为政府带来利润的。在新罕布什尔州，既没有一般销售税，也没有个人所得税，因此该州酒类商店的利润收入在州财政收入中占了很大的比重，并不是可有可无的（例如，在2003年，新罕布什尔州酒类商店收入超过支出的净额为4800万美元，而同期该州的本级财政总收入为45.66亿美元）。[2]

三、博彩业

在2003年，美国合法博彩活动的营业总额超过了7280亿美元。这样巨大的收入为政府

---

[1] 如果很难从公共服务中取得收入或者这样做存在法律障碍的话，有些城市会通过市政府（为市长、市议会或者市政建筑用地所收取的费用等）向由公用设施所提供的服务收取费用，来将公用设施的运营成本转移出去，或者让这些公用设施来为市政府的运营提供免费服务。

[2] 美国统计局政府财政分局。

提供了富有吸引力的筹集财政收入的机会，但是也使人们产生了对赌博有可能带来的社会问题和道德问题的担心。这种矛盾状况也体现在政府对博彩业的反映中。《经济学家》上的一篇文章的标题就一针见血、十分醒目——"我们的所作所为就是如此的邪恶"："政府要限制博彩业的发展，对博彩业要课以高税；但是，为了自己的利益，政府也促进了一些博彩形式的发展。各个支持博彩业发展的理论几乎都是相同的：从根本上来说，赌博是一件不好的事情。因此，我们应当对博彩业制定严厉的规则，限制甚至禁止博彩业的发展；即使在允许开展的地方，也应当对它课以高税，以抑止它的发展；即使如此，博彩所带来的收入也是十分庞大的，因此州政府自己也应当开展一些博彩活动"。①

有些州允许对一些赛事（如，赛马，快艇比赛，回力球；在内华达州，还包括其他一些体育赛事），卡西诺赌桌（可能是在地面上，也可能是在内河船上），宾戈，玩牌室和彩票实行同注分彩的赌博形式。② 州由博彩得来的财政收入通常来源于对博彩活动课征的税收，如经常性的所得税、财产税、销售税、选择性消费税，以及直接对博彩的经营者或者申请经营博彩的人所收取的执照费。博彩业的课税对象可以是：参与博彩的人数（如对登上内河赌船的每个人所课征的税收），博彩场地中的博彩总额，赌博场中赌桌的数量或者其他赌博装置的数量；课税时可以是对每个课税对象分别课税，也可以是综合课税。卡西诺赌桌对其他赌博方式提出了强有力的挑战，被认为是在一些州中导致赛马和快船赛等赌博形式归于消亡的重要因素，同时也使一些彩票收入减缓了增长速度，甚至还使一些彩票收入出现了负增长。由于卡西诺赌桌是由私人管理的，并受到了赌博市场中竞争因素的影响，也受到了全国经济和州经济周期的影响，因而州政府从中所获得的财政收入并不稳定，而且征收费用也比较高。此外，除了在旅游胜地之外，在其他地方，卡西诺赌桌也有逐渐减少的迹象。③

美国政府在实际中很少会经营博彩设施，更倾向于让私人企业来对博彩活动进行专业化经营，政府的活动只局限于对博彩活动进行管理和课征税收。但是，有两种例外情况。在一些地方，场外博彩（off-track betting）可能是由州政府（纽约市是由地方政府）来经营的；由州政府所经营的彩票目前已经成为美国州政府财政体制中一个标准的构成部分。由政府所经营的场外博彩很少会出现暴利，也没有从美国东北部地区扩展开来。彩票值得引起人们更多的关注，因为彩票是由州政府经营的，并且已经扩展到了全国；州政府用彩票所筹集的净收入也要超过其他博彩活动——彩票的利润加上博彩消费税收入，在州博彩总收入中的比重超过了3/4。④ 但是，州政府所经营的彩票，是在20世纪80年代开始传播并成为州财政收入中的一个标准的构成部分的，这可能也为人们在20世纪90年代接受卡西诺赌桌和同注分彩等博彩形式铺平了道路。

自从彩票在1894年于美国路易斯安那州消亡之后，1964年新罕布什尔州成为重新开始发行彩票的第一个州。此后，纽约州在1967年也发行了自己的彩票；但是，这两个州的彩票收入都并不令人满意。彩票在经过了更好的商业化运作和更加关注顾客偏好的改革之后，

---

① "That's So Wicked We'll Do It Ourselves," *Economist*, 11 April 1992, 24.
② 同注分彩赌博（the pari-mutuel system），是在本次赌博结束之后，由参与赌博的人在赌注总额去除一定份额之后，将余额按照投注的比例分发给支持获胜方的人的一种赌博方法。一些彩票采取的也是同注分彩赌博的形式。
③ Ranjana G. Madhusdhan, "Betting on Casino Revenue: Lessons from State Experiences," *National Tax Journal* 49 (September 1996), pp. 401 – 112.
④ "U. S. Gross Annual Wager, 1996," Table 7.

在1970年的新泽西州迎来了更大的成功。这时的彩票不仅产生了可观的财政收入，也激起了公众的极大热情。这种成功方法的特征包括："（1）售价低；（2）中奖机会多；（3）发售点多；（4）依据购买彩票的人的姓名和住址来编排彩票顺序；（5）投注比率更加合理；（6）促销积极。"① 在2004年，美国经营彩票的有40个州和哥伦比亚特区。

思考题：

1. 简述美国的使用费和执照费。
2. 简述收费的理由。
3. 比较收费的优点和缺点。
4. 简述收费的指导原则。

---

① Frederick D. Stocker, "State Sponsorde Gambling as a Source of Public Revenue," *National Tax Journal* 25 (September 1972), p. 437.

参考文献

（一）中文部分

1. 亚当·斯密：《国民财富的性质和原因的研究》（上、下册），商务印书馆 1994 年版。
2. 大卫·李嘉图：《政治经济学及赋税原理》，商务印书馆 1994 年版。
3. 李斯特：《政治经济学的国民体系》，商务印书馆 1961 年版。
4. 坂入长太郎：《欧美财政思想史》，中国财政经济出版社 1987 年版。
5. 保罗·A·萨缪尔森：《经济学》（第 12 版），中国发展出版社 1982 年版。
6. 色诺芬：《雅典的收入》，商务印书馆 1997 年版。
7. ［英］托马斯·孟：《英国得自对外贸易的财富》，商务印书馆 1997 年版。
8. ［法］魁奈：《魁奈经济著作选集》，商务印书馆 1994 年版。
9. ［英］威廉·配第：《赋税论》，商务印书馆 1994 年版。
10. 刘永祯：《西方财政学说概论》，中国财政经济出版社 1990 年版。
11. 曾康华：《西方财税理论研究》，中国财政经济出版社 2007 年版。
12. 马丁·费尔德斯坦，钟晓敏译：《公共经济学研究的变化：1970－2000》，载于《财经论丛》2002 年第 6 期。
13. 边明社：《西方经济学不同流派对财政学科发展的贡献》，载于《云南社会科学》2008 年第 4 期。
14. E. S. 萨瓦斯：《民营化与公私部门的伙伴关系》，中国人民大学出版社 2002 年版。
15. 埃莉诺·奥斯特莱姆：《公共事物的治理之道》，上海三联书店 2000 年版。
16. 安东尼·B·阿特金森，约瑟夫·E·斯蒂格利茨：《公共经济学》，上海三联书店、上海人民出版社 1994 年版。
17. 保罗·A·萨缪尔森，威廉·D·诺德豪斯：《经济学》（第 12 版），中国发展出版社 1992 年版。
18. 保罗·A·萨缪尔森，威廉·D·诺德豪斯：《经济学》（第 16 版），华夏出版社 2002 年版。
19. 曾国安、吴琼：《关于国际公共物品供应的几个问题》，载于《经济评论》2006 年第 1 期。
20. 陈飞飞：《人口老龄化与德国法定养老保险制度改革》，载于《德国研究》2006 年第 4 期。
21. 陈恒华：《美国的教育行政管理体制》，载于《基础教育参考》2005 年第 10 期。
22. 大卫·休谟：《人性论》，商务印书馆 1983 年版。

23. 丹尼斯·缪勒:《公共选择》,中国社会科学出版社1999年版。
24. 高培勇、杨志勇、杨立刚、夏杰长编著:《公共经济学》,中国社会科学出版社2007年版。
25. 姜峰:《加拿大社会福利制度对教育的保障作用》,载于《外国中小学教育》2007年第6期。
26. 蒋洪:《公共经济学(财政学)》,上海财经大学出版社2006年版。
27. 科斯、阿尔钦、诺斯著:《财产权利与制度变迁——产权学派与新制度学派译文集》,上海三联书店1991年版。
28. 理查德·A·马斯格雷夫,佩吉·B·马斯格雷夫:《财政理论与实践》,中国财政经济出版社2003年版。
29. 大卫·N·海曼:《财政学》,北京大学出版社2006年版。
30. 哈维·S·罗森:《财政学》,中国人民大学出版社2003年版。
31. 郭庆旺、赵志耘:《财政学》,中国人民大学出版社2002年版。
32. 约瑟夫·E·斯蒂格利茨:《公共部门经济学》,中国人民大学出版社2005年版。
33. 孙开:《公共经济学》,武汉大学出版社2007年版。
34. 崔鑫生:《公共部门经济学》,对外经济贸易大学出版社2007年版。
35. 罗宾·W·鲍德威、大卫·E·威迪逊:《公共部门经济学》(第二版),中国人民大学出版社2000年版。
36. 曼瑟尔·奥尔森:《集体行动的逻辑》,上海三联书店、上海人民出版社1995年版。
37. 金尼斯主编《多中心体制与地方公共经济》,上海三联书店2000年版。
38. 吴伟:《公共物品有效提供的经济学分析》,经济科学出版社2008年版。
39. 休·史卓顿、莱昂内尔·奥查德:《公共物品、公共企业和公共选择——对政府功能的批评与反批评的理论纷争》,经济科学出版社2000年版。
40. 许彬:《公共经济学导论——以公共产品为中心的一种研究》,黑龙江人民出版社2003年版。
41. [美]丹尼尔·F·史普博:《管制与市场》,上海三联书店、上海人民出版社1999年版。
42. [美]罗纳德·科斯:《论生产的制度结构》,上海三联书店1994年版。
43. [美]约瑟夫·费尔德:《科斯定理》,载于《经济社会体制比较》2002年第5期。
44. [英]阿尔弗雷德·马歇尔:《经济学原理》(上卷),商务印书馆1981年版。
45. [美]大卫·N·海曼著,张进昌译:《财政学——理论在政策中的当代应用》,北京大学出版社2006年版。
46. 黄桦:《税收学》,中国人民大学出版社2006年版。
47. [美]约翰·L·米克塞尔:《公共财政管理:分析与应用》(第六版),中国人民大学出版社2005年版。
48. [美]费雪:《州和地方财政学》,中国人民大学出版社2000年版。
49. [澳]布伦南、[美]布坎南:《宪政经济学》,中国社会科学出版社2004年版。
50. 文建东:《公共选择学派》,武汉出版社1996年版。
51. [美]詹姆斯·M·布坎南、戈登·塔洛克:《同意的计算——立宪民主的逻辑基础》，中国社会科学出版社2000年版。

52. ［美］哈维·S·罗森：《财政学》，中国财政经济出版社1992年版。

53. 詹姆斯·M·布坎南：《民主财政论》，商务印书馆1993年版。

54. 许云霄：《公共选择理论》，北京大学出版社2006年版。

55. ［美］托马斯·帕特森：《美国政治文化》，东方出版社2007年版。

56. ［美］盖依·彼德斯：《美国的公共政策》，复旦大学出版社2008年版。

57. 全国人大预算常委会预算工作委员会调研室：《国外预算考察报告》，中国民主法制出版社2005年版。

58. 外国政府预算编制研究课题组：《美国政府预算编制》，中国财政经济出版社2002年版。

59. ［美］托马斯·D·林奇：《美国公共预算》，中国财政经济出版社2002年版。

60. ［美］阿伦·威尔达夫斯基、内奥米·凯顿：《预算过程中的新政治学》，上海财经大学出版社2006年版。

61. 路爱国：《加拿大全民医疗体系的建立、运作和调整》，载于《经济研究参考》2007年第45期。

62. 刘琴琴：《美国医疗保险与医疗救助研究》，武汉科技大学，2007年。

63. 岳颂东：《法国医疗保险制度及其启示》，载于《管理世界》2000年第10期。

64. 张珂：《加拿大养老保障制度研究》，武汉科技大学，2008年。

65. 郑秉文、宋坤：《意大利九十年代以来养老金三个支柱改革进程——兼论引入"名义账户"的前途》，载于《欧洲研究》2005年第6期。

66. 李元春：《美国失业保险税对我国的启示》，载于《税务与经济》2008年第5期。

67. 王玉花：《加拿大的就业保险制度》，载于《山东经济》2006年第2期。

68. 《税法的预期修改》，载于《纽约时报》1986年3月26日。

69. 《竞选人的财务》，载于《纽约时报》1984年10月12日。

70. 中国劳动学会：《法国养老保险制度发展情况》，http：//www.calss.net.cn/n1196/n23344/n25028/1071546.html，2008-12-16。

（二）英文部分

1. Ricard Anguera, "The Channel Tunnel—an ex-post economic evaluation", Transportation Research Part A: Policy and Practice 40 (4): 291-315.

2. Buchanan, J. M., An Economic Theory of Clubs [J]. Economica, New Series, Vol. 32, No. 125 (Feb., 1965), pp. 1-14.

3. Daniel W. Williams: Measuring Government in the Early Twentieth Century, Public Administration Review, Vol. 63, No. 6 (Nov.-Dec., 2003), pp. 643-659.

4. Randall G. Holcombe: Government Growth in the Twenty-First Century, Public Choice, Vol. 124, No. 1/2, Policy Changes and Political response: Public Choice Perspective on the Post-9/11 World (Jul., 2005), pp. 95-114.

5. Wallace E. Oates: An Essay on Fiscal Federalism, Journal of Economic Literature, Vol. 37, No. 3 (Sep., 1999), pp. 1120-1149.

6. J. Stephen Ferris and Stanley L. Winer: Just How Much Bigger Is Government inCanada?

A Comparative Analysis of the Size and Structure of the Public Sectors in Canada and the United States, 1929 – 2004, Canadian Public Policy / Analyse de Politiques, Vol. 33, No. 2 (Jun., 2007), pp. 173 – 206.

7. Federalism in a Globalising World: Challenges and Responses, Economic and Political Weekly, Vol. 38, No. 36 (Sep. 6 – 12, 2003), pp. 3763 – 3769.

8. N. J. Jhaveri: Seven Tests of a Good Budget, Economic and Political Weekly, Vol. 38, No. 15 (Apr. 12 – 18, 2003), pp. 1436 – 1442.

9. William F. Shughart II and Robert D. Tollison: Public Choice in the New Century, Public Choice, Vol. 124, No. 1/2, Policy Changes and Political response: Public Choice Perspective on the Post – 9/11 World (Jul., 2005), pp. 1 – 18.

10. John Merrifield: State Government Expenditure Determinants and Tax Revenue Determinants Revisited, Public Choice, Vol. 102, No. 1/2 (2000), pp. 25 – 50.

11. N. J. Jhaveri: Seven Tests of a Good Budget, Economic and Political Weekly, Vol. 38, No. 15 (Apr. 12 – 18, 2003), pp. 1436 – 1442.

12. Donald F. Kettl: The Transformation of Governance: Globalization, Devolution, and the Role of Government, Public Administration Review, Vol. 60, No. 6 (Nov. – Dec., 2000), pp. 488 – 497.

13. IMF, Government Finance Statistics, Yearbook, 2000 – 2005.

14. Mikesell, John L., Fiscal Administration—Analysis and Applications for the Public Sector, Seventh Edition, Thomsom Wadsworth, 2006.

15. Dall W. Forsythe, Taxation and Political Change in the Young Nation, 1781 – 1833 (New York: Columbia University Press, 1977).

16. Ronald B. Welch, "Characteristics and Feasibility of High Quality Assessment Administration," in Property Tax Reform, ed. IAAO (Chicago: International Association of Assessing Officers, 1973).

17. U. S. Bureau of Census, Financial Statistics of State and Local Governments: 1932 (Wealth, Public Debt, and Taxation) (Washington, D. C.: GPO, 1935).

18. Cropper and Oates. Environmental Economics: A Survey [J]. Journal of Economic Literature 1992: 727.

19. Ronald Coase. The institutional structure of production [J]. American Economic Review, vol. 82 no. 4, 1992: 717.

20. Robert Agranoff and Michael McGuire: American Federalism and the Search for Models of Management, Public Administration Review, Vol. 61, No. 6 (Nov. – Dec., 2001), pp. 671 – 681.

21. Lars P. Feld and Christoph A. Schaltegger: Voters as a Hard Budget Constraint: On the Determination of Intergovernmental Grants, Public Choice, Vol. 123, No. 1/2 (Apr., 2005), pp. 147 – 169.

22. MedicareProgram – GeneralInformation [EB/OL]. http: //www.cms.hhs.gov/MedicareGenInfo, 2005 – 12 – 14.